21世纪经济管理新形态教材·国际经济与贸易系列

国际服务贸易

任永菊 ◎ 主编

清华大学出版社
北京

内 容 简 介

本书共分为9章,以"概念—理论—政策—实践"为主线,围绕国际服务贸易概况、理论、政策、规则、专题、国别展开介绍和分析。其中,概况部分主要介绍国际服务贸易的概念、分类、统计以及形成与发展等;理论部分主要介绍传统贸易理论(包括比较优势理论和要素禀赋理论)、新贸易理论和新新贸易理论与国际服务贸易的发展;政策部分主要介绍国际服务贸易自由化政策和国际服务贸易限制性政策;规则部分着重介绍的是国际服务贸易多边规则和RCEP(《区域全面经济伙伴关系协定》)框架下的服务贸易规则;专题部分主要介绍国际服务外包、数字服务贸易等备受关注的问题;国别部分主要介绍北美洲主要国家、欧盟、RCEP成员、金砖国家以及中国国际服务贸易发展。在各章编排上,本书结合国际服务贸易领域最新发展,利用案例引导出各章相关内容;利用相关知识剖析相关案例、阐释课程思政相关内容、融入党的二十大报告精神、设立延伸阅读以及小贴士等介绍相关背景知识和前沿性内容等;最后给出各章思考题以及即测即练供读者学习掌握使用。本书既有基本理论分析,也有相关理论经验研究,重在培养学生建立国际服务贸易思维方法和理论素养,增强分析问题和解决问题的能力,树立正确的人生观和价值观。

图书在版编目(CIP)数据

国际服务贸易/任永菊主编.—北京:清华大学出版社,2023.7
21世纪经济管理新形态教材.国际经济与贸易系列
ISBN 978-7-302-64040-0

Ⅰ.①国…　Ⅱ.①任…　Ⅲ.①国际贸易－服务贸易－高等学校－教材　Ⅳ.①F746.18

中国国家版本馆CIP数据核字(2023)第125169号

责任编辑:张　伟
封面设计:汉风唐韵
责任校对:王荣静
责任印制:宋　林

出版发行:清华大学出版社
　　　　　网　　　址:http://www.tup.com.cn,http://www.wqbook.com
　　　　　地　　　址:北京清华大学学研大厦A座　　　邮　　编:100084
　　　　　社 总 机:010-83470000　　　　　　　　　邮　　购:010-62786544
　　　　　投稿与读者服务:010-62776969,c-service@tup.tsinghua.edu.cn
　　　　　质量反馈:010-62772015,zhiliang@tup.tsinghua.edu.cn
　　　　　课件下载:http://www.tup.com.cn,010-83470332
印 装 者:小森印刷霸州有限公司
经　　销:全国新华书店
开　　本:185mm×260mm　　印　张:17.5　　　字　　数:399千字
版　　次:2023年7月第1版　　　　　　　　　　印　　次:2023年7月第1次印刷
定　　价:55.00元

产品编号:098008-01

前　言

自 20 世纪 70 年代开始,在经济全球化浪潮、科技创新、产业结构调整的推动下,国际服务贸易出现跨越式发展。特别是 1994 年乌拉圭回合《服务贸易总协定》(GATS)的签署,标志着全球范围内服务业市场进一步开放以及服务贸易进一步自由化。发展到 21 世纪的今天,国际服务贸易已经成为世界经济中一个非常令人瞩目的领域。纵然面对始于2020 年席卷全球的新冠病毒感染疫情,2021 年全球服务贸易出口额依然达到 59 943.34亿美元,占全球贸易出口总额的 40% 以上。

2020 年,是中国"十三五"的收官之年。"十三五"时期,中国服务贸易业对外开放进一步扩大,服务贸易创新发展试点从启动走向全面深化,服务贸易便利化、自由化程度加快提升。中国服务贸易进出口规模持续扩大,连续 7 年位居全球第二。中国服务出口增长速度高于世界平均水平。"十三五"时期,中国服务出口累计 1.3 万亿美元,比"十二五"时期增长 21.1%,年均增速 5.1%,高出全球 5.2 个百分点。

2021 年,是中国"十四五"的开局之年,中国继续"坚定不移推进改革,坚定不移扩大开放";2022 年,党的二十大报告也明确指出:"推动货物贸易优化升级,创新服务贸易发展机制,发展数字贸易,加快建设贸易强国""中国坚持经济全球化正确方向,推动贸易和投资自由化便利化,推进双边、区域和多边合作,促进国际宏观经济政策协调,共同营造有利于发展的国际环境,共同培育全球发展新动能"。因此,促进服务贸易发展正在成为中国在"十四五"时期基本形成"更高水平开放型经济新体制"的关键之一。正是在此背景下,编者编写完成了本书。

本书特点简要介绍如下。

(1) 原始资料与最新资料结合。编者不懈追索原始资料,包括对 BPM(《国际收支手册》)系列、世界贸易报告系列、GATS、RCEP、国际服务贸易统计手册等,均认真阅读,以有效规避以讹传讹。为获得最新资料,编者时刻关注商务部、WTO(世界贸易组织)、世界银行等官网数据公布、报告发布等,及时补充修改。

(2) 理论基础与实践应用结合。本书既注重基本概念、基本理论、基本知识,也注重相关实践应用;不仅较系统地阐述国际服务贸易相关理论内容,而且在章后安排有思考题、即测即练,以及章前引导案例、章后案例、延伸阅读、小贴士等。

(3) 难度适中与适用广泛结合。本书立足"三基",向解决实际问题拓展,难度适中,也具有较为广泛的适用性。本书既适合高等院校经管类专业高年级本科生、低年级研究生使用,也适合高校教师及相关人员参考研究使用。

本书由天津商业大学经济学院任永菊担任主编。其具体分工如下:内容简介、前言、第1 章、第 2.4~2.5 节、第 3~9 章、统稿等由任永菊完成;第 2.1~2.3 节和第 2.6 节由陈婷婷完成。本书在编写过程中,得到商务部服贸司、国际司、研究院,浙江省钱塘数字贸易研究院,南开大学盛斌、张兵、李磊等诸位教授,天津商业大学梁新义、樊永岗、田菁、陆洲等同事的帮助。在此表示衷心感谢!

本书汲取各家所长,尊重并追溯原始资料,紧跟国内外经济形势,汲取国际服务贸易最新进展,用心、用情、用力编写而成。为便于读者追溯文献,本书采用的是脚注,但是由于不具备广泛且深入地查询馆藏资料的条件,以及电子数据资源的覆盖范围有限,可能在脚注中没有列全资料来源,或者所列不是最早来源作者的作品,请相关作者谅解,接受编者的歉意;如果相关作者与编者联系,编者愿意为引用您的作品提供相应报酬。在此,编者向所有相关作者表示衷心感谢。另外,由于主客观条件,本书难免出现纰漏之处,恳请广大读者给予批评指正,并提出宝贵意见。

最后,衷心期待与各位读者相遇、相知、相携、相伴!

编　者
2023 年 1 月

目 录

第 **1** 章

国际服务贸易概况

【学习要点】

1. 国际服务贸易主要包括 FTA、GATS 的定义，RCEP 沿袭了 GATS 的定义。
2. 国际服务贸易可以按照 WTO 的标准分类、按照 IMF 的可操作性统计分类、按照理论性逻辑分类，三种分类标准依次是部门分类、应用分类、理论分类。
3. 《国际服务贸易统计手册 2010》(MSITS 2010) 提供了国际服务贸易统计框架，即以居民与非居民之间的交易和通过国外附属机构的经营活动提供服务两条主线进行服务贸易统计。
4. 国际服务贸易产生和发展的基本动因是国际分工的不断深化以及社会生产力的不断发展。不同时期国际服务贸易有其特定历史条件的特征。

【学习目标】

1. 掌握服务的含义；掌握国际服务贸易的概念、分类。
2. 熟悉国际服务贸易统计；熟悉国际服务贸易的形成历程。
3. 了解 21 世纪国际服务贸易的发展特征。

 引导案例

国际服务贸易：连接世界各国的纽带

世界贸易组织(WTO)发布的《2021 年世界贸易报告》显示，世界贸易流量已经反弹，供应链正在适应，世界经济正在开始复苏，尽管复苏的速度千差万别。随着许多国家需求大幅反弹，贸易快速恢复。2021 年，货物贸易大幅上升。服务贸易作为世界贸易体系的组成部分，在遭受 2019 年新冠病毒感染疫情冲击后，也出现初步的复苏迹象。2021 年，全球服务贸易出口额为 60 188.29 亿美元，比 2020 年增加 10 335.0 亿美元，上涨幅度达 17.17%。

世界贸易恢复的原因之一是全球化。一方面，全球化可以促进人员、商品、服务、资本、观念等越来越多地跨越国界，使世界变得越来越复杂、相互融合以及相互依存。另一方面，全球化是以日益开放、一体化的世界贸易体系为支撑的，在促进经济繁荣、提高经济和社会能力以抵御危机冲击方面发挥了关键作用。国际服务贸易作为世界贸易体系越来越重要的组成部分，早已经成为连接世界各国的纽带。

作为世界经济的重要组成部分，"中国开放的大门不会关闭，只会越开越大""中国推动更高水平开放的脚步不会停滞！中国推动建设开放型世界经济的脚步不会停滞！中国

推动构建人类命运共同体的脚步不会停滞!""要站在历史正确的一边,坚持多边主义和国际关系民主化,以开放、合作、共赢胸怀谋划发展,坚定不移推动经济全球化朝着开放、包容、普惠、平衡、共赢的方向发展,推动建设开放型世界经济"。2022年,中国服务进出口总额为8 891.1亿美元,同比增长8.3%;其中,出口额为4 240.6亿美元,同比增长7.6%;进口额为4 650.5亿美元,同比增长8.9%。

资料来源:商务数据中心.2021年我国服务分类进出口统计[EB/OL].[2022-05-23].http://data.mofcom.gov.cn/fwmy/classificationannual.shtml.WTO.World Trade Report 2021-Economic resilience and trade[EB/OL].(2021-11-16)[2022-05-18].https://www.wto.org/english/res_e/booksp_e/wtr21_e/00_wtr21_e.pdf.第15页.摘录.求是网评论员.中国开放的大门只会越开越大[EB/OL].(2020-08-29)[2022-05-18].https://guancha.gmw.cn/2020-08/29/content_34132876.htm.

1.1 国际服务贸易的概念

1.1.1 服务的概念

在满足人们日常生活需要的物品中,一类属于非经济物品,如阳光、自由呼吸的空气等,人们可以自由地得到、自由地享用,不受任何数量限制。另一类是经济物品,比如,台灯、冰箱等,它们需要经过人们的努力或者付出相应代价才能获得,而且这些物品的数量是有限的。

经济物品是经济上更重要的物品,一般分为两种形态:①实物形态。实物形态的经济物品,通常被人们称为商品或货物(goods)。②非实物形态。非实物形态的经济物品,通常被人们称为服务(services)。

如何衡量经济物品呢?按照目前世界各国通用的国民经济核算体系(System of National Accounts,SNA),一个国家在一定时期内(通常是1年)所生产或提供的商品和服务的总增加值,用来衡量一国国民生产总值或国民收入。

什么是服务呢?尽管"服务"一词包含形形色色的无形产品和活动,在经济社会中,服务与商品一样无处不在,无处不被享用,却很难用一个简单的定义来概括,因为:①服务具有无形性,即服务是非实物形态。②服务具有不可分离性,即服务的生产和消费是同时发生的。③服务具有可变性,即服务的消费效果和品质因人而异、因时而异、因地而异。④服务具有易消失性,即服务不能储存起来,供日后销售或使用。[①]

关于服务,学术界以及国际机构主要从产品、效用、使用价值、劳务四个方面进行了定义。[②]

1. 服务是一种产品

古典经济学家们将服务看作一种产品。萨伊(J. B. Say)认为,无形产品(服务)同样

---

① 赵春明,蔡宏波.新编国际服务贸易教程[M].北京:清华大学出版社,2019:5-6.科特勒,阿姆斯特朗.市场营销原理[M].楼尊,译.13版.北京:中国人民大学出版社,2010:232-233.United Nations Statistics Division. Manual on Statistics of International Trade in Services 2010 (Chinese)[EB/OL].https://unstats.un.org/unsd/tradeserv/TFSITS/msits2010/docs/MSITS%202010%20M86%20(C)%20web.pdf.第8页.

② 陈霜华.国际服务贸易[M].上海:复旦大学出版社,2021:3.孟旭,张树青.关于服务定义研究视角的探讨[J].商业时代,2009(15):17-18.

是人类劳动的果实,是资本的产物。大部分无形产品是这种或那种技能的产物,获得一种技能,总须先做一番钻研,而从事钻研就非要预付资本不可。[①]

巴斯夏(F. Bastiat)借用了萨伊的观点,但较萨伊进一步强调服务的商品性。他认为,这(劳务)是一种努力,对于甲来说,劳务是他付出的努力;对于乙来说,劳务则是需要和满足。劳务必须含有转让之意,因为劳务不被人接受也就不可能提供,而且劳务同样包含努力之意,但不去判断价值同努力是否成比例。[②]

《2008 年国民账户体系》认为,服务是一项生产活动的成果,它改变了消费单位的状况,或是促进了产品或金融资产的交换。这两类服务可分别称为促成改变的服务和盈利服务。前者是定制产出,通常由生产者按照消费者的需求活动,从而改变消费单位的状况,也可以称之为"转化服务"。促成改变的服务不是独立实体,不能确定其所有权,不能脱离生产单独进行交易。待到生产完成时,服务必然已经提供给消费者。后者强调在某一机构单位的协助下,货物、存储知识的产品、某些服务或金融资金的所有权在另外两个机构单位之间发生改变,即形成盈利服务。《国际服务贸易统计手册 2010》则沿用了该定义。[③]

2. 服务是一种效用

穆勒(J. S. Mill)强调服务是一种效用。他认为,劳动可以直接产生一种效用,而不是提供某种别的东西来给予效用。比如,给予一种快乐,消除不便或痛苦,时间可长可短,但不会使人或物的性质得到永久性改善。劳动生产的不是物品而是效用,此效用分为三种:①固定和体现在外物之中的效用,即运用劳动使外物具有能使它们对人有用的性质;②固定和体现在人身上的效用,即劳动用于使人具备能使他们对自己和别人有用的品质,所有与教育有关的人的劳动均属此类;③这里界定的服务。[④]

瑞德尔(Riddle)强调服务带来的时间、地点和形态方面的效用。他认为,服务不是边缘化或奢侈的经济活动,是在为服务接受者带来一种变化时,提供时间、地点和形态效用的经济活动。[⑤]

3. 服务是一种使用价值

马克思强调服务的使用价值,以及服务体现为一种活的劳动。他认为,一个服务,不外是一个使用价值(或是商品,或是劳动)之有用的作用。决定的事情,是这种商品有一种特殊的使用价值。它不仅是价值的源泉,而且是更多价值的源泉。这就是劳动力提供的特殊服务。[⑥] 服务同其他商品的差别只是形式上的,商品具有实物的形式,而服务则体现

---

①　萨伊. 政治经济学概论[M]. 北京:商务印书馆,1997:127,129.

②　巴斯夏. 和谐经济论[M]. 北京:中国社会科学出版社,1995:76,160.

③　《2008 年国民账户体系》,第 6.17+6.21 段. 转引自:United Nations Statistics Division. Manual on Statistics of International Trade in Services 2010 (Chinese)[EB/OL]. https://unstats. un. org/unsd/tradeserv/TFSITS/msits2010/docs/MSITS%202010%20M86%20(C)%20web. pdf. 第 8-9 页.

④　穆勒. 政治经济学原理[M]. 北京:商务印书馆,1997:62-63.

⑤　RIDDLE D. Service-led growth: the role of the service sector in world development[M]. New York: Praeger Publishers,1986:21-28. 转引自:程大中. 论服务业在国民经济中的"黏合剂"作用[J]. 财贸经济,2004(2):68-74. 赵春明,蔡宏波. 新编国际服务贸易教程[M]. 北京:清华大学出版社,2019:4.

⑥　马克思. 资本论[M]. 郭大力,王亚南,译. 上海:上海三联书店,2011:120-121.

为一种活的劳动。

4. 服务是一种劳务

一些现/当代西方经济学则从服务是一种劳务的角度界定了服务。希尔(T. P. Hill)强调服务产出是相应的个体或商品状态的变化,与服务生产存在明显区别,二者不应当被混为一谈。他认为,服务是指人或隶属于一定经济单位的物在事先合意的前提下,由于其他经济单位的活动所发生的变化。服务的生产和消费同时进行,即消费者单位的变化和生产者单位的变化同时发生,这种变化是同一的。服务一旦生产出来,必须由消费者获得而不能储存,这与其物理特性无关,而只是逻辑上的不可能。[①]

格鲁诺斯(C. Gronroos)作为服务营销大师,不仅强调了服务的目的是解决顾客问题,而且从服务营销的角度概括了服务因素由顾客、服务人员、服务产品和有形资源等要素构成。他认为,服务是以无形的方式,在顾客与服务职员、有形资源等产品或服务系统之间发生的,可以解决顾客问题的一种或一系列行为。[②]

科特勒(P. Kotler)作为当代市场营销学大师,强调服务的产品特性。他认为,服务是由活动、利益或满足组成的、用于出售的一种产品形式,它本质上是无形的,对服务的出售也不会带来服务所有权的转移。比如银行业务、酒店服务、航空运输、零售、电子通信和家居维修等。[③]

除上述定义之外,还有很多学者对服务进行了定义,如巴格瓦蒂(J. N. Bhagwatti, 1984)、桑普森和斯内普(G. Sampson & R. Snape, 1985)等,在此不一一列出。基于前人的定义,归结认为,服务指的是服务提供者以一种无形方式,为服务接受者提供便利或者帮助,同时能够增加服务接受者效用或使用价值的经济活动。

1.1.2 国际服务贸易的几种定义

这里着重介绍 FTA(Free Trade Agreement,《自由贸易协定》)、GATS(The General Agreement on Trade in Services,《服务贸易总协定》)的定义。另外,需要说明的是, RCEP(Regional Comprehensive Economic Partnership Agreement,《区域全面经济伙伴关系协定》)沿袭了 GATS 的定义,在此不再赘述。

1. FTA 的定义

美国和加拿大自由贸易协定(US-Canada Free Trade Agreement)是世界上第一个在国家间贸易协议上正式界定服务贸易的法律文件。FTA 认为,服务贸易是由或代表其他缔约方的一个人,在其境内或进入一缔约方提供所指定的一项服务。

FTA 中的"指定"包括:①生产、分销、销售、营销及传递一项服务及其进行的采购活动。②进入或使用国内的分销系统,受到缔约方境内分销制度的约束。③形成或确定一个商业存在(并非一项投资,只是一个综合的过程),为分销、营销、传递或促进一项指定的服务。④任何为提供指定服务的相关活动,如公司、分公司、代理机构、代表处和其他商业经营

① HILL T P. On goods and services[J]. Review of income and wealth, 1977, 23(4): 315-338.

② GRONROOS C. Relationship approach to marketing in service contexts: the marketing and organizational behavior interface[J]. Journal of business research, 1990, 20(1): 3-11.

③ 科特勒,阿姆斯特朗. 市场营销原理[M]. 楼尊,译. 13 版. 北京:中国人民大学出版社,2010:211.

机构的组织、管理、保养和转让活动,各类财产的接管、使用、保护及转让,以及资金的借贷。

2. GATS 的定义

GATS 于 1995 年 1 月正式生效,是乌拉圭回合(Uruguay Round)谈判将多边贸易体系扩展至服务业的结果。依据服务贸易的提供方式,GATS 从以下四个方面定义了国际服务贸易:①从一缔约方境内向其他任何缔约方境内提供服务,即跨境支付(from the territory of one Member into the territory of any other Member, Mode 1-Cross-border trade)。②在一缔约方境内向其他任何缔约方的服务消费者提供服务,即境外消费(in the territory of one Member to the service consumer of any other Member, Mode 2-Consumption abroad)。③一缔约方在其他任何缔约方境内通过提供服务的实体性介入而提供服务,即商业存在(by a service supplier of one Member, through commercial presence, in the territory of any other Member, Mode 3-Commercial presence)。④一缔约方的自然人在任何其他缔约方境内提供服务,即自然人移动(by a service supplier of one Member, through the presence of natural persons of a Member in the territory of any other Member, Mode 4-Movement of natural persons)。

GATS 中的"服务提供"包括任何部门的任何服务,但不包括实施政府职能活动所需要的服务提供,包括任何生产、分销、营销、销售和传递一项服务。

"影响服务的措施"包括:①购买、支付或使用一项服务(the purchase, payment or use of a service)。②与提供服务有关的准入和使用(the access to and use of, in connection with the supply of a service)。③一缔约方的服务提供者在另一缔约方境内提供现场服务,包括商业存在(the presence, including commercial presence, of persons of a Member for the supply of a service in the territory of another Member)。

GATS 中的模式 1 是"跨境交付"(cross-border supply),指的是从一缔约方境内向另一缔约方境内消费者提供服务。它类似于传统意义上的货物贸易,即交付产品时,交易双方依然留在各自领土上,并不发生跨越国境的流动。跨境服务交付的媒介包括电话、传真、互联网或其他计算机媒体的连接、电视,以及通过邮件或信使方式发送文件、软盘、磁带等。交易品可以是运输服务、咨询或市场研究报告、远程医疗咨询、远程培训、建筑图纸等。

GATS 中的模式 2 是"境外消费"(consumption abroad),指的是一缔约方服务消费者跨境流动。比如,旅游者、留学生、病人等前往服务提供者境内进行服务消费;服务提供者不发生流动,保持在本国境内。常见的例子有跨境旅游、出国留学、出国就医等;另外,境外船只维修也属于此类。

GATS 中的模式 3 是"商业存在"(commercial presence),主要涉及市场准入和外国直接投资(foreign direct investment, FDI),即在一缔约方境内设立(或并购)机构(子公司、附属机构或代表处),通过后者提供服务(比如,在东道国经济体投资的外国银行设立分行,以便开展银行业务服务)取得收入,产生服务贸易活动。机构中的服务人员可以来自母国,也可以来自东道国;服务对象可以是东道国消费者,也可以是第三国消费者。模式 3 与模式 2 存在明显区别,模式 3 强调一缔约方通过其生产要素(人员、资金、服务工具)移动到消费者境内提供服务而产生贸易;模式 2 则是服务提供者通过广告等形式吸引消费者进入其境内进行服务消费。常见的例子有在境外设立金融服务附属机构、律师事务所、会计师事务所、维修服务站等。

GATS 中的模式 4 是"自然人移动"(movement of natural persons),指的是一缔约方的自然人(服务提供者)过境移动,进入其他缔约方境内提供服务,从而形成服务贸易。通常认为模式 4 包括如下人员:①签约服务供应商,无论是外国服务供应商的雇员还是自营职业者。需要强调的是,一些自营职业者还根据模式 3 承诺,在东道国市场站稳脚跟,并由此在该领土境内提供服务。模式 4 承诺保证这些人有权驻留在相关领土,并通过商业存在提供服务。②公司内部协调者和外国公司直接雇用的外籍员工。此时,通过附属机构向消费者提供服务。③进入东道国为服务合同缔结合约关系的服务销售商,或是建立商业存在的负责人。模式 4 与模式 3 的共同点是,服务提供者都是前往消费者境内提供服务。二者的不同点是,模式 4 没有在服务消费者境内设立商业机构或专业机构(图 1-1)。

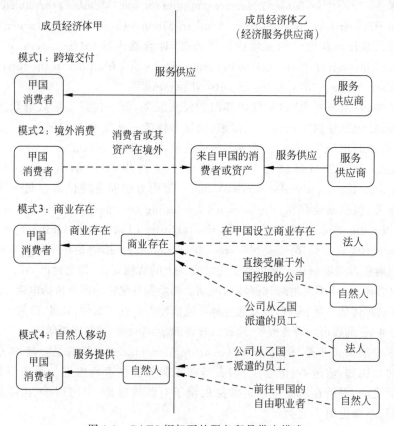

图 1-1　GATS 框架下的服务贸易供应模式

资料来源:United Nations Statistics Division. Manual on Statistics of International Trade in Services 2010 (Chinese)[EB/OL].[2023-06-10]. https://unstats. un. org/unsd/tradeserv/TFSITS/msits2010/docs/MSITS%202010%20M86%20(C)%20web. pdf. 第 29 页.

在 GATS 四种提供方式的服务贸易中,模式 1 低于 30%,模式 2 接近 15%,模式 3 超过 50%,模式 4 占 1%～2%。①

---

① WTO. Trade topics-service-gats training module:Annex1[EB/OL]. https://www. wto. org/english/tratop_e/serv_e/cbt_course_e/a1s2p1_e. htm.

综上所述,国际服务贸易指的是国际以服务为对象的交换活动。国际服务贸易值等于世界各国或地区服务出口总额。一个国家或地区的对外服务贸易值,等于该国家或地区的服务进口额加上服务出口额。对外服务贸易,则指的是一个国家或地区与另一个国家或地区之间的服务交换活动。国际服务贸易具有交易标的的无形性、生产和消费的不可分离性、保护方式的隐蔽性、贸易统计的复杂性等特点。

1.2　国际服务贸易的分类

依据不同标准,国际服务贸易具有不同的分类。这里将介绍三种分类,即按照 WTO 的标准分类、按照 IMF(International Monetary Fund,国际货币基金组织)的可操作性统计分类、按照理论性逻辑分类。第一种是部门分类,第二种是应用分类,第三种是理论分类。另外,在此需要说明的是,RCEP 沿袭了 WTO 的分类,只是 RCEP 成员作出的承诺存在差异,如 GATS 中大约有 160 个服务部门,A 成员对其中 100 个部门作出承诺,B 成员对其中 120 个部门作出承诺,C 成员对于其中 90 个部门作出承诺等。在此不再赘述RCEP 分类,具体承诺在相关章节详述。

1.2.1　按照 WTO 的标准分类[①]

乌拉圭回合谈判过程中,服务贸易谈判小组征询各谈判方提案及其反馈后,提出服务贸易的 12 部门分类法。该分类法已被各成员方普遍接受。

1. 商业服务

商业服务(commercial services)共涵盖六个分部门服务,各分部门又细分为若干项目,每个项目有各自的 CPC 编码。

(1) 专业服务,包括法律服务、税收服务等 11 个项目。

(2) 计算机及其相关服务,包括与计算机硬件安装有关的咨询服务、软件实施服务等5 个项目。

(3) 研究与开发服务,包括自然科学、社会与人文科学以及交叉学科研发服务 3 个项目。

(4) 房地产服务,包括自有或租赁资产的房地产服务、以收费或合同为基础的房地产服务 2 个项目。

(5) 无操作人员的租赁服务(干租),包括船舶、飞机、其他运输设备、其他机械或设备有关、其他共计 5 个项目。

(6) 其他商业服务,包括广告服务、市场研究和民意调查服务、管理咨询服务等 21 个项目。

2. 通信服务

通信服务涵盖五个分部门服务,各分部门又细分为若干项目,每个项目有各自的CPC 编码。

---

① World Trade Organization. GATS TRAINING MODULE：ANNEX II-Relevant Services Statistics and Classifications[EB/OL]. (1991-07-10). [2022-03-26]. https://www.wto.org/english/tratop_e/serv_e/cbt_course_e/a2s1p1_e.htm.

（1）邮政服务。

（2）快递服务。

（3）电信服务，包括语音电话服务、分组交换数据传输服务等 15 个项目。

（4）视听服务，包括电影和录像带制作和分销服务、电影放映服务等 6 个项目。

（5）其他。

3. 建筑及相关工程服务

建筑服务共涵盖五个分部门服务，各自有 CPC 编码，具体如下：

（1）建筑物的一般建筑工作（512）。

（2）土木工程的一般建筑工作（513）。

（3）安装和组装工作（514＋516）。

（4）建筑物的装修工作（517）。

（5）其他（511＋515＋518）。

4. 分销服务

分销服务包括五个分部门服务，各自有 CPC 编码，具体如下：

（1）佣金代理服务（621）。

（2）批发贸易服务（622）。

（3）零售服务（631＋632；6111＋6113＋6121）。

（4）特许经营（8929）。

（5）其他。

5. 教育服务

教育服务包括五个分部门服务，各自有 CPC 编码，具体如下：

（1）初等教育服务（921）。

（2）中等教育服务（922）。

（3）高等教育服务（923）。

（4）成人教育（924）。

（5）其他教育服务（929）。

6. 环境服务

环境服务共包括四个分部门服务，各自有 CPC 编码，具体如下：

（1）排污服务（9401）。

（2）废物处理服务（9402）。

（3）卫生及类似服务（9403）。

（4）其他。

7. 金融服务

金融服务涵盖三个分部门服务，各分部门又细分为若干项目，每个项目有各自的 CPC 编码。

（1）所有保险及与其相关服务，包括寿险、意外险和健康险服务等 4 个项目。

（2）银行及其他金融服务（不包括保险），包括接收公众存款和其他应付公众资金、所有类型的贷款（包括消费信贷、抵押信贷、商业交易的代理和融资，8113）等 12 个项目。

（3）其他。

8. 健康及社会服务（不包括 1. A. h～j 所列）

健康及社会服务涵盖四个分部门服务,各自有 CPC 编码,具体如下：

（1）医院服务（9311）。

（2）其他人类健康服务（9319,不包括 93191）。

（3）社会服务（933）。

（4）其他。

9. 旅游及相关服务

旅游及相关服务涵盖四个分部门服务,各自有 CPC 编码,具体如下：

（1）旅馆和餐厅（含饮食,641～643）。

（2）旅行社和旅游经营者服务（7471）。

（3）导游服务（7472）。

（4）其他。

10. 文化、娱乐及体育服务（不包括视听服务）

文化、娱乐及体育服务涵盖五个分部门服务,各自有 CPC 编码,具体如下：

（1）娱乐服务（包括剧院、现场乐队和马戏团服务,9619）。

（2）新闻社服务（962）。

（3）图书馆、档案馆、博物馆及其他文化服务（963）。

（4）体育及其他娱乐服务（964）。

（5）其他。

11. 交通运输服务

交通运输服务涵盖九个分部门服务,各分部门又细分为若干项目,每个项目有各自的 CPC 编码。

（1）海洋运输服务,包括客运、货运等 6 个项目。

（2）内水运输,包括客运、货运等 6 个项目。

（3）航空运输,包括客运、货运等 5 个项目。

（4）太空运输（733）。

（5）铁路运输,包括客运、货运等 5 个项目。

（6）公路运输,包括客运、货运等 5 个项目。

（7）管道运输,包括燃料运输、其他货物运输 2 个项目。

（8）所有运输方式的辅助服务,包括货物装卸服务、仓储服务等 4 个项目。

（9）其他运输服务。

12. 其他服务（95＋97＋98＋99）

CPC 目录结构

CPC 的类别和层次主要是以产品（包括货物和服务）的物理性质和内在性质为依据,同时考虑了货物和服务在经济上的相对重要性。CPC 是一个按等级分类的结构,以十进制分类编码。包括部门（一位数编码）、类（两位数编码）、组（三位数编码）、级（四位数编码)和次级(五位数编码)。

资料来源:商业部规划调节司.联合国CPC分类介绍[J].中国商贸.1993(2):58-60.

新金融服务

新金融服务指未在一缔约方领土内提供,但已在另一缔约方领土内提供和被监管的金融服务。这可能包括与现有及新产品或者产品交付方式有关的一项服务。在RCEP中,首次纳入新金融服务条款。在提供新金融服务上,一缔约方应该努力给予另一缔约方在本国境内设立的金融机构一样的待遇。

资料来源:中华人民共和国商务部-中国自由贸易区服务网.RCEP – 第八章服务贸易附件—金融服务[EB/OL].http://fta.mofcom.gov.cn/rcep/rceppdf/d8z_cn.pdf.

1.2.2 按照 IMF 的可操作性统计分类

国际服务贸易统计分类是一种可操作性的分类。该分类以国际货币基金组织编制和统一使用的国际收支平衡(BOP)表为依据(表 1-1)。国际收支平衡表在 BPM(第五版称为 *Balance of Payments*,第六版时修正为 *Balance of Payments and International Investment Position Manual*)中得到详细阐述。新修订的 BPM6 于 2008 年完成,共有 173 个成员参与。其目的就是提供统计一个经济体与世界其他经济体之间交易和头寸的标准框架。[①]

表 1-1 国际收支平衡表主要项目

BPM5	BPM6
经常项目(current account) 　货物(goods) 　服务(services) 　收益(incomes) 　经常性转移(current transfer)	经常项目(current account) 　商品和服务(goods & services) 　主要收益(primary incomes) 　次要收益(secondary incomes)
	资本项目(capital account) 　非生产性、非金融性资产的获取和出让(gross acquisitions/disposals of nonproduced nonfinancial assets) 　资本转移(capital transfers)
资本与金融项目(capital & financial account) 　资本项目(capital account) 　金融项目(financial account)	金融项目(financial account) 　直接投资(direct investment) 　证券投资(portfolio investment) 　金融衍生品(准备金除外)和员工股票期权[financial derivatives (other than reserves) and employee stock options] 　其他投资(other investment) 　储备资产(reserve assets)

---

① IMF. Balance of Payments and International Investment Position Manual(BPM6)[EB/OL]. [2022-03-28]. https://www.imf.org/external/pubs/ft/bop/2007/pdf/bpm6.pdf.

续表

BPM5	BPM6
净误差与遗漏(net errors and omissions)	净误差与遗漏(nsset errors and omissions)

资料来源：IMF. Balance of Payments Manual(BPM5)[EB/OL]. (1993-09-14). [2022-04-11]. https://www.imf.org/en/Search#q＝balance%20of%20payments%20manual&sort＝relevancy&DateTo＝4%2F29%2F1994&DateFrom＝1992%2F4%2F8.

IMF. 国际收支和国际投资头寸手册. 第六版(BPM6)[EB/OL]. (2011-08-04). [2022-03-28]. https://www.imf.org/zh/Search#q＝balance%20of%20payments%20manual&sort＝relevancy. IMF. Balance of Payments and International Investment Position Manual(BPM6). https://www.imf.org/external/pubs/ft/bop/2007/pdf/bpm6.pdf. IMF. Revision of the Fifth Edition of the IMF's Balance of Payments Manual(Chinese)[EB/OL]. https://www.imf.org/external/np/sta/bop/pdf/chi/aoc.pdf.

在国际收支平衡表中,国际服务贸易流量占据重要地位。在 BPM5 之前,按照流量来源,将国际服务贸易划分为两类：①要素服务贸易(trade in factor services)。它与资本项目相关,即与国际资本流动或金融资产流动相关的国际服务贸易流量。②非要素服务贸易(trade in non-factor services)。它是只与经常项目相关,而与国际资本流动或金融资产流动没有直接关联的国际服务贸易流量(图 1-2)。在 BPM6 中,重新调整了分类,把 BPM5 经常项目下的货物、服务、收益、经常性转移调整为商品和服务、主要收益、次要收益,使收益部分更加明晰。

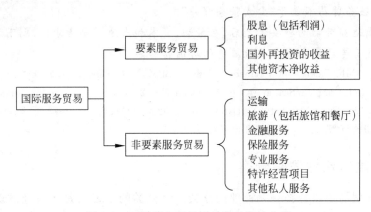

图 1-2　国际服务贸易可操作性统计分类

资料来源：WTO. International Trade 2000 [EB/OL]. [2022-05-03]. https://www.wto.org/english/res_e/statis_e/publicationsarchives_e.htm. 第 21 页。

要素服务贸易,专指资本要素提供的服务及其报酬。在现实国际经济体系中,资本流动或金融资产流动的主要方式分为国际投资和国际信贷。国际投资又分为国际直接投资和国际间接投资。在国际直接投资中,属于国际服务贸易范畴的包括：资本要素的报酬流量,即利息/股息；经营管理技能的报酬流量,即利润。利息/股息、利润作为要素服务收益被记入国际收支平衡表的国际服务贸易项目。国际间接投资,即国际证券(股票或债券)投资,其主要目的是获取金融资产的利息/股息收益,这些收益也被记入国际收支平衡表的国际服务贸易项目。国际信贷,主要包括民间国际信贷(商业信贷和银行信贷)、国际金融机构信贷(全球性和区域性国际金融机构贷款)、政府间贷款(一般由贷款国政府或政府机构以优惠利率向外国政府提供贷款)三种方式。上述收益流量也会作为金融资产的要素报酬被记入国际收支平衡表的国际服务贸易项目。

非要素服务贸易,是与要素服务贸易相对的一个概念,但因其内容太过庞杂,所以一般采用扣除法进行记录和衡量。在国际收支平衡表中,非要素服务贸易和要素服务贸易都记在经常项目下,所以非要素服务贸易与要素服务贸易的关系可以用下式表示出来,即非要素服务贸易项目=国际服务贸易项目-要素服务贸易项目=(经常项目-商品贸易项目-单方面转移项目)-要素服务贸易项目。

劳动和土地两种要素的报酬流量未记入国际收支平衡表的国际服务贸易项目的原因

生产力三要素理论认为,经济上的所有财富都来源于劳动、资本和土地(资源)提供的服务。劳动服务的报酬是工资,资本服务的报酬是利息及利润,土地服务的报酬是地租。

土地要素缺乏流动性,无法提供跨国服务,所以在国际服务贸易中,土地要素所提供的服务及其报酬流量一般不予考虑。

劳动要素服务及其报酬同国际资本流动或金融资产流动只有间接关系而无直接关系,所以劳动服务贸易不属于"要素服务贸易"。

当剔除土地和劳动两种要素之后,在劳动、资本和土地三要素中,只剩下资本要素,因此要素服务贸易专指资本服务收益流量的跨国转移。

资料来源:IMF. Balance of Payments Manual(BPM5)[EB/OL].(1993-09-14)[2022-04-11]. https://www. imf. org/en/Search ♯ q＝balance％20of％20payments％20manual&sort＝relevancy&DateTo＝4％2F29％2F1994&DateFrom＝1992％2F4％2F8. 第 70-73 页. 陈宪,殷凤. 国际服务贸易[M]. 2 版修订版. 北京:机械工业出版社,2021:19.

1.2.3　按照理论性逻辑分类

国际服务贸易逻辑分类是一种理论分类。该分类的出发点是国民经济理论,其特点是便于理论分析,但实际操作难度比较大。按照不同标准,其可以划分为多种国际服务贸易的理论分类,但目前最为流行的是以服务贸易与有形商品国际转移(由商品贸易或国际投资引起的)的关联程度为标准,划分为国际追加服务贸易和国际核心服务贸易。

1. 国际追加服务贸易

国际追加服务贸易,指的是与有形商品的国际贸易和国际投资有直接关联的国际服务贸易。它源起于货物贸易所需要的一些相关服务项目,如国际运输等是伴随货物贸易的发展和需要逐渐发展起来的追加服务。因此,国际追加服务贸易不可以作为独立的贸易形态存在,只是单纯地作为核心货物效用的派生效用,其市场需求和供给都是派生出来的需求和供给。但是,各国企业受现代科技不断发展的驱动,更强调通过追加服务来实现其竞争优势。追加服务,特别是知识密集型追加服务,被越来越广泛地应用于商品生产经营的各个阶段。

从有形商品的跨国流动来看,国际追加服务可以划分为以下三个阶段。

（1）上游阶段。在该阶段,要求先行提供追加服务,如可行性研究、市场调研、风险资本筹借、产品构思与设计等。

（2）中游阶段。在该阶段,往往要求两个方面的追加服务:一是与有形商品融为一体的追加服务投入,如质量控制与检验、设备租赁、后期供给以及设备保养和维修等;二是与有形商品生产平行的追加服务投入,如财务会计、人员聘用和培训、情报和图书资料等的收集、不动产管理、法律、保险、通信、卫生、安全保障及职工后勤供应等。

（3）下游阶段。在该阶段,要求提供售后服务,比如广告、运输、商品使用指导、退货索赔保证以及供应更换零件等。

上述追加服务,有些具有依附性,有些具有外化独立性。前者只能与一定比例的生产要素相结合,完全依附于有形商品之上,自身并不形成一种独立的市场交易对象。后者虽然与有形商品有关,但可以通过外在化而逐渐成为独立的市场交易对象。随着社会分工的不断发展,不同类别的追加服务界限逐渐模糊。从目前国际贸易涉及的跨境商品流动来看,国际追加服务贸易仍然是运输业（海运、空运、陆运）。当国际贸易、国际运输方式不断发展、变迁时,国际货运代理也逐渐发展起来,并渗透到国际贸易的各个领域,成为国际贸易不可缺少的重要组成部分。国际货运代理作为代理人,承接单一国际贸易经营者或者单一国际运输方式运营者的委托,在收取一定费用的前提下,代办各类国际贸易、国际运输的相关服务。国际货运代理的出现与发展,不仅大大促进了国际贸易的发展和国际运输效率的提高,也进一步促进了国际追加服务贸易的发展。另外,原属于生产性服务业的保险服务、银行服务以及信息服务,作为国际运输服务的基本要素,也越来越多地渗透到国际货物贸易中,成为国际追加服务贸易的重要组成部分。

2. 国际核心服务贸易

国际核心服务贸易,指的是与有形商品的国际贸易和国际投资没有直接关联的国际服务贸易。此类贸易本身是市场需求和市场供给的核心对象。

依据服务提供者和消费者的接触方式,国际核心服务贸易可以分为“远距离型”和“面对面型”两种。“远距离型”核心服务贸易,指的是不需要服务提供者和消费者实际接触,借助一定的媒介体（国际通信、互联网等）,就能够实现跨国界的服务贸易,如远程国际教育服务等。此时,不会发生服务提供者或消费者的移动,因而“远距离型”核心服务贸易被看作比较纯粹的国际服务贸易。“面对面型”核心服务贸易,指的是需要服务提供者和消费者发生实际接触而完成的跨国界服务贸易。此时,可以是服务提供者流向消费者,也可以是消费者流向服务提供者,还可以是服务提供者和消费者的双向流动。尽管有上述三种不同流向,但最终都会形成人员或生产要素的跨国界流动。比如国际旅游服务、国际医疗服务等都是比较典型的“面对面型”核心服务贸易。

另外,依据服务的国内分类,国际核心服务贸易还可以划分为生产者服务贸易和消费者服务贸易。前者,即生产者服务贸易,占据国际核心服务贸易的主导地位。因为生产者服务既涉及市场、交通、能源、通信、金融、投资、建筑、矿业、农业、经营等与生产有关的一切领域,又是其他商品和服务进入社会再生产所需的中间投入,还是一系列资本（人力资本、知识资本、技术资本等）进入生产过程的桥梁和纽带,其发展必定全面促进和带动世界各国的生产力发展。生产者服务贸易主要有金融服务贸易、国际技术服务贸易、国际咨询服务贸易、国际人才交流与培训等。后者，即消费者服务贸易，进入国际服务贸易领域，理论上是由于国内消费性服务业供给/生产能力增长，以及国外对于该国消费性服务需求的扩大；实践上则由于现代科学技术的不断发展、社会的不断进步，世界各国人民的交往越来越密切、越来越频繁。当一国居民进入他国时，就可以享受他国各种服务；反之，他国居民也可以享受本国服务。当然，各国居民对于他国消费性服务需求的多与少、奢与廉，既取决于其本身的收入水平，还受约束于服务供给的相对价格以及个人偏好。

服务产业的分类

一个经济体系的总产品由商品（货物）与服务两部分构成。布朗宁（Browning）和辛格尔曼（Singleman）于 1975 年根据联合国标准产业分类法（SIC）的法则，对商品产业和服务产业进行了分类，具体如下。

1. 商品生产部门

农业、制造业、建筑业、采矿业、石油与煤气业、公共事业、林业、渔业与捕捞业。

2. 服务生产部门

1）消费者服务业

招待与食品服务、私人服务、娱乐与消遣服务、杂项服务。

2）生产者服务业

企业管理服务、金融服务、保险与房地产。

3）分配服务业

运输与储藏、交通与邮电、批发与零售交易。

资料来源：陈霜华. 国际服务贸易[M]. 上海：复旦大学出版社，2021：11.

1.3 国际服务贸易的统计

1.3.1 统计基本框架：MSITS

国际服务贸易统计是一项错综复杂的工作。2002 年，由包括联合国、欧共体［即后来的"欧洲联盟"（以下简称"欧盟"）］、国际货币基金组织、经济合作与发展组织、联合国贸易和发展会议（UNCTAD）以及世界贸易组织在内的六大国际组织共同编写的《国际服务贸易统计手册 2002》（MSITS 2002）问世，标志着国际公认的国际服务贸易统计基本框架的形成。2010 年，上述六大国际组织与世界旅游组织共计七大国际组织联手修订并出版了《国际服务贸易统计手册 2010》。

MSITS 2010 阐述了关于汇编和报告广义国际服务贸易统计数据的国际公认框架，满足了为形形色色的国际服务贸易提供更加详细、可比性更高、综合性更强的统计数据的需求，包括国际贸易谈判和协定在这方面的需求。MSITS 2010 符合《2008 年国民账户体系》以及国际货币基金组织《国际收支与国际投资头寸手册（第六版）》（BPM6），并与之明显相关。①

　　MSITS 2010 遵循《服务贸易总协定》关于国际服务贸易的定义,确定以四种供应模式,即跨境交付、境外消费、商业存在和自然人移动作为服务贸易统计的范围。在具体操作上,以居民与非居民之间的交易(以 BPM6 为基础的服务贸易)和通过国外附属机构的经营活动提供服务(以国外附属机构服务贸易统计为基础,即 FATS)两条主线进行服务贸易统计。②

　　关于居民与非居民之间的交易,MSITS 2010 统计原则同 BPM6 以及《2008 年国民账户体系》(2008 SNA)规定的各项原则是一致的。BPM6 是关于国际服务、国际投资交易以及与人员流动有关的经济流动的主要统计指南。MSITS 2010 对 BPM6 进行了扩展,以便按照产品类别和贸易伙伴分类,更加详细地分析居民与非居民之间的服务交易。MSITS 2010 中,没有修改 BPM6 宽泛的服务内容,但对交通运输、保险和养恤金服务、知识产权使用费、商业和专业服务,以及个人/文化和娱乐服务等领域进行了深入分析。③

　　关于外国控股附属机构总体业务活动的统计,MSITS 2010 称之为国外附属机构统计。FATS 统计的记录原则与国际统计标准是一致的,特别是 BPM6 以及《经合组织外国直接投资基准定义》第四版(BD4)提出的外国直接投资衡量标准。FDI 可以帮助人们了解国外附属机构统计。此外,相比 FATS,FDI 更为宽泛一些,FDI 统计可以为尚未开始编制 FATS 的国家提供关于商业存在的实用指标。在通常情况下,设立国外附属机构的先决条件是推动投资流动,继而形成外国直接投资关系。附属机构从事货物和服务的生产及供应,但也可能出现企业内部的跨国服务贸易(例如,管理费等)。FATS 是跨国企业活动(AMNEs)统计的一个子集,相关附属机构最终母公司的活动不包含在内。④

　　另外,MSITS 2010 建议按照更为详细的服务贸易分类体系,即以《2010 年国际收支服务扩展分类》(Extended balance of payments services 2010,EBOPS 2010)和每个贸易伙伴为基础,逐一编制数据,至少要按照 BPM6 提出的 12 项主要标准服务内容来编制数据。EBOPS 2010 是在《1990 年国际收支服务扩展分类》(EBOPS 1990)基础上修订而成的,既沿袭了 EBOPS 1990 版本内容,又接受了 MSITS 2010 提出的建议,是 BPM6 服务分类的一个分类次级系统。EBOPS 2010 包含的主要类别与 BPM6 的 12 项主要标准服

---

① United Nations Statistics Division. Manual on Statistics of International Trade in Services 2010 (Chinese)[EB/OL]. https://unstats. un. org/unsd/tradeserv/TFSITS/msits2010/docs/MSITS％202010％20M86％20(C)％20web. pdf. 序言.

② United Nations Statistics Division. Manual on Statistics of International Trade in Services 2010 (Chinese)[EB/OL]. https://unstats. un. org/unsd/tradeserv/TFSITS/msits2010/docs/MSITS％202010％20M86％20(C)％20web. pdf. 第 21 页.

③ United Nations Statistics Division. Manual on Statistics of International Trade in Services 2010 (Chinese)[EB/OL]. https://unstats. un. org/unsd/tradeserv/TFSITS/msits2010/docs/MSITS％202010％20M86％20(C)％20web. pdf. 第 21 页.

④ United Nations Statistics Division. Manual on Statistics of International Trade in Services 2010 (Chinese)[EB/OL]. https://unstats. un. org/unsd/tradeserv/TFSITS/msits2010/docs/MSITS％202010％20M86％20(C)％20web. pdf. 第 91 页.

务内容完全一致,此外,还收录了与后者相符的更多细目。这项协调工作得到了识别和报告编码系统标准化的支持。

1.3.2 传统统计:BOP 统计

BOP 统计,依据的是国际货币基金组织编制的 BPM6。BOP 统计的总体框架是,概括了一经济体居民与非居民之间的经济关系,包括对外贸易和资本流动等;为分析一经济体的国际经济关系(包括其国际经济表现、汇率政策、储备管理和对外脆弱性),提供了一个综合框架。

BOP 统计自 1948 年诞生以来,一直努力满足人们越来越强烈的希望,即"能够将不同统计数据联系起来,尽量减少数据不一致问题,提升分析潜力"。所以,经过半个多世纪发展,BOP 统计方法已经相对比较成熟,统计体系和全球大多数国家匹配,具有一致性和国际可比性等特点,成为世界公认的标准化的国际贸易统计体系。[1]

BOP 统计基本原则是,依据居民与非居民交易是否跨越国境或者边界来确定是否纳入 BOP 统计之中。基于此原则,针对服务贸易统计,BOP 统计只是把与服务贸易有关的实际交易(比如,跨境交付、境外消费、自然人移动提供的服务等)数据,进行收集、整理、汇总、记录,形成一个专项统计。在 BOP 统计中,居民与非居民者之间的服务贸易的相关数据显示为 12 个条目:①对他人拥有的有形投入进行的制造服务;②保养和维修服务(别处未包括);③运输;④旅行;⑤建筑;⑥保险和养恤金服务;⑦金融服务;⑧知识产权使用费(别处未包括);⑨电信、计算机和信息服务;⑩其他商业服务;⑪个人/文化和娱乐服务;⑫政府货物和服务(别处未包括)。

上述 12 项服务,除少数几个例外,与 GATS 的产品覆盖面基本吻合。这些例外是:①在大多数情况下,属于别处未包括的政府货物和服务的多项交易没有列入 GATS。②在 GATS 中,作为服务的某些交易在 BPM6 中被计入货物。这涉及大多数批发及零售贸易服务(包括与经营货物有关的服务)的价值。③BPM6 中的某些内容,特别是别处未包括的保养和维修服务、旅行和建筑,包含已经纳入交易的货物价值。④BPM6 包括知识产权使用费,这其中的部分内容没有列入《服务部门分类清单》(MTN. GNS/W/120)。[2]

BOP 统计在各国对外服务贸易统计中发挥着不可替代的作用。[3] 尽管如此,它也存在着明显的局限性,最突出的一点是,统计内容受到限制。BOP 统计基本原则,强调的是居民与非居民之间的跨境交易,因此只能包括跨境交付、境外消费、自然人移动提供的服务,而无法涵盖在世界服务贸易中地位越来越不可小觑甚至越来越占据重要地位的商业

---

① IMF. 国际收支和国际投资头寸手册 -第六版(BPM6)[EB/OL]. (2011-08-04)[2022-03-28]. https://www.imf. org/zh/Search # q=balance%20of%20payments%20manual&sort=relevancy. 第 1-4 页.

② United Nations Statistics Division. Manual on Statistics of International Trade in Services 2010 (Chinese) [EB/OL]. https://unstats. un. org/unsd/tradeserv/TFSITS/msits2010/docs/MSITS%202010%20M86%20(C)%20web. pdf. 第 23 页.

③ United Nations Statistics Division. Manual on Statistics of International Trade in Services 2010 (Chinese) [EB/OL]. https://unstats. un. org/unsd/tradeserv/TFSITS/msits2010/docs/MSITS%202010%20M86%20(C)%20web. pdf. 第 23 页.

存在提供的服务贸易。

1.3.3　扩展性统计：FATS 统计

FATS 统计作为 BOP 统计的补充,涉及超出其范围的、《服务贸易总协定》规定的国际服务供应的方方面面,如居民间的贸易等。

FATS 统计,衡量的是服务供应商的海外商业存在,因而同外国直接投资统计关系密切。FATS 统计可分为两种类型:①内向型。外国控股的附属机构在统计编制经济体境内的活动数据,往往被称为内向型国外附属机构统计。②外向型。统计编制经济体设在海外的多数控股国外附属机构的活动数据,则被称为外向型国外附属机构统计。进而,还可以将母公司所属国的贸易以及与其他国家的贸易区分开。比如,对于内向型 FATS 统计,可将附属机构的货物出口和服务出口分解为:①向母公司的出口;②向母公司所属国的其他出口;③向第三国的出口。对于进口数据,可以按类似方式分解。[①]

FATS 统计主要有以下几个方面的特点。[②]

(1) 从统计对象来看,FATS 统计只涉及直接投资者拥有控制权的附属机构。直接投资关系框架界定的控制(在所有权链的各个环节拥有多数所有权,50% 以上)被选定为国外附属机构统计的推荐所有权标准。在实际操作中,作为补充,可以考虑以下情况:多个独立外国直接投资者的多数所有权;外国直接投资者恰好拥有 50% 的所有权;经过质量评估表明,通过企业的少数股权实施有效控制。

(2) 从统计范围来看,FATS 统计实际上涵盖了外国附属机构全部交易,这些交易包括跨境交易和非跨境交易,非跨境交易就是企业的境内销售,是 FATS 统计的核心。

(3) 从统计内容来看,(理论上)所有的 FATS 统计变量都可以按照生产者的经营活动进行归类,而对于销售额、产值、进出口等特殊变量,还可以按照生产和销售的服务产品的种类进行归类。但出于种种原因,企业经营活动成为 FATS 统计内容的首选项。不过,还需要将产品编制数据视为长期目标。统计的中心内容是:国外附属机构作为东道国居民,与东道国其他居民之间进行的交易(非跨境交易),及其对本国经济和东道国经济的影响。

(4) 从统计实践来看,FATS 统计分为广义和狭义两种。其原因在于,依照 WTO 的规定,国外附属机构的当地服务销售(非跨境服务销售)属于国际服务贸易,而针对于此的 FATS 统计一般被称为广义国际服务贸易。它既进一步深化了外国直接投资统计,也有效地补充了商品贸易统计。因此,当 FATS 统计应用于贸易统计时,一般会体现于广义

---

①　"国外分支机构服务贸易统计"一词已被更广义的"国外附属机构服务贸易统计"所取代。引自 United Nations Statistics Division. Manual on Statistics of International Trade in Services 2010 (Chinese)[EB/OL]. https://unstats. un. org/unsd/tradeserv/TFSITS/msits2010/docs/MSITS%202010%20M86%20(C)%20web. pdf. 第 1,25,107 页.

②　赵春明,蔡宏波. 新编国际服务贸易教程[M]. 北京:清华大学出版社,2019:30. United Nations Statistics Division. Manual on Statistics of International Trade in Services 2010 (Chinese)[EB/OL]. https://unstats. un. org/unsd/tradeserv/TFSITS/msits2010/docs/MSITS%202010%20M86%20(C)%20web. pdf. 第 7,11,92-93,110 页. IMF. 国际收支和国际投资头寸手册 -第六版(BPM6)[EB/OL]. (2011-08-04)[2022-03-28]. https://www. imf. org/zh/Search#q=balance%20of%20payments%20manual&sort=relevancy. 第 232-233 页.

国际服务贸易统计之中。

（5）从统计作用来看，FATS与商品贸易统计、跨境服务贸易统计、外国直接投资统计相互补充、相互支持。比如当一些国家出现必须推迟执行FATS统计的情况时，外国直接投资统计数据提供了关于商业存在的实用补充资料；BPM6专注于国际收支和国际投资头寸，并以第一外国母公司所在经济体为基准确定归属，对直接投资进行了统计，而FATS统计可以为直接投资的影响提供另外一个视角，作为对国际流量和头寸数据的补充；FATS和外国直接投资还可以结合使用，显示直接投资者的资金对于附属机构业务的资助程度以及附属机构创造的收益有多少属于直接投资者。

总之，BOP统计定义的国际服务贸易，指的是居民与非居民之间的跨境服务交易，不包括作为居民的国外附属机构与居民之间的服务交易。它无法涵盖GATS界定的以商业存在形式出现的国际服务贸易。FATS统计定义的国际服务贸易，既包括跨境服务交易，也包括非跨境服务交易，且后者是核心。

根据BOP统计与FATS统计的定义，可知二者的侧重点不同，如果将二者结合在一起，就可以获得国际服务贸易完整的统计。但是由于二者的统计范围、统计内容、统计原则等都不同，以及统计内容彼此重叠等问题，二者只能结合使用，却不能简单相加。如果按不同提供模式分类，可以从BOP统计与FATS统计中获取服务交易资料（图1-3）。

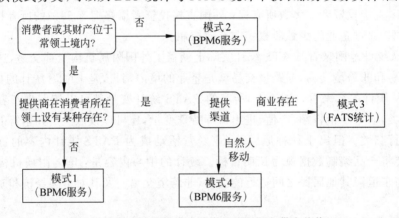

图1-3　按四种提供模式分类的国际服务供应价值

资料来源：United Nations Statistics Division. Manual on Statistics of International Trade in Services 2010 (Chinese) [EB/OL]. https://unstats. un. org/unsd/tradeserv/TFSITS/msits2010/docs/MSITS% 202010%20M86%20(C)%20web. pdf. 第124页.

1.4　国际服务贸易的形成与发展

国际服务贸易产生和发展的基本动因是国际分工的不断深化以及社会生产力的不断发展。随着国际分工的不断深化，各国经济活动的相互依赖程度不断增强，致使各国经济活动的国际化趋势愈演愈烈，在传统商品贸易的基础上，国际服务贸易逐渐形成和发展。随着社会生产力的不断发展，世界各国产业结构不断进一步调整，从第一产业到第二产业再到第三产业，而第三产业以服务业为核心，由此奠定了国际服务贸易蓬勃发展的坚实基础。

1.4.1 早期国际服务贸易的形成

早期的国际服务贸易与海洋探险或者迁徙密不可分。普遍被人们所接受的观点是"欧洲人首先遇到的太平洋岛民的远古祖先起源于所罗门群岛,他们通常是自西向东穿过美拉尼西亚群岛和波利尼西亚群岛而定居的,这一过程大约开始于公元前 1500 年"。或许这可以看作最古老、最原始的自然人移动模式的国际服务贸易。

在人类不断探索世界海洋奥秘的过程中,"如果说水、风和土地等地理因素以明显的方式塑造了海洋世界,那么只有当经济、人口和技术条件正确结合时,航海活动才能变成决定性的力量"。

当人类探索的脚步迈入 15 世纪时,欧洲资本主义开始出现,许多国家开始竞相寻找海外市场。"有少数观察者已经能够把西班牙和葡萄牙即将繁荣的景象归结为两国的航海家们在大西洋东部航行的结果。"15 世纪末,哥伦布在西班牙大金融家和国王的支持下,启航寻找东方。经过几次探险性航行,哥伦布虽然没有到达东方,但却无意间发现了美洲"新大陆"。"新大陆"的发现以及世界航运业的发展,促使欧洲资本主义带有殖民色彩的大规模移民,这也是最早的大规模劳务输出和自然人移动,由此揭开了世界经济发展史上大规模远距离劳动力移动的序幕,并产生了真正意义上的以劳务输出和输入为主的国际服务贸易。其中,最具有代表性的是"三角贸易",另一种则是运输服务贸易。

16 世纪,奴隶贸易的发展迅猛。"在前 25 年,有 12 000 名奴隶被贩运,之后的 25 年,数字达到了 40 000 人;第三个 25 年,数字更是超过 60 000 人。与此同时,共约 24 万欧洲白人移民漂洋过海,成为史无前例的大规模人口迁徙。在 16 世纪最后一个 25 年,又有超过 50 000 名非洲奴隶被运往巴西。只是奴役状况和环境极其恶劣,存活下来的奴隶只有15 000 人。尽管如此,制糖业的迅猛发展,每年来往于累西腓和里斯本之间的船只数量不断激增,比如,1584 年时为每年 40 艘,到 1618 年,增加到每年 130 艘。"[①]在百年间,包括自由人和奴隶在内的以劳务输出和输入为主的国际服务贸易,以及运输服务贸易继续扩大。

17 世纪,开始进入大西洋欧洲的海洋强国时代。欧洲殖民统治加快发展,殖民者不仅加剧了对亚洲和非洲各国的殖民扩张与殖民掠夺,而且加快了对美洲的殖民开拓。殖民者之间争夺殖民地的战争愈演愈烈。大规模的殖民,需要大量劳动力的输出和输入,以劳务输出和输入为主的国际服务贸易与运输服务贸易继续扩大。与此同时,殖民扩张为欧洲资本主义发展积累了大量资本。

早期国际服务贸易的特点是:①贸易性质,以殖民为核心,带有明显掠夺性。这是与当代国际服务贸易存在本质区别的地方。②贸易流向,以"三角贸易"为主。"三角贸易"指的是当时葡萄牙、西班牙、英国、法国等国纷纷进行殖民扩张,在美洲创建种植园、开发金银矿,所需要的大量廉价劳动力,是从非洲大陆输送奴隶、进行奴隶贸易完成的。③贸易规模,相对较小。国际服务贸易刚刚出现,绝对规模在增大,但相对于商品贸易,规模较小。④贸易模式,相对单一。服务贸易以劳务输出和输入为主,虽然也有运输服务等服务

---

① 这一部分的四处引文先后引自:佩恩.海洋与文明[M].陈建军,罗燚英,译.天津:天津出版传媒集团,天津人民出版社,2020:5,11,420.

贸易,但服务贸易类型远没有当今丰富。

1.4.2 第二次世界大战前国际服务贸易的发展

18世纪,可谓帆船在全球占据主导地位的最后一个世纪,也见证了欧洲出海人群数量的空前增长,包括船员、海军水手、自愿和非自愿的移民以及探险者等。18世纪是值得关注的一个世纪,原因在于:在当时,商业技能已随着货物运输的发展而臻于完善,使得原本没有商业头脑(或经商本领)的人也能做生意。[①] 商人们寻找新的市场和原料,各国政府兼并新的领地而展开探险,促使航海技术不断改进。18世纪60年代之后,以棉纺织业技术革命为开端、以瓦特蒸汽机改良和广泛使用为枢纽的英国工业革命爆发,成为刺激航海技术和海上贸易发展的一个重要标志。与此同时,海洋运输服务的发展则成为国际贸易发展的重要条件;国际贸易发展的另一个重要条件是,始于1816年的英国国内的金本位制度逐步演变成为国际金本位制度,促使国际交换和国际支付体系逐步建立,金融服务得到进一步发展。[②]

19世纪,蒸汽动力技术开始运用于轮船驱动,在不到一个世纪的时间里,蒸汽轮船在全球海上贸易中占据了最重要的位置。如果说伴随航海技术的发展是商品贸易的发展,那么伴随商品贸易的发展则是服务贸易的发展,如金融服务、运输服务网络等已经初具规模,国际服务交换的内容和形式更加丰富,国际服务贸易的范围不断扩大:①一些服务性基础设施得到大大加强,如铁路、金融、通信、教育等,具备了进一步推动服务贸易发展的现实条件。②一系列革命性变革不断发生,比如,电话、电报的发明,使远距离通信得以实现,有效缩短了各国商人之间经济活动的时空距离。③运输业和通信业的发展,进一步刺激了自然人移动,比如1815—1930年,人类历史上最大规模的迁徙出现,共有5 600万欧洲人移居国外。

特别是19世纪60年代后期,第二次工业革命爆发,新技术、新发明层出不穷,人类进入"电气时代"。此间,自然科学的新发展,开始和工业生产紧密结合,科学在推动生产力发展方面发挥着更为重要的作用:①第二产业在国民经济中的地位更为重要,其中制造业的发展带动运输、批发、零售、金融、保险、房地产等行业出现空前大发展。②资本主义各国争夺世界的斗争更加激烈,促进了世界殖民体系的形成,以及资本主义世界体系的最终确立,世界逐渐成为一个整体,为世界各国的经济发展提供了更为广阔的市场和更加丰富的资源。③经济发展和人均收入提高,促使各国消费结构发生改变,服务消费逐步上升,大大刺激了为个人及家族服务的行业的发展,如旅游、汽车服务、修理以及文化娱乐、医疗保健等,核心服务贸易得到迅速发展。④跨国公司的出现,促进了资本的国际流动,也带动了服务的国际扩张,刺激了国际服务贸易在世界范围内的发展。总之,在19世纪,科技革命的力量得到充分展示,国际服务贸易也成为真正意义上的全球活动,跨境交付、

① 佩恩.海洋与文明[M].陈建军,罗嵘英,译.天津:天津出版传媒集团,天津人民出版社,2020:489.
② 梅耶,杜森贝里,阿利伯.货币、银行与经济[M].洪文金,林志军,译.上海:上海三联书店,上海人民出版社,1997:625.刘东升.国际服务贸易概论[M].北京:北京大学出版社.2021:23.

商业存在、自然人移动等国际服务贸易模式基本具备。[①]

　　20 世纪初期,帝国主义列强基本上瓜分了世界范围内的殖民地和半殖民地。但是世界资源是有限的,已建立殖民帝国的国家(旧殖民主义)很快就确立长久优势,而后来者(新殖民主义)则会被永远排除在"一流国家"之外,由此导致新旧殖民主义秩序划分不对等、矛盾激化。这种日益加剧的殖民地资源竞争必将导致国际冲突,第一次世界大战因此爆发。这是欧洲历史上破坏性最强的战争之一,大约 6 500 万人参战,1 000 多万名士兵阵亡,2 000 万人受伤,各国经济也遭受了严重破坏。在此期间,因为战争需要,出现了军需产品生产和运输、军事培训、伤病救护、情报信息传递等多种国际服务交换,而且发展迅速。此时的国际服务贸易是为战争服务的,虽然具有明显的临时性特征,但是交换方式却具有现代国际服务贸易的重要特征。[②]

1.4.3　第二次世界大战后国际服务贸易的发展

　　1945 年,第二次世界大战结束,世界进入恢复重建期。20 世纪 60 年代,人类第三次工业革命爆发。这次革命通常被称为计算机革命、数字革命,因为催生这场革命的是半导体技术、大型计算机(20 世纪 60 年代)、个人计算机(20 世纪 70—80 年代)、互联网(20 世纪 90 年代)的发展。[③] 第三次工业革命主要从四个方面刺激了国际服务贸易发展:①通过不断推动生产技术进步、劳动力素质和技能提升、劳动手段改进,进一步推动劳动生产率提高。生产力水平的提高,促使国际分工越来越细化,混合型分工迅速发展,进而带动国际贸易以及国际服务贸易发展。②经济迅速发展,带动个人收入水平以及消费水平提高,推动个人消费结构发生变化,并出现高消费偏向性增长,导致高消费服务产品需求增长,从而使国际服务贸易快速增长。③促进社会经济结构发生重大变化,三次产业在国民经济中的占比出现调整,第一、二产业比重下降,第三产业比重上升,为服务业以及国际服务贸易发展奠定了坚实的基础。④第二次世界大战后,不仅欧洲、美国、日本等发达经济体跨国公司得到快速发展,而且发展中经济体跨国公司也呈现快速发展,各类经济体跨国公司的快速发展态势,进一步带动国际服务贸易快速发展。

　　1970 年,世界商业服务出口占世界贸易总额的 19%。20 世纪 80—90 年代,商业服务年均增长 7.5%,高于同期商品贸易增速(5.5%)。进入 20 世纪 80 年代,尽管出口占世界贸易总额比重于 1980 年降为 17%,但年均增速却于 1989 年达到 10%,1990 年更是高达 17%,出口占世界贸易总额比例于 1990 年重新回到 19%(表 1-2)。此间,服务贸易整体增长速度提高,商务输出、技术贸易、国际旅游、银行保险等服务部门发展速度较快;发达经济体主导着国际服务贸易发展。

---

　　① 佩恩.海洋与文明[M].陈建军,罗燚英,译.天津:天津出版社传媒集团,天津人民出版社.2020:548.刘东升.国际服务贸易概论[M].北京:北京大学出版社.2021:24.
　　② 戴维斯.欧洲史:下卷[M].郭方,刘北成,等译.北京:世界知识出版社,2013:870-949.刘东升.国际服务贸易概论[M].北京:北京大学出版社,2021:24-25.
　　③ 施瓦布.第四次工业革命转型的力量[M].李菁,译.北京:中信出版集团,2018:4.

表 1-2　世界出口构成(1970—1990 年)

品　类	总额/亿美元	出口占世界贸易总额比重/%			年均变化/%		
	1990 年	1970 年	1980 年	1990 年	1980—1990 年	1989 年	1990 年
商品	34 850	81	83	81	5.5	8	13
商业服务	8 100	19	17	19	7.5	10	17

资料来源:WTO. International Trade 90-91(Volume Ⅱ)[EB/OL]. [2022-05-03]. https://www.wto.org/english/res_e/statis_e/publicationsarchives_e.htm. 第 1 页.

1980—1990 年,发达国家一直占据全球商业服务贸易主导地位。1990 年,出口排名前 10 位的国家依次是美国、法国、英国、德国、日本、意大利、荷兰、西班牙、比利时—卢森堡、奥地利。与 1980 年相比,只是位序出现些许变化,如美国超越法国,由第 2 位上升为第 1 位,日本超越意大利,由第 6 位上升为第 5 位,但居于前 10 位的国家没有发生变化。进口排名前 10 位的国家依次是日本、美国、德国、法国、英国、意大利、荷兰、比利时—卢森堡、加拿大、瑞典。与 1980 年相比,进口居于前 10 位的国家稍有变化,如瑞典由 1980 年的第 12 位上升为 1990 年的第 10 位。尽管如此,也并没有动摇发达国家占据主导地位的态势(表 1-3)。

表 1-3　世界商业服务领先进口国和出口国(1990 年)

位　序		出口国	1990 年		位序		进口国	1990 年	
1980 年	1990 年		出口额/亿美元	占比/%	1980 年	1990 年		进口额/亿美元	占比/%
2	1	美国	1 191	14.7	3	1	日本	886	11.2
1	2	法国	819	10.1	4	2	美国	876	11.1
3	3	英国	553	6.8	1	3	德国	821	10.4
4	4	德国	518	6.4	2	4	法国	654	8.3
6	5	日本	416	5.1	5	5	英国	441	5.6
5	6	意大利	408	5.0	7	6	意大利	386	4.9
7	7	荷兰	302	3.7	6	7	荷兰	287	3.6
9	8	西班牙	292	3.6	9	8	比利时—卢森堡	265	3.4
8	9	比利时—卢森堡	277	3.4	10	9	加拿大	227	2.9
10	10	奥地利	226	2.8	12	10	瑞典	170	2.2

资料来源:WTO. International Trade 90-91(Volume Ⅱ)[EB/OL]. (2022-05-03). https://www.wto.org/english/res_e/statis_e/publicationsarchives_e.htm. 第 4 页.

1990—1999 年,商业服务出口年均增速 6%,高于商品贸易的 5%。1999 年,商业服务出口总额为 13 500 亿美元,比上一年增长 1%。总体来看,整个 20 世纪 90 年代商业服务贸易增长速度比 20 世纪 80 年代有所放缓,但依然高于 20 世纪 80 年代和 20 世纪 90 年代商品贸易增速(表 1-4)。其间,运输服务、旅游服务等行业为服务贸易的主导行业。

表 1-4　世界贸易构成（1999 年）

品类	出　口				进　口			
	总额/亿美元	年均变化/%			总额/亿美元	年均变化/%		
	1999 年	1990—1999 年	1998 年	1999 年	1999 年	1990—1999 年	1998 年	1999 年
商品	54 730	5	−2	3	57 290	6	−1	4
商业服务	13 500	6	1	1	13 450	6	2	2

资料来源：WTO. International Trade 2000［EB/OL］.［2022-05-03］. https://www. wto. org/english/res_e/statis_e/publicationsarchives_e. htm. 第 18 页.

20 世纪 90 年代的 10 年间,发达经济体依然占据服务贸易主导地位。1999 年,服务出口占世界前 10 位的经济体是美国(18.8%)、英国(7.5%)、法国(6.1%)、德国(5.9%)、意大利(4.5%)、日本(4.5%)、荷兰(4.0%)、西班牙(3.9%)、比利时—卢森堡(2.9%)、中国香港(2.6%)。服务进口占世界前 10 位的经济体是美国(13.4%)、德国(9.9%)、日本(8.5%)、英国(6.0%)、法国(4.7%)、意大利(4.3%)、荷兰(3.5%)、加拿大(2.9%)、比利时—卢森堡(2.7%)、中国内地(2.3%)。从服务出口和进口前 10 位的国家(地区)来看,依然是发达国家(地区)占据大多数,只有中国香港和中国内地不属于发达国家(地区)(表 1-5)。

表 1-5　进出口服务贸易占据世界前 10 位的经济体(1999 年)

位序	出口国(地区)	出口额/亿美元	占比/%	年均变化/%	位序	进口国(地区)	进口额/亿美元	占比/%	年均变化/%
1	美国	2 534	18.8	6	1	美国	1 804	13.4	9
2	英国	1 015	7.5	3	2	德国	1 328	9.9	3
3	法国	826	6.1	−2	3	日本	1 142	8.5	3
4	德国	793	5.9	0	4	英国	814	6.0	4
5	意大利	612	4.5	−8	5	法国	631	4.7	−4
6	日本	603	4.5	−2	6	意大利	584	4.3	−7
7	荷兰	542	4.0	3	7	荷兰	475	3.5	1
8	西班牙	530	3.9	−8	8	加拿大	385	2.9	3
9	比利时—卢森堡	390	2.9	9	9	比利时—卢森堡	366	2.7	7
10	中国香港	349	2.6	4	10	中国内地	307	2.3	16

资料来源：WTO. International Trade 2000［EB/OL］.［2022-05-03］. https://www. wto. org/english/res_e/statis_e/publicationsarchives_e. htm. 第 21 页.

1.4.4　21 世纪国际服务贸易发展

自 20 世纪 70 年代开始,在经济全球化浪潮、科技创新、产业结构调整的推动下,全球服务贸易出现跨越式发展。发展到 21 世纪的今天,国际服务贸易已经成为世界经济中一个非常令人瞩目的领域,特别是世界经济风云变幻,国际服务贸易发展亦呈现新特征,具体介绍如下。

1. 国际服务贸易出口总体规模较稳定扩大，但主要贸易区之间失衡态势尚存

进入 21 世纪，服务贸易出口规模承袭 20 世纪 90 年代的发展态势，在波动中呈现上升趋势，但比货物贸易出口更具稳定性。从考察年份来看，服务贸易出口额的变化基本可以划分为四个阶段：2005—2008 年、2009—2014 年、2015—2019 年、2020 年之后。第一阶段从 2005 年的 26 299.34 亿美元逐年上涨，至 2008 年的 40 088.86 亿美元；受 2008 年金融危机影响，2009 年出现回落，至 35 898.37 亿美元，之后连续上涨 5 年，至 2014 年达到 51 730.96 亿美元；2015 年回调至 49 381.02 亿美元，之后继续上涨 4 年，2019 年高达 62 120.12 亿美元；2020 年出现较大回跌，2021 年回升至 59 943.34 亿美元（图 1-4）。

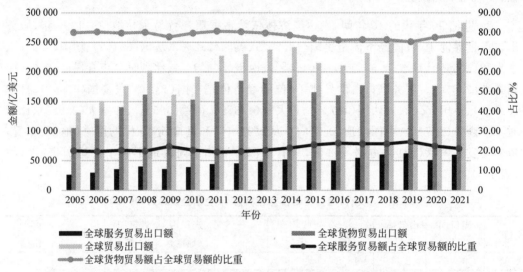

图 1-4 全球服务/商品贸易出口额及其各自占全球贸易出口总额比重（2005—2021 年）
资料来源：https://stats.wto.org/.

从考察年份的相对值来看，全球服务贸易出口额占全球贸易总额的比例在波动中上升，2019 年占比最高，达 24.63%，占全球贸易总额的近 1/4，比 2005 年的 20.01% 上升4.62 个百分点。在不到 20 年间，服务贸易出口额占全球比例从 1/5 上涨到 1/4。2020年，旅游等行业受到较大冲击，导致服务贸易出口受到影响，出现回落，但占比依然达到22.44%，超过全球总额的 1/5；2021 年继续回落，至 21.16%。此外，2006 年、2008 年、2010—2011 年、2017 年、2020—2021 年也出现不同程度的回落，其中回落最大的年份是2020 年，回落 2.19 个百分点，其他年份相对较小，这在一定程度上说明服务贸易出口相对坚挺（图 1-4）。

尽管国际服务贸易得到较快且较稳定的发展，但是各个主要贸易区之间失衡发展状况依然存在。从主要贸易区服务贸易出口额占全球服务贸易出口比重来看，欧洲、亚洲和北美洲依然是全球主要贸易区，在观察年份中，它们合计占比一直高居近九成，世界其他地区，如南美洲、非洲等地区分摊剩下的一成多，也就是说这些地区的服务贸易出口额占比依然很低。欧洲出口占比最高，2021 年高达 51.47%，不但未受新冠病毒感染疫情影响，反而在 2019 年回落后连续 2 年上涨；亚洲相对较为平稳，一直居于 1/4 左右，2021 年为 24.50%，比 2020 年下降 0.41 个百分点，较 2019 年下降 0.81 个百分点；北美洲从

2017 年开始连续回落至 2021 年的 15.01%（图 1-5）。

图 1-5　主要贸易区服务贸易出口额占全球服务贸易出口总额比例（2010—2021 年）

资料来源：https://stats.wto.org/.

2. 国际服务贸易结构呈现不断优化态势，领域不断扩展

进入 21 世纪以来，国际服务贸易结构呈现不断优化态势。从世界部门服务贸易绝对规模来看，2005—2021 年，传统国际服务贸易较其他商业服务增长缓慢。2021 年，交通和旅游出口额分别是 11 584.94 亿美元和 6 146.63 亿美元，分别是 2005 年的 2 倍和 0.89 倍，与传统服务贸易相比，其他商业服务的上涨趋势非常明显。2021 年为 40 073.09 亿美元，为 2005 年的 3.18 倍。

从相对规模来看，其他商业服务自 2007 年突破 50.00%之后，除个别年份之外，处于持续攀升状态，2019 年达到 55.88%，2020 年爆发式增长 12.76 个百分点，创下历史峰值 68.64%，2021 年回落 1.79 个百分点至 66.85%，依然处于高位（图 1-6）。需要说明的是，其他商业服务包括：建筑服务、保险和养恤金服务、金融服务、知识产权使用费以及电信、计算机和信息服务等。它们属于资本密集型服务、技术密集型服务项目，在新科技革命浪潮推动下，特别是 5G 时代的到来，不仅增长速度远远超过传统服务贸易，而且在世界服务贸易舞台上扮演着越来越重要的角色，发挥着越来越重要的作用，也充分证明世界服务贸易领域正在不断扩展。

3. 发展中经济体国际服务贸易得到长足发展，但发达经济体仍占主导地位

发展中经济体国际服务贸易得到快速发展。1990—1997 年，亚洲服务贸易出口占世界服务贸易比例一路上扬，从 1990 年的 16.7%上涨至 1997 年的 22.6%，之后，受亚洲金融风暴影响，1998 年回落到 19.2%，1999 年小幅回扬，至 19.5%。[①]

---

① 根据下述文献相关原始数据整理计算：WTO. International Trade 2000 [EB/OL]. [2022-05-09]. https://www.wto.org/english/res_e/statis_e/publicationsarchives_e.htm. 第 171-173 页.

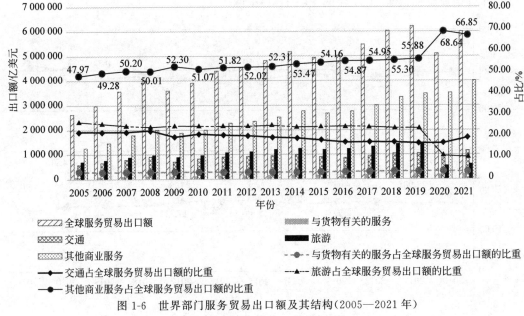

图 1-6 世界部门服务贸易出口额及其结构（2005—2021 年）

资料来源：https://stats.wto.org/.

进入 21 世纪之后，发展中经济体插上了腾飞的翅膀，国际服务贸易得到长足发展。在第一个 10 年间，前 5 年（2000—2005 年），商业服务贸易方面，亚洲年均增长 12%，高于世界（11%）、北美洲（5%），低于欧洲（13%）1 个百分点；其他商业服务贸易方面，亚洲年均增长 14%，高于世界（13%）、北美洲（8%），低于欧洲（15%）1 个百分点。[①] 后 5 年（2005—2010 年），亚洲商业服务贸易年均增长 12%、非洲 9%，均高于世界（8%）、北美洲（8%）、欧洲（6%）；其他商业服务贸易，亚洲年均增长 13%、非洲 11%，均高于世界（9%）、北美洲（10%）、欧洲（7%）。[②]

在第二个 10 年，商业服务贸易波动较大，非洲出现负增长（-1%），亚洲和中东没有统计数据。在第二个 10 年的最后一年，即 2019 年，亚洲增长 3%，中东 13%，非洲 4%，均高于世界（2%）、北美洲（2%）和欧洲（1%）；2020 年，与世界各国一样，亚洲、中东、非洲受新冠肺炎疫情影响商业服务贸易均出现负增长，分别为 -20%（北美洲亦为 -20%）、-23%、-35%，回调幅度高于世界（-18%）、欧洲（-14%）；2021 年，非洲、中东、亚洲出现快速回暖，年增长速度分别为 21%、28% 和 18%。与商业服务贸易不同，以新兴服务贸易为主的其他商业服务贸易，2010—2020 年间，亚洲出口年均增长 7%，居世界第一位，高于世界（5%）以及北美洲（4%）、欧洲（5%）等发达地区；非洲年均增长 4%，尽管低于世界增长，但与北美洲一致；2021 年，亚洲出口年均增长高达 16%，高于世界、北美洲、欧洲

① WTO. World Trade Statistics Review 2011-Ⅲ. Trade in commercial services［EB/OL］.［2022-05-09］. https://www.wto.org/english/res_e/statis_/its2011_e/its11_trade_category_e.pdf. 第 145 页.

② WTO. World Trade Statistics Review 2016-Chapter Ⅸ Statistical tables［EB/OL］.［2022-05-09］. https://www.wto.org/english/res_e/statis_/wts2016_e/WTO_Chapter_09_tables_e.pdf. 第 109 页.

等的增长速度(表 1-6)。①

表 1-6　世界各地区服务贸易出口年均增长速度　　　　　　　　%

分　类	年　份	世界	北美洲	欧洲	非洲	中东	亚洲
商业服务							
	2000—2005	11	5	13	…	…	12
	2005—2010	8	8	6	9	…	12
	2010—2020	2	2	2	−1	…	…
	2019	2	2	1	4	13	3
	2020	−18	−20	−14	−35	−23	−20
	2021	17	11	18	21	28	18
其他商业服务							
	2000—2005	13	8	15	…	…	14
	2005—2010	9	10	7	11	…	13
	2010—2020	5	4	5	4	…	7
	2019	3	3	2	5	5	6
	2020	1	2	0	−6	19	2
	2021	14	11	14	17	22	16

　　资料来源：根据下列文献相关数据汇总。WTO. World Trade Statistics Review 2011-Ⅲ. Trade in commercial services [EB/ OL]. [2022-05-09]. https://www. wto. org/english/res_e/statis_e/its2011_e/its11_trade_category_e. pdf. 第 145 页. WTO. World Trade Statistics Review 2016-Chapter Ⅸ Statistical tables [EB/ OL]. [2022-05-09]. https://www. wto. org/english/res_e/statis_e/wts2016_e/WTO_Chapter_09_tables_e. pdf. 第 109 页. WTO. World Trade Statistics Review 2021-Chapter Ⅴ Statistical tables [EB/ OL]. [2022-05-09]. https://www. wto. org/english/ res_e/statis_e/wts2021_e/wts2021chapter05_e. pdf. 第 79 页. WTO. World Trade Statistics Review 2022-Chapter Ⅴ Statistical tables[EB/ OL]. [2023-06-10]. 第 79 页.

　　注：各年统计数据有出入，数据采集使用的是最新年份统计报告中的数据。

　　尽管发展中经济体国际服务贸易发展快速，但是发达经济体仍占主体。据世界贸易组织统计，欧洲是世界上最大的国际服务贸易出口地区。该地区绝大多数是发达经济体，服务部门专业化程度相对较高，且与经济环境的吻合程度也相对较高。在 2005—2021 年观察年份中，欧洲国际服务贸易出口额占世界国际服务贸易出口总额的比例呈现浅 U 形，2005—2021 年波动上升，从 2005 年的 49.30% 升至 2021 年的 51.47%。亚洲是世界第 2 大国际服务贸易出口地区，除日本之外，绝大多数是发展中经济体，尽管服务贸易发展水平总体低于欧洲，但是发展速度快。在观察期内，服务贸易出口额占全球国际服务贸易出口总额的比重呈现相对稳定的爬升，2019 年上涨至最高点 25.31%，比 2005 年上涨 1.58%，2020—2021 年虽有回落，但依然高于 2005 年近 1%。北美洲是世界第 3 大国际服务贸易出口地区。该地区以美国为代表。在观察期内，国际服务贸易出口额占全球国际服务贸易出口总额的比例正在缓慢下降，从 2005 年的 17.06% 下降到 2021 年的 15.01%。上述三个地区，国际服务贸易出口额占全球国际服务贸易出口的 90% 以上，除亚洲以发展中国家为主外，欧洲和北美洲绝大多数国家是发达经济体，而剩下的不到 10% 由中南美洲、非洲和中东分摊。由此可知，尽管发展中经济体国际服务贸易得到长足

---

　　①　WTO. World Trade Statistics Review 2021-Chapter Ⅴ Statistical tables[EB/OL]. [2022-05-09]. https://www. wto. org/english/res_e/statis_/wts2021_e/wts2021chapter05_e. pdf. 第 79 页.

发展,但是发达经济体依然占据主导地位。

4. 跨国公司成为国际服务贸易发展的重要推动者

21世纪是全球企业跨国经营的鼎盛时期,一切高水平、高层次、大规模的贸易与投资活动,均将以跨国公司为主题或载体进行。跨国公司作为企业国际化经营的产物,不仅影响着世界经济的发展,而且成为国际服务贸易发展的重要推动者。

跨国公司可划分为两大类:一类是金融类跨国公司(服务类跨国公司),另一类是非金融类跨国公司(生产制造类跨国公司)。前者可以直接推动国际服务贸易发展,后者在进行对外扩张以及国际生产过程中,也可以助推或带动国际服务贸易发展:①生产制造类跨国公司进行对外直接投资时,不仅需要金融类跨国公司的支持,而且需要其他大量服务投入,由此带动金融类服务贸易以及其他相关服务行业的发展。②成功投资后,跨国公司一方面出于维持自身特有优势(比如,技术优势等)的目的,往往会选择在母公司与东道国子公司之间或者不同东道国子公司之间进行技术转让等内部贸易;另一方面则基于节约成本(比如,避免搜寻成本、谈判成本、履约成本等)的原因,在全球范围内实行生产经营内部化。但不管出于哪种目的,它们都会带动各相关行业专家、技术人员、劳动力等劳动要素的跨国流动,由此带动国际服务贸易发展。另外,它们还会带动金融、保险、法律、运输、信息、知识产权、咨询、餐饮、住宿等一系列相关服务业的发展。

1.5　案例分析:航权开放助力打造国际航空枢纽

1.5.1　基本案例

陕西西咸新区,位于陕西省西安市和咸阳市建成区之间,区域范围涉及西安、咸阳两市所辖7县(区)23个乡镇和街道办事处,规划控制面积882平方千米。西咸新区是关中—天水经济区的核心区域,区位优势明显、经济基础良好、教育科技人才汇集、历史文化底蕴深厚、自然生态环境较好,具备加快发展的条件和实力。西咸新区于2014年经国务院批复同意设立。[①]

2020年4月,习近平总书记在陕西考察时明确指出,陕西要深度融入共建"一带一路"大格局,加快形成面向中亚南亚西亚国家的通道、商贸物流枢纽、重要产业和人文交流基地,构筑内陆地区效率高、成本低、服务优的国际贸易通道。西咸新区认真贯彻落实习近平总书记重要讲话精神,按照全面深化服务贸易创新发展试点有关要求,充分使用第3、第4、第5航权构建国际航线网络,释放国际航线发展潜力,打造面向"一带一路"沿线国家和地区的国际航空枢纽。

1.5.2　案例分析

西咸新区锐意创新,在多方面均取得明显实践效果。

[①]《国务院关于同意设立陕西西咸新区的批复》(国函〔2014〕2号). 中华人民共和国中央人民政府网. http://www.gov.cn/zwgk/2014-01/10/content_2563452.htm.

1. 主要创新之处

西咸新区主要集中于协作机制、通关模式、市场联动等方面进行创新,具体介绍如下。

建立跨部门协作机制,保障航权资源高效利用。西安咸阳国际机场作为全国 10 大机场之一,拥有第 3、第 4、第 5 航权资源,现有国际航线时刻十分紧张。为了保障航权资源高效利用、优化航线时刻配置,西咸新区会同民航、空管等有关部门建立跨部门沟通协作机制,重点打通航线时刻、航线申报、落地保障等关键节点,优化国际航线客货运组织流程,保障国际航班落地后客货运顺畅流转。联合中航油西北分公司、海关等建立保税航油推进机制,落地保税航油业务,大幅降低执飞国际航线航空公司的运营成本。

创新"智慧通关"模式,提升国际航线转运效率。其主要包括:①搭建"智慧旅检"系统,利用货物行李预检、布控电子追踪、智能闸机系统和人脸识别等技术,做到可疑货物与旅客的布控查验,实现风险高效预警与拦截,平均通关时间由原来的 20 分钟压缩至 5 分钟,整体通关效率提高 75%。②创新海关担保方式,开展关税保证保险改革试点,企业进口货物实现"先出区后报关、集中汇总征税",大幅降低企业资金占用压力并缩短通关时间。③完善中国(陕西)国际贸易"单一窗口"功能,先后上线运行大数据中心、本地身份认证平台、在线培训平台、跨境电子商务(以下简称"跨境电商")B2B 通关服务平台等"单一窗口"特色应用功能。

联动国内外市场,加强国际航线客货源聚集。为确保航线客座率、货邮量,西咸新区联合国内外航空公司多措并举集结客货源。客运方面,其联合俄罗斯乌拉尔航空在泰国、俄罗斯等国举办中国汉唐文化推介宣传活动;在西安、兰州、西宁等地举办"航空嘉年华",推出航权产品大礼包、中转 e 站式服务。货运方面,其支持航空承运人对有进出口需求的企业实行优惠运输政策;组建省内首家本土货运航空公司,并完成首架飞机的引进及首航。

2. 创新实践效果

通过上述创新,西咸新区在航权开放服务机制、客货吞吐量、外向经济高质量发展等方面取得明显成效。

(1) 航权开放服务机制初步构建。以开通第五航权航线为契机,初步探索出以国际航线为核心的融航线申请、航线时刻、落地保障、通关便利等为一体的服务保障机制,实现了航权高水平开放,为航空客货运发展释放更大空间。截至 2020 年底,西安咸阳国际机场国际航线累计达到 92 条,其中客运航线 77 条、货运航线 15 条。国际航线联通全球 37 个国家、77 个城市,包括"一带一路"沿线 21 个国家、45 个城市。

(2) 国际客货吞吐量快速增长。2020 年,西安咸阳国际机场客流吞吐量达到 3 107.4 万人次,位居全国第 8 位,其中,出入境旅客 38 万人次。货邮吞吐量从 2017 年的 26 万吨增至 2020 年的 37.8 万吨,增幅达 145.5%,总量排名进入全国前十强。其中,国际货量 5.8 万吨,同比增长 13.7%。

(3) 国际航线推动外向经济高质量发展。西安咸阳国际机场的枢纽功能进一步加强,芬兰航空、印度尼西亚狮航、马尔代夫国家航空等国际航空公司纷纷在西咸新区设立办事机构,东航、南航等航空公司在西咸新区建设基地,持续加大运力投放。首尔—西安、西安—东京、首尔—西安—洛杉矶等多条"芯片航线"高频次运输三星半导体原材料和产成品,有效保障西安三星项目二期建设和产能扩充需求。2020 年,三星通过空运实现进出口货量 1.7 万吨,同比增长 18.5%,货值突破 800 亿元。

3. 未来创新思路

立足现在,着眼未来,西咸新区将在以下方面继续开拓创新:①以"一带一路"沿线国家和地区为重点,充分发挥国际航空枢纽功能,为现有国际航线提供优质、高效、便捷服务,确保航线稳定运营。②开拓远程洲际航线,增加航点、扩大航线网络,拓展欧洲、亚洲和美洲货运市场,通过与国际航空公司的资源共享、代号共享等措施,完善立体航空体系。③以第 5 航权为契机,进一步拓展区域航空快递、国际中转物流、过境旅游消费等服务贸易业务,促进开放型经济发展。

资料来源:中华人民共和国中央人民政府.《国务院关于同意设立陕西西咸新区的批复》(国函〔2014〕2 号)[EB/OL]. (2014-01-10)[2022-06-13]. http://www. gov. cn/zwgk/2014-01/10/content_2563452. htm. 中华人民共和国商务部. 中国服务贸易发展报告 2020[EB/OL]. (2021-09-09)[2022-06-13]. http://images. mofcom. gov. cn/fms/202109/20210914144408338. pdf. 第 99-100 页.

注:本书根据需求对相关文字略做修改和调整。

1.5.3 思考

思考 1:西咸新区是如何创新航权开放的?
思考 2:西咸新区航权开放的溢出效应体现在哪些方面?

本 章 小 结

服务,包含形形色色的无形产品和活动,具有无形性、不可分离性、可变性、易消失性等特征。从古典经济学家开始,学者们就从产品、效用、使用价值和劳务四个方面定义服务。服务指的是服务提供者以一种无形方式,为服务接受者提供便利或者帮助,同时能够增加服务接受者效用或使用价值的经济活动。

FTA 和 GATS 均定义了国际服务贸易。FTA 认为,服务贸易是由或代表其他缔约方的一个人,在其境内或进入一缔约方提供所指定的一项服务。GATS 依据服务贸易的四种提供方式(跨境交付、境外消费、商业存在、自然人移动)定义了国际服务贸易。RCEP 沿袭了 GATS 的定义。

依据不同标准,国际服务贸易具有不同的分类,主要包括按照 WTO 的标准分类、按照 IMF 的可操作性统计分类、按照理论性逻辑分类。第一种是部门分类,认为服务贸易可分为 12 个部门;第二种是应用分类,将服务贸易分为要素服务贸易和非要素服务贸易;第三种是理论分类,将服务贸易划分为国际追加服务贸易和国际核心服务贸易。另外,RCEP 分类是以联合国统计局 1991 年临时中心产品分类目录为基础,而排序则反映 WTO 秘书处在 1991 年 7 月 10 日 MTN. GNS/W/120 中使用的分类体系。

《国际服务贸易统计手册 2010》遵循 GATS 关于国际服务贸易的定义,确定以四种供应模式,即跨境交付、境外消费、商业存在和自然人移动作为服务贸易统计的范围。在具体操作上,以居民与非居民之间的交易(以 BPM6 为基础的服务贸易,即 BOP 统计)和通过国外附属机构的经营活动提供服务(以国外附属机构统计为基础,即 FATS 统计)两条主线进行服务贸易统计。BOP 统计属于传统统计,基本原则是,依据居民与非居民交易是否跨越国境或者边界来确定是否纳入 BOP 统计之中。FATS 统计作为 BOP 统计的补充,涉及超出其范围的、GATS 规定的国际服务供应的方方面面,包括内向型 FATS 统计和外向型 FATS 统计。

　　国际服务贸易产生和发展的基本动因是国际分工的不断深化以及社会生产力的不断发展。在国际服务贸易产生和发展的过程中,人们对于未知世界的探索,以及科技的发展,特别是工业革命的爆发,成为助推社会生产力大发展的强大动力。每个时期的国际服务贸易都有各自历史条件下的特点。进入 21 世纪,国际服务贸易在规模、主体、结构等多个方面更是呈现出之前无可比拟的新特征,从而展现出国际服务贸易强大的发展空间。

思考题

　　1. 什么是服务? 什么是国际服务贸易?
　　2. 国际服务贸易包括哪几种形式? 如何统计国际服务贸易?
　　3. 国际服务贸易是如何产生和发展起来的?

即测即练

学习园地

第 2 章

国际服务贸易理论

【学习要点】

1. 随着国际服务贸易的发展,学者们尝试从理论解释国际服务贸易。
2. 对于国际服务贸易的解释路径有两条:一是把国际贸易理论向国际服务贸易领域扩展,二是另辟蹊径。
3. 学者们分别从比较优势理论、要素要赋理论、新贸易理论和新新贸易理论方面进行了扩展,赞成者有之,怀疑者亦有之,但国际服务贸易理论体系正在逐步形成。

【学习目标】

1. 掌握关于比较优势理论是否适用于国际服务贸易的几种观点。
2. 熟悉新新贸易理论下以微观主体为研究对象的服务贸易理论。
3. 了解要素禀赋理论在服务贸易中的应用;了解规模经济和不完全竞争下的服务贸易理论模型。

 引导案例

诺贝尔经济学奖

北京时间 2022 年 10 月 10 日,2022 年诺贝尔经济学奖揭晓,同时授予本·S. 伯南克(Ben S. Bernanke)、道格拉斯·W. 戴蒙德(Douglas W. Diamond)和菲尔·H. 迪布韦克(Philip H. Dybvig)。获奖理由是,表彰他们"对银行和金融危机的研究"。

诺贝尔经济学奖(全称为"瑞典国家银行纪念阿尔弗雷德·诺贝尔经济学奖")(The Sveriges Riksbank Prize in Economic Sciences in Memory of Alfred Nobel),旨在奖励在经济学领域作出杰出贡献的经济学家。

1969 年,诺贝尔经济学奖首次颁发,截止到 2022 年 10 月,已经颁发 54 次,共计 92 人获奖。其中,2008 年诺贝尔经济学奖授予新贸易理论的主要代表人物和集大成者保罗·克鲁格曼(Paul Krugman),表彰其对贸易模式以及经济活动区位的剖析。

诺贝尔奖官方网站对保罗·克鲁格曼的评价是:"长期以来,国际贸易一直是经济学科的中心问题。传统理论认为,不同国家有不同情况,因此各国往往生产不同产品。然而,1979 年保罗·克鲁格曼提出其理论,认为规模经济(economies of scale)意味着国际贸易由生产相似产品的相似国家主导。规模经济和运输成本的下降也可以解释为什么越来越多的人生活和工作在城市里。"

保罗·克鲁格曼的杰出贡献破解了贸易领域困扰人们的谜团,从而揭开了国际贸易理论的新篇章。当然,随着世界经济的变迁,贸易理论也在不断发展变迁,继新贸易理论之后,又出现了新新贸易理论。

资料来源：The Nobel Prize. The Sveriges Riksbank Prize in Economic Sciences in Memory of Alfred Nobel 2022［EB/OL］. https：//www. nobelprize. org/prizes/economic-sciences/2022/summary/. The Nobel Prize. All prizes in economic sciences［EB/OL］. https：//www. nobelprize. org/prizes/lists/all-prizes-in-economic-sciences/. The Nobel Prize. Economic Science-Prize in Economic Sciences 2008［EB/OL］. https：//www. nobelprize. org/prizes/economic-sciences/2008/summary/.

2.1　比较优势理论与国际服务贸易

古典国际贸易理论以货物贸易为基础,最经典的比较优势理论于 1817 年由英国经济学家大卫·李嘉图(David Ricardo)提出,他将亚当·斯密(Adam Smith)的绝对优势理论进一步引申,提出了比较优势理论。该理论很好地解释了国际货物贸易产生的原因和贸易模式,也进一步推动了国际贸易的发展。

2.1.1　比较优势理论的基本内容

英国学者亚当·斯密在其经典著作《国民财富的性质和原因的研究》(即《国富论》,1776)中提出了绝对优势理论。绝对优势,指的是在某一产品的生产上,一国的劳动投入/劳动生产率较另一国更低/高。绝对优势理论认为,世界上每个国家都拥有生产某种产品的绝对优势,如果各个国家都按照本国的绝对优势选择专业化分工、生产和交换,那么对世界各国都会有利。[①]

大卫·李嘉图在《政治经济学及赋税原理》(1817)一书中,发展了绝对优势理论,并提出了比较优势理论,以解释国际贸易发生原因及其结果。

比较优势,指的是一国在某一产品生产上的生产成本相对他国更低或劳动生产率相对更高。与绝对优势不同的是,相对优势比较的不再是劳动生产率,而是两个国家同一部门的机会成本。

比较优势理论认为,国家间技术水平的相对差异产生了比较成本的差异,因此一国应根据“两利相权取其重,两弊相权取其轻”的原则,集中生产出口其比较优势较大的产品,或者说专门生产出口最有效率的产品,从其他国家购买生产效率相对较低的产品,即使这一行为意味着从别国购买的产品可能在本国生产更有效率。[②] 比较优势理论表明,即使一国在所有产品生产上都具有绝对劣势,但当绝对劣势程度存在差异时,该国同样可以进行国际贸易,且从中获得国家福利的增长。

2.1.2　比较优势理论在国际服务贸易中的适用

20 世纪 80 年代,随着服务贸易的不断发展,一些学者开始将古典国际贸易理论加以

---

① 斯密. 国民财富的性质和原因的研究［M］. 郭大力,王亚南,译. 北京：商务印书馆,2007.

② D. Richard. The principle of political economy and Taxation. Homewood,IL：Irwin,1967,first publilshed in 1817.

延伸,扩展到国际服务贸易领域。其中,绝对优势理论在国际服务贸易理论发展过程中的角色并不明显,却也有一定的合理性;与此相比,学术界对比较优势理论是否适用于国际服务贸易领域展开了激烈争论,基本上形成了完全适用论、完全不适用论、折中的修正主义论三种观点。

1. 完全适用论

完全适用论以辛德利(B. Hindley)、史密斯(A. Smith)、萨皮尔(A. Sapir)、卢茨(E. Lutz)、劳尔(S. Lall)、库伯(R. Kupper)等为代表。他们认为比较优势理论作为国际贸易的基础理论具有普适性,服务贸易与货物(商品)贸易并无内在矛盾,无须区分,不论是理论还是经验分析,都可以统一在一个理论体系中。

萨皮尔和卢茨(1981)对三种类型(货运、客运服务以及保险和再保险服务)的服务贸易数据的实证结果表明,比较优势原理不仅适用于货物贸易,同样也适用于服务贸易。物质资本丰富的国家在运输服务部门拥有比较优势,而人力资本充裕的国家在保险、专利等服务部门拥有比较优势,并且这种比较优势是一种动态变化的过程。[1] 1982 年,萨皮尔对美国商务部 1980 年无形账户中的服务贸易数据的实证结果再次证明了比较优势的适用性。[2]

辛德利和史密斯(1986)进一步考虑了政府行为在服务业中的作用。他们分析了政府对服务业实行特别管制、限制服务业对外投资、为保护优质服务业而封闭国内市场这三种限制政策,认为这些措施并不能影响比较优势的适用性,反而从反面证实了比较优势理论在服务贸易中的适用性,因为导致比较优势理论不完全适用于服务贸易的障碍是外生的政策因素,商品贸易中同样存在这样的问题,所以比较优势和服务贸易没有内在矛盾。他们认为在理论或经验分析中,没有必要在概念上严格区分商品和服务,虽然"服务与货物之间的重大差异值得认真注意,但是比较优势理论的强大逻辑超越了这些差异"。[3]

哈佛大学的著名国际经济学家理查德·库伯(1988)坚持认为:"作为一个简单的思想,比较优势论是普遍有效的……对传统比较优势论的依赖是基于一个简单的命题——每个团体都专注的共同利益正是自身效率更高的那项活动所带来的。这个命题总是有效的,试图解释各个团体所拥有的比较优势结构的不同理论确实存在,但是其中一些甚至全部都是错误的。正如存在于商品生产中那样,比较优势也存在于服务业中。"[4]

法尔维和格默尔(Falvey,R. E. and Gemmell N.,1991)计量研究了国际服务价格的影响因素。结果发现,其他因素不变,耕地、矿藏、资本较大的贸易赤字和较高的贸易品价格将倾向于提高国内服务价格,较多的人口和劳动力禀赋倾向于降低国内服务价格;非熟练劳动力的增加将降低服务品的价格,熟练劳动力的增加可能降低也可能提高服务品的价格。因此,发达国家在资本和技术密集型的服务方面拥有价格比较优势,发展中国家

① André Sapir and Ernst Lutz. Trade in services: Economic Determinants and Development Related issues. World bank Staff working paper, No. SWP480, (Aug., 1981). https://documents1.worldbank.org/curated/en/204851468740123246/pdf/Trade-in-services-economic-determinants-and-development-related-issues.pdf.

② André Sapir. Trade in Services: Policy Issues for the Eighties. Columbia Journal of World Business, Vol. XVII, No. 3(Sep., 1982), pp. 78-79.

③ Brian Hindley & Alasdair Smith. Comparative Advantage and Trade in Services, *The World Economy*, Wiley Blackwell, Vol. 7(4)(Dec., 1984), pp. 369-390.

④ 韶泽,靖赟. 国际服务贸易的相关理论[J]. 财贸经济,1996(11):51-55.

在劳动密集型服务上拥有价格比较优势。[①]

2. 完全不适用论

完全不适用论以 R. 迪克(R. Dick)和 H. 迪克(H. Dick)、桑普森(Gary P. Sampson)、斯内普(Richard H. Snape)、费科特库迪(G. Feketekuty)为代表。他们认为,服务贸易不同于货物贸易,存在其独有的特点,因此比较优势理论不足以解释服务贸易。

R. 迪克和 H. 迪克(1979)是最早尝试用国际贸易理论来解释服务贸易的学者,他们运用"显性比较优势法"(Revealed Comparative Advantage,RCA)验证知识密集型服务贸易是否遵循比较优势原理,他们对 18 个 OECD(经济合作与发展组织)国家的显性比较优势指标进行了跨部门回归分析,结果发现并无明显证据能证明比较优势在服务贸易部门发挥了作用。虽然这一结果一部分是由于非关税贸易壁垒导致的,但是他们仍然认为"如果不考虑贸易扭曲,比较优势在服务贸易中没有产生重要影响"。[②]

费科特库迪(1988)从服务贸易自身特点出发,认为服务贸易有许多不同于商品贸易的特点:①国际服务贸易是提供劳动活动与货币的交换而不是物与货币的交换;②国际服务贸易中服务的生产和消费大多是同时发生的,提供的劳动活动一般不可储藏;③统计方式不同,服务贸易的统计体现在国际收支平衡表中,而在海关进口中没有显示。由于服务贸易存在以上特点,故比较优势原理不适用于分析服务贸易。[③]

3. 折中的修正主义论

折中的修正主义论被大部分学者接受。学者们认为国际服务贸易并未超出国际贸易的逻辑范畴,因此比较优势的基本原理对国际服务贸易具有普适性,同时也认为其存在一定的缺陷,因此在运用比较优势原理来解释国际服务贸易时,需要进行一些修正。持此种观点的代表学者为迪尔道夫(A. Deardorff)、塔克(K. Tucker)、森德伯格(M. Sundberg)和伯格斯(D. F. Burgess)等。

迪尔道夫(1984)在探讨服务贸易的比较优势时首次将服务引入要素禀赋理论的分析框架,通过服务贸易不同于货物贸易的三个特征来分析比较优势的适用性:①服务贸易往往被认为是货物贸易的副产品,因为很多服务贸易是为了方便货物贸易而发展起来的;②服务贸易往往与要素的国际流动密切相关;③某些服务可以由跨国公司远程提供。前两个特征完全不影响比较优势的解释力,但第三个特征则会影响比较优势的适用性。同时,他认为,如果服务本身的比较优势是由于技术差异而非要素禀赋差异产生,那么比较优势理论的解释力会进一步被削弱。[④]

---

① Rodney E. Falvey and Norman Gemmell. Explaining service-price differences in international comparisons. The American Economic Review,Vol. 81,No. 5 (Dec. ,1991),1295-1309.

② R. Dick and H. Dick. Patterns of Trade in Knowledge,International Economic Development and Resource Transfer [M]. Edited by Aierser,H,Tobingen. 1979:98-105. 转引自:汪素芹. 国际服务贸易[M].3 版. 北京:机械工业出版社,2016.

③ G. Feketekuty. International Trade in Services:an Over view and Blue Print for Negotiations[Z]. Ballinger,1988. 转引自:汪素芹. 国际服务贸易[M].3 版. 北京:机械工业出版社,2016.

④ Alan V. Deardorff. "Comparative Advantage and International Trade and Investment in Services," in Robert M. Stern,(eds.),Trade and Investment in Services:Canada /US Perspectives,Toronto:Ontario Economic Council,1985,pp. 39-71. https://fordschool. umich. edu/rsie/workingpapers/PPP1-25/ppp5. pdf.

塔克和森德伯格(1988)承认,由于自身局限性,传统的比较优势理论不能充分解释服务贸易,但如果能根据服务贸易在市场结构和需求方面的特点,对其加以修正,那么比较优势理论或许可以恰当地解释服务贸易;借助传统的比较优势理论,可以更好地认识服务贸易特征。[①]

伯格斯(1990)基于完全竞争市场假设,建立了 2×2×1 模型,即 2 种货物、2 种主要投入品(资本和劳动)和 1 种生产者服务模型。服务部门的产出作为两种制成品生产的中间投入品,服务部门使用的主要投入品与货物生产部门一样。伯格斯发现,各国生产者服务的技术和质量差异将影响该国商品生产的比较优势与贸易模式。在技术相同的情况下,只有货物的自由贸易将降低要素和服务的价格,因此将削弱实行服务贸易自由化的动力。然而,当提供服务的技术存在差别时,服务贸易壁垒将阻碍货物贸易。更为重要的是,在没有贸易扭曲的情况下,在一个由于要素禀赋差异而产生了比较优势的世界中,服务贸易自由化是最优选择,并会带来福利的净收益。伯格斯的研究实质上证明了生产者服务的比较优势会对商品的比较优势产生影响。[②]

2.2 要素禀赋理论与国际服务贸易

新古典国际贸易理论主要是要素禀赋理论,它与古典贸易理论一起被称为传统贸易理论。传统贸易理论强调的是国家间的相对价格差异。

2.2.1 要素禀赋理论的基本内容

要素禀赋理论既包括标准的赫克歇尔-俄林定理(Eli Hecksher-Bertil Ohlin 定理, H-O 定理)[③],也包括一系列以 H-O 定理为基础发展而来的扩展模型,它们是斯托尔珀-萨缪尔森定理(Wolfgang Friedrich Stolper-Paul Samuelson 定理,S-S 定理)、赫克歇尔-俄林-萨缪尔森定理(H-O-S 定理)、罗伯津斯基定理(Rybczynski 定理,R 定理)。[④]

1. H-O 定理

20 世纪 20 年代,瑞典经济学家伊·菲·赫克歇尔(E. F. Heckscher)和戈特哈德·贝蒂·俄林(Bertil Gotthard Ohlin)提出了要素禀赋理论基本定理,即赫克歇尔-俄林定理。这一定理认为,比较优势来自国家要素禀赋的差异。要素禀赋是指国家拥有的土地、劳动力、资金等资源的程度,各国有不同的要素禀赋,而不同的要素禀赋解释了要素成本上的差异,某种要素越丰裕,其成本越低。

H-O 定理:一国将出口密集使用当地丰裕要素的产品,而进口那些密集使用当地稀

---

① K. Ticker and M. Sundberg. International Trade in Services. Routledge,London and New York,1988:26-29. 转引自:韶泽,靖赟. 国际服务贸易的相关理论[J]. 财贸经济,1996(11):51-55.

② 依据以下文献整理:"武力超. 比较优势理论在服务贸易中的适用性[J]. 山西财经大学学报,2008(2):71-73""竺杏月,狄769亚. 国际服务贸易与案例[M]. 南京:东南大学出版社,2018:75-76".

③ 详见:"赫克歇尔,俄林. 赫克歇尔-俄林贸易理论[M]. 陈颂,译. 北京:商务印书馆,2018."

④ 依据以下文献整理:"李坤望,张兵. 国际经济学[M]. 4 版. 北京:高等教育出版社,2017:49-64""赵春明,蔡洪波. 新编国际服务贸易教程[M]. 北京:清华大学出版社,2019:48-49".

缺要素的产品,以此使参与国的福利都得到改善,国际贸易的模式是由要素禀赋的差异而非生产效率的差异决定的。

2. H-O 定理的扩展

1941 年,斯托尔珀(Wolfgang Stolper)和萨缪尔森(Paul Samuelson)在 H-O 定理的基础上,进一步分析了关税对于国内生产要素价格的影响,进而将研究成果运用至国际贸易对于国内收入分配的影响。斯托尔珀-萨缪尔森定理:一种商品的相对价格上升,将导致该商品密集使用的生产要素实际报酬或实际价格提高,而另一种生产要素的实际报酬或实际价格下降。

1948 年,萨缪尔森在 H-O 模型的基础上,考察了国际贸易对商品相对价格和生产要素价格的影响,论证了自由贸易引起国家间要素价格的均等化。赫克歇尔-俄林-萨缪尔森定理:国际贸易将导致各国生产要素的相对价格和绝对价格趋于均等化。

1955 年,罗伯津斯基(Tadeusz Rybczynski)放松了 H-O 模型关于一国要素总量固定不变的假设,探讨了在商品相对价格不变的条件下,一国要素数量的变化对生产的影响,即商品价格不变时,一种要素供给的增加将导致密集使用该要素的商品更大比例地增加产出,同时减少其他商品的产出。罗伯津斯基定理:在商品相对价格不变的前提下,一种要素禀赋的增加会导致密集使用该要素的商品部门的生产扩张,而密集使用另一种要素的商品部门的生产下降。

另外,需要提及的是,1953 年,里昂惕夫(W. Leontief)用 H-O 理论对美国的情况进行了实证检验。他假设美国与别国相比,资本相对丰裕,因此美国会是一个资本密集型产品的出口国、劳动密集型产品的进口国。但实证结果与理论预测完全不符,美国的进口产品具有资本密集型的特点,这被称为里昂惕夫悖论。[①] 虽然后续的很多实证检验都证实了里昂惕夫悖论的存在,使 H-O 理论在对现实国际贸易模式的预测方面相对较差,但该理论在国际贸易学中仍然产生了重大影响。

2.2.2　要素禀赋理论在服务贸易领域的演化

随着服务经济的兴起,许多学者将要素禀赋理论应用于对服务贸易的解释,但由于要素禀赋理论的产生根植于货物贸易,因此在对服务贸易的适用性上也引发了一系列讨论。赞成者有之,怀疑者亦有之,故依此可划分为赞成论和怀疑论。

1. 赞成论

一些学者认为商品和服务效用等价,因此要素禀赋理论也适用于服务贸易。许多学者在进行研究时,往往将要素禀赋理论与比较优势理论结合在一起,用 H-O 理论的框架来解释一国服务贸易比较优势的产生。

迪尔道夫(Deardorff,1985)利用经典的"2×2×2"(2 个国家,2 种产品,2 种要素)H-O 模型框架,通过改变部分约束条件,建立了迪尔道夫模型,从三个方面分析了要素禀

---

① Wassily W. Leontief. "Domestic Production and Foreign Trade: The American Capital Position Re-examined," Proceedings of the American Psychological Society, Vol. 97, No. 4 (January, 1953), pp. 332-349.

赋对服务贸易的适用性。[①] 这是对要素禀赋理论的重要扩展,也说明要素理论在服务贸易发展方面的适用性。

伯格斯(Burgess,1990)将服务和技术差异因素引入传统模型用于分析国际服务贸易。以主流贸易理论中的 H-O-S 模型为基础,进行了简单的修正,得到诠释服务贸易的一般模型,从而解释了不同国家在提供服务技术上的差别如何形成比较优势和服务贸易模式。[②]

法尔维(1991)、达杰克和凯尔兹克斯基(1989)等学者对各国的服务贸易进行实证研究后,均发现各国的服务贸易模式与要素禀赋相关。[③][④]

2. 怀疑论

一些学者认为,鉴于服务贸易比较优势的产生确实与资本、劳动力等生产要素条件紧密相关,要素禀赋理论对服务贸易具有一定程度的解释力,但是也有一定的局限性,主要原因在于要素禀赋理论的基本假设为市场完全竞争和规模收益不变,但是服务业往往是在规模收益递增和不完全竞争的条件下运行的。

麦尔文(1989)建立了一个包括一种商品和生产者服务的标准 H-O 模型,以考察该理论对服务贸易的适用性,结果发现比较优势原理对服务贸易适用,但要素禀赋理论则不足以解释服务贸易。[⑤]

桑普森和斯内普(1985)根据生产要素和服务消费者的流动性将国际服务贸易分为以下四种情况:①生产要素和服务的消费者均不流动;②生产要素流动,但服务的消费者不流动;③生产要素不流动,但服务的消费者流动;④生产要素和服务的消费者均流动。由于要素禀赋理论假设生产要素在国际不流动,因此只适用于第一种情况的服务贸易。而对另外三种服务贸易,在以 H-O 模型解释时,需要放弃生产要素在两国间不能流动的假设。[⑥]

2.3　新贸易理论与国际服务贸易

第二次世界大战以后,随着世界经济的发展、国际经济市场的扩大,发达国家之间相同产业内的贸易量日益扩大。传统国际贸易理论主要研究的是产业间贸易(inter-

---

① Alan V. Deardorff. "Comparative Advantage and International Trade and Investment in Services," in Robert M. Stern,(eds.),Trade and Investment in Services:Canada /US Perspectives,Toronto:Ontario Economic Council,1985,pp. 39-71. https://fordschool. umich. edu/rsie/workingpapers/PPP1-25/ppp5. pdf.

② 依据以下文献整理:"武力超. 比较优势理论在服务贸易中的适用性. 山西财经大学学报[J]. 2008(2):71-73""竺杏月,狄昌娅. 国际服务贸易与案例[M]. 南京:东南大学出版社,2018:75-76".

③ Rodney E. Falvey and Norman Gemmell. Explaining service-price differences in international comparisons. The American Economic Review,Vol. 81,No. 5 (Dec. ,1991),pp. 1295-1309.

④ Slobodan Djajić and Henryk Kierzkowski. Goods,Services and Trade. Economica,New Series,Vol. 56,No. 221 (Feb. ,1989):83-95.

⑤ James R. Melvin. Trade in Producer Services:A Hecksclier-Ohlin Approach,Journal of Political Economy,Vol 97,No. 5(Oct. ,1989):1180-1196.

⑥ Gary P. Sampson,Richard H. Snape. Identifying the Issues in Trade in Services. The world economy,Volume 8, Issue 2,June 1985:171-182. 转引自:汪素芹. 国际服务贸易[M]. 3 版. 北京:机械工业出版社,2016.

industry trade)，它假设贸易发生在不同的国家之间，基于不同的技术或要素禀赋，因此无法解释为什么类似商品的双向贸易发生在相似的国家，特别是发达国家之间。20 世纪 70 年代末，以保罗·克鲁格曼等为代表的经济学家进一步系统地阐释了产业内国际贸易理论，后来发展成为以规模经济和非完全竞争市场为两大支柱的完整的经济理论体系，即新贸易理论。随着国际服务贸易的发展，学者们尝试用新贸易理论解释国际服务贸易。

2.3.1　新贸易理论的基本内容

新贸易理论认为，公司获得规模经济的能力对国际贸易有重要的影响。规模经济是指伴随大规模的产出，单位成本下降。当企业的产量规模达到一定水平后，由于各生产要素的有机结合产生了"1＋1＞2"的效应，平均成本呈现下降的趋势。规模经济的来源包括：通过大规模生产分摊固定成本的能力，使用专业设备和熟练工人以提高生产率的能力。在很多行业，规模经济是降低成本的主要手段。在规模经济下，生产者和消费者对差异产品的追求是国际贸易产生的原因，而对规模经济效果的追求，进而对获得超额利润的追求则是国际贸易产生的动力。

新贸易理论还认为世界经济的贸易模式是规模经济和先行者优势(first-mover advantages)的结果。先行者优势是指因先行进入某一行业而获得的经济和战略上的优势。对于占世界总需求很大比例的产品来说，该产业中的先行者能够获得基于规模经济的成本优势，而后进入者几乎难以抗衡。不同于传统国际贸易理论规模报酬不变的假设，新贸易理论建立在不完全竞争的市场结构上，假定存在规模报酬递增效应，强调历史积累、路径依赖、技术要素等动态因素。

新贸易理论的主要代表和集大成者是经济学家保罗·克鲁格曼，他在传统的比较优势理论和要素禀赋理论的基础上进行了扩展，使其更加适用于第二次世界大战后的国际经济现实。保罗·克鲁格曼认为，传统的贸易理论往往假设产品是同质的，但实际上产品往往是异质的，且一国不可能同时生产所有异质性产品。基于消费者行为理论，世界市场比起国内市场能够提供更多的花色品种，每个消费者的选择能够更为广泛。同时，他认为报酬递增是国际贸易产生的主要原因，那么一国的国内市场就决定了国际分工模式，可以理解为，在报酬递增条件下，每个国家都趋向于出口其具有较大本国市场的产品 (Krugman，1980)。[①]

2.3.2　新贸易理论在国际服务贸易领域的应用

随着服务贸易的不断发展，迪尔道夫等学者开始将服务贸易纳入原有的国际贸易理论框架中，早期的比较优势理论和要素禀赋理论都是基于完全竞争与规模不变的假设。然而服务贸易市场存在着诸多不同于商品贸易的特点，比如，服务贸易市场往往是不完全竞争的，大多数服务行业是规模报酬递增的，服务行业的产业内贸易(intra-industry trade)水平往往高于产业间贸易水平等。为解决传统国际贸易理论分析中出现的这些问

---

① Paul Krugman. Scale Economies，Product Differentiation，and the Pattern of Trade. The American Economic Review，Vol. 70，No. 5(Dec.，1980)：950-959.

题,以琼斯(Ronald W. Jones)和克尔茨考斯基(H. Kierzkowski)、马库森(J. R. Markusen)、弗兰科斯(Joseph Francois)等为代表的学者开始将新贸易理论引入对服务贸易的讨论中来,考虑了不完全竞争和规模经济,建立了更贴近现实的服务贸易理论模型,对于服务贸易的发展具有更加现实的指导意义。

1. 生产区段和服务链理论

1986 年,琼斯和克尔茨考斯基提出了生产区段和服务链(Production Blocks and Service Links)理论,主要探讨规模经济条件下服务贸易的作用。随着技术进步、生产的扩张以及社会分工的发展,专业化的生产技术产生越来越重要的影响。生产专业化与社会分工程度的加深,推动着生产过程的分散。当生产逐渐由分散在不同国家的生产区段合作进行,以利用各国不同的成本优势时,金融服务、信息服务、专业技术服务等一系列生产性服务就构成了各个生产区段之间的桥梁,对生产性服务纽带的需求会上升,从而促进国际服务贸易尤其是生产性服务贸易的快速发展。制造企业包括服务企业能否获得高质量、高效率、低成本的生产者服务投入,生产出满足市场需要的差异性、高附加值产品,直接关系到企业的市场竞争力。[1]

2. 差异化中间要素贸易模型

1989 年,马库森发展出了差异化中间要素贸易模型。他从服务部门内部专业化角度出发,建立了两个国家、两个部门(即具有竞争性的生产部门和需要使用中间要素或服务的生产部门)的分析模型,讨论了生产具有规模报酬递增的差异性或专业化中间产品的贸易。他认为,规模收益递增是资本密集型中间品和知识密集型生产者服务具有的共同特点,而中间产品投入大多是差异性的,并且与国内要素投入是互补的。在生产者服务贸易中,对于初始固定成本,实际提供的服务成本比较低,导致专业化程度的提高和国际分工的发展。马库森模型表明,生产者服务具有很强的互补性,生产者服务贸易优于单纯的最终产品贸易,因此促进生产者服务贸易自由化,能给一国带来较大的收益。[2]

3. 外部集聚模型

与马库森模型强调的服务业内部专业化相反,弗兰科斯外部集聚模型则强调外部专业化,即强调服务在协调和连接各专业化中间生产过程中的(外部集聚)作用。他建立了一个具有张伯伦垄断竞争特征的产品差异部门(1 个部门,2 个国家),讨论了生产者服务由于专业化而实现的规模报酬递增,以及生产者服务贸易对货物贸易的影响。弗兰科斯指出,生产者服务贸易对于国家间相互依存具有重要意义,积极参与生产者服务贸易,有助于一国尤其是发展中国家提高专业化水平。[3]

---

① Ronald W. Jones, Henryk Kierzkowski. "Neighborhood Production Structures, with an Application to the Theory of International Trade". Oxford Economic Papers. New Series, Vol. 38, No. 1(Mar., 1986): 59-76.

② James R. Makusen. "Trade in Producer Services and in Other Specialized Intermediate Inputs". The American Economic Review. Vol. 79, No. 1(Mar. 1989): 85-95.

③ Joseph F. Francois. Producer Services, Scale, and the Division of Labor. Oxford Economic Papers. New Series, Vol. 42(Oct., 1990), pp. 715-729. Published By: Oxford University Press.

2.4　新新贸易理论与国际服务贸易

传统贸易理论和新贸易理论均从宏观视角研究国家和行业层面的贸易现象,已经无法解释国际贸易领域新出现的企业主导的国际化模式,而新新贸易理论关注的是参与贸易的微观企业行为,在企业异质性的前提下研究企业特征的差异对出口概率和出口选择的影响,解释了企业内贸易、产业间贸易以及不同企业异质性的根源。新新贸易理论在国际服务贸易领域的适用性还在不断探索和检验中。[①]

2.4.1　新新贸易理论的基本内容

新新贸易理论包括两个分支:①以梅利兹(Marc J. Melitz)为代表,核心问题是企业的国际化路径抉择,讨论什么样的企业会选择出口,即出口概率问题;②以安特拉(Pol Antràs)为代表,核心问题是企业生产的内部化抉择,讨论企业尤其是跨国公司如何在世界范围内组织生产,如何在外包(outsourcing)和 FDI 之间作出抉择。

1. 梅利兹模型

梅利兹(2003)异质性企业贸易模型是新新贸易理论最基本的模型,它第一次将企业异质性作为模型的一个基本假设,讨论异质性企业的出口决策问题。企业的异质性以生产率的差异来表示,生产率不同的各个企业在是否进行生产、是否进入国际市场的决策上存在差异。

梅利兹模型以迪克西特-斯蒂格利茨(Dixit-Stiglitz)垄断竞争条件为基础,产品市场上是水平差异性产品,每个生产者都在生产不同于其他生产者的产品,都具有一定的垄断能力,希望拓宽市场、增加利润;消费者对各种产品的偏好具有对称性,喜欢产品多样性,产品种类越多则效用越大。企业的生产率是外生决定的,企业根据自身的生产率水平作出前瞻性决策。企业进入国内市场和国际市场都面临大于零的固定成本。

在封闭经济条件下,企业只考虑两种选择:生产、不生产。对于追求利润最大化的企业来讲,只有在盈利的时候,才会考虑进入该行业,否则会选择放弃;与此同时,已经进入该行业进行生产的企业,也有可能因为受到外部因素冲击由盈利变为亏损,进而退出该行业。那么,企业进入市场或者退出市场的条件是:企业的临界生产率水平。当企业生产率大于临界生产率水平的生产率要求时,企业选择生产;否则选择放弃(包括企业不进入市场,或者生产企业退出市场)。临界生产率水平可以将异质性企业划分为两个群体:高生产率企业和低生产率企业。高生产率企业进行生产,低生产率企业退出市场。

在开放经济条件下,企业有三种选择:不生产、生产但不进入国际市场、进入国际市场。如果假定企业存在异质性,生产率存在差异,那么企业如何抉择:一方面,企业进入国内市场要面临固定的生产成本,进入国际市场要面临固定的贸易成本,由此可知,当企

---

① 依据以下文献整理:"蔡洪波,朱玮,王晓文. 服务贸易理论与实证研究新进展[J]. 上海商学院学报,2021,22(2):3-19""易靖韬. 新新贸易理论异质企业与国际贸易[M]. 北京:中国人民大学出版社,2017:内容简介""安真. 新新贸易理论与传统贸易理论的比较分析[J]. 财金观察,2018(1):31-39".

业选择进入国际市场时,要面临总的固定成本等于固定的生产成本和固定的贸易成本之和,此时企业利润由其生产率和总的固定成本决定。另一方面,企业是否进入生产领域,取决于临界生产率水平,同理,企业是否进入国际市场,也取决于临界生产率水平。毫无疑问,后者的临界生产率水平高于前者。只有当企业的生产率大于进入国际市场所需要的临界生产率时,才会选择进入该生产领域,并进入国际市场。另外,当外部冲击改变固定成本水平时,相应的临界生产率就会发生变化,企业的决策也会发生变化。

综上可知,异质性企业进行生产决策时,生产率差异起着决定性作用。由于固定成本的存在,那些生产率很低的企业会停止生产而退出,生产率较高的企业继续生产,而对外贸易会产生额外的固定成本,只有生产率更高的企业才会进入国际市场。也就是说,在一个行业中,出口型企业的生产率普遍高于非出口型企业。①

2. 安特拉模型

安特拉(2003)在其博士论文《企业、契约和贸易结构》(*Firms, Contracts, and Trade Structure*)中首次提出企业内生边界理论。该理论在企业异质性假设基础上,将不完全契约理论和产业组织理论结合应用于贸易模型之中,研究跨国公司国际生产组织选择及影响因素。② 安特拉(2003)发表同名论文阐释企业内生边界理论。文中,安特拉结合了最早由科斯(Ronald H. Coase, 1937)提出,后经威廉姆森(Oliver Eaton Williamson, 1985)以及格罗斯曼-哈特(Grossman-Hart, 1986)发展而成的关于交易成本最小化的公司理论和赫尔普曼-克鲁格曼(Elhanan Helpman & Paul R. Krugman)以不完全竞争、产品差异化为前提的关于国际贸易的观点,构建了一个企业边界的不完全契约的知识产权模型,由此确定了跨国公司边界以及国际生产地点。进而,安特拉利用美国进出口行业数据进行实证检验,结果显示:企业的资本、技术以及契约制度等异质性在企业生产组织模式选择中发挥着重要作用。企业可以依据这些异质性选择适当的生产组织模式进行国际贸易,降低交易成本,促进企业利润的增长,且实证分析的结果和理论预期是一致的。③

安特拉继续构建和充实其理论体系。安特拉和赫尔普曼(2004)结合梅利兹(2003)异质性企业贸易理论模型,建立了一个关于异质性企业的南北贸易模型,描述了异质性企业在选择所有权结构和生产区位之间的均衡,受不完全契约影响,最终产品生产商和中间品供应商形成了特定关系投资,最终产品生产商在南方低可变成本和北方低固定成本之间进行权衡。④ 但后续研究与该结论出现偏离,安特拉和赫尔普曼(2008)发现,总部服务可契约化程度的提高会增加企业外包的倾向,而中间品可契约化程度的提高则使企业更倾向于一体化。南方国家契约制度的改善总体上能提升北方国家企业在南方国家进行离岸生产的可能性,但提升总部服务可契约化程度的契约制度进步可能会降低在南方国家的

① 依据以下文献整理:"Melitz Marc J. The Impact of Trade on Intra-Industry Reallocations and Aggregate Industry Productivity. Econometrica, 2003, 71(6): 1695-1725""元悦. Melitz 异质性企业贸易模型[J]. 生产力研究, 2013(9): 159-161""易靖韬. 新新贸易理论:异质企业与国际贸易[M]. 北京:中国人民大学出版社, 2017".

② Antras, P. "Firms, Contracts, and Trade Structure," Ph. D. Thesis, Massachusetts Institute of Technology, 2003.

③ Antras, P. Firms, Contracts, and Trade Structure. The Quarterly Journal of Economics, Vol. 118, No. 4 (Nov., 2003): 1375-1418.

④ Antras, P. and Helpman, E. "Global Sourcing", Journal of Political Economy, Vol. 112, No. 3 (June 2004): 552-580.

FDI,而提升中间品可契约化程度的契约制度进步则可能减少南方国家的国际外包。[①]

安特拉(2005)分析了产品周期对企业生产组织模式选择的影响,在一个产品周期内,不完全契约使低技术中间投入品由北方国家通过 FDI 方式转移到工资较低的南方国家生产,当最终产品成熟后,为控制生产成本,企业会选择离岸外包的组织模式。[②] 安特拉和楚达文(Davin Chor,2013)构建了一个顺序生产阶段的公司产权模型,突出了价值链中所有权的最优选择特性,只有中间品和所有组件从上游阶段都已交付,下一阶段的生产才能开始。[③] 从而实现了对安特拉(2003;2005)跨国公司边界产权模型的扩展。[④]

安特拉(2014)调研了 G-H(Grossman & Hart's)的开创性文章在国际贸易领域的影响。安特拉讨论了开放经济条件下理论实施及其对国际生产组织和国际贸易结构的影响,回顾了知识产权理论的经验相关性的检验工作,并进一步发展了新的理论成果,勾勒出已有贡献的一些关键局限性。[⑤] 此文可以看作安特拉对之前工作的总结以及未来研究课题的勾勒。

2.4.2 新新贸易理论在国际服务贸易领域的拓展

新新贸易理论为服务贸易的研究提供了除国家和产业水平以外的新角度,对拓展服务贸易理论和实证研究具有重要意义。[⑥]

1. 异质性服务企业的自选择效应

企业自选择效应是新新贸易理论研究的重要方向,这一效应在服务贸易企业中同样广泛存在。自选择效应体现在两个方面:①企业是否参与出口决策;②在国际化战略中,企业如何抉择出口和 FDI,即在企业异质性、不完全竞争等条件下企业如何决策贸易模式,是选择出口还是在目的国建立子公司。事实上,自选择效应回答了异质性服务企业的贸易原因。

田中(Tanaka A.,2011)通过对日本企业的数据研究,发现无论是服务业还是制造业,跨国企业的生产率更高,同时标准的异质性企业模型能够很好地解释服务企业的 FDI 行为,即异质性企业模型适用于服务企业。[⑦]

---

① Antras,P. and Helpman,E.. 2008. "Contractual Frictions and Global Sourcing",in Helpman,E.,Marin,D. and Verdier,T.(eds.),The Organization of Firms in a Global Economy. Harvard University Press. 转引自:刘文革,周方如,肖园园.不完全契约与国际贸易:一个评述[J].经济研究,2016(11):166-179.

② Antras,P.. "Incomplete Contracts and the Product Cycle". American Economic Review,Vol.95,No.4(Sep.,2005),pp.1054-1073.

③ Antras,P. and Chor,D.. "Organizing The Global Value Chain". Econometrica. Vol.81,No.6(November 2013),pp.2127-2204.

④ 刘文革,周方如,肖园园.不完全契约与国际贸易:一个评述[J].经济研究,2016(11):166-179.

⑤ Antras,P.. "Grossman-Hart(1986)Goes Global:Incomplete Contracts,Property Rights,and the International Organization of Production". Journal of Law,Economics,& Organization,Vol.30,Supplement 1:Grossman & Hart at 25(2014),pp.i118-i175.

⑥ 依据"蔡洪波,朱祎,王晓文.服务贸易理论与实证研究新进展[J].上海商学院学院,2021,22(2):3-19"整理,但进行了全部文献的追索与阅读、增减与修订。

⑦ Tanaka A.,"Multinational in the Services and Manufacturing Sectors:A firm-level analysis using Japanese data",RIETI Discussion Paper Series 11-E-059,July 2011.https://www.rieti.go.jp/jp/publications/dp/11e059.pdf.

凯勒等(Kelle M. et al.,2012)利用德国的微观数据分析了服务贸易和企业生产率的相互关系,研究发现:企业生产率是出口参与度、贸易模式选择的重要决定性因素,多数企业一般只能选择一种贸易模式,只有处于生产率顶端的企业才能实现两种模式的自由转换;企业所属行业、国家特定决定性因素均发挥重要作用,服务贸易自由化通过促进企业间资源充分合理配置,能够显著提升整个服务业部门的生产率。[①]

以上研究均表明,服务企业在出口贸易中同样存在沉没成本和自选择效应,在一定程度上回答了服务企业的贸易原因。而服务贸易自由化显著提高了企业的出口概率和出口密集度,显著延长了企业出口的持续期(李方静等,2018)。[②]

2. 异质性企业的服务贸易表现

近年来,相关管理者开始能够获得企业层面的服务贸易数据,使异质性企业在服务贸易中的表现成为最新研究热点。而异质性企业的异质性表现直接导致异质性的贸易结果。

霍尔格和基娅拉(Holger B. and Chiara C.,2008)基于英国微观企业层面服务贸易进出口数据的研究表明,相对于单纯的出口企业,单纯的进口企业通常具有更大的营业额和附加值,更高的生产效率,更容易成为外资企业;相对只面向国内市场的企业,服务贸易企业通常具有更大的生产规模和更高的生产效率,更容易成为外资企业或跨国企业,但相对于货物贸易商,服务贸易企业在国际贸易中获得的溢价更小。[③] 在多国和多产品的贸易中,集约边际在服务贸易中的贡献更为突出,70%的贸易额集中在主要的进出口目的国,90%的贸易额集中在单一的服务类型上。哈勒等(Stefanie A. Haller et al.,2014)基于欧盟四国数据研究可知,虽然服务生产商主要从事货物贸易,但就价值来讲,服务贸易对其比制造商重要得多。规模较大、生产效率更高的企业更可能从事双向贸易,且兼顾货物贸易和服务贸易。较少企业的服务出口价值正在增加,但服务数量不一定增加。[④]

奥斯古德(Iain Osgood,2018)围绕离岸外包和FDI的增长在多大程度上影响工业界对贸易自由化的态度,从全球价值链角度验证了异质性企业在服务贸易中的表现,发现随着全球价值链的延伸和国际分工的细化,规模大的企业能从贸易自由化中获得更多收益。[⑤]

---

① Markus Kelle, Jörn Kleinert, Horst Raff, and Farid Toubal. "Cross-Border and Foreign-Affiliate Sales of Services: Evidence from German Micro-Data", CESifo Working Paper No. 3806, 2012. https://www.cesifo.org/en/publications/2012/working-paper/cross-border-and-foreign-affiliate-sales-services-evidence-german.

② 李方静,张静. 服务贸易自由化程度对企业出口决策的影响探析[J]. 世界经济研究,2018(6):44-57,108,136.

③ Holger B.,Chiara C.,"Services Traders in the UK", LSE-Individual Web Pages. September 2008. (2014-12-11)[2022-12-08]. https://www.docin.com/p-986377248.html&id%3D986377248.

④ Stefanie A. Haller, Jože Damijan, Ville Kaitila, Črt Kostevc, Mika Maliranta, Emmanuel Milet, Daniel Mirza and Matija Rojec,Trading firms in the services sectors: comparable evidence from four EU countries. *Review of World Economics*/Weltwirtschaftliches Archiv. Vol. 150,No. 3 (2014):471-505.

⑤ Osgood I.,"Globalizing the Supply Chain: Firm and Industrial Support for US Trade Agreements", International Organization,Vol. 72,No. 2(SPRING 2018):455-484.

3. 异质性企业服务贸易的影响因素

基于以上特征事实,学者从不同角度探究影响企业服务贸易表现和贸易所得的因素。莱加拉哈等(Lejárraga I. et al.,2014)的实证结果表明,企业规模影响出口渠道的选择,小企业更多地依靠间接和集聚网络进行出口,在一定程度上抑制了其出口;将企业异质性纳入政策体系之中,以解决中小企业的主要制约。[①]

莱加拉哈等(Lejárraga I. et al.,2015)基于法国微观数据研究表明,中小企业从事服务贸易的比例相对较低,但生产率较高的中小企业具有较高的出口概率;贸易政策(包括稀缺的贸易促进预算分配)等影响着服务部门中小企业的出口决定,因此,应着力解决首次出口障碍;分部门研究进一步证实不同类型服务之间存在相当大的异质性。[②]

安德里亚等(Andrea A. et al.,2016)基于对同时出口货物与服务的"双出口商"理论与实证分析表明,服务是促进制造业出口的重要因素,也加剧了企业层面货物的纵向异质性,可利用特定服务提升出口产品的质量。[③]

克里斯汀等(Christen E. et al.,2018)利用随机效应和固定效应模型,从二元边际视角考察了异质性企业服务贸易表现的影响因素,结果表明,市场需求、公司规模、地理距离等都会影响企业出口服务的概率,但更影响服务出口额,集约边际的增长高于扩展边际,相对制造业企业,服务企业的出口扩展边际更小。[④]

2.5　国际服务贸易理论的评价

国际服务贸易理论经历了产业间的比较优势理论、产业内的新贸易理论和异质性企业的新新贸易理论三个发展阶段,在理论分析框架逐步完善的同时,研究方法也在不断发展和细化。[⑤]

比较优势理论框架下,主要通过构建显性比较优势指数和服务贸易竞争力指数进行

---

① Iza Lejárraga,Humberto López Rizzo,Harald Oberhofer,Susan Stone,Ben Shepherd.(2014-09-05),"Small and Medium-Sized Enterprises in Global Markets:A Differential Approach for Services",OECD iLibrary-OECD Trade Policy Papers,No. 165. https://www. oecd-ilibrary. org/docserver/5jz17jtfkmzt-en. pdf? expires＝1670548566&id＝id&accname＝guest&checksum＝CA59C8E26875012F0044869221A3D9AC.

② Iza Lejárraga,and Harald Oberhofer. "Performance of small-and medium-sized enterprises in services trade: evidence from French firms". Small Business Economics. Vol. 45,No. 3(October 2015):673-702.

③ Ariu Andrea,Florian Mayneris,Mathieu Parenti. "Providing Services to Boost Goods Exports:Theory and Evidence",ECARES Working Papers,2016-43. (December 28th,2016)(2022-12-09) https://ideas. repec. org/p/eca/wpaper/2013-243160. html.

④ Elisabeth Christen,Michael Pfaffermayr,Yvonne Wolfmayr,"Decomposing Service Exports Adjustments along the Intensive and Extensive Margin at the Firm-level",Reivew of International Economics. https://doi. org/10. 1111/roie. 12365. 16 October 2018:155-183.

⑤ 依据"蔡洪波,朱祎,等. 服务贸易理论与实证研究新进展[J]. 上海商学院学院,2021,22(2):3-19"整理,但进行了全部文献的追索与阅读、增减与修订。

量化分析[1][2][3]；随着国际分工深化，学者们逐渐开始在全球价值链的背景下利用贸易增加值计算一国服务贸易竞争力[4]；在反向价值链下，同样可以利用贸易增加值来增强一国服务贸易竞争力。[5]

产业内的新贸易理论框架下，消费者的产品多样性偏好和规模经济效应被纳入模型，传统贸易理论下的完全竞争假设被放松为不完全竞争的市场条件。[6][7]

新新贸易理论框架下，实证研究开始基于企业层面的微观数据，围绕企业的生产效率和生产规模等特征考察企业异质性带来的自选择效应与参与服务贸易的概率[8]，并从全球价值链和贸易边际角度研究服务贸易自由化对异质性企业的不同影响。[9][10]

2.6　案例分析：服务贸易高质量发展助推经济现代化

2.6.1　基本案例

2022年8月31日—9月5日，2022年中国国际服务贸易交易会（以下简称"服贸会"）在北京国家会议中心/首钢园召开。服贸会创办的10年，是中国服务贸易快速发展的10年。2012—2021年，中国服务业增加值增长1.49倍，进口服务累计超过4万亿美元，超大规模市场优势进一步强化。本届服贸会上，新型智能动车组等一批高铁前沿产品集中亮相，不仅刷新了"中国速度"、彰显出"中国制造"的实力，而且重新定义了优质高效的"中国服务"，使"中国服务"走向世界。

---

[1]　Hiranya K. Nath, Lirong Liu, Kiril Tochkov. "Comparative Advantages in U. S. Bilateral Services Trade with China and India", Journal of Asian Economics. Vol. 38(June 2015), pp. 79-92.

[2]　Š. Bojnec and I. Fertö. "Export Competitiveness of dairy products on global markets: The case of the European Union countries", Journal of Dairy Science. Vol. 97, No. 10(June 2014). pp. 6151-6163.

[3]　许志瑜，张梦，马野青. 全球价值链视角下中国服务贸易国际竞争力及其影响因素研究[J]. 国际贸易，2018(1)：60-66.

[4]　程大中，郑乐凯，魏如青. 全球价值链视角下的中国服务贸易竞争力再评估[J]. 世界经济研究. 2017(5)：85-97,136-137.

[5]　Vaidyanathan Jayaraman and Yadong Luo. Creating Competitive Advantages through New Value Creation: A Reverse Logistics Perspective. Academy of Management Perspectives. Vol. 21, No. 2 (May, 2007)：56-73.

[6]　Antoine Gervais and J. Bardford Jensen. "The Tradability of Services: Geographic Concentration and Trade Costs". Journal of International Economics, Vol. 118, May 2019：331-350.

[7]　江小涓，罗立彬. 网络时代的服务全球化——新引擎、加速度和大国竞争力[J]. 中国社会科学，2019(2)：68-91,205-206.

[8]　Markus Kelle, Jörn Kleinert, Horst Raff, and Farid Toubal. "Cross-Border and Foreign-Affiliate Sales of Services: Evidence from German Micro-Data", CESifo Working Paper No. 3806, 2012. https://www.cesifo.org/en/publications/2012/working-paper/cross-border-and-foreign-affiliate-sales-services-evidence-german.

[9]　Osgood I., "Globalizing the Supply Chain: Firm and Industrial Support for US Trade Agreements", International Organization, Vol. 72, No. 2(SPRING 2018)：455-484.

[10]　Elisabeth Christen, Michael Pfaffermayr, Yvonne Wolfmayr, "Decomposing Service Exports Adjustments along the Intensive and Extensive Margin at the Firm-level", Review of International Economics. https://doi.org/10.1111/roie.12365. 16 Oct. ,2018：155-183.

2.6.2　案例分析

服务贸易是全球扩大开放的关键领域。纵观人类社会发展史,世界经济开放则兴、封闭则衰。近年来,面对不断蔓延的保护主义和逆全球化风潮,服务贸易日益成为全球开放发展的新引擎。2011—2020 年,全球服务贸易年均增长 2.3%,高于货物贸易 0.9 个百分点,IT(信息技术)服务、商业服务和知识产权使用费等部分类型服务贸易的增速是货物贸易的 2~3 倍。

服务贸易是中国稳定经济增长的重要动力。商贸物流、文化旅游和金融是服务贸易的传统领域,在数字经济时代焕发出新活力,如跨境电商行业发展如火如荼。与此同时,数据跨境流动、低碳技术专利交易等作为服务贸易的新兴领域,也取得较快发展。2012—2021 年,中国个人文化和娱乐服务、电信计算机和信息服务、知识产权使用费分别增长 5.8 倍、3.2 倍、2.1 倍;离岸服务外包(service outsourcing)规模增长 2.9 倍,服务外包产业累计吸纳就业 1 127 万人。

服务贸易可以提高产业发展质量、提升经济现代化水平。富民强国之本实在于工,而当我们讨论高端制造业时,很大程度上也是在讨论现代服务业,如技术、知识产权、数据要素等。服务贸易不仅是对传统的"服务"进行贸易,也是对"高端制造业的增值内容"进行贸易。譬如,某外资手机品牌的操作系统、外观设计、品牌标志等占其零售价格的一半以上。而且,服务贸易还有助于满足人们对服务的多样化需求。例如,2020 年以来线上健身行业逆势上涨,融合印度文化的国内线上瑜伽教学平台"每日瑜伽"用户已突破 6 000 万人,遍布 200 多个国家和地区。所以,服务贸易不仅扛起了对外贸易的大旗,支撑了外贸外资和进出口方面的宏观数据,还对国民经济各行业高质量发展起到助推作用。

服务贸易正不断改进全球和中国国内各地区的发展格局。服务贸易不仅关乎贸易,也关乎各地区的经济增长动力和高质量发展水平。世界贸易组织很多年来已将服务贸易作为主要谈判内容,《区域全面经济伙伴关系协定》《全面与进步跨太平洋伙伴关系协定》(CPTPP)等区域合作协定也将服务贸易作为主要条款。欧美发达经济体在国际分工中专注于研发服务、营销策划设计等,而把处于价值链低端的加工组装环节外包。中国各省市也积极顺应服务贸易发展趋势进行区域战略布局。例如,广东等地发布了推动服务贸易高质量发展行动计划,海南制定了自贸港跨境服务贸易负面清单。特别需要指出的是,服务贸易降低了地理位置对一般贸易的重要性,改变了贸易条件,使内陆地区具备了服务贸易快速发展的平等机会。像"东数西算"一样,跨境数据流动、技术专利交易等服务活动发生在内陆地区还是沿海地区并没有实质区别。目前,陕西、四川等省份都致力于通过服务贸易建设内陆开放高地,以高水平开放加速构建新发展格局。

征途漫漫,唯有奋斗。展望全球服务贸易发展趋势,我们要不断扩大开放,提升服务贸易发展质量:一方面,要依托生产性服务贸易,增强国内产业链供应链韧性。近年来,线上服务技术变革速度进一步加快,生产性服务韧性的重要程度进一步凸显。另外,要抢抓数字服务贸易(trade in digital service)规则制定先导权。相对货物贸易和其他服务贸易,数字服务贸易的内容更新,相关国际规则正处于孕育和谈判阶段,我们要充分利用WTO、RCEP、G20(二十国集团)等国际平台,就数据跨境流动等议题发出中国声音、提出中国方案。"点睛"中国高水平对外开放的服贸会,必将推动各国携手共促开放共享的服务经济,为世界经济复苏发展注入强大动力。

资料来源:中华人民共和国商务部公共商务信息服务-WTO/FTA咨询网.服务贸易高质量发展助推经济现代化[EB/OL].(2022-09-09)[2022-11-30].http://chinawto.mofcom.gov.cn/article/ap/p/202209/20220903347208.shtml.

注:根据上下文,将原文中"我国"统一修改为"中国"。

2.6.3　思考

思考1:试谈国际服务贸易如何推动世界经济复苏发展。

思考2:国际服务贸易如何改进全球和中国国内各地区的发展格局?

本 章 小 结

随着国际服务贸易的发展,学者们通过两条路径对国际服务贸易进行理论解释:一是扩展国际贸易理论用来解释国际服务贸易;二是另辟蹊径。

比较优势理论在国际服务贸易领域的应用主要形成了完全适用论、完全不适用论、折中的修正主义论。完全适用论认为服务贸易与货物(商品)贸易并无内在矛盾,可以统一在一个理论体系中。完全不适用论认为服务贸易存在其独有特点,故比较优势理论不足以解释服务贸易。折中的修正主义论认为比较优势理论对服务贸易具有普适性,但需要一些修正。

要素禀赋理论包括H-O定理及其扩展模型。要素禀赋理论在服务贸易领域逐渐形成赞成论和怀疑论。赞成论认为商品和服务效用等价,因此要素禀赋理论适用于服务贸易;怀疑论认为鉴于服务贸易比较优势的产生确实与资本、劳动力等生产要素条件紧密相关,要素禀赋理论对服务贸易具有一定程度的解释力,但也有一定局限性。

新贸易理论考虑了不完全竞争和规模经济,建立了更贴近现实的服务贸易理论模型,形成生产区段和服务链理论、差异化中间要素贸易模型、外部集聚模型。生产区段和服务链理论主要探讨规模经济条件下服务贸易的作用;差异化中间要素贸易模型探讨生产具有规模报酬递增的差异性或专业化中间产品的贸易;外部集聚模型强调服务在协调和连接各专业化中间生产过程中的(外部集聚)作用。

新新贸易理论基于微观企业层面拓展国际服务贸易理论,主要研究方向包括异质性服务企业的自选择效应、异质性企业的服务贸易表现及其影响因素。异质性服务企业的自选择效应回答了异质性服务企业的贸易原因;异质性企业的服务贸易表现直接导致异质性的贸易结果;对异质性服务贸易表现及其所得的影响因素涉及企业规模、生产率、贸易政策、市场需求等。

国际服务贸易理论经历了产业间的比较优势理论、产业内的新贸易理论和异质性企业的新新贸易理论三个发展阶段,在理论分析框架逐步完善的同时,研究方法也在不断发展和细化。

那么,服务贸易高质量发展是如何助推经济现代化的呢?本章案例分析给出了答案。

思考题

1. 试用比较优势理论和要素禀赋理论分析中国服务贸易发展的优势领域与劣势领域。

2. 试用新新贸易理论分析服务贸易的提供企业应该如何增强自身竞争力。

即测即练

第 3 章

国际服务贸易政策

【学习要点】

1. 世界各国出于保护本国利益的目的,在不同发展时期制定不同的国际服务贸易发展政策,或是鼓励性政策,或是保护性政策;既可与市场准入相关,也可与国民待遇相关。
2. 国际服务贸易自由化政策有其理论基础,也产生正负效应,还有相应案例。
3. 国际服务贸易保护性政策有不同分类标准和不同种类,也存在不同度量方式。

【学习目标】

1. 掌握国际服务贸易自由化政策的正效应和负效应。
2. 熟悉国际服务贸易自由化的理论基础,以及限制性政策的度量。
3. 了解国际服务贸易政策的演变,以及限制性政策的国别与行业差异。

 引导案例

《全球服务贸易创新趋势报告(2022)》发布

中国经济网北京 9 月 4 日讯(记者 叶玮)由全球服务贸易联盟主办的"全球服务贸易企业家峰会"于 9 月 1 日在国家会议中心举行。会上,全球服务贸易联盟和德勤联合发布了《全球服务贸易创新趋势报告(2022)》(以下简称《报告》)。

《报告》显示,在当今世界政治、经济、科技格局深刻调整的背景下,全球服务贸易进入创新发展阶段。全球服务贸易反弹回升,知识密集型可数字化交付的服务贸易逆势增长,服务贸易在全球价值链中地位凸显,制造业服务化成为服务贸易的重要增长极,应对气候变化措施引领环境服务贸易快速兴起,区域自贸协定为服务贸易发展提供更大空间。

与此同时,全球服务贸易发展也面临主要经济体增长放缓、服务需求下降、保护主义和地缘政治风险上升、服务贸易发展环境更加不确定等严峻挑战。在此背景下,全球服务贸易企业纷纷开展科技创新、服务产品创新、商业模式和业态创新、管理创新。

《报告》建议,放眼未来,各国可通过深化国际技术合作,减小数字鸿沟,增进政策创新对话,促进创新要素流通与治理体系完善,增进服务链供应链稳定性,改进统计标准,助推全球服务贸易实现更高质量、可持续的创新发展。

资料来源:中华人民共和国商务部-公共商务信息服务-WTO/FTA 咨询网.《全球服务贸易创新趋势报告(2022)》发布[EB/OL].(2022-09-05)[2022-10-08]. http://chinawto.mofcom.gov.cn/article/ap/p/202209/20220903345674.shtml.

3.1　国际服务贸易政策的演变

国际服务贸易政策是一国对服务交易活动在宏观方面作出的原则性规定。国际服务贸易政策作为国际贸易政策的一部分,其存在目的与传统的国际贸易政策基本上别无二致,即以本国利益为主导,保护国内市场,扩大服务产品出口,维护对外政治、经济关系,增加服务贸易利益,促进经济发展。只是在不同发展时期,各国国际服务贸易政策各不相同,而且差异极大。

国际服务贸易是以传统商品贸易为基础逐渐形成和发展的。早期的国际服务贸易规模相对较小、贸易模式相对单一,服务贸易以劳务输出输入为主,也有少量运输服务等服务贸易。此时期,发达经济体占据服务贸易主导地位,它们倡导的是国际服务贸易自由化政策。

第二次世界大战后,欧洲各国进入恢复重建期:一方面,以美国跨国公司为代表,加大对欧洲投资,带动资金、技术以及自然人进行跨境流动,引致国际服务贸易进入有组织的、以商业利益为主导的发展阶段。另一方面,美国对欧洲和日本实施援助,比如,"马歇尔计划",在货物贸易增加的同时,服务出口和服务收入都在增长。此时期,发达国家拥有较发达的服务业,并占据世界范围内绝大部分份额的服务出口,因此对于国际服务贸易的限制性措施较少,而发展中国家服务业相对比较落后,出于保护本国利益的目的,则设置较多服务进口限制。

20 世纪 60 年代之后,半导体技术、大型计算机(20 世纪 60 年代)、个人计算机(20 世纪 70—80 年代)、互联网(20 世纪 90 年代)等刺激了国际服务贸易发展。与此同时,各国开始提高对于服务进出口重视程度,因为:一方面,服务出口可以带来外汇收入、增加外汇储备;另一方面,服务进口可能会涉及国家安全问题,危害国家利益,所以各国相继制定有利于本国利益的国际服务贸易政策。其中,既有鼓励性的,也有限制性的,但限制性的更多一些,且发展中国家更显著一些。

20 世纪 80 年代中期开始,GATT(《关税及贸易总协定》)体制下多边贸易谈判进入第八轮,即乌拉圭回合,各国签署了 GATS。GATS 的目标之一就是:通过逐步自由化促进贸易和发展。此时期,大多发展中国家在国际服务贸易领域作出了实质性开放承诺。

进入 21 世纪,国际服务贸易地位更加显著,各国对于国际服务贸易的重视程度进一步提高,各国特别是发展中国家,逐步开放本国服务业,推行国际服务贸易自由化政策。只是各国经济发展水平和实际情况各不相同,再加上各种思潮涌动以及国际服务贸易的复杂性,各国对于服务贸易的态度千姿百态,国际服务贸易政策更是变幻万千。但其依然存在共性:①发展中国家限制手段更偏向关税。2016 年,23 个发展中国家的服务贸易限制指数显示,"服务政策通常比货物进口关税限制更多,特别是在专业服务和电信方面。发展中国家往往有更高的服务贸易限制,但比使用 21 世纪第一个十年后期的数据进行的研究发现得要少"。① ②尽管近年来出现了一些新变化,但总体上,国际服务贸易自由化是一个大趋势。

3.2　国际服务贸易自由化政策

从 2012 年到 2021 年的 10 年间,全球服务贸易总额从 9.1 万亿美元增长到 11.7 万亿美元,贸易规模增长 28.7%。而中国贸易规模增长了 40.1%,连续 8 年稳居世界第二服务贸易大国地位。② 全球服务贸易以及中国服务贸易规模增长的原因之一是服务贸易自由化政策的推行。

3.2.1　国际服务贸易自由化政策的理论基础

国际服务贸易自由化政策更多地体现于一国对服务贸易制定的促进措施与法规,是贸易自由化在国际服务贸易领域的具体体现。国际服务贸易与国际货物贸易之间存在很大差异,但是依然有很多人主张用解释国际货物贸易的理论来解释国际服务贸易。

从古典贸易理论来看,亚当·斯密和大卫·李嘉图等人倡导自由贸易,以比较优势理论为代表,其基本内容可以概括为"两优相权取其重,两劣相权取其轻"。当国际服务贸易的发展引起世人关注的时候,一些学者尝试将比较优势理论推广至国际服务贸易理论。假设世界上有 A、B 两个国家,如果:①A 国在服务业具有比较优势,那么 A 国应当扩大服务产品出口,B 国应当开放本国的服务市场,同时生产其他部门产品,以交换 A 国的服务出口产品;②A、B 两国在不同服务部门具有不同的比较优势,那么两国应当生产各自具有比较优势的服务产品,以交换另一国的其他服务出口产品。

从要素禀赋理论来看,以赫克歇尔-俄林定理为标准模型,以斯托尔珀-萨缪尔逊定理、罗伯津斯基定理、赫克歇尔-俄林-萨缪尔逊定理为扩展模型,核心是把比较优势从大卫·李嘉图的劳动小时数衡量法转化为 H-O 要素禀赋衡量法,其比较优势就是国家间生产要素的供应差异。在生产要素能够在国家间自由流动之前,世界各国就会着力生产各自要素禀赋具有比较优势的产品,并与他国进行交换。事实上,这可以看作生产要素的"间接"流动,即生产要素不能通过在国际自由流动来直接实现最佳配置的情况下,国际服务贸易可以替代要素国际流动,"间接"实现世界范围内资源的最佳配置。③ 当生产要素能够自由地进行国际流动时,各国就会直接用各自具有比较优势的生产要素与他国进行交换,从而促进国际服务贸易发展。在当今世界,随着全球产业链、供应链、价值链的深入发展,你中有我,我中有你,各国经济加速融合发展,国际服务贸易自由化将进一步促进国

① Bernard Hoekman; Ben Shepherd. Services trade policies and economic integration: New evidence for developing countries[EB/OL]. (2020-01-03)[2022-10-09]. https://cepr. org/voxeu/columns/services-trade-policies-and-economic-integration-new-evidence-developing-countries. 中华人民共和国商务部公共商务信息服务-WTO/FTA 咨询网. Voxeu: 服务贸易政策和经济一体化[EB/OL]. (2020-01-09)(2022-10-09). http://chinawto. mofcom. gov. cn/article/br/bs/202001/20200102929028. shtml? ad_check=1.

② 中华人民共和国商务部-公共商务信息服务-WTO/FTA 咨询网. 中国服务贸易综合指数排名首次进入前 10 名[EB/OL]. (2022-09-09)[2022-10-08]. http://chinawto. mofcom. gov. cn/article/ap/p/202209/20220903347199. shtml.

③ 由以下文献延伸:"李坤望,张兵. 国际经济学[M]. 北京: 高等教育出版社,2017: 55. "

际服务贸易以及国际贸易的发展。

从新贸易理论来看,以克鲁格曼模型为代表,其核心是规模经济条件下的要素报酬递增。对于服务提供来讲,当国际服务市场开放时,一方面能够让服务提供者有机会向外扩张以实现规模经济,随之出现的是差异化服务产品增多、差异化服务价格变化、专业化服务水平提升和规模报酬递增;另一方面,国内服务提供者通过整合,减少提供者数量,寻求规模扩大,提升专业化分工水平,增强国际市场竞争力。对于服务消费来讲,国际服务市场开放能够让消费者有更多机会选择"心仪"的服务产品。总之,国际服务贸易自由化能够给服务提供者和服务消费者带来好处。

然而,现实中各国国际服务贸易领域的比较优势不同,参与国际服务市场竞争的意愿不同,制定政策的核心也不尽相同。总体上,各国对于自身具有比较优势的服务部门实行自由化政策,对于自身处于比较劣势甚至比较优势较弱的服务部门实施保护性政策。

3.2.2　国际服务贸易自由化政策的效应

一国实施国际服务贸易自由化政策,可以提高劳动生产率,给该国经济社会发展带来正面效应,但同时也可能带来一些负面效应,给该国带来多方面不同程度的损害。前者表现于各经济体,特别是发达经济体,后者则主要表现于发展中经济体。

1. 国际服务贸易自由化政策的正效应

从亚当·斯密开始,经济学院就倡导自由贸易,通过自由贸易促进国际分工,提高劳动生产率,提升社会经济运行效率,实现帕累托改进。然而,这不是单纯由劳动生产率决定的,还要考虑当地要素禀赋的丰裕程度以及要素价格,这应该是一个系统性工程。

服务贸易自由化过程之所以能够提高劳动生产率,主要原因如下。

1) 提升市场竞争力

服务贸易自由化,事实上就是逐步消除国与国之间的贸易壁垒,导致一国企业直接面对的竞争对手增多、竞争压力增大等。为了在竞争中获胜,企业只能寻求增强自身核心竞争力的路径,要么整合世界资源,选择能够助其增强核心竞争力的要素禀赋丰裕的国家进行布局,要么进行组织结构变革,改善企业经营方式,最终提升自身竞争力,在激烈的市场竞争中获胜。

2) 实现规模经济

服务贸易自由化,让企业直接面对扩大的市场,享受大市场效应,即实现规模经济。市场扩大给企业带来了机会,企业借机扩大生产规模,降低平均生产成本,实现规模报酬递增,促进劳动生产率提高。

3) 激发创新潜力

一方面,企业面对服务贸易自由化带来的激烈市场竞争,被迫增加研究与开发(R&D)经费投入,通过不断的技术创新来维持自身竞争优势;另一方面,服务贸易自由化可以促进自然人等要素跨境流动,方便技术创新与吸收,提升技术优势。反过来,技术优势刺激企业进出口竞争,最终形成创新潜力不断被激发的良性循环。

总之,在不涉及国家安全利益的前提下,服务贸易自由化可以提升企业竞争力,还可以提升国家竞争力。因此,服务贸易自由化必然是未来发展趋势,尽管自由化的过程可能会有些波折。

2. 国际服务贸易自由化政策的负效应

当国际服务贸易涉及国家安全时,一国实施国际服务贸易自由化政策则会带来负面效应,主要涉及以下方面。

1) 弱化经济自主权

从服务贸易竞争力来看,发达经济体要强于发展中经济体,因此发达经济体在国际服务贸易自由化中更容易进入和挤占发展中经济体市场,也使发展中经济体对于发达经济体产生更多依赖,从而有可能弱化发展中经济体的经济自主权。

2) 影响就业水平

从服务贸易结构来看,发达经济体在知识密集型服务贸易,即保险服务,金融服务,电信、计算机和信息服务,知识产权使用费,个人文化和娱乐服务,其他商业服务等方面普遍优于发展中经济体,有可能对发展中经济体造成冲击,并从多个方面(如产业链前向或后向等)影响发展中经济体的就业水平。

3) 损害国家利益

从服务贸易利益来看,国际服务贸易自由化给发达经济体带来更多贸易利益,增加发达经济体社会福利,但是可能会损害发展中经济体国家利益。

当然,国际服务贸易自由化还可能影响发展中经济体的其他方面。但是尽管如此,全球一体化以及国际服务贸易自由化都是未来发展趋势,因此,包括发达经济体以及发展中经济体在内的许多经济体都在通过服务贸易多边规则(比如,GATS 等),或者双边/诸边(比如,RCEP 等)对本国服务业作出不同程度的开放承诺。

3.2.3　国际服务贸易自由化政策的例示

自 2001 年起,韩国政府大力发挥各政府职能部门作用,制定和完善提高服务产业竞争力的相关措施及促进政策。2003 年,韩国政府提出实现服务业高附加值化方针,2004 年取消阻碍服务业市场发展的 43 项政策限制,2005 年制定了通信、广告、教育、医疗等 26 个现代服务业部门发展规划,2006 年底公布《加强服务业竞争力综合措施》,2008 年制定了三阶段服务贸易促进体制。根据措施内容,其大致可分为改善服务贸易环境、发展优势服务贸易产业和提升逆差服务行业竞争力三大部分。[①] 这里主要介绍改善服务贸易环境部分。

1. 缩小制造业和服务业的差别待遇

(1) 缩小制造业和服务业间土地保有税的负担差别。物流业、观光住宿业、旅游设施业、疗养业和高尔夫球场等行业的附属土地核算公示价格超过 400 万美元时,须支付的 0.6%～1.6%的综合不动产税降至 0.8%的单一税率。

(2) 合理调整服务业领域的中小企业划定范围。服务总调查统计采取区别于制造业

---

① 中华人民共和国商务部. 韩国服务贸易现状、特点及促进政策[EB/OL]. (2015-11-16)[2022-10-12]. http://chinawto. mofcom. gov. cn/article/ap/p/201511/20151101165122. shtml.

的扩大化服务贸易中小企业认定范围。

（3）减免有关服务产业用地的开发负担金。将服务业土地开发负担金降至与制造业相齐。

（4）改革服务业适用的电费标准体制。调整产业用电与一般服务业用电费用差距，阶段性下调服务业用电售价和服务业产业灾害保险费率，实行实际费率制。

（5）扩大《中小企业人力资源特别法》中知识密集型服务行业的适用范围。

2. 修改相关不合理规定

（1）完善知识密集型服务有关制度。建全文化风险企业管理制度及广播广告管理规范；调整外国电影和本国电影放映影院的分配比例；加强对侵犯知识产权产品的通关检查；考虑引入旨在完善电子服务的集中许可制和减免图书馆及文艺会馆的交通负担金。

（2）加强物流、流通及个人服务业体系建设。完善建设流通设施时以地区为单位的计划基准；指定自由贸易地区、打造国际船舶用品供给基地；制定食品流通期限标识规定；更换石油销售企业的设施并提高设施标准；扶植畜产品优秀品牌；加强"小商人支援中心"的顾客服务功能；考虑引入个人服务业服务质量优秀企业认证制。

（3）完善基础设施和服务贸易统计制度。建立各地区自治团体服务业扶植体制；完善新兴产业竞争力法律制度；允许在运动设施用地内增设建筑物；减少修建青少年锻炼设施相关费用；改善服务贸易统计的软硬件设施；使服务贸易统计制度规范化和制度化。

（4）放宽外国人投资部分服务产业区域限制和降低最低注册资本金额限制。政府政策支持的服务业最低注册资本金由5 000万美元降至3 000万美元以上；观光服务业最低注册资本金由3 000万美元降至2 000万美元以上。

3. 完善服务贸易人力资源培养体系

实施国家职业培训需求调查，拟订"平生职业技能开发五年计划"；设立各服务领域专科学校，加强"产学服务专门人才联合教育"；构筑服务业人才监测系统及人才网；强化对服务业从业人员的再教育；与"服务产业支援中心"共同输送高质量服务专业人才；由各行业主管部门、有关人员及专家共同拟订"服务业人才培养体制完善计划"。

4. 营造良好的服务贸易外部环境

统筹规划 WTO、自由贸易区等多双边谈判，利用多双边政府渠道加强对重大问题的磋商和协调；结合服务业发展现状和实力，分析不同行业比较优势，促进服务贸易规范有序出口，为服务贸易企业"走出去"创造良好环境。

3.3　国际服务贸易限制性政策

国际服务贸易限制性政策是一国政府对外国服务提供者提供/销售服务所设置的有限制作用的政策措施，涉及直接或间接的政策措施。

3.3.1 国际服务贸易限制性政策的 GATS 分类

针对服务产品的进出口,各国从 20 世纪下半叶起制定了各种各样的限制性政策。尽管各国限制政策不尽相同,但其目的都是阻碍外国服务产品或要素进入本国市场。对此,在 GATS 具体承诺中,将服务贸易壁垒归纳为市场准入措施和国民待遇措施两大类。尽管有些措施(如知识产权等)可能无法纳入其中,但是市场准入和国民待遇依然是各国非常关心的两个方面。

1. 市场准入措施

市场准入措施,指的是 WTO 成员以数量配额、垄断、专营、经济需求测试等手段,限制/禁止外国(地区)服务提供者进入本国(地区)市场的措施。对此,GATS 第三部分具体承诺第 16 条对市场准入作出了明确规定。

(1) 对于通过第 1 条(范围与定义)确认的服务提供方式实现的市场准入,每一成员对任何其他成员的服务和服务提供者给予的待遇,不得低于其在具体承诺减让表中同意和列明的条款、限制和条件(注:如一成员就通过跨境支付方式提供服务作出市场准入承诺,且资本的跨境流动是该服务本身所需要的部分,则该成员由此已承诺允许此种资本跨境流动。如一成员就通过商业存在方式提供服务作出市场准入承诺,则该成员由此已承诺允许有关的资本转移进入其领土内)。

(2) 在作出市场准入承诺的部门中,除非在其减让表中另有列明,否则一成员不得在其一地区或在其全部领土内维持或采取按如下定义的措施:

① 无论是以数量配额、垄断、专营服务提供者的形式,还是以经济需求测试要求的形式,限制服务提供者的数量;

② 以数量配额或经济需求测试要求的形式限制服务交易或资产总值;

③ 以配额或经济需求测试要求的形式,限制服务业务总数或以指定数量单位表示的服务产出总量(注:商业存在不涵盖一成员限制服务提供投入的措施);

④ 以数量配额或经济需求测试要求的形式,限制特定服务部门或服务提供者可雇用的、提供具体服务所必需且直接有关的自然人总数;

⑤ 限制或要求服务提供者通过特定类型法律实体或合营企业提供服务的措施;

⑥ 以限制外国股权最高百分比或限制单个或总体外国投资总额的方式限制外国资本的参与。

2. 国民待遇措施

国民待遇措施,指的是 WTO 成员制定和实施利于本国(地区)服务或服务提供而不利于他国(地区)服务或服务提供的歧视性措施。由此形成两条实现路径:①基于本国(地区)服务业,直接或间接支持国(地区)内服务产品或服务提供者,提升其竞争优势,保护本国(地区)服务业发展,促进对外服务贸易,比如,补贴等;②基于外国(地区)服务提供,增加外国(地区)服务产品或服务提供者进入本国(地区)市场的成本,削弱其竞争优势,抑制其服务贸易。

GATS 第三部分具体承诺第 17 条国民待遇规定:

（1）对于列入减让表的部门，在遵守其中所列任何条件和资格的前提下，每一成员在影响服务提供的所有措施方面给予任何其他成员的服务和服务提供者的待遇，不得低于给予本国（地区）同类服务和服务提供者的待遇（注：根据本条承担的具体承诺不得解释为要求任何成员对由于有关服务提供者的外国（地区）特性而产生的任何固有的竞争劣势作出补偿）；

（2）一成员可通过对任何其他成员的服务或服务提供者给予与其本国（地区）同类服务或服务提供者的待遇形式上相同或不同的待遇，满足第1款的要求；

（3）如形式上相同或不同的待遇改变竞争条件，与任何其他成员的同类服务或服务提供者相比，有利于该成员的服务或服务提供者，则此类待遇应被视为较为不利的待遇。[1]

3.3.2　国际服务贸易限制性政策的世界银行分类

为更好地反映各国的服务贸易限制政策及其限制程度，世界银行建有服务贸易壁垒数据库。该数据库参考了世界银行原有资料库及其后续发展，特别是 OECD 服务贸易限制指数，制定了一套新的服务贸易措施分类：①市场准入条件；②经营条件；③影响竞争的措施；④监管环境和行政程序；⑤其他。数据库以可比方式收集 103 个国家、5 个主要服务行业和 3 个主要服务供应模式的服务贸易政策信息，并公之于众。103 个国家包括 79 个被称为发展中国家的非 OECD 国家、24 个 OECD 国家，它们能够广泛代表世界各地区和收入群体。5 个主要服务行业包括金融（银行和保险）、电信、零售、运输和专业服务（会计和法律），每个行业再进一步细分为相应子行业。3 个主要服务供应模式包括跨境交付、商业存在和自然人移动，即 GATS 定义中的模式 1、模式 3 和模式 4。[2]

依据不同服务模式，限制性政策可以细化分类：①针对模式 3，每个部门都可以采取的措施，即"水平限制政策"；②针对模式 1、模式 3、模式 4，某些部门特有的措施，即"部门限制政策"。[3]

1. 水平限制政策

针对模式 3（商业存在），水平限制政策大致可以分为以下几类：①进入的法律形式以及对外资股权的限制；②许可证限制及其透明度要求；③经营限制；④监管环境的相关方面（表 3-1）。

---

① 中华人民共和国商务部-全球法律-国际条约-世界贸易组织. 服务贸易总协定（中文版）[EB/OL]. (2013-11) [2022-10-22]. http://images. policy. mofcom. gov. cn/gjty/201311/TIMY000039. pdf.

② Ingo Borchert, Batshur Gootiiz, Aaditya Mattoo. Guide to the Services Trade Restrictions Database-Policy Research Working Paper 6108[EB/OL]. (2012-06) [2022-10-12]. https://documents1. worldbank. org/curated/en/878251468178764639/pdf/WPS6108. pdf. 以下限制性政策部分以此为基础进行介绍.

③ 此处简称并非数据库原有，是编者出于方便而命名的。

表 3-1   模式 3 的标准化措施（针对所有部门的"水平限制政策"）

类　别	描　　述	措　　施
进入形式	包括影响外国服务提供者可以建立的商业存在形式的措施，并覆盖 GATS 条款第十六条关于市场准入的大多数措施。措施包括影响进入的法律形式，如附属机构、新建子公司、收购国内私有实体、收购国有实体以及合资企业。 还包括外国股权限制等措施，意为对外国自然人或法人在所涉国家注册公司中的持股限制。股权限制既指非居民的合并股份，也指自然人或法人的个人股份	市场准入 新建分支机构准入 新建附属机构准入 新建附属机构：外资最大准许持股比例（%） 准许国内私人股权实体收购 国内私人股权实体收购：单一外资实体准许的最大持股比例（%） 国内私人股权实体收购：外资准许的最大持股比例（%） 国内私人股权实体收购：控股股份准许 合资企业准许 合资企业：单一外资实体准许的最大持股比例（%） 合资企业：外资准许的最大持股比例（%） 合资企业：控股股份准许
经营许可证	包括，最重要的是限制许可证的颁发数量，即供应商数量配额，属于 GATS 第十六条中的市场准入的范围。还包括反映许可证标准歧视的政策制度（GATS 第十七条国民待遇）、许可证透明度和可预测性要求，以及许可证分配机制（可能属于 GATS 第六条关于国内监管的范围）	许可证要求 公开的许可证标准 若满足公开标准，自动获得经营许可证 国内外公司的不同许可标准 许可证数量限制 许可证分配：先到先得 许可证分配：竞标 许可证分配：当局酌情决定 许可证分配：其他 许可证年限 许可证更新要求 许可证自动更新 规定期限内作出许可决定 许可决定：允许的最长天数 拒发许可证的理由通知
经营	主要针对公司成立后的经营活动限制，比如，董事会或雇员的国籍要求，以及利润汇回的限制（属于 GATS 第十七条国民待遇的范围）	雇员的国籍要求 国内雇员：最小百分比要求 国内雇员：最少人数要求 董事会成员的国籍要求 国内董事会成员：最小百分比要求 国内董事会成员：最少人数要求 董事会成员居住地要求 董事会成员居住地：最小百分比要求 董事会成员居住地：最少人数要求 利润汇回的要求 其他歧视形式

续表

类　别	描　　述	措　　施
监管环境	主要集中于部门监管机构的独立性、公司知悉监管变更的机会及其上诉裁决的能力	该部门存在监管机构 独立于行政部门的监管机构 上诉监管裁决的权利 监管变更事先通知

资料来源：Ingo Borchert，Batshur Gootiiz，Aaditya Mattoo. Guide to the Services Trade Restrictions Database-Policy Research Working Paper 6108［EB/OL］.（2012-06）［2022-10-12］. https://documents1. worldbank. org/curated/en/878251468178764639/pdf/WPS6108. pdf. Table 2,pp. 9-10.

2. 部门限制政策

模式 1 和模式 3 通常规定了跨境贸易可能发生的条件,但二者的措施略有差异。模式 4 涵盖专业服务以及对该模式有重要影响的移民规则和资格要求。针对模式 1、模式 3 和模式 4,电信、金融、运输、零售和专业服务各个部门均有部门限制政策(表 3-2)。

表 3-2　部门限制政策

部门	模式	类别	类别与措施描述	每个类别的措施
金融：银行：存贷款	模式 1：跨境交付	提供某种服务的条件	包括影响在有关国家境外设立国外银行的限制,银行服务的跨境提供可能面临对所提供服务类型和消费者获得服务能力的限制,比如,证明国内服务缺乏	国内无法获得所需服务的证明 对使用该服务的国内公司部门限制 限制贷款期限 限制贷款额度 限制利率 其他 需要批准 需要注册 限制存款额度 限制存款货币
	模式 3：商业存在	经营	旨在影响第一家分行以外的业务和银行服务扩展的限制,比如,银行服务的货币限制,参加存款保险计划影响外国公司竞争能力的限制	限制分行数量 限制 ATMs 数量 限制以当地货币进行交易 限制在国内筹资 使用中央银行贴现窗口(得到中央银行贴现) 进入主要的支付系统 参加存款保险计划
金融：车险、寿险、再保险	模式 1：跨境交付	提供服务的条件	专门针对保险的措施,旨在评估是否限制境内消费者跨境购买的保险政策类型	限制保险期限 限制保单价值
	模式 3：商业存在	经营	旨在评估国内保险公司是否自由地向在国内经营的外资再保险公司进行再保险业务	被迫出让部分保险业务给国内再保险公司 出让给国内再保险公司保险业务的比例

部门	模式	类别	类别与措施描述	每个类别的措施
电信：固定和移动	模式3：商业存在	经营	在基础电信方面，对建立国际网关的限制迫使提供商使用现有网关，并使其处于劣势，对VoIP（互联网协议语音）的使用限制亦如此。这背离了技术中立原则	许可证必须是技术中立的 允许国际网关的所有权和运行 网关许可费用（美元） 允许VoIP操作
		监管环境	缺乏独立监管机构可能成为电信部门的一个障碍，因为对基础设施已有的可能控制。这些措施旨在了解一国是否为竞争提供有利的监管环境，比如，互联安排和频谱使用的更大透明度	独立于基础电信服务运营商的监管机构 互联协议/公开价格 要求发布参考互联报价 公开频谱使用
零售	模式3：商业存在	经营	在零售业，境内限制可能很重要，且往往很难捕捉。一般来说，分销渠道很重要，限制覆盖分销点地址、数量及其产品种类。还需要查明这些措施是否具有歧视性	开设多品牌店面的限制 多品牌店面的开设：差别待遇 被限制销售某一特定商品或品牌 对产品/品牌的限制：差别待遇 分区法：差别待遇 对销售点数量的限制 出口数量：差别待遇
运输：国际航空客运	模式1：跨境交付	提供服务的条件	在航空运输业，航空服务协议是双边的，且是保密的。跨境航空客运服务措施集中于双边协议的透明度，及其是否限制两国间的航线、航班数量和运力	BASA（双边航空服务协议）公开 BASAs的使用数量 含座位和/或频次限制的航空运输协议数量 赋予第五自由权的航空运输协议数量
运输：国际海运	模式1：跨境交付	提供服务的条件	针对不同类型货物的限制：私人、公共或政府，散货或班轮。在海运业，托运人用格式化协议确定价格，所以重要的是考虑这些协议是否免除一国的竞争法	私人货物配额：班轮 私人货物配额：散货 政府货物配额：班轮 政府货物配额：散货 免除竞争法的承运人协议

续表

部门	模式	类别	类别与措施描述	每个类别的措施
运输：海上辅助服务	模式 3：商业存在	经营	当货船抵达一国港口之后,有六种非常重要的海上辅助服务。调查问卷询问外国航运公司是否被允许建立其自己的港口设施以便为其自有船舶或者其他公司船舶提供服务。一些国家有多个港口,所有这些问题都是针对该国主要的国际港口(运输方面)	允许自有船舶的货物装卸服务 允许其他船舶的货物装卸服务 允许自有船舶的储存/仓储服务 允许其他船舶的储存/仓储服务 允许自有船舶的清关服务 允许其他船舶的清关服务 允许自有船舶的集装箱站/仓储服务 允许其他船舶的集装箱站/仓储服务 允许自有船舶的海运代理服务 允许其他船舶的海运代理服务 允许自有船舶的货运代理服务 允许其他船舶的货运代理服务
专业服务：会计、审计、法律服务	模式 1：跨境交付	服务提供者的限制	侧重于跨境提供服务的专业人员的许可证要求。国际法条款可能并没有把发放许可证作为壁垒措施,但在其他服务可能就是一项重要措施	持有许可证的专业人员提供所需的服务
专业服务：会计、审计、法律服务	模式 3：商业存在	进入形式	侧重于专业服务公司是否需要当地许可证,并与是否在他国拥有和设立专业服务公司有关。法律和会计公司的法律形式与其部门不同,所以此类别的措施对于了解服务提供者的具体部门特点很重要	允许独立的法人实体 限制外国人拥有或控制 外国人拥有或控制:允许的百分比 限制非本地持证专业人员拥有或控制 非本地持证专业人员拥有或控制:允许的百分比 允许加入本地公司的国际网络或协会
专业服务：会计、审计、法律服务	模式 3：商业存在	经营	影响法律或会计公司的经营	允许作为合伙人或股东与本地持证专业人员联系 允许雇用本地持证专业人员 名称限制 客户限制
专业服务：会计、审计、法律服务	模式 4：自然人移动	部门开放	集中于本地许可证是否提供服务的必要条件。如果国籍是提供服务或获得本地许可证的必要条件,那么该部门被视为对外国专业人员不开放	需要东道国国籍 外国许可证自动识别 符合执业条件的外国持证专业人员

续表

部门	模式	类别	类别与措施描述	每个类别的措施
专业服务：会计、审计、法律服务	模式4：自然人移动	许可证	涵盖获得提供专业服务许可证的限制和要求。如果需要大学学位，那么我们询问外国学位是否被认可；如果需要本地大学学位，那么我们询问这是不是一个禁止性限制。同样，我们询问是否需要工作经验，且工作经验是否要在本地获得，那么这可能是一个重大限制	要求居住在东道国 要求教育背景 教育背景：认可外国学位 教育背景：要求学位类型 教育背景：要求年限 要求培训或教育经历 培训或教育经历：认可外国经历 培训或教育经历：要求年限 要求通过东道国的专业考试
		进入类型	详见 GATS 附表和区域贸易协定（RTA）。每种类型的定义详见附表2（参见原文）	可供选择的进入类型 允许公司内部调动人员（ICT） 允许本地公司为外国公司的本地公司提供服务雇员（SSE） 允许本地公司雇用独立专业人员（IPE） 允许独立专业人员作为合同服务提供者（IPC）
		进入条件	适用于所有类型的进入：企业内部调动人员（ICT），服务供给型雇员（SSE），独立专业人员（IPE 和 IPC）。这些类别常见于 GATS 附表和区域贸易协定中。劳动力市场和 ENTs（经济需求测试）的定义载于附表2（参见原文）	外国人配额：ICT，SSE，IPE，IPC 劳动力市场测试：ICT，SSE，IPE，IPC 要求 ENTs：ICT，SSE，IPE，IPC 最低工资或平均工资要求：ICT，SSE，IPE，IPC 允许初次居留期限限制：ICT，SSE，IPE，IPC 允许初次居留期限：ICT，SSE，IPE，IPC 允许延长居留期限：ICT，SSE，IPE，IPC

资料来源：Ingo Borchert，Batshur Gootiiz，Aaditya Mattoo. Guide to the Services Trade Restrictions Database-Policy Research Working Paper 6108［EB/OL］.（2012-06）［2022-10-12］. https://documents1. worldbank. org/curated/en/878251468178764639/pdf/WPS6108. pdf. Table 3，pp. 10-13.

3.3.3　国际服务贸易限制性政策工具的度量

世界各国针对国际服务贸易的限制性政策及其限制程度存在极大差异，关于如何度量各国的限制程度，有些学者主张把货物贸易壁垒的度量指标推广至服务贸易，比如，借鉴货物贸易壁垒的名义保护率（nominal rate of protection，NRP）、有效保护率（effective rate of protection，ERP）和生产者补贴等值（producer subsidy equivalent，PSE）等；有的构建相应的度量指数,比如,从简单的政策障碍(赫克曼指数,James J. Heckman,1996)到用更复杂的加权平均数反映先前(通常是主观的)对特定政策壁垒的相对限制性评估(OECD,2009;2011)[①],再到世界银行的服务贸易限制指数(Services Trade Restrictions Index,STRI)。

1. STRI 度量方法简介

STRI 遵循以下步骤构建而成:①选择 STRI 的关键性限制;②确定单个措施的限制程度(如果这些措施相互交织,那么称为"综合措施");③指数分别由部门—模式、部门、经济三个层面的措施构成。每种政策的限制存在 6 个级别:①无限制(not restrictive);②最低限度的程序/透明度问题(minimal procedural/transparency issues);③最小限制(minor restriction);④中等限制,既不反映最小限制也不反映多数限制("intermediate" category to reflect measures that are neither minor nor major restrictions);⑤多数限制(major restriction);⑥禁止(service provision not possible)。[②]

对上述 6 个级别的限制分别赋予从[0,1]不同的分值,越接近 1,限制性越强;越接近 0,限制性越弱(表 3-3)。

表 3-3　措施举例、政策限制程度及其赋值

限 制 程 度	举　　例	分　　数
无限制	不限制法人类型,不限制外资股权	0.00
最低限度的程序/透明度问题	无事先通知或评论监管变更的规定	0.125
最小限制	禁止外国人收购土地或房地产	0.25
中等限制	限制供应商数目	0.50
多数限制	服务提供预留给法定垄断或专供	0.75
禁止	禁止商业存在	1.00

资料来源:Borchert,I,J Magdeleine,J A Marchetti and A Mattoo (2020),"The Evolution of Services Trade Policy Since the Great Recession",WTO Staff Working Paper ERSD-2020-02 and World Bank Policy Research Working Paper 9265[EB/OL]. (2022-10-09). https://documents1. worldbank. org/curated/en/182781591023343479/pdf/The-Evolution-of-Services-Trade-Policy-Since-the-Great-Recession. pdf. Table 1,p. 8.

依据世界银行服务贸易壁垒数据库中有关国家、部门(电信、金融、运输、零售和专业服务)以及主要服务供应模式的服务贸易政策信息,并借鉴前人的研究成果,构建 STRI,如式(3-1)所示。

$$\text{STRI}^k = \left(\sum_{i=1}^{N} (m_i^{(k)})^{\rho k} \right)^{1/\rho k} \tag{3-1}$$

式中,m_i 表示单个措施,k 表示样本组,ρk 决定了组成分数的组合方法(constituent

---

① Ingo Borchert, Batshur Gootiiz, Aaditya Mattoo. Guide to the Services Trade Restrictions Database-Policy Research Working Paper 6108[EB/OL]. (2012-06)[2022-10-12]. https://documents1. worldbank. org/curated/en/878251468178764639/pdf/WPS6108. pdf. p. 17.

② Borchert,I,J Magdeleine,J A Marchetti and A Mattoo (2020),"The Evolution of Services Trade Policy Since the Great Recession",WTO Staff Working Paper ERSD-2020-02 and World Bank Policy Research Working Paper 9265 [EB/OL]. (2022-10-09). https://documents1. worldbank. org/curated/en/182781591023343479/pdf/The-Evolution-of-Services-Trade-Policy-Since-the-Great-Recession. pdf. p. 7.

scores are combined)。通过计算,最后得到各样本国各考察项的综合得分,评估其政策限制程度。综合分数分布在[0,100]之间,越接近"0",表示开放程度越高,或者说限制程度越低;越接近"100",表示开放程度越低,或者说限制程度越高。

生产者补贴等值

生产者补贴等值是用来测算关税和非关税壁垒,以及其他与分析相关的政策变量保护程度的一种衡量指标。它是对政府各种政策(支持、税收和补贴等)的总体效应进行评估。通常可通过两种方法获得生产者补贴等值:①观察政府政策的预期效果;②观察政策措施引起的国内外价格的变动。

生产者补贴等值方法是通过比较国内价格与国外价格的差异来考察一揽子政策的净效果,它考虑贸易政策的总体影响,而不是只考虑单个政策的效果,测算的是政府政策给予生产者的价值转移量或政府政策对生产者收益的贡献。在不同时期、不同国家甚至不同领域,生产者补贴等值是不同的。

资料来源:陈霜华.国际服务贸易[M].上海:复旦大学出版社,2021:173-174.

2. 中等收入经济体的政策范围广泛

选取数据库中 68 个国家为样本国,以各样本国 2016 年的政策为例进行研究。研究结果表明,各样本国的服务贸易开放度差异很大。原则上,服务贸易限制指数处于"0"(完全开放)和"100"(完全封闭)之间。其中,所有样本国的 STRI 均值约为 41;90% 的经济体低于 53;较少限制的经济体总体低于 30;较多限制的经济体约为 65。68 个样本国中,39 个为高收入国家,16 个为中高收入国家,13 个为中低收入国家。

中等收入经济体的政策范围广泛,STRI 从 21 到 65 不等。哥伦比亚、多米尼加、厄瓜多尔、肯尼亚、秘鲁、南非或巴基斯坦等一些经济体相对开放。目前,一些快速增长的亚洲经济体(比如,中国、印度、印度尼西亚、马来西亚、菲律宾和泰国等)以及中东和北非(包括阿拉伯埃及共和国、阿曼和突尼斯)都在实施最强的限制性政策。这种情形源于东亚经济体吸引大量投资流入服务部门(模式 3),尽管有很高的政策限制,包括所有权限制(Barattieri et al.,2016)。

服务贸易限制指数高于 53 的国家,包括中国、印度、印度尼西亚、马来西亚、缅甸、巴拿马和菲律宾,在不同部门保持重大限制政策(2016 年)。比如,印度的铁路货运实施禁止性政策,外国机构不能提供法律、会计和审计服务。外国股权限制,包括新建和收购当地公司,适用于零售分销(51%)、寿险(49%)、非寿险(49%)、再保险(49%)、商业银行(74%)。一些部门(分销、保险、商业银行)的外国服务提供者数量直接或通过经济需求测试受到限制。另外,外国供应商只允许单一品牌零售。寿险和非寿险服务都不允许设立附属机构。即便允许外资参与,要么大多数股东必须有当地许可证,比如,法律、会计和审计服务等,要么大多数公司董事会成员必须是本国国民,比如,航空运输、电信和商业银行等。

在印度尼西亚,外国机构在零售分销和法律服务等大部分领域依然受到限制。无论是绿地投资,还是收购本地公司,在保险业(80％)、公路和海运货运(49％)、海运货物装卸(67％)、航空运输(客运 49％,货运 67％)、批发和电信(67％)等领域都存在外资股本上限限制。在银行业,外资股本上限高达 99％,但是外资银行数目仍受 ENTs 制约,且大多数董事会成员必须是本国国民。对供应商数量的 ENTs 也适用于分销服务(仅限大型零售商店)。保险和审计服务也存在大多数董事会成员的国籍限制。

在菲律宾,铁路运输和法律服务(除母国法律服务的跨境提供外)实施禁止性政策。外国机构不得从事会计和审计服务,以及海运货物装卸和储存仓储服务。在公路货运、航空运输、货运代理、电信等领域的绿地投资和收购活动,外资股本比例都被限制在 40％以内。另外,除货运代理之外,在所有部门,大多数公司董事会成员必须是国民。有关供应商数量的 ENTs 适用于商业银行业。

在巴拿马,不允许外国人提供会计和审计服务、与东道国法律有关服务和铁路货运服务。依据巴拿马宪法,零售部门是为本国国民保留的,所以不允许外国自然人进入。另外,通过限制外资在国内和国际服务部门的股本上限(分别是 40％和 49％),且要求公司董事会由大多数国民组成,来限制外资参与航空运输部门。

在马来西亚,禁止外国机构进入铁路货运和法律服务(东道国法律规定的代表服务)。另外,在一些行业中,无论是绿地投资还是收购本地公司,外资股权都要受到限制:保险(70％)、海运货物装卸以及储存和仓储服务(70％)、陆路货运(49％)、航空运输(49％)、商业银行(30％)。ENTs 用于限制前向部门供应商数量(除海运货物装卸外),比如,分销、货运代理和本国法律规定的法律服务等。针对国内会计和审计部门的实体收购也受到限制。

在缅甸,不允许外国人进入保险、审计、法律代表、铁路运输服务,也不允许设立航空运输公司的外国机构。另外,政府决定电信服务供应商的数量。

高收入经济体服务贸易指数集中于低值范围。这说明高收入经济体在贸易,特别是服务贸易的总体开放程度较高。只有卢森堡是一个例外。这源自卢森堡针对审计和分销服务跨境供给(商业存在需求)采取了限制性政策,法律服务不对外国人开放,且劳动力市场测试只适用于模式 4。

与商品贸易政策(以关税衡量)相比,大多数高收入经济体在制成品和服务方面都呈现出了相对宽松的政策。一些国家的商品贸易比服务贸易更为自由(如印度尼西亚和阿曼等),另一些国家则正好相反(比如,韩国、智利和南非等)。中高收入经济体更倾向于保护货物贸易,中低收入经济体则往往对货物贸易和服务贸易都实行限制性政策。再者,东南亚经济体对服务贸易的限制明显高于制成品贸易。拉丁美洲经济体服务部门的开放程度令人惊讶,而其中大多数经济体仍然存在大量的商品贸易壁垒。

3. 行业政策限制差异非常大

(1) 在所有服务行业中,电信业和分销领域的平均开放程度最高。电信业(包括固定通信和移动通信)的限制程度普遍较低,反映了自 20 世纪 90 年代以来各经济体电信业持续推行自由化和规制改革。在分销领域,批发分销的限制比零售分销更少,而一些经济体更倾向于保护较小零售商。

(2) 金融和运输平均限制程度更高一些。商业银行和保险(在过去 20 年间逐步自由化)现在是数据库中所有部门的核心部门。运输方面,铁路和航空运输服务的供应受限程度最高(均值超过 50%),反映了铁路运输难以引入竞争、航空运输保护国内供应商免受竞争的政策依然存在。海运和公路货物运输是运输部门平均得分最低的。海运相当开放,特别是国际航运服务。公路货物运输在传统上是受到严格监管的,但近年来,对其限制有所减少。[①]

(3)专业服务限制最高。这主要是因为许可证和执业资格严格要求,特别是涉及东道国法律方面的审计服务和法律服务,比如,法庭代理等。对这些部门来讲,还有一些影响专业人员国际移动的其他障碍,这对它们的服务提供至关重要。

(4)在样本经济体分组中,中低收入经济体(the lower middle-income economies,or LM)的政策限制最高。其中,孟加拉国、肯尼亚、缅甸、越南最近脱离中低收入经济体,但它们在金融和运输服务的平均限制要高于中低收入经济体。中高收入经济体(the upper middle-income economies,or UM)的政策限制平均略高于高收入经济体(high-income economise,or H)。然而,在某些分部门,如再保险和航空运输服务,中高收入经济体比高收入经济体更为开放。

每种提供方式的限制程度在各分部门之间以及各分部门内部差异都非常大,这可能源于各部门交付方式自身问题或者存在监管差异。因此,审计、海运、商业银行、保险服务的跨境服务提供受到相对更严格的限制,而运输、电信、零售和批发分销服务的其他模式,即通过商业存在(模式 3)的服务提供面临更严格的供给限制。所有样本行业的自然人存在(模式 4)都受到相对限制,但是在其他部门则相对开放,反映了跨国公司内部可以自由地调动员工。

3.4　案例分析:"禁止要求当地存在规则"的适用性

"禁止要求当地存在规则"包含于国际合同第 205 条,源于服务贸易协定对本地化措施的规制演进,是指不允许外国服务提供者在当地设立商业作为跨境服务提供条件的一项规则。2020 年,中国政府针对"禁止要求当地存在规则"出台了"跨境服务贸易负面清单"。这一举措说明中国跨境服务更加透明化、公开化,为中小企业跨境服务奠定了基础。相对而言,各国并没有明确修订这一规则,导致跨境服务贸易中经常出现违反"禁止要求当地存在规则"行为。该行为一旦发生便会降低跨境服务贸易效益,不利于国际服务业健康发展。从已发生案例看,跨境服务贸易企业操作不规范、信息被侵犯、结算风险加剧成为"禁止要求当地存在规则"运作的绊脚石。其中,俄罗斯某家公司因违反"禁止要求当地存在规则"被起诉案例,给广大跨境服务贸易企业敲响警钟。[②] 理解"禁止要求当地存在规则"的重要含义,并预防其可能引发的跨境贸易风险,已成为各国跨境服务贸易亟待解决的问题之一。

---

① 需要说明的是,样本项中,公路货物运输并没有包括受到严格控制的模式 1(基本上都是国际公路运输),且监管主要是由双边交通分享协议(bilateral traffic sharing agreements)推动的,这和航空领域一样。

② 马霞.以一则案例分析跨境服务贸易中"禁止要求当地存在规则"的适用性[J].对外经贸实务,2021(3):77-79.注:文字略有调整。

3.4.1　基本案例

俄罗斯 A 公司是一家以信息技术大众传媒为主的公司。2018 年,该公司与中国 B 公司合作,在中国境内设立跨境服务企业。在具体业务开展过程中,A 公司使用加密即时通信应用,拒绝为中国消费者提供消息接收与发送服务。同时,A 公司利用廉价或虚假信息为 B 公司提供跨境服务,导致 B 公司境内信息服务优势不再。B 公司在调查 A 公司的过程中发现,A 公司在境外设立母公司,将中国境内所获利润全部归其所有,对 B 公司运营机制造成极大威胁。为此,B 公司认为 A 公司侵犯了其旗下网络产品的运营机制,并以该公司严重违反“禁止要求当地存在规则”为由,向 A 公司提出诉讼。诉讼过程中,A 公司指出其没有在中国提供损害当地经济及利益的跨境贸易,也没有受到监管机制指示封锁这些产品服务。且当时俄罗斯移动通信与信息技术委员会也表示,用户在享有 A 公司跨境服务过程中所遇到的一系列问题,可能是因为 A 公司一些小运营商操作不规范所导致,这不能成为 B 公司起诉 A 公司的原因。所以,B 公司第一次诉讼以失败告终。诉讼案被驳回之后,B 公司继续坚持“禁止要求当地存在规则”,仍认为 A 公司的通信应用技术服务不利于 B 公司在当地的服务贸易,且会分散已有用户,再次提起诉讼申请。

第二次诉讼裁决时,俄罗斯通信监管机构作出回应,同意 B 公司的诉讼请求,认为 A 公司行为限制了中国用户对于本国信息技术的使用,也限制了用户对于本国网站的访问权限。根据中国与俄罗斯的数据隐私法,A 公司在中国设立贸易企业严重侵犯中国公民个人资料及其他隐私。而监管机构需要针对具体标准要求,决定企业是否继续进行或禁止提供跨境服务。在此基础上,法院下令 A 公司不得使用加密的即时通信应用,并提供消息发送和接收服务,直到其能够履行俄罗斯法律监管义务、提供跨境服务密钥为止。随后,A 公司向法院提出申诉,要求恢复其在俄罗斯与中国境内的跨境服务活动,但被法院以申请理由不充分驳回。A 公司作为俄罗斯最大的信息技术服务公司,也是中国第一家被监管机构封锁的外国公司。封锁原因在于 A 公司不仅违反了“禁止要求当地存在规则”,还拒绝遵守跨境服务条款。此次封锁意味着 A 公司即时通信服务不仅不能在当地投入使用,也无法在境外正常使用。

3.4.2　案例分析

1. 境内运营操作不规范

本案 A 公司在中国跨境服务中的不正当操作行为包括:①滥用用户信息,将用户信息随意泄露在平台上,最终导致用户不满意其跨境服务。加之 A 公司在操作过程中没有特定的法律法规限制,只能自己摸索前行,极不利于当地信息技术发展。②针对 B 公司存在恶性竞争行为,采用虚假广告,提供溢出性服务,导致 B 公司跨境服务资金外流,最终酿成金融风险。③提供的跨境服务业务采取的是一种全封闭式的传统运营模式,极容易产生运作机制混淆问题。④受利益驱使,A 公司内部存在盗窃或侵犯第三方信息技术行为。然而,这些行为不在当地监管机构管辖范围之内,使第三方很难掌握实际情况以采取应对措施。

之所以会出现上述不正当操作行为,归根结底是 A 公司将"禁止要求当地存在规则"视为一种正当行为,有其存在必要性。所以 A 公司将跨境服务贸易机构设在第三方,并游走于灰色地带。而 A 公司的不正当行为为挪用第三方资金或利用技术锁定政策提供"有利"条件,加剧跨行业及跨国家的金融风险,也会导致跨境服务传导失去原有效应。

2. 信息安全保障不完全

本案 A 公司在跨境服务贸易过程中,涉及用户、订单及物流等信息,涵盖海关检索、检验检疫、税率结汇问题。这些问题使跨境服务贸易供应链信息不确定,会由于安全隐患产生多重信息风险。其主要包括:①"禁止要求当地存在规则"要求外国服务贸易商禁止设立或维持当地商业存在。换言之,服务贸易商不允许跨国设立实体企业,只能在当地提供信息服务。而 A 公司为实现销售额上涨目标,不仅在当地设立企业,还特意夸大某些网络信息。这一做法严重损坏了境内外信息技术供应链运作机理,导致信息失真,严重阻碍跨境服务贸易发展。②"禁止要求当地存在规则"的目的在于保护当地企业与消费者核心利益。但 A 公司为 B 公司提供跨境服务时,出现大量数据失真、数据隐瞒不报问题,导致双方跨境服务信息交流不畅,无法完成跨境服务业务有效对接。跨境服务贸易在很大程度上属于信息与服务共享过程,一旦共享过程发生安全风险,则会加大跨境服务贸易运营风险。"禁止要求当地存在规则"符合国际跨境服务贸易要求,其核心主旨在于不在当地设立机构或企业。而 A 公司显然没有遵循这一规定,其跨境服务信息安全保障能力明显较差。

3. 财务监管落实不到位

本案 A 公司不遵循"禁止要求当地存在规则",在他国建立跨境服务公司或企业,必然会出现大量支付与税务风险:一方面,A 公司在经营过程中,被 B 公司发现其跨境支付金额异常。俄罗斯当局核查信息显示,A 公司由境外母公司 100% 控股。在跨境服务贸易中,境外母公司以各种手段向 B 公司收取大量服务费,且数额逐年增加。这一情况严重违反了"禁止当地要求存在规则",很可能引发严重的税务风险。另一方面,由于俄罗斯跨境支付方式以现金为主,与中国以微信、支付宝为主的线上交易方式存在很大差别,两个公司在跨境服务贸易中出现资金流转不畅、资金到位慢等问题。且对于以信息技术服务为主的 A 公司而言,利用第三方支付平台实现资金分散转移,可达到规避外汇监管的目的,相对于其他平台更易操作。据悉,A 公司曾被曝出通过第三方支付平台,多次向母公司汇入大额资金,企业之间出现严重的洗钱和相互勾结现象,由此导致资金异常流动,加大跨境支付风险。

3.4.3 启示

1. 针对性开展跨境服务贸易境外经营试点

(1) 开展教育领域境外经营试点。本案 A 公司存在经营违规操作,但其在中国设立公司这一举措,是绝大多数跨境服务企业拓展境外市场的共性做法。因此,中国跨境服务贸易企业应联合境外同属性企业,对必要跨境服务贸易领域进行"禁止要求当地存在规则"开放试点,以扩大服务范围。首先要开展试点的当属教育领域,由此,中国政府应联合跨境服务贸易企业与教育机构,同境外教育机构展开合作,在征得对方同意之后,可在当地开展小规模试点活动。在试点完成后,根据试点经验,逐步扩大试点范围,进而促进服务贸易企业吸收境外先进教育理念。这一过程中,政府还应适当放开教育服务行业限制,助推教育领域境外经营试点顺利实施。

(2) 开展运输与电信领域境外经营试点。运输和电信领域是跨境服务贸易极易遭受垄断的两大行业,极易由于市场恶性竞争,造成跨境服务业务失灵问题。中国对这两个领域的跨境服务开放较为缓慢,也没有获得服务贸易的承诺。因此,在经营试点放开运输及电信服务过程中,相关部门可借此机会将部分企业设立在境外,适当开放部分运输和电信服务的跨境贸易。在个案试点成功后,可申请提高试点企业数量,倒逼本地企业提高国际竞争力。

(3) 开展研发与管理咨询领域境外经营试点。随着"禁止要求当地存在规则"逐步放开,中国研发与管理咨询企业可申请在境外设立机构,开展境外服务试点。同时,企业还可以寻求政府援助,加大对于试点领域的投资力度。在试点过程中,通过放开研发和管理咨询等跨境服务,可强化该领域服务贸易能力。

2. 加强跨境服务贸易监管

(1) 积极借鉴"监管沙盒"制度。2019 年《国务院关于加强和规范事中事后监管的指导意见》中提出,创新监管方式、落实监管责任、优化监管规则等关于监管事项的整体思路与框架,该框架为完善跨境服务贸易监管能力提供改进思路与方向。目前,英国的"监管沙盒"已经成功落地,并取得显著成效。中国可借鉴英国先进做法,在跨境服务贸易中引入"监管沙盒"制度,并辅以信用承诺制度、个案审批等监管手段,降低跨国公司服务贸易的合规负担。同时,由于"禁止要求当地存在规则"的监管机构只能对其所提供的服务进行监管,存在监管权限不明确和"多头管理"等问题,故各监管机构可通过借鉴"监管沙盒"中的服务监管机制,统筹做好各主管部门之间的信息交换和监管协作,强化跨境服务贸易监管职能。

(2) 设定消费者隐私保护条例。欧盟曾在"禁止要求当地存在规则"下达成保护消费者隐私的监管条例,是跨境服务贸易的一个典型范例。中国政府应结合本国服务贸易实情,在服务贸易中引入消费者隐私保护条例,用以维护消费者数据安全。具体来看,中国应与欧盟就"禁止要求当地存在规则"具体细则与要求展开商讨,允许符合规则要求的跨境服务贸易企业进行消费者数据识别与收集,但要求这一行为仅用于消费者兴趣挖掘、产品研发与技术更新等利于升级服务体验的操作。且消费者隐私保护条例需要明确禁止企业将消费者数据用于其他商业用途,明晰具体惩罚措施,以加大服务贸易监管力度。

3. 完善负面清单管理制度

(1) 将"禁止要求当地存在规则"纳入负面清单。本案 B 公司起诉 A 公司的原因之一是 A 公司没有履行"禁止要求当地存在规则"规定,也没有严格遵守跨境服务相关法律规定。故中国应以此为戒,逐步完善负面清单管理制度,提高跨境服务贸易与"禁止要求当存在规则"的契合性。中国政府应与行业协会、服务贸易企业进行磋商,将"禁止要求当地存在规则"加入负面清单之中。同时,需要明确规则具体应用范围,或根据实际情况进行适时调整。更进一步,在将"禁止要求当地存在规则"纳入负面清单之后,政府部门应将清单中具有法律权威性的立法转化为更有经验、更高位阶的跨境服务立法,强化清单执行能力。更实际的做法可将现有跨境服务规则的适用范围扩大至国际服务,使境内外服务贸易企业都可享受这一规则带来的益处。

(2)分类梳理外商投资准入条例。负面清单属于外商投资准入条例范畴,而中国有关外国投资准入存在多头管理、区域差异大、多层次立法与内容缺失等问题,无法为负面清单实施提供统一政策保障。本案 A 公司违背"禁止要求当地存在规则",在一定程度上也突出了中国外商投资监管缺位问题。为此,需要分类梳理现有外商投资准入条例,剔除其中存在交叠、冲突与交叉的政策,并逐步与透明化、规范化国际高标准规则接轨。此外,外商投资准入条例不仅需要按照规定提供不符合信息,还需要确保下属立法实施,进而促使负面清单管理制度得以有效应用。

资料来源:马霞.以一则案例分析跨境服务贸易中"禁止要求当地存在规则"的适用性[J].对外经贸实务,2021(3):77-79.

注:文字略有调整。

3.4.4　思考

思考 1:如何更好地发挥跨境服务贸易与"禁止要求当地存在规则"的契合性?

思考 2:举例说明"监管沙盒"运行机制。

本 章 小 结

国际服务贸易政策是一国对服务交易活动在宏观方面作出的原则性规定。发达经济体占据服务贸易主导地位,倾向于自由化政策;发展中经济体服务业较弱,倾向于保护性政策。自 GATS 签署后,发展中经济体在国际服务贸易领域作出了实质性开放承诺。

国际服务贸易自由化政策的理论基础源自古典贸易理论、新古典贸易理论(要素禀赋理论)以及新贸易理论等。国际服务贸易自由化政策可以提升市场竞争力、实现规模经济、激发创新潜力。但当涉及国家安全时,一国实施国际服务贸易自由化政策则会弱化经济自主权、影响就业水平、损害国家利益等。韩国在实施国际服务贸易自由化政策方面表现不俗。

国际服务贸易限制性政策依据不同标准可以划分为不同种类,GATS 具体承诺将服务贸易壁垒归纳为市场准入措施和国民待遇措施两大类;世界银行最新的服务贸易措施分类包括市场准入条件、经营条件、影响竞争的措施、监管环境和行政程序及其他,依据不同服务模式,对限制性政策进行细化分类。在分类基础上,世界银行利用 STRI 度量了各国服务贸易限制性政策,发现不仅不同收入国家的限制程度差异很大,而且各部门的限制程度差异也非常大。

"禁止要求当地存在规则"的适用性是一个值得研究的案例。

思考题

1. 国际服务贸易自由化会带来哪些方面的正效应?

2. 国际服务贸易限制性政策的含义是什么?GATS 和世界银行分别如何分类?

3. 世界银行是如何度量国际服务贸易限制性政策的?

即测即练

学习园地

第 **4** 章

国际服务贸易多边规则

【学习要点】

1. GATT 体制和 WTO 体制在不同程度上促进了国际服务贸易的发展。

2. 服务贸易源于社会经济,特别是科学技术的发展,而且在经济生活中发挥越来越重要的作用,为 GATS 的出现奠定了坚实的基础。

3. 经过乌拉圭回合谈判,GATS 框架内容最终达成;经过服务贸易后续谈判以及不断深入的新一轮谈判,国际服务贸易相关规则将越来越完善。

4. GATS 有狭义和广义之分,前者仅指协定本身;后者指与服务贸易有关的附件及补充协议等。

【学习目标】

1. 掌握多边贸易谈判的基本内容。

2. 熟悉《服务贸易总协定》的主要框架及其基本内容。

3. 了解《服务贸易总协定》的源起和服务贸易新一轮谈判的进展。

 引导案例

对外开放里程碑　合作共赢新篇章

2021 年是中国加入世界贸易组织 20 周年。中国秉持自由贸易理念,全面履行加入承诺,大幅开放市场,展现大国担当。中国发展日新月异、成就辉煌,根本上是在中国共产党的坚强领导下取得的,谱写了一曲与世界良性互动、发展自己造福世界的精彩华章。值 20 周年之际,中华人民共和国商务部举办了"对外开放里程碑 合作共赢新篇章——中国加入世界贸易组织 20 周年专题展"(以下简称"专题展")。

"专题展"分三篇十个单元和实物展部分。第一篇加入世贸组织是中国对外开放的重要里程碑,分三个单元:第一单元党领导下的开放精神薪火相传;第二单元"复关""入世"谈判;第三单元加入世贸组织。第二篇全方位对外开放成就辉煌,分三个单元,第一单元重信守诺、第二单元开放成就、第三单元世界贡献。第三篇新时代开创高水平对外开放新局面,分四个单元,第一单元完整、准确、全面贯彻新发展理念;第二单元支持多边贸易体制;第三单元扩大高水平对外开放;第四单元积极参与全球经济治理。

在"中国加入世界贸易组织 20 周年高层论坛"上,时任国家副主席王岐山表示,当今世界经济深度融合,各国利益更加紧密。在更大范围、更高水平上参加国际经济合作和竞

争,是中国共产党和中国政府践行以人民为中心的发展思想,抓住机遇、应对变局的战略选择。中国将继续扩大高水平对外开放,与世界各国共享中国机遇,共建人类命运共同体。一是坚定不移扩大开放,持续营造内外资企业一视同仁、公平竞争的市场环境,为各国企业分享中国市场、中国机遇创造更好条件。二是坚定维护多边贸易体制,以建设性姿态推动世界贸易组织改革朝着正确方向发展,支持世界贸易组织在国际经济治理中发挥更加积极的作用,提高发展中国家在多边贸易体制中的代表性和发言权,践行真正的多边主义。三是努力促进世界开放合作,继续深化区域与双边经贸合作,商签更多高标准自贸协定,积极参与联合国等机制合作。

资料来源:中华人民共和国商务部.《对外开放里程碑 合作共赢新篇章——中国加入世界贸易组织20 专题展》[EB/OL].(2021-11-05)[2022-08-06].http://chinawto20.mofcom.gov.cn/index.html.中华人民共和国商务部.《王岐山出席中国加入世界贸易组织 20 周年高层论坛并致辞》[EB/OL].(2021-11-05)[2022-08-06].http://www.mofcom.gov.cn/article/xwfb/xwldrhd/202111/20211103215054.shtml.

4.1　多边贸易谈判

WTO,是政府间国际经济贸易组织,总部位于瑞士日内瓦(Geneva,Switzerland),于1995 年 1 月 1 日开始运作,其前身是自 1948 年起规范世界贸易的《关税及贸易总协定》,拥有 164 个成员,成员贸易总额占世界贸易总额的 98%。[①]

4.1.1　GATT 体制下的多边贸易谈判

第二次世界大战结束之后,国际经济问题复杂纷繁,世界经济秩序混乱,贸易保护主义盛行。1945 年 12 月 6 日,美国政府单方面提出《扩大世界贸易和增加就业的建议》,主张以此建议为基础制定国际贸易组织宪章,以重构世界经济秩序。经过多次讨论,以美国为主导并经 23 个国家代表签字的《国际贸易组织宪章》产生了。为配合该宪章的贯彻执行,23 个国家代表又谈判签订了《关税与贸易总协定临时适用议定书》。1947 年 11 月,在哈瓦那召开的联合国世界贸易和就业会议审议并通过了《国际贸易组织宪章》(即《哈瓦那宪章》),同意成立世界贸易组织。但是,1950 年美国突然宣布,不打算寻求国会批准宪章,意味着世界贸易组织实质性夭折。只是各国希望拥有一个比较自由的贸易环境,经临时协定书缔约国讨论并修改之后,决定继续执行临时协定书,也因此导致《关税及贸易总协定》临时了长达 47 年之久。在 47 年的时间里,GATT 安排缔约方之间进行多轮追求贸易自由化谈判,主题议题从货物贸易到服务贸易,从减让关税到非关税壁垒等多个方面(表 4-1)。

[①]　World Trade Organization. The WTO[EB/OL]. (2022-08-07). https://www.wto.org/english/thewto_e/whatis_e/inbrief_e/inbr_e.htm.

表 4-1 GATT 体制下多边贸易谈判主要议题/成果简表

轮 次	时 间	主要议题/成果
第一轮(古巴哈瓦那—瑞士日内瓦)	1947 年 2—3 月/8—9 月	关税减让
第二轮(法国安纳西)	1949 年 4—8 月	
第三轮(英国拖奎)	1950 年 9 月—1951 年 4 月	
第四轮(瑞士日内瓦)	1956 年 1—5 月	
第五轮(狄龙回合)	1960 年 9 月—1962 年 7 月	
第六轮(肯尼迪回合)	1964 年 5 月—1967 年 6 月	① 关税减让；② 反倾销问题
第七轮(东京回合)	1973 年 9 月—1979 年 11 月	① 非关税措施协议；② 授权条款
第八轮(乌拉圭回合)	1986 年 9 月—1994 年 4 月	① 关税减让 40%，20 个部门实施零关税 ② 非关税，12 个协议 ③ GATT 条款的谅解(避开修改的程序) ④《服务贸易总协定》 ⑤ 与贸易有关的知识产权协议(TRIPs) ⑥《关于建立世界贸易组织的协议》

资料来源：根据以下文献整理，"WTO. PRESS BRIEF-FIFTIETH ANNIVERSARY OF THE MULTILATERAL TRADING SYSTEM[EB/OL]. (2017-03-04)[2022-08-08]. https://www.wto.org/english/thewto_e/minist_e/min96_e/chrono.htm."

GATT 体制下的八轮谈判，前六轮主要针对货物贸易的关税减让问题；第七轮由关税减让转向以消除非关税壁垒为主，设立专门机构以解决各方因非关税壁垒所产生的相关问题；第八轮是一揽子解决多边贸易体制问题阶段，涉及了前七轮未曾讨论的新问题，诸多新问题中，值得一提的是，世界经济环境不断变迁，世界贸易不断变化发展，国际服务贸易成为各国利益相互较量的主题。

4.1.2 WTO 体制下的国际服务贸易发展

WTO 是唯一一个解决各国之间贸易规则的全球性国际组织，其目标是尽可能确保平稳、可预测以及自由的贸易流动。[①] WTO 负责管理和监督已商定的货物贸易、服务贸易以及与贸易有关的知识产权规则的实施，因此 WTO 会对国际服务贸易的发展产生影响，主要体现于 GATS 之中。

1. 成为各成员共同遵循的国际服务贸易规则

GATS 是乌拉圭回合里程碑式的成就之一，其目标与 GATT 基本相同：创建一个可信、可靠的国际贸易规则体系；确保所有参与者得到公平公正的待遇(非歧视原则)；通

---

① World Trade Organization. The WTO[EB/OL]. (2022-08-08). https://www.wto.org/english/thewto_e/thewto_e.htm.

过有保障的政策约束刺激经济活动；通过逐步自由化促进贸易和发展。[①]

GATS 使得 WTO 成员有了一个共同认可、共同遵循的国际服务贸易规则，也成为从规则上促进国际服务贸易发展的重要手段。

2. 推动国际服务贸易自由化[②]

国际服务贸易自由化，强调的是服务在各个国家或地区之间没有任何障碍地自由流动。与国际货物贸易相比，国际服务贸易不存在关税壁垒，但存在非关税壁垒。在 WTO 体制下，国际服务贸易自由化可以从以下方面体现出来。

（1）**最惠国待遇**（MFN treatment）。无条件的最惠国待遇是 GATT 的基本原则，WTO 在沿用该原则的基础上，将其完整地移植到了 GATS 中。在 GATS 第二条，WTO 明确规定了国际服务贸易中的最惠国待遇，即成员应立即无条件地给予所有其他成员的服务或服务提供者"不低于给予任何其他国家（地区）同类服务或服务提供者的待遇"。这相当于原则上禁止在个别部门的成员集团之间作出优惠安排，或禁止将准入利益局限于给予类似待遇的贸易伙伴的互惠规定。

（2）**透明度**（transparency）。透明度原则体现出了 WTO 体制下更加严格的政策监督特点。GATS 规定，除其他事项外，GATS 成员必须公布所有普遍适用的措施，并设立国家（地区）调查点，负责对其他成员的信息要求作出回应。

（3）**市场准入**（market access）。市场准入强调的是 WTO 各个成员的服务市场都必须是开放的，不能封闭。在 GATS 中，市场准入是在特定部门经过谈判作出的承诺，受到第十六条第（2）款所列举的各种类型的限制。例如，可对服务提供者、服务业务或该部门雇员的人数、交易价值、服务提供者的法律形式或外国资本的参与施加限制。

（4）**国民待遇**（national treatment）。国民待遇原则要求，一成员方给予另一成员方的服务业及服务提供者在所有法律、规章、行政管理等方面的待遇应当不低于给予其内部服务业和服务提供者的待遇。也就是说，在 GATS 中，对国民待遇的承诺意味着有关成员不采取有利于国内服务或服务提供者的歧视性措施。

（5）**发展中成员更多参与**。在 GATS 序言中，明确了促进发展中成员更多参与服务贸易的目标，该目标是第四条规定的基础。第四条要求各成员，除其他事项外，就加强发展中成员的国（地区）内服务能力、改善发展中成员进入分销渠道和信息网络的机会以及在对这些成员有出口利益的领域实现市场准入自由化等方面的具体承诺进行谈判。

（6）**逐步自由化**。逐步自由化是 GATS 的基本原则之一，强调的是一个过程，针对发展中成员尤其如此。GATS 第十九条规定，自由化是在充分尊重国家（地区）政策目标以及成员整体和细分部门发展水平的情况下进行的。因此，发展中成员根据其发展情况在开放较少部门、放宽较少种类交易以及逐步扩大市场准入方面享有灵活性。其他规定则确保发

---

① World Trade Organization. The General Agreement on Trade in Services（GATS）：objectives，coverage and disciplines-What is the main purpose of the GATS? ［EB/OL］. ［2022-08-08］. https：//www. wto. org/english/tratop_e/serv_e/gatsqa_e. htm.

② World Trade Organization. The General Agreement on Trade in Services（GATS）：objectives，coverage and disciplines-What are the basic obligations under the GATS? ［EB/OL］. ［2022-08-09］. https：//www. wto. org/english/tratop_e/serv_e/gatsqa_e. htm.

展中成员在执行经济一体化政策、维持国际收支限制以及确定进入和使用其电信运输网络和服务方面有更大灵活性。此外,发展中成员有权从世界贸易组织秘书处获得技术援助。

4.2　GATS 的源起及谈判历程[①]

第二次世界大战之后,伴随着服务贸易的迅猛发展,多边贸易谈判重点从货物贸易转向服务贸易。GATT 经过前七轮多边贸易谈判,货物贸易的大部分市场已经基本开放,剩下的领域各方在短期内很难取得进展,而服务贸易的自由化才刚刚开始,有着广阔的开放领域。因此,服务贸易的自由化问题成为多边贸易谈判的主要议题。

4.2.1　GATS 的源起

服务贸易几乎是与货物贸易同时起步的,但在漫长的历史发展过程中,服务贸易作为货物贸易的辅助项目,没有能够形成一个独立的商业领域。直到第二次世界大战之后,随着社会经济的发展,特别是科学技术的发展,服务贸易日益崭露头角,在经济生活中发挥重要的作用,已不再是货物贸易的被动服务者,成为与其并重的国际贸易不可或缺的部分。

1. 发达国家积极倡导服务贸易自由化

20 世纪 70 年代,以服务业为支柱的美国经济,在金融、保险、数据处理等多个服务领域具有明显优势。1979—1982 年经济危机之后,美国经济增长缓慢,国际货物贸易赤字日增,但在服务贸易领域却占据明显优势,连年顺差。以 1984 年为例,美国商品贸易出现 1 140 亿美元的逆差,服务贸易则出现 140 亿美元的顺差。作为世界最大的服务贸易出口国,美国急切地希望打开其他国家的服务贸易市场,通过大量的服务贸易出口来弥补贸易逆差,推动经济增长;而各国对服务贸易不同程度的限制,成为美国利益最大化的障碍。因此,美国积极倡导实行全球服务贸易自由化。

根据《1974 年贸易法》的授权,美国政府试图把服务贸易作为东京回合谈判的议题之一,但是因为当时有更加迫切的问题需要解决,所以只在东京回合所达成的海关估价、政府采购协议中写入一些服务贸易的内容。美国国会在《1984 年贸易与关税法》中授权政府就服务贸易等进行谈判,并授权对不在这些问题上妥协的国家进行报复。一些发达国家抵制美国的提议,欧盟起初对美国的提议持疑虑,但经过调查发现欧共体的服务贸易出口量要高于美国,转而坚决地支持美国。日本虽然是服务贸易的最大进口国,呈逆差态势,但由于在国际贸易中呈现顺差,加之为调和与美国之间日益尖锐的贸易摩擦,也始终支持美国。

2. 发展中国家对服务贸易自由化由坚决抵制到逐步接受

当美国开始提出服务贸易问题时,绝大多数发展中国家都坚决反对服务贸易自由化,理由为:①服务业中的许多部门,如银行、保险、证券、通信、信息、咨询、专业服务(如法律、会计等)等,都属于资本—知识密集型行业。然而,发展中国家的这些行业发展却很薄

① 中华人民共和国商务部-公共商务信息服务-WTO/FTA 咨询网.《服务贸易总协定》浅析[EB/OL]. (2007-10-31)[2022-08-25]. http://chinawto. mofcom. gov. cn/article/ap/n/201411/20141100806598. shtml. 文字略有调整、修改、删减。

弱,不具备竞争优势。②发展中国家的服务部门尚未成熟,经不起发达国家激烈竞争的冲击,过早实行服务贸易自由化会挤垮这些尚处于初期阶段的民族服务业,因此,在这些行业获得竞争力以前,不会实施开放。③有些服务行业涉及国家主权、机密和安全。

随着发达国家在服务贸易谈判问题上的认识逐步统一,发展中国家坚决抵制的态度也在发生改变,主要原因在于:①一些新兴的发展中国家和地区的某些服务业已经具有相当优势,如新加坡的航空运输业在资本、成本和服务质量上具有明显优势,韩国的建筑工程承包具有一定的国际竞争力,这些国家希望通过谈判扩大本国优势服务的出口。②大部分发展中国家一方面迫于来自发达国家的压力,另一方面也认识到如果不积极参与服务贸易谈判,将会导致发达国家制定服务贸易规则,自己只能被动接受且利益将受到更大损害。因此,许多发展中国家也先后表示愿意参加服务贸易谈判。

1986 年 9 月,埃斯特角部长宣言中,将服务贸易作为三项新议题之一,列入乌拉圭回合多边贸易谈判议程,拉开了服务贸易首次多边谈判的序幕。

4.2.2　乌拉圭回合服务贸易的谈判历程

乌拉圭回合服务贸易谈判大体可分为三个阶段,具体如下。

1. 第一阶段:1986 年 10 月 27 日至 1988 年 12 月中期审议前

第一阶段主要围绕服务贸易定义、适用服务贸易的一般原则和规则、服务贸易协定的范围、现行国际规则和协定的规定、服务贸易的发展及壁垒等内容展开谈判。

各方分歧很大,主要集中于如何界定国际服务贸易,是采取狭窄界定,还是采取宽泛界定。发展中成员要求狭窄界定,即将跨国公司内部交易和诸如金融、保险、咨询、法律规范服务等不必跨越国境的交易排除在外面;美国等发达成员主张较为广泛界定,即将所有涉及不同国民或国土的服务贸易归入国际服务贸易。

多边谈判最终基本采取欧共体的折中意见,即不预先确定谈判范围,根据谈判需要对国际服务贸易采取不同定义。

2. 第二阶段:中期审议至 1990 年 6 月

第二阶段开始进入实质性谈判。在加拿大蒙特利尔举行的中期审议会上,谈判重点集中在透明度、逐步自由化、国民待遇、最惠国待遇、市场准入、发展中成员更多参与、保障条款和例外等服务贸易基本原则。之后,谈判集中于通信、建筑、交通运输、旅游、金融和专业服务等具体部门的谈判。各方代表同意采纳一套服务贸易准则,以消除服务贸易障碍。比如,1990 年 5 月 4 日,中国、印度、喀麦隆、埃及、肯尼亚、尼日利亚和坦桑尼亚几个亚非国家向服务贸易谈判组联合提交了"服务贸易多边框架原则与规则"提案,对最惠国待遇、透明度、发展中成员更多参与等一般义务,以及市场准入、国民待遇等特定义务做了区分。文本结构采纳"亚非提案",承认各成员方发展水平差异,对发展中成员作出很多保留和例外,在相当程度上反映了发展中成员的利益和诉求。

3. 第三阶段:1990 年 7 月至 1993 年 12 月

第三阶段,由 GATS 框架内容的基本明朗到最终达成协定。1990 年 12 月,布鲁塞尔部长级会议上,服务贸易谈判组修订了"GATS 多边框架协议草案"文本,包含海运、内陆水运、公路运输、空运、基础电信、通信、劳动力流动、视听、广播、录音、出版等部门的草案附件。但由于美国与欧共体在农产品补贴问题上的重大分歧而没有能够最终结束谈判。从 1991 年 4 月开始,经过进一步谈判,于 1991 年底形成 GATS 草案,草案包括 6 个部分、35 个条款和 5 个附件,规定了最惠国待遇、透明度、发展中成员更多参与、市场准入、国民待遇、争端解决等重要条款,基本上确定了协定的结构框架。1993 年 12 月 5 日,贸易谈判委员会在搁置了数项一时难以解决的具体服务部门谈判后,最终通过了 GATS。

1994 年 4 月 15 日,各成员方在摩洛哥马拉喀什正式签署 GATS,并于 1995 年 1 月 1 日和 WTO 同时生效。至此,长达 8 年的乌拉圭回合谈判终于结束。GATS 与各个成员方的服务贸易减让表,构成乌拉圭回合谈判在服务贸易领域的最终成果。GATS 作为多边贸易体制下规范国际服务贸易的框架性法律文件,它的出现是服务贸易自由化进程中的一个里程碑。

中国政府代表参加了乌拉圭回合服务贸易各项谈判,并在 GATS 上签字承诺自己的义务,同其他各成员方就服务贸易市场准入减让问题进行谈判,并于 1994 年 9 月 13 日提出正式的服务贸易市场准入减让表。

4.2.3 服务贸易的后续谈判

WTO 自成立以来,一直致力于继续乌拉圭回合谈判的未尽议题,其中,关于服务贸易具体部门的分项谈判是这些议题中的重头戏。目前,WTO 已在金融服务、基础电信和信息技术三方面实现了历史性突破,取得了重要成果。WTO 达成的这三项关于服务贸易的协议,不仅将服务贸易自由化原则向具体成果方面推进了一大步,同时,也将对世界经济产生重要影响。尽管这三项协议目前仅对签约方有约束力,但由于签约方所控制的有关贸易额在全球的相关贸易额中占绝大多数,因此,这三项协议所确定的内容在不久的将来也会成为 WTO 全体成员的义务和承诺。

1.《金融服务协议》

乌拉圭回合一揽子协议于 1994 年 4 月 15 日在马拉喀什正式签署后,关于金融服务的多边谈判重新开始,目的是使所有成员同意在无条件最惠国待遇基础上缔结永久性的金融服务协议,促进金融服务贸易自由化。1996 年,有关谈判方曾在美国宣布退出后,在欧盟牵头之下达成临时协议。1997 年 12 月 13 日,世界贸易组织 70 个成员提供了 56 份开放金融、保险市场的清单,其中 34 份是经过修改的金融服务市场清单。至此,总共有 102 个成员作出承诺,逐步实现自由化。《金融服务协议》于 1999 年 3 月 1 日开始生效。

《金融服务协议》主要内容包括:允许外国公司在国内建立金融服务机构并享受与国内公司同等的进入市场权利;取消对跨境服务的限制;允许外国资本在本国投资项目中所占比例超过 50% 等。

《金融服务协议》将在金融服务业和法律环境构建方面产生巨大影响。根据《金融服务协议》,签约方将开放各自的银行、保险、证券和金融信息市场。全球 95% 以上的金融服务贸易将在这个协议的调整范围内,涉及 18 万亿美元的证券资产、38 万亿美元的国内银行贷款、2.2 万亿美元的保险金。由此可见,该协议对全球金融服务业有着巨大的影响。另外,从法律角度而言,这个协议同样具有深远的意义,根据该协议的规定,绝大多数世界贸易组织成员对开放其金融服务市场和保证非歧视经营条件作出承诺,使金融服务贸易依照多边贸易规则进行,有助于建立一个具有预见性和透明的法律环境。

2.《基础电信协议》

基础电信谈判也作为 GATS 遗留问题由 WTO 继续开展。1994 年 5 月,包括美国、日本、欧盟在内的成员方自愿参加谈判,目的在于开放年收入达 5 000 万亿美元的全球基础电信市场。经过近 3 年的艰苦谈判,终于在 1997 年 2 月 15 日,69 个 WTO 成员方缔结了《基础电信协议》,该协议于 1998 年 1 月 1 日生效,被认为是推动国际电信服务贸易发展的最有利因素。

《基础电信协议》主要内容包括:敦促各成员方向外国公司开放电信市场,并结束在国(地区)内电信市场上的垄断行为。该协议涉及语音电话、数据传输、传真、电话、电报、移动电话、移动数据传输、企业租用私人线路以及个人通信等各项电信服务。

WTO 各成员方在电信服务自由化方面承担的义务依协议的规定有所不同。其中 18 个成员方将完全取消对外国公司进入本国(地区)市场的限制,47 个成员方允许外国电信公司对本国(地区)电信企业进行控股,而印度等 30 个国家(地区)将允许外国资本在本国(地区)电信企业中占 25% 的股份。由于电信垄断将逐步取消,各成员方电信服务业的竞争必然加剧,这有利于现有通信技术的更新改造,促使电信服务部门进一步提高服务质量。正如 WTO 第一任总干事雷纳托·鲁杰罗(Renato Ruggiero)所说,这是 WTO 历史上的一个里程碑,它必将给电信服务业及其贸易带来极大的利益,能够同时为发达国家(地区)和发展中国家(地区)提供迎接 21 世纪挑战的更好机遇。

3.《信息技术产品协议》

信息技术对电信服务业的发展产生巨大影响,因此,将信息技术产品贸易自由化与电信服务贸易自由化联系起来,是服务贸易自由化的一项重要内容。1996 年 12 月 13 日,WTO 在新加坡举行部长级会议,美国和欧盟提出签订信息技术协定以消除全球信息技术产业的关税。在新加坡部长级会议结束前,WTO 通过了关于信息技术产品的部长级会议宣言,并成立了信息技术产品贸易发展委员会以监督协议的执行、推动信息技术产品贸易的发展以及负责扩大信息技术协议的签字方。1997 年 3 月 26 日,40 个成员方在日内瓦签订了《信息技术产品协议》,决定到 2000 年以前降低或取消多项信息技术产品的关税,总值约 6 000 亿美元的信息技术产品可望实现自由贸易。

《信息技术产品协议》于 1997 年 7 月 1 日生效,其涉及的范围包括电脑、电信设备、半导体、制造半导体的设备、软件、科学仪器等 200 多种信息技术产品。该协议要求,到 2000 年前将信息技术产品的进口关税降为零(少数签约方如哥斯达黎加、印度尼西亚等的最后期限为 2005 年)。这些成员方的信息技术产品贸易量占全球同类产品贸易量的 92.5%。

4.2.4　服务贸易新一轮谈判[①]

2001 年 11 月,WTO 第四次部长级会议在卡塔尔首都多哈(Doha,Qatar)举行,被称

---

① World Trade Organization. Services Negotiations[EB/OL]. (2022-08-28). https://www.wto.org/english/tratop_e/serv_e/s_negs_e.htm. World Trade Organization. Briefing Session on Market Access Negotiations [EB/OL]. (2022-08-28). https://www.wto.org/english/tratop_e/serv_e/briefing_session_on_gats_negotiations.pdf. World Trade Organization. WTO negotiations on domestic regulation disciplines[EB/OL]. (2022-08-28). https://www.wto.org/english/tratop_e/serv_e/dom_reg_negs_e.htm. World Trade Organization. Trade in services and LDCs[EB/OL]. (2022-08-28). https://www.wto.org/english/tratop_e/serv_e/ldc_mods_negs_e.htm. 赵春明,蔡宏波. 新编国际服务贸易教程[M]. 北京:清华大学出版社,2019:147-148.

为"多哈回合"的新一轮多边贸易谈判正式启动。服务贸易多边规则的制定和服务业市场准入等内容是主要议题,因为自 20 世纪 90 年代以来,世界经济发生巨大变化,各国服务业迅猛发展,与之匹配,国际服务贸易亦进入迅猛发展阶段。但是国际服务贸易在发达国家/地区与发展中国家/地区之间的结构性不平衡愈演愈烈。

多哈回合有关服务贸易的谈判目标是改善市场准入和强化规则制定。每个政府都有权决定向外国公司开放哪些领域及其开放程度,包括对外资所有权的任何限制。服务贸易谈判基本上是两条并行的谈判线路:双边或诸边谈判(只有某些 WTO 成员方参与)和多边谈判(所有 WTO 成员方参与),以建立任何必要的规则和纪律。

1. 谈判进程①

多哈回合谈判可谓一波三折,归纳起来,从 2001 年 11 月至 2010 年 12 月,大致经历了以下四个阶段。

1)第一阶段(2001 年 11 月至 2003 年 9 月)

启动新一轮全球多边贸易谈判,最初计划在 2004 年年底达成协议,确定了 8 个谈判领域,成立谈判委员会和谈判小组。

根据《多哈发展议程》,贸易谈判委员会于 2002 年 2 月 1 日召开首次会议,设立相应的谈判机制,各项谈判正式启动。2003 年 9 月,在墨西哥坎昆召开 WTO 第五届部长级会议,但会议未能取得预期结果。

2)第二阶段(2003 年 10 月至 2005 年 12 月)②

坎昆会议之后,各成员方着眼于制定一份框架协议,以确定今后谈判的指导原则和主要方向。2004 年 8 月 1 日,在日内瓦 WTO 总理事会上,世界贸易组织成员达成《多哈发展议程框架协议》,将原新加坡议题的 3 项剔除,并同意将结束谈判的时间推迟到 2006 年年底。

2005 年 12 月,在中国香港举行了 WTO 第六届部长级会议,会议最终通过《香港宣言》,在农业出口补贴和棉花问题上取得了重要进展。

3)第三阶段(2006 年 1 月至 2006 年 12 月)

根据计划,各方应在 2006 年 4 月 30 日前就农业和非农产品市场准入问题达成初步协议,但谈判进展缓慢。

2006 年 7 月 23 日,WTO 的 6 个关键成员方的贸易部长进行部长级会谈,但分歧严重,会谈破裂。7 月 24 日,WTO 总干事拉米宣布,无限期"中止"多哈回合谈判。

4)第四阶段(2007 年 1 月至 2010 年 12 月)

2007 年 1 月 27 日,24 个 WTO 成员方的部长级官员在达沃斯承诺尽快全面重启多

---

① 中华人民共和国商务部-公共商务信息服务-WTO/FTA 咨询网. 多哈回合谈判一波三折[EB/OL]. (2013-12-09)[2022-09-02]. http://chinawto. mofcom. gov. cn/article/ap/p/201410/20141000769372. shtml.

② 根据"中华人民共和国商务部公共商务信息服务-WTO/FTA 咨询网. 多哈回合谈判一波三折[EB/OL]. (2013-12-09)[2022-09-02]. http://chinawto. mofcom. gov. cn/article/ap/p/201410/20141000769372. shtml. "的内容,谈判阶段为"第一阶段(2001 年 11 月—2003 年 9 月)""第二阶段(2003 年 9 月—2005 年 12 月)"。时间出现重复,根据各阶段谈判内容,将时间调整为"第一阶段(2001 年 11 月至 2003 年 9 月)""第二阶段(2003 年 10 月至 2005 年 12 月)"。

哈回合谈判。7 月 17 日,农业谈判主席在前期谈判基础上散发了经修订的农业模式草案,但因谈判各方互不妥协,谈判于 9 月陷入僵局。

2007 年 9 月—2008 年 1 月,各方就农业问题展开密集谈判,2008 年 2、5、7 月,农业谈判主席分别散发已经反复修订的农业模式草案。2008 年 7 月,在日内瓦举行的小型部长级会议上,就 20 个议题中的 18 个达成了协议,但在第 19 个议题上谈判破裂。

2. 谈判议题

多哈回合主要谈判议题包括市场准入、国内管制、GATS 规则、LDC(least-developed countries,最不发达国家)模式的实施。具体如下。

1）市场准入

从 1998 年进入谈判准备开始,各成员方针对金融服务、基础电信、海运服务、专业服务、自然人移动等市场准入进行谈判,谈判主要采用"要价—出价"(request-offer)方式。谈判取得一定成果,如《多哈宣言》《香港宣言》等。但是,谈判总体来讲并不是很顺利,主要原因有两个:① 由于缺乏有效的国(地区)内协调,部分成员方未能按期公布要价;② 在一些关键问题上,发达国家(地区)和发展中国家(地区)态度对立且僵持不下,如自然人移动问题等。

2）国内管制

对于国内管制,WTO 专业服务谈判组于 1995—1998 年就会计部门(S/L/64)的国内管制纪律展开谈判,并通过会计部门相互认可的协议(S/L/38)。但因多哈回合谈判结束时,会计纪律被纳入 GATS,所以上述协议并未生效。

1999 年,成立国内监管工作组,取代专业服务组,继续谈判。工作组的任务是制定普适的一般性纪律,并酌情制定各部门纪律。WTO 各成员方认为,一般性纪律谈判比具体部门纪律谈判更有效率。

2005 年,WTO《香港宣言》呼吁各成员方加紧谈判,形成案文,以在多哈回合结束前通过。截至 2011 年,共有 60 多个成员方提交草案建议。

2012—2015 年,谈判放缓,2016 年重新恢复谈判进程,一些成员方还提交了案文,希望在第十一届部级长会议(MC11)上取得成果,但并未如愿。在 MC11 上,59 个成员方发表了《服务业国内监管联合声明》,2019 年又发表了第二份《服务业国内监管联合声明》。

2019 年 3 月,工作组举行会议,讨论关于国内监管纪律的修订提案。

3）GATS 规则

1995 年 3 月,服务贸易理事会设立 GATS 规则工作组,负责 GATS 中关于紧急保障措施(emergency safeguard measures,ESM,第十条)、政府采购(government procurement,第十三条)、政府补贴(subsidies,第十五条)的谈判。

紧急保障措施。涉及 ESM 的焦点和难点问题主要包括 ESM 的必要性、ESM 设立模式、援引 ESM 的理由、适用 ESM 的条件、不同服务提供方式下 ESM 的实施。

政府采购。各成员方针对政府采购的市场准入和国民待遇做了进一步深入讨论。

政府补贴。各成员方积极参与讨论了以下方面:规范服务贸易政府补贴的必要性、GATS 现有规范的约束性、扭曲服务贸易补贴的概念性、反补贴程序的适用性等。尽管各成员方态度积极,但是收效甚微。

4)LDC 模式的实施

LDC 模式旨在确保最不发达国家在谈判中的"最大灵活性"。另外,所有成员方承诺在寻求最不发达国家承诺时保持克制,且在编制本国(地区)承诺表时,特别优先考虑最不发达国家感兴趣的部门和方式,最终能够就最不发达国家豁免问题达成协议。2005 年《香港宣言》第 26 节规定,考虑到最不发达国家的特殊情况,不要求其作出新的承诺。

延伸阅读

《香港宣言》

2005 年 12 月 13—18 日,WTO 第六届部长级会议在中国香港举行。经过密集和艰苦的谈判与磋商,会议通过了《香港宣言》。

《香港宣言》文本长达 44 页,涉及农业谈判、服务谈判等多个议题。谈判核心议题是农业,但是作为发达国家商业利益的主要寻求目标,服务贸易谈判也成为非常关键的谈判筹码。其中,附件 C 是服务谈判,主要内容包括谈判目标、谈判方法、关注发展中国家和最不发达国家/欠发达国家利益、谈判时限。

1. 谈判目标

(1)为实现服务贸易自由化水平的逐步提高,同时为各个发展中国家成员方提供适当灵活性,各成员方应当遵循以下目标进行新增或改进已有承诺:①模式 1。维持现有的基于非歧视原则作出的跨部门承诺水平,取消现有的商业存在要求。②模式 2。维持现有的基于非歧视原则作出的跨部门承诺水平,如果对模式 1 作出承诺,那么也应对模式 2 作出承诺。③模式 3。就提高外国股权参与水平作出承诺,取消或大幅消减经济需求测试,在所允许的法律实体类型方面允许更大灵活性。④模式 4。与商业存在无关的合同服务提供者、独立专业人员以及其他人员的类别方面的新增或改进承诺,应反映取消或大幅度减少经济需求测试,以及明示允许停留的期限或续期的可能性;公司内部人员调动和商务访问者的类型方面的新增或改进承诺,也应反映上述要求。

在最惠国待遇例外方面,应取消或大幅度削减最惠国待遇的豁免,并根据现有最惠国待遇例外的适用范围和期限条款进行分类。在承诺时间表方面,确保承诺列表的明晰性、确定性、可比性,在制表、承诺分类、现有的经济需求测试方面与服务贸易理事会 2001 年 3 月 23 日修订的《承诺表编制指南》的规定一致。

(2)可考虑各成员方确定的部门和模式目标,作为要价—出价谈判的参考。

(3)各成员方应争取充分或有效地实施《最不发达国家模式》,使其有益和有意义地融入多边贸易体系。

(4)各成员方必须加紧努力,按照各自的任务和时间表完成 GATS 第十、十三、十五条规定的谈判,涉及:①与服务业中任何可能的紧急安全保障措施的操作和应用有关的技术和程序问题;②政府采购;③补贴。

(5)各成员方应在本轮谈判结束之前,根据 GATS 第六条第 4 款的授权制定国(地区)内监管纪律。

2. 谈判方法

（1）根据上述原则和目标，各成员方应当加强和加快"要价—出价"谈判，此为取得实质性承诺的主要谈判方法。

（2）除去双边谈判外，"要价—出价"也可以在诸边基础上进行：①各成员方或成员方集团均可就任何服务部门和提供模式向其他成员提出要价或集体要价，明确其在该部门或提供方式方面的谈判目标。②被要价方（准出价方）根据 GATS 第十九条第 2、4 款和《服务贸易谈判准则和程序》第 11 节考虑这些要价。③鉴于发展中国家（地区）和小代表团参与此类谈判的有限能力，诸边谈判组织应便利所有成员方的参与。

（3）应当考虑小规模经济体提出的有关贸易的建议。

（4）各成员方在谈判过程中，应当充分、有效地实施 LDC 模式，包括：①在给予 LDC 相关利益的服务部门的提供方式特别优先权方面，发展合适的机制。②在 LDC 成员确定的或者将要确定的优先发展部门或提供方式方面，尽可能作出承诺。③协助 LDC 成员确定优先发展部门或提供方式。④向 LDC 成员提供有针对性的、有效的技术支持和能力建设。⑤建立报告机制，以便于满足 LDC 特殊待遇模式第 13 节的审核要求。

（5）应通过 WTO 秘书处提供有针对性的技术援助，以便发展中国家和 LDC 有效参与谈判。特别是，根据第 51 节规定，应当向所有发展中国家（地区）提供有针对性的技术援助，使其能够充分参与谈判。

3. 谈判时限

各成员方需要遵守以下时间安排：①应尽快提交尚未完成的初始出价；②向其他成员方提出诸边要价的成员集团应在 2006 年 2 月 28 日前或之后尽快提交此类要价；③2006 年 7 月 31 日前提交经修改的第二轮出价；④2006 年 10 月 31 日前提交具体承诺表最终草案；⑤各成员方应在 2006 年 7 月 1 日前完成给予 LDC 成员方特殊待遇的合适机制。

4. 进度审查

服务贸易理事会特别会议应审查谈判进程，以及监测本附件所列目标、方法和时间期限。

资料来源：根据"World Trade Organization. DOHA WORK PROGRAMME-Ministerial Declaration（WT/MIN（05）/DEC 22 December 2005）[EB/OL].（2005-12-18）[2022-09-02] https://www.wto.org/english/thewto_e/minist_e/min05_e/final_text_e.pdf"翻译。

扩展阅读 4
GATS 的文本内容

4.3 案例分析：服务贸易争端第一案——美墨电信服务争端案

2004 年 4 月 2 日，第一个完全以 GATS 为争议内容的争端案例——美国诉墨西哥影响电信服务的措施争端案，由 WTO 专家组作出正式的报告，同时这也是电信服务贸易领域第一个由 WTO 专家组作出裁决报告的案例。对本案例的分析，将有助于我们了解 WTO 专家组在适用和解释 GATS 以及《基础电信协议》上的做法，以及服务贸易争端区别于货物贸易争端的特点，对我们更透彻地理解和运用服务贸易规则，更好地履行有关服务贸易的承诺都有重要的价值。

4.3.1 基本案例

1. 案例背景

1) WTO 中的电信服务贸易

除了 GATS 规定了电信服务贸易的一般原则(如最惠国待遇等)外,WTO 于 1997 年 4 月 15 日达成了《基础电信协议》(GATS 第四议定书),该议定书包括了各成员在电信服务贸易领域中的国民待遇和市场准入方面的具体承诺,但更重要的是它的一个附件——《参考文件》对各成员电信规制的原则和方法提出了明确的规定,其核心原则是防止各成员的垄断电信企业利用不正当的竞争行为损害新进入者的利益。

2) 墨西哥电信市场及规则

墨西哥联邦电信法(Federal Telecommunications Law,FTL)规定,在国际电信市场上对外呼叫业务最多的运营商有完全垄断权利,来议定其他运营商在提供国际电信业务时的规定和条件,包括墨西哥国内的电信运营商和其他国际运营商。从 1997 年起,墨西哥 Telmex 公司就占据了这一垄断地位。虽然联邦电信法也允许墨西哥的任何个人或公司和外国投资者取得对公共电信网络的安装、运营与开发的权利,但外国电信网络与墨西哥国内电信网络的互联应根据相关利益方所签订的协议来进行,而且只有国际网关运营商才可以与外国公共电信网络直接互联以进行国际电信传输。这使得已经具有垄断地位的 Telmex 公司事实上拥有了排除外部竞争者的权力,从而引起了希望进入墨西哥电信市场的美国电信巨头的不满。

3) 案例经过

2000 年 8 月 17 日,美国认为墨西哥的基础电信规则和增值电信规则违背了它在 GATS 中的承诺,并因此要求就该争端进行磋商。2000 年 10 月 10 日和 2001 年 1 月 16 日,美墨双方进行了两次磋商,均未达成共识。2002 年 4 月 1 日,专家组根据 DSU《关于争端解决规则与程序的谅解》第 6 款成立,并分别于 2003 年 11 月 21 日和 2004 年 4 月 2 日提交了中期报告与最终报告。2004 年 6 月 1 日,美国和墨西哥经过再次磋商,正式接受了专家组 4 月 2 日提交的最终报告,并最终就本次电信服务争端达成协议。协议中,墨西哥同意废除本国法律中引起争议的条款,并同意在 2005 年引进用于转售的国际电信服务;美国同意墨西哥继续对国际简式电信服务[①]进行严格限制以阻止非授权的电信传输[②]。

2. 美墨电信服务争端案焦点

美国认为墨西哥电信规制对其基础电信和增值电信服务承诺的履行起阻碍作用,主要有以下三点:①"比例返还"体制;②统一费率体制;③外国运营商必须与墨西哥本土对外呼叫量最多的运营商协定费率,且该费率适用于该外国运营商与其他所有的墨西哥运营商之间的电信服务活动。在这样的电信规制下,美国电信服务运营商不可能按合理

---

① International Simple Resale,此处是指租用线路提供跨境呼叫的电信服务。

② U. S and Mexico Reach Agreement to Resolve Telecom Dispute,USTR,2004.

的非歧视的规定和条件进入与使用其公共电信传输网络和服务,这就违背了墨西哥在《参考文件》中的承诺。具体来说,其主要存在以下三个方面的争议。

1)《参考文件》第 2 条下的争议

美国宣称,在基础电信服务跨境提供方面,墨西哥没有履行它在《参考文件》中第 2.1、2.2 条的承诺。美国特别指出,墨西哥没有确保其境内最大的基础电信供应商 Telemx 公司以合理的规定、条件和以成本为基础的费率向美国基础电信供应商提供互联。

墨西哥对此辩称,GATS 具体承诺表中没有与《参考文件》第 2 条相关的具体承诺;而且《参考文件》中关于互联的含义都不该运用到来自国外的服务业中去;即使互联在《参考文件》中的含义在以上情况下适用,Telemx 也不算是《参考文件》第 2.2 条中规定的"主要供应商"。无论在什么情况下,墨西哥向美国电信服务供应商提供的互联都是合理的,其费率也是以成本为基础的。

经过对《参考文件》的解释和对相关市场的调查,专家组得出结论:①墨西哥在具体承诺表中承诺会给予外国供应商自由进入墨西哥市场并租用电信设备以提供跨境服务的权利,但是截至 2002 年 4 月,墨西哥只允许外国电信供应商以合资的形式租用电信设备并提供跨境服务,对非合资形式的外资企业仍未给予该权利。②专家组确认 Telemx 公司对于本案涉及电信服务的定价具有实质性的影响力,可利用其在市场中的特殊地位制定全墨西哥电信市场的统一价格,因此是墨西哥基础电信服务业的主要供应商。③专家组计算了墨西哥国内供应商和外国供应商使用电信网络的价格差异,比较了互联费用和墨西哥—美国线路的"灰色市场"价格以及其他国际线路的终端价格,审查了国内运营商的"比例返还"程序,最终确定墨西哥规定的互联费用高于其成本价格,而且收取统一的互联费用会对相关市场上的价格竞争起阻碍作用。因此,在外国供应商与国内主要供应商互联时,墨西哥没能保证提供"合理的规定和条件",这违背了墨西哥在《参考文件》中第 2.2 条的承诺。

2)《参考文件》第 1 条下的争议

墨西哥《参考文件》中第 1 条承诺,将会采取"适当的措施来防止主要供应商进行或继续进行反垄断的行为,无论是单独的企业或是企业联合体",美国认为墨西哥事实上并未履行该承诺。如墨西哥《长途电信规则》(ILD 规则)第 13 条要求,在特定的国际线路上,对外传输量最大的运营商必须与电信服务供应商协商,采取统一的安装费率,而 ILD 规则第 23 条实际上要求所有的运营商都服从第 13 条的规则。在规则第 2 条第 13 款中,墨西哥要求运营商的对内传输量与对外传输量呈特定比例。美国认为这已经构成了反垄断行为。

对美国的观点,墨西哥予以辩驳。墨西哥认为《参考文件》中的承诺仅适用于其国内事务,而且在任何时候,墨西哥政府都采取了适当的措施来阻止反竞争行为的产生。美国提出质疑的 ILD 规则,实际上是促进竞争的:一方面防止新的进入者引发大幅度的降价,另一方面防止外国运营商垄断价格和电信设备。墨西哥指出,美国不能证明 Telemx 公司在相关市场上是一个"主要供应商,也不能证明它的经营存在反竞争行为"。

专家组从以下几个方面来调查墨西哥是否违背了在《参考文件》中第 1 条的承诺:

①Telemx 公司是不是主要供应商。与对《参考文件》第 2 条的分析类似,专家组认定 Telemx 公司在相关市场中对进入市场的规定拥有明显的控制能力,因而是"主要供应商"。而且,这种控制能力不仅为 Telemx 公司所独有,其他所有的网关运营商也有,因此那些既是电信服务供应商也是网关运营商的企业与 Telemx 公司一起被认定为市场上的"主要供应商"。②成员的法定行为是否属于反竞争行为。专家组在报告中认为,一成员的国内法可能会导致歧视性行为的出现,其立法机关可能会使用法律的权力来限制竞争的范围,但是加入 GATS《参考文件》中"防止主要供应商进行或继续进行反垄断的行为"的条款属于国际承诺,目的就是限制 WTO 成员的规则权利。而且,《参考文件》中的第 1 条也没有保留任何允许成员单方面实施反竞争措施的权利。也就是说,即使是墨西哥国内法的法定行为,也可能是《参考文件》第 1 条中的"反倾销行为"。③ILD 规则中是否要求主要供应商从事反竞争行为。专家组认为,尽管墨西哥认为统一定价会避免掠夺性定价引起的价格竞争,但是墨西哥并不能证明现有的竞争法无力对抗掠夺性定价行为,也不能证明如果取消 ILD 规则中的统一安装费率规定就会引起外国投资方的掠夺性定价或其他不公平行为。同样,没有证据表明墨西哥不能采用除统一安装费率规定外的其他电信规制来对抗掠夺性定价行为。在比例返还体制方面,专家组认为这是以法定的方式许可墨西哥电信供应商协商签订财务补偿协议,而不是依靠市场自由调节电信传输,这种分配对内呼叫量和市场份额的方法是不能保证其公平性的。因此,统一的安装费率和比例返还体制都属于《参考文件》第 1 条中的"反竞争行为"。④墨西哥是否采取了适当的措施来制止主要供应商的反竞争行为。专家组指出,如果墨西哥政府无法预料到每个行业中主要供应商的行为,并因此无法预先采取制止行为,这是合理的。但是墨西哥在电信规制中以反竞争行为作为法定行为,从逻辑上来说不能属于"适当"地"制止"反竞争行为的措施。墨西哥的这种做法与《参考文件》中的第 1 条是相违背的。

3)《参考文件》第 5 条下的争议

美国认为墨西哥没有承担其在 GATS 附录中第 5 条的义务。根据附录第 5 条,墨西哥应在基础电信服务业中保证美国供应商自由取得并使用墨西哥的公共电信传输网络和服务。但美国认为墨西哥并没有以合理的规定和条件向美国供应商提供互联,而且美国供应商也得不到私人线路的租用权,这违背了附录第 5 条的(a)款与(b)款。

墨西哥提出 GATS 的附录不适用于基础电信服务供给中电信传输网络的获得与使用。而后,墨西哥重申它没有对跨境供应作出任何承诺,无论跨境提供是以合资的形式还是以商业机构的形式,因此它不该承担相应的义务。

专家组则认为,《参考文件》第 1 条中并没有特别表明基础电信服务的供应被排除附录的适用范围之外;第 2 条(a)款指出,附录适用于 WTO 成员影响电信传输网络、服务可获得性和使用的所有措施,并没有特别指出这种影响电信传输网络、服务的措施仅限于提供某种服务或仅限于服务部门;附录第 5 条(a)款指出,"保证电信传输网络的自由获得和使用"的义务应适用于任何其他成员的服务供应商提供任何已列入减让表的服务,并没有特别指出基础电信服务的供应商应排除在外。因此,专家组认定,附录适用范围为所有影响公共电信传输网络的可获得性与使用的措施,包括基础电信服务的供应在内。

专家组还指出,墨西哥在《参考文件》的部门承诺与减让表中都没有将商业机构跨国提供服务排除在外,因此墨西哥对商业存在的承诺中应当包括对基础电信服务的承诺,其中既包括墨西哥以商业存在的形式提供基础电信服务,也包括其他成员以商业存在的形式对墨西哥提供基础电信服务。虽然墨西哥认为其国内不存在私人租用线路的服务,但是美国证明该服务在墨西哥很普遍。而且墨西哥已经承诺允许商业机构租用电信设备来提供服务,任何建立于墨西哥的商业机构都可以自由地提供本地、长途和国际电信服务。因此,墨西哥没能完成在附录第 5 条中的承诺,即没有保证私人租用线路供应的自由获得及使用。墨西哥 ILD 规则要求只有被授权的运营商才可以成为网关运营商并享有与外国公司电信传输网络相互联的权利,而商业机构无法得到该授权,因此 ILD 规则对商业机构与其他国家的公共电信网络连接起阻碍作用,这与墨西哥的"入世"承诺是不一致的。

4.3.2　案例分析

美墨电信服务争端案是 WTO 作出专家组报告的服务贸易争端第一案。本案的出现说明服务贸易在全球的迅速发展,使得各国之间的竞争关系不再仅仅存在于传统的货物贸易领域。可以说,本案的产生,固然是由于美国和墨西哥电信服务业的发展及冲突,但深层的原因是 WTO 文件中电信服务业的特殊性。而本案争议的焦点则是"反竞争行为"的界定。

1. 电信服务业的特殊性

在 WTO 的法律文件中,对电信服务业的承诺十分特殊。大多数的服务业均以具体承诺的方式,要求各缔约方在规定时间进行某种程度的市场开放或规则建立。而电信服务业只给出了参考文件,对参考文件的不同理解正是引发本次争端的重要原因。例如,本案中对于《参考文件》第 5 条的解释。按照墨西哥的观点,第 5 条是一个整体,(a)(b)小节是由(e)(f)小节来具体解释的。要确定某一成员在该条款下义务的具体含义,必须联系第 5 条所有的内容来解释。在(a)小节中要求的总体义务只能通过(e)(f)小节来实现,所以应该参照(e)(f)小节来分析墨西哥是否违反了(a)(b)小节中的承诺。美国则认为第 5 节的(e)(f)小节仅是(a)(b)小节的一个组成因素,起到补充例外的作用,其地位类似于 GATS 中的第 20 条对 GATS 的义务。经过多方面的查证后,专家组认为附录第 5 条(a)小节中规定的义务应由其他条款来具体解释,其他条款作为(a)小节的必要组成部分而存在。成员在承担(b)小节规定的义务时,需要遵守的条件与(a)小节和(e)小节的条款保持一致。

另外,根据 WTO 的规则,一旦对协定作出修改或解释,其影响范围不仅仅限于争端的双方或其他相关利益方,而是上升到多边范围内,被所有参与此协定的成员接受。美国希望通过 WTO 争端解决机制对《参考文件》作出解释,进而影响到多边范围内电信服务贸易的义务。虽然美国和墨西哥同属于北美自由贸易区,但是在此次争端中美国没有应用北美自由贸易区的争端解决机制,而是付诸 WTO,理由就在于此。

2. 电信服务业"反竞争行为"的界定

通常来说,反竞争行为表现为不正当竞争行为、限制竞争行为、垄断行为等。《参考文件》规定,反竞争行为包括不向竞争者提供必要的设施互联互通、交叉补贴、垂直价格挤压、掠夺式定价、使用错误信息、锁定用户、捆绑销售、不公平差别对待和滥用知识产权等。本案的焦点之一就是如果一种行为属于政府的法定行为,那么该行为是否可以算作反竞争行为。在此,出现了美国和墨西哥、欧盟两派观点。

美国认为,一种反竞争行为,即使得到了国内法律法规的许可,也不能改变它反竞争的本质。按照美国的观点,墨西哥的 ILD 规则中的某些规定已经构成"反竞争行为",如第 13 条规定,在前 6 个月内对某一国家的对外呼叫量最多的墨西哥运营商将单独享有与该国运营商协定安装费率的权利,"所有的国际网关运营商对来自特定国家的国际长途都必须采用统一的安装费率"。第 16 条和第 2 条第 13 款规定,国际长途网关运营商必须保证来自一国的呼叫量对该国的呼叫量呈特定的比例。墨西哥则认为 ILD 规则是墨西哥国内规制框架的组成部分,而建立规制框架的目的在于促进竞争。WTO 成员的国内法与《参考文件》的原则是一致的,《参考文件》第 1.1 条中已经对 WTO 成员可能会保留或会实施的反竞争措施作出了专门的规定,因此,墨西哥的 ILD 规则中不可能出现反竞争行为。

作为第三方国家的欧盟也认为,ILD 规则中要求的"统一定价不应该算是反竞争行为,因为统一定价是经过法律许可的。同样,收益共享体制按比例返还也是经过法律认同的,也不能算是反竞争行为"。欧盟指出,"如果墨西哥不允许电信服务运营商在某事物上竞争,那么就不可能存在反竞争行为。因为在竞争不存在的情况下根本不可能限制竞争"。

在最终报告中,专家组指出,加入 GATS《参考文件》中阻止供应商进行或继续进行"反竞争行为"的条款属于国际承诺,其目的是限制 WTO 成员的规制权利。这就说明一成员的国内法可能会导致歧视性行为的出现,即使是成员方内的法定行为,也有可能是"反竞争行为"。因此,成员在《参考文件》中作出的承诺是应该对其他所有 WTO 成员履行的义务,"一成员的国内法中关于主要供应商的要求不能与该成员在《参考文件》中'防止主要供应商进行反竞争行为'的国际承诺相违背"。

3. 美国在本案中的意图

利用 WTO 争端解决机制来打破其他国家的贸易壁垒,是美国惯用的做法。但在本案中,美国还有更深一层的意图。前文已经指出,和货物贸易不同,服务贸易的规则相对不成熟,GATS 的文本中并没有多少具有约束力的一般性规则,服务贸易的开放主要体现在各成员就国民待遇和市场准入的具体减让承诺上。但这些具体减让承诺和货物贸易中的关税减让相似,往往较为清晰明了,一般不会引起大的争议。而且这些具体承诺都是只针对作出承诺的个别成员的,不具有普遍性。而电信服务则有所不同,《基础电信协议》中所包含的《参考文件》是一个对所有成员都具有约束力的文件,而该文件对于确保各成员开放电信服务市场又具有重要的意义。如果能够对该文件进行有利于自己的更精确的法律阐释,那对今后以此来促使各成员更大地开放电信市场,将是十分主动的。显然,美国通过这一争端案件,已经达成了这一目的。本案例的主要争议焦点均集中在对《参考文件》的解释上,特别是对反竞争行为的解释,有助于美国打开那些尚未实行电信市场化改革的国家的市场。而美国与墨西哥在案件结束后迅速达成妥协,似乎也暗示双方可能存在着某种默契。毕竟美国与墨西哥都是北美自由贸易区的成员,并且也是政治和经济上的坚定盟友。

资料来源:屠新泉,彭程,孙威.服务贸易争端第一案——美墨电信服务争端案[J].世界贸易组织动态与研究,2005(12):7,35-39.

4.3.3　思考

思考 1：简述本案例对中国电信业高质量对外开放的可借鉴之处。

思考 2：服务贸易争端区别于货物贸易争端的特点是什么？

本 章 小 结

GATS 是 GATT 体制下乌拉圭回合里程碑式的成就之一；WTO 作为全球唯一一个解决各国之间贸易规则的全球性国际组织，通过 GATS 对国际服务贸易的发展产生影响，使 GATS 成为各成员共同遵循的国际服务贸易规则，通过最惠国待遇、透明度、市场准入、国民待遇、发展中成员更多参与、逐步自由化等推动国际服务贸易自由化。

GATS 源起于发达国家积极倡导服务贸易自由化，以及发展中国家对服务贸易自由化的态度由坚决抵制到逐步接受。从 1986 年 10 月 27 日到 1993 年 12 月，乌拉圭回合服务贸易谈判大体经历了三个阶段。尽管如此，乌拉圭回合还有多个未尽议题，为此，WTO 自 1995 年 1 月 1 日成立以来一直努力。其中，关于服务贸易具体部门的分项谈判是这些议题中的"重头戏"。目前，WTO 已在金融服务、基础电信和信息技术三方面实现了历史性突破，取得了重要成果。2001 年 11 月正式启动"多哈回合"新一轮多边贸易谈判，服务贸易多边规则的制定和服务业市场准入等内容是主要议题。

GATS 作为第一部关于具有法律效力的国际服务贸易多边规则，旨在促进各国（地区）服务业市场开放与国际服务贸易的新发展。GATS 有狭义和广义之分。狭义 GATS 仅指协定本身，包括六个部分内容、29 项具体条款。广义 GATS 指与服务贸易有关的附件及补充协议等，主要包括五个部分，即 GATS 条款、8 个附件、各国承诺表、9 项自由化决议、3 项后续谈判协议。

美国诉墨西哥影响电信服务的措施争端案作为第一个完全以 GATS 为争议内容的争端案例，既由 WTO 专家组作出正式的报告，也是电信服务贸易领域第一个由 WTO 专家组作出裁决报告的案例。此案例分析，有利于我们更透彻地理解和运用服务贸易规则，更好地履行有关服务贸易的承诺。

思考题

1. GATS 是如何产生的？

2. GATS 文本的主要内容有哪些？

3. 服务贸易新一轮谈判如何助推中国高质量发展？

即测即练

学习园地

第 5 章

RCEP 的服务贸易规则

【学习要点】

1. RCEP 产生于相应的国际背景,谈判正式启动于 2012 年,历经四个谈判阶段,签署于 2020 年,生效于 2022 年。

2. RCEP 内容丰富,涉及货物贸易、服务贸易、投资、自然人临时移动、知识产权、电子商务、贸易救济、竞争、政府采购等多个议题,RCEP 签署对于中国以及区域经济发展都有重要意义。

3. RCEP 涉及服务贸易多项规则,核心义务是国民待遇、最惠国待遇、市场准入和本地存在;中国服务具体承诺表中列出了中国的具体承诺。

【学习目标】

1. 掌握 RCEP 关于服务贸易的主要规则和中国承诺。

2. 熟悉 RCEP 产生背景和签署意义。

3. 了解 RCEP 谈判历程、RCEP 主要内容。

 引导案例

RCEP:正式生效啦!

2022 年 1 月 1 日,《区域全面经济伙伴关系协定》正式生效,文莱、柬埔寨、老挝、新加坡、泰国、越南 6 个东盟成员国和中国、日本、新西兰、澳大利亚 4 个非东盟成员国正式开始实施协定。

历经 8 年谈判,RCEP 于 2020 年 11 月 15 日签署,经过各方共同努力,于 2021 年 11 月 2 日达到生效门槛。RCEP 的生效实施,标志着全球人口最多、经贸规模最大、最具发展潜力的自由贸易区正式落地,充分体现了各方共同维护多边主义和自由贸易、促进区域经济一体化的信心和决心,将为区域乃至全球贸易投资增长、经济复苏和繁荣发展作出重要贡献。

中方将全面和充分履行 RCEP 义务,高质量实施协定,扩大对外贸易和双向投资,不断稳固和强化产业链、供应链,持续改善营商环境。引导地方、产业和企业利用好协定市场开放承诺和规则,更好把握 RCEP 带来的市场开放机遇。商务部将会同有关部门,持续做好 RCEP 培训工作,支持自贸区公共服务平台建设,强化中国自由贸易区服务网功能,为各地方、各行业和广大企业高水平实施协定做好指导和服务。

中国将与 RCEP 成员方一道，积极参与和支持 RCEP 机制建设，为 RCEP 经济技术合作作出贡献，共同推动提高协定的整体实施水平，持续提升区域贸易投资自由化、便利化程度，将 RCEP 打造成为东亚经贸合作主平台。

2022 年 1 月 26 日，商务部等 6 部门联合印发《关于高质量实施〈区域全面经济伙伴关系协定〉(RCEP) 的指导意见》(以下简称《意见》)，《意见》共分 4 个部分，包括指导思想、总体目标、重点任务、组织实施。

资料来源：中华人民共和国商务部.《区域全面经济伙伴关系协定》(RCEP)于 2022 年 1 月 1 日正式生效 [EB/OL]. (2022-01-01) [2022-09-10]. http://www. mofcom. gov. cn/article/syxwfb/202112/20211203233822. shtml.

中华人民共和国商务部国际经贸关系司. 商务部等 6 部门《关于高质量实施〈区域全面经济伙伴关系协定〉(RCEP) 的指导意见》(商国际发〔2022〕10 号)[EB/OL]. (2022-01-26)[2022-09-10]. http://gjs. mofcom. gov. cn/article/dongtai/202201/20220103239468. shtml.

5.1 RCEP 的产生背景及谈判历程①

2012 年 8 月 30 日，第一次东盟与自贸伙伴国经贸部长会议在柬埔寨暹(xiān)粒举行。来自东盟 10 国和东盟的自贸伙伴国澳大利亚、中国、印度、日本、韩国和新西兰的经贸部长出席会议。会议之后，与会部长们发表联合新闻声明。该声明指出，此次会议是启动《区域全面经济伙伴关系协议》谈判的关键一步。部长们通过了《RCEP 谈判指导原则和目标》。② 11 月 20 日，东盟 10 国与前述 6 个国家元首或政府首脑在柬埔寨金边发布《启动〈区域全面经济伙伴关系协定〉(RCEP)谈判的联合声明》，RCEP 谈判正式启动。③这标志着东亚更大范围的自贸区建设迈出了实质性的一步，展现了东亚各国加强经济合作、实现共同发展的坚定决心。④经过八年艰难谈判，于 2020 年 11 月 15 日达成协议，由各国领导人签署。印度在最后阶段退出谈判，签字国共 15 个。⑤ 2022 年 1 月 1 日起，RCEP 在文莱、柬埔寨、老挝、新加坡、泰国、越南 6 个东盟成员国和中国、日本、澳大利亚、新西兰 4 个非东盟成员国正式生效实施；2 月 1 日在韩国生效实施；3 月 18 日在马来西亚生效实施；5 月 1 日在中国与缅甸之间生效实施。⑥

---

① 中华人民共和国商务部. RCEP 生效意味着什么？(上)[EB/OL]. (2021-11-08)[2022-09-08]. http://www. mofcom. gov. cn/article/tj/tjzc/202111/20211103215485. shtml.

② MINISTRY OF COMMERCE PEOPLE'S REPUBLIC OF CHINA. 陈德铭分别出席东亚峰会经贸部长会议和东盟与自贸伙伴国经贸部长会议[EB/OL]. (September 6, 2012) (2022-09-08). http://english. mofcom. gov. cn/article/zt_cv/updates/201209/20120908324209. shtml.

③ 中华人民共和国商务部中国自由贸易区服务网.《区域全面经济伙伴关系协定》(RCEP)-协定正文-序言(中文)[EB/OL]. http://fta. mofcom. gov. cn/rcep/rcep_new. shtml.

④ 中华人民共和国商务部办公厅. 商务部新闻发言人沈丹阳就若干经贸热点问题接受媒体联合采访[EB/OL]. (2013-10-31)[2022-09-08]. http://bgt. mofcom. gov. cn/article/c/e/201310/20131000372919. shtml.

⑤ 李仲周. RCEP 与多边贸易体系相辅相成[EB/OL]. (2021-01-18)[2022-09-08]. http://chinawto. mofcom. gov. cn/article/br/bt/202101/20210103031976. shtml.

⑥ 中华人民共和国商务部-中国自由贸易区服务网.《区域全面经济伙伴关系协定》(RCEP)专题培训教材[EB/OL]. (2022-05-20)[2022-09-09]. http://fta. mofcom. gov. cn/zwgkp/rcep. html.

延伸阅读

东南亚国家联盟（Association of Southeast Asian Nations，ASEAN）

【成立日期】　1967 年 8 月 8 日

【目标】　2008 年 12 月，《东盟宪章》正式生效，确定东盟的目标包括：（一）维护和促进地区和平、安全和稳定，进一步强化以和平为导向的价值观；（二）通过加强政治、安全、经济和社会文化合作，提升地区活力；（三）维护东南亚的无核武器区地位，杜绝大规模杀伤性武器；（四）确保东盟人民和成员国与世界和平相处，生活于公正、民主与和谐的环境中；（五）建立稳定、繁荣、极具竞争力和一体化的共同市场与制造基地，实现货物、服务、投资、人员、资金自由流动；（六）通过相互帮助与合作减轻贫困，缩小东盟内部发展鸿沟；（七）在充分考虑东盟成员国权利与义务的同时，加强民主，促进良政与法治，促进和保护人权与基本自由；（八）根据全面安全的原则，对各种形式的威胁、跨国犯罪和跨境挑战作出有效反应；（九）促进可持续发展，保护本地区环境、自然资源和文化遗产，确保人民高质量的生活；（十）通过加强教育、终身学习以及科技合作，开发人力资源，提高人民素质，强化东盟共同体；（十一）为人民提供发展机会、社会福利和公正待遇，提高人民福祉和生活水平；（十二）加强合作，营造安全、无毒品的环境；（十三）建设以人为本的东盟，鼓励社会各界参与东盟一体化和共同体建设进程，并从中获益；（十四）增加对本地区文化和遗产的认识，加强东盟共同体意识；（十五）在开放、透明和包容的地区架构内，维护东盟在同外部伙伴关系中的中心地位和积极主动作用。

【成员】　10 个：文莱、柬埔寨、印度尼西亚、老挝、马来西亚、缅甸、菲律宾、新加坡、泰国、越南。总面积约 449 万平方公里，人口 6.62 亿。

【主要负责人】　东盟峰会是东盟最高决策机构，由各成员国国家元首或政府首脑组成，东盟各国轮流担任主席国，2023 年主席国是印度尼西亚。东盟秘书长是东盟首席行政官，向东盟峰会负责，由东盟各国轮流推荐资深人士担任，任期 5 年。现任秘书长高金洪（Kao Kim Hourn，柬埔寨前首相助理大臣），2023 年 1 月就任，任期至 2027 年底。

【总部】　东盟秘书处设在印度尼西亚首都雅加达（70A Jalan Sisingamangaraja，Jakarta 12110，Indonesia）。网址：http://asean.org 。

【组织机构】　根据《东盟宪章》，东盟组织机构主要包括：（一）东盟峰会：就东盟发展的重大问题和发展方向作出决策，一般每年举行两次会议。（二）东盟协调理事会：由东盟各国外长组成，是综合协调机构，每年至少举行两次会议。（三）东盟共同体理事会：包括东盟政治安全共同体理事会、东盟经济共同体理事会和东盟社会文化共同体理事会，协调其下设各领域工作，由东盟轮值主席国相关部长担任主席，每年至少举行两次会议。（四）东盟领域部长会议：由成员国相关领域主管部长出席，向所属共同体理事会汇报工作，致力于加强各相关领域合作，支持东盟一体化和共同体建设。（五）东盟秘书长和东盟秘书处：负责协助落实东盟的协议和决定，并进行监督。（六）东盟常驻代表委员会：由东盟成员国指派的大使级常驻东盟代表组成，代表各自国家协助东盟秘书处、东盟协调理事会等机构开展工作。（七）东盟国家秘书处：东盟在各成员国的联络点和信息汇总中心,设在各成员国外交部。(八)东盟政府间人权委员会:负责促进和保护人权与基本自由的相关事务。(九)东盟附属机构:包括各种民间和半官方机构。

【主要活动】 自 1976 年以来东盟共举行了 41 次峰会。

2019 年 6 月,第 34 届东盟峰会在泰国曼谷举行。会议围绕"加强伙伴关系,促进可持续发展"主题,重点讨论了东盟共同体建设和国际地区问题,发表了《东盟印太展望》《东盟领导人关于可持续伙伴关系的愿景声明》《应对亚洲地区海洋垃圾的曼谷宣言》及其行动框架等文件。11 月,第 35 届东盟峰会在泰国曼谷举行。会议回顾了东盟共同体建设,就东盟未来发展方向、加强东南亚地区各领域可持续发展交换了意见,发表了《东盟关于向第四次工业革命转型的宣言》和《东盟关于气候变化的联合声明》等文件。2020 年 4 月,东盟关于新冠肺炎疫情特别峰会以视频会议形式举行。会议重点就东盟国家合作抗击疫情、恢复社会经济发展等交换了意见,发表了《特别峰会宣言》。6 月,第 36 届东盟峰会以视频形式举行。会议主题为"齐心协力,积极应对",发表了《东盟领导人关于团结协作主动应对的愿景声明》等文件。11 月,第 37 届东盟峰会以视频形式举行,通过了《东盟全面复苏框架》及其实施计划。2021 年 4 月,东盟在印尼雅加达举行领导人特别会议,东盟轮值主席国文莱会后发表主席声明,介绍东盟一体化建设、推进疫后复苏、加强同伙伴国交流等会议主要讨论情况,并以附件形式介绍东盟领导人就缅甸局势达成五点共识。2021 年 10 月,第 38 届和第 39 届东盟峰会以视频方式举行,会议主题为"共同关心、共同准备、共同繁荣",重点讨论了东盟共同体建设和国际地区问题,通过了《东盟领导人关于支持多边主义的宣言》《东盟领导人关于蓝色经济的宣言》《东盟领导人关于推进数字化转型的声明》等文件。2022 年 11 月,第 40 届和第 41 届东盟峰会在柬埔寨金边举行,会议以"共同应对挑战"为主题,讨论了东盟共同体建设、东盟对外关系和发展方向,并就共同关心的国际和地区问题交换意见,通过了《关于在东盟主导机制下推动东盟印太展望四大优先领域主流化的宣言》《东盟领导人关于互联互通后 2025 议程的声明》《东盟领导人关于落实"五点共识"的审议和决定》《东盟领导人关于东帝汶申请加入东盟的声明》等文件。

2020 年 11 月,第四次 RCEP 领导人会议以视频方式举行,中国、日本、韩国、澳大利亚、新西兰和东盟十国正式签署了 RCEP 协定。2022 年 1 月 1 日,RCEP 正式生效。

资料来源:中华人民共和国外交部-国家和组织-国际和地区组织—东南亚国家联盟(ASEAN)[EB/OL].(2023-04)[2023-06-13]. https://www. mfa. gov. cn/web/gjhdq_676201/gjhdqzz_681964/lhg_682518/jbqk_682520/.

5.1.1 RCEP 的产生背景

RCEP 是一个全面、现代、高质量、互惠的自贸协定,也是全球人口最多、经贸规模最大、最具发展潜力的自贸协定。RCEP 采用区域原产地累计规则,支持区域产业链、供应链的发展;采用新技术推动海关便利化,促进新型跨境物流发展;采用负面清单作出投资准入承诺,大大提升了投资政策的透明度;还纳入高水平的知识产权、电子商务章节,适应数字经济时代的需要。

RCEP 的签署有其相应的国际背景,具体如下。

2001 年,中国率先提出并启动了与东盟的"10+1"自贸区谈判,引领日本、韩国、澳大利亚、新西兰等域内其他国家纷纷跟进,启动与东盟谈判。

2008 年后,面对全球金融危机,东亚国家感到在危机后更需要提升贸易投资自由化水平,助推经济增长。这时,区域内多个"10+1"协定也相继完成。东盟因此提出全面整合与域内 6 个国家已经签署的自贸协定,得到各方积极响应。

2012 年 8 月,16 国通过了《RCEP 谈判指导原则与目标》文件,并在 11 月正式宣布启动谈判。

5.1.2　RCEP 的谈判历程

1. 谈判阶段

从 2012 年正式启动 RCEP 谈判,到 2020 年 11 月正式签署协定,RCEP 谈判大致经历了以下四个阶段。

第一阶段(2012 年 11 月至 2015 年 10 月)。各方主要是就"出价模式"达成一致。由于 16 方发展水平差异较大,就出价模式达成一致是个阶段性进展,为后续实质性推进奠定了基础。

第二阶段(2015 年 11 月至 2017 年 10 月)。中国坚持促谈促合,支持东盟发挥主导作用,维持住了谈判势头,推动谈判在这两年中艰难前行。

第三阶段(2017 年 11 月至 2019 年 11 月)。2017 年 11 月召开第 1 次 RCEP 领导人会议,为推动谈判注入强大政治动力。2019 年 11 月召开的第 3 次 RCEP 领导人会议上,宣布除印度外的 15 国实质性谈判结束。

第四阶段(2019 年 12 月至 2020 年 11 月)。中国发挥积极作用,会同东盟积极做工作,推动协定最终如期签署。[①]

2. 建设进程[②]

除上述四个阶段之外,RCEP 谈判还历经表 5-1 所示的主要建设进程。

表 5-1　RCEP 建设进程

时　间	主　要　进　程
2011 年 11 月 13—19 日	东盟 10 国领导人通过了《东盟的"区域全面经济伙伴关系"框架》,一致同意建设 RCEP,并获得中国、日本、韩国、印度、澳大利亚和新西兰 6 国的支持
2012 年 11 月 20 日	东盟与六国领导人共同发布《启动〈区域全面经济伙伴关系协定〉(RCEP)谈判的联合声明》,通过了《RCEP 谈判指导原则与目标》,RCEP 谈判正式启动

① 根据"中华人民共和国商务部. RCEP 生效意味着什么? (上)[EB/OL]. (2021-11-08)[2022-09-08]. http://www. mofcom. gov. cn/article/tj/tjzc/202111/20211103215485. shtml. "的内容,RCEP 的四个谈判阶段是: 第 1 阶段(2012 年 11 月至 2015 年 10 月); 第 2 阶段(2015 年 10 月至 2017 年 11 月); 第 3 阶段(2017 年 11 月至 2019 年 11 月); 第 4 阶段(2019 年 11 月至 2020 年 11 月)。因为各阶段出现时间重复,故根据各阶段内容,本书将时间进行了重新划分。

② 中华人民共和国商务部-中国自由贸易区服务网.《区域全面经济伙伴关系协定》(RCEP)专题培训教材[EB/OL]. (2022-05-20)[2022-09-09]. http://fta. mofcom. gov. cn/zwgkp/rcep. html. 第 1 页。

续表

时　间	主　要　进　程
2013 年 5 月 9 日	RCEP 第一轮谈判举行,正式成立货物贸易、服务贸易和投资三个工作组,并就货物、服务和投资等议题展开磋商
2013—2020 年	举行 23 次部长级会议、31 轮正式谈判
2017 年 11 月 15 日	召开首次领导人会议,发布 RCEP 谈判领导人联合声明
2018 年 11 月 14 日	第二次 RCEP 领导人会议举行
2019 年 11 月 4 日	第三次 RCEP 领导人会议举行,并发布第三次领导人会议联合声明,印度宣布退出 RCEP
2020 年 11 月 15 日	第四次 RCEP 领导人会议举行,15 国签署 RCEP
2022 年 1 月 1 日	RCEP 在文莱、柬埔寨、老挝、新加坡、泰国、越南 6 个东盟成员国和中国、日本、新西兰、澳大利亚 4 个非东盟成员国正式生效实施
2022 年 2 月 1 日	RCEP 在韩国生效实施
2022 年 3 月 18 日	RCEP 在马来西亚生效实施
2022 年 5 月 1 日	RCEP 在中国与缅甸之间生效实施

资料来源:中华人民共和国商务部-中国自由贸易区服务网.《区域全面经济伙伴关系协定》(RCEP)专题培训教材[EB/OL].(2022-05-20)[2022-09-09].http://fta.mofcom.gov.cn/zwgkp/rcep.html.第 1-2 页.

5.2　RCEP 的主要内容及签署意义

RCEP 由序言、20 个章节(包括初始条款和一般定义、货物贸易、原产地规则、海关程序与贸易便利化、卫生与植物卫生措施、标准、技术法规和合格评定程序、贸易救济、服务贸易、自然人移动、投资、知识产权、电子商务、竞争、中小企业、经济技术合作、政府采购、一般条款和例外、机构条款、争端解决、最终条款)、4 部分承诺表共 56 个附件(包括关税承诺表、服务具体承诺表、服务和投资保留及不符措施承诺表、自然人临时移动具体承诺表)组成,共计超过 1.4 万页。RCEP 的签署对于中国以及区域经济发展都有重要意义。

5.2.1　RCEP 主要内容[①]

RCEP 涉及货物贸易、服务贸易、投资、自然人临时移动、知识产权、电子商务、贸易救济、竞争、政府采购等多个议题,内容丰富。

1. 货物贸易

RCEP 货物贸易领域涉及 6 个章节(第二章至第七章)、4 个附件以及各成员具体的关税承诺表,涵盖市场准入、原产地规则、海关程序和贸易便利化、卫生与植物卫生措施、

---

① 中华人民共和国商务部.一图读懂(上)| RCEP 生效啦![EB/OL].(2022-01-05)[2022-09-08].http://www.mofcom.gov.cn/article/tj/tjzc/202111/20211103215485.shtml.中华人民共和国商务部.一图读懂(下)| RCEP 生效啦![EB/OL].(2022-01-05)[2022-09-08].http://www.mofcom.gov.cn/article/tj/tjzc/202201/20220103234585.shtml.中华人民共和国商务部-中国自由贸易区服务网.《区域全面经济伙伴关系协定》(RCEP)专题培训教材[EB/OL].(2022-05-20)(2022-09-09).http://fta.mofcom.gov.cn/zwgkp/rcep.html.第 6,28-30,33,34 页.注:统一起见,将其中有关我国的称谓统一修改为"中国"。

标准、技术法规和合格评定程序、贸易救济等内容。

在货物贸易领域,RCEP 旨在取消或降低区域内关税和非关税壁垒,促进原产地规则、海关程序、检验检疫、技术标准等统一规则实施,提高货物贸易自由化和便利化水平,降低区域贸易成本,提升产品国际竞争力。RCEP 货物贸易在关税和非关税措施上均有所突破。各成员承诺通过两种方式实现关税减让:①立刻降税;②10 年内逐步降税。总体上,协定生效后,区域内 90% 以上的货物贸易将最终实现零关税。

RCEP 自贸区和区域内已有的其他自贸区之间,是相互补充、相互促进的关系:①RCEP 涵盖了区域其他自贸区中未被纳入降税的产品;②区域内其他自贸区也可能涵盖 RCEP 中被纳入降税的产品。③对于 RCEP 自贸区和区域内其他自贸区相互重叠的降税产品,短期内由于此前双边自贸区已经降税,企业仍然可以在双边自贸区内享惠,而由于 RCEP 规定可以原产地累积,待未来 RCEP 逐步降税到位,同等优惠关税条件下,企业将会采用 RCEP 这一更优的原产地政策享受优惠。

原产地累积规则

RCEP 达成了另一项重要成果,可以说是货物贸易领域价值最大的成果,就是规定了区域内的原产地累积规则。

RCEP 与多数自由贸易协定的双边原产地原规则不同,规定商品从 A 国进入另一自贸伙伴 B 国,可以用协定中多个缔约方的中间品,来达到所要求的增值标准或生产要求,这样 A 国享受 B 国零关税的门槛可明显降低。

2. 服务贸易

RCEP 通过服务贸易和自然人移动两个章节明确了各成员在服务贸易相关领域的义务和纪律,目的是消除成员之间的限制和歧视性措施,扩大市场开放,促进区域服务贸易增长。

服务贸易章节为 RCEP 的第八章,共包括 25 个条款和金融服务、电信服务、专业服务 3 个附件,以及各成员在服务贸易领域的开放承诺。此章主要就服务贸易的国民待遇、最惠国待遇、市场准入、本地存在、国内法规等方面作出限定,并对服务部门开放进行承诺,消减限制性、歧视性措施,为扩大成员方相互间的服务贸易创造条件。

从市场开放承诺来看,服务贸易的开放模式分为正面清单方式和负面清单方式。其中,正面清单开放模式以正面方式列出开放的服务部门以及对应的市场准入限制、国民待遇限制和附加承诺。负面清单与正面清单方式相反,仅需列出"例外清单",明确不履行开放义务的例外部门或措施(也称为不符措施),其他领域则被默认为向外国服务提供者全部开放。

在服务贸易领域,通过给予部分成员过渡期的方式,RCEP 成员最终将以负面清单模式实现高水平开放。其中,日本、韩国、澳大利亚、新加坡、文莱、马来西亚、印度尼西亚 7个成员采用负面清单方式承诺,中国等其余 8 个成员采用正面清单方式承诺,并将于协定生效后 6 年内转化为负面清单。中国、新西兰和泰国虽然以正面清单方式承诺,但以"FL"(进一步自由化)的列表方式承诺"棘轮"义务,确定了未来进一步自由化则不得回撤的部门,以锁定未来开放成果。总体来看,15 个成员在服务贸易领域的开放承诺不仅在各自 GATS 承诺出价基础上有了大幅改进,而且也作出了高于各自原有"10+1"自贸协定水平的开放承诺。中国服务贸易开放承诺达到了已有自贸协定的最高水平,承诺服务部门数量在中国"入世"承诺约 100 个部门的基础上,新增了研发、管理咨询、制造业相关服务、空运等 22 个部门,并提高了金融、法律、建筑、海运等 37 个部门的承诺水平。其他成员在中国重点关注的建筑、医疗、房地产、金融、运输等服务部门都作出了高水平的开放承诺。为中国企业"走出去"、扩展区域产业链布局提供了更加广阔的市场空间。成员中,日本在服务领域的开放水平最高,基本达到其在 CPTPP 的承诺水平;韩国、澳大利亚承诺水平明显高于中韩、中澳自贸区;新西兰以正面清单方式开放约 110 个服务部门,其对于法律等广泛的服务贸易领域,承诺全面开放;除老挝、柬埔寨、缅甸三个最不发达国家之外,其他东盟成员在 RCEP 中承诺的服务部门数量均增加到 100 个以上,从整体来看均高于其在中国—东盟自贸区的承诺水平。

3. 投资

RCEP 投资章节(第十章)共包括 18 个条款和 2 个附件(习惯指国际法和征收),涵盖了投资的形式、范围、投资者待遇、业绩履行要求、转移、征收、补偿以及投资促进、投资便利化等领域的规则纪律,同时约定各方投资领域的开放承诺,为投资者在 RCEP 区域进行投资活动提供了较为全面的制度保障。RCEP 投资章是当前亚太地区规模最大的投资协定,是在原有 5 个"东盟 10+1 自由贸易协定"投资规则基础上的全面整合和升级,在投资市场准入和投资保护等方面作出了全面、平衡的投资安排,形成了当前亚洲地区规模最大的投资协定安排,有助于营造更加稳定、开放、便利的投资环境。

在投资市场准入上,各成员均采用负面清单模式作出承诺。中国对农业、林业、渔业、采矿业和制造业 5 个领域作出高水平自由化承诺,提升了透明度。

4. 自然人临时移动

自然人移动章节(第九章)主要针对从事货物贸易、提供服务或进行投资的自然人,为其临时入境与临时停留(非永久居留的目的)制定了更加便利的规则。RCEP 各成员的承诺基本超越各自已有的自贸协定的承诺水平。各方承诺对于区域内各国的投资者、公司内部流动人员、合同服务提供者、随行人员的配偶及家属等各类商务人员,在符合条件的情况下,可入境各国并获得居留权利,享受签证便利,开展各种贸易投资活动。

RCEP 将承诺的临时移动人员适用范围扩展至服务提供者以外的投资者、随行配偶及家属等协定下所有可能跨境移动的自然人类别,超越了各成员现有自贸协定实践中的承诺。

自然人移动章节将促进区域内商业人员往来,进一步为中国企业"走出去"和外国人才"引进来"提供更多便利。中国在自然人移动项下作出了相应承诺(表 5-2)。

表 5-2　中国在自然人移动项下的承诺

序号	类　别	条件和限制
1	商务访问人员	不超过 90 天
2	公司内部流动人员	与合同期限一致或不超过 3 年,以较短的为准。可延期。在对等前提下,不实施数量限制

续表

序号	类　　别	条件和限制
3	合同服务提供者	与合同期限一致,不超过 1 年
4	安装人员和服务人员	与合同期限一致,不超过 3 个月
5	经理或高级管理人员的随行配偶、家属	不超过 12 个月,不超其所依附的经理或高级管理人员的停留期限

资料来源:中华人民共和国商务部-中国自由贸易区服务网.《区域全面经济伙伴关系协定》(RCEP)专题培训教材[EB/OL]. (2022-05-20)[2022-09-09]. http://fta. mofcom. gov. cn/zwgkp/rcep. html. 第 33 页.

5．其他各领域规则

RCEP 拓展了原有的多个"10＋1"自贸协定的规则领域,对标国际高水平自贸规则,纳入知识产权、电子商务、贸易救济、竞争、政府采购等议题,作出符合区域特点和需要的规定。

(1) 知识产权。知识产权是 RCEP 中协定内容最多、篇幅最长的章节,也是中国自贸协定中对于知识产权保护最全面的章节。其涵盖了著作权、商标、地理标志、专利、外观设计、遗传资源等广泛领域。

(2) 电子商务。RCEP 纳入电子认证和签名、在线消费者保护、在线个人信息、保护网络安全等条款,还纳入数据流动、信息存储等规定,具有开拓性的意义。比如,协定规定 RCEP 成员方应承认电子签名的法律效力,认可电子认证技术,这使在线合同的签署、电子支付的授权、网络交易的达成得到协定的全面保护和认可,为本地区电子商务和数字贸易(digital trade)的发展繁荣提供了重要保证。

(3) 其他。RCEP 还纳入贸易救济、竞争、政府采购等方面的具体规定,确保成员方之间开展公平贸易、反对市场垄断、保护消费者权益,并开展政府采购领域的合作。

5.2.2　RCEP 签署的意义[①]

RCEP 自贸区是目前全球体量最大的自贸区,意味着全球约 1/3 的经济体量将形成一体化大市场;RCEP 囊括了东亚地区主要国家,将为区域和全球经济增长注入强劲动力。RCEP 是区域内经贸规则的"整合器",它整合了东盟与中国、日本、韩国、澳大利亚、新西兰多个"10＋1"自贸协定以及中国、日本、韩国、澳大利亚、新西兰 5 国之间已有的多对自贸伙伴关系,还在中日和日韩间建立了新的自贸伙伴关系。RCEP 实现了高质量和包容性的统一,最大限度地兼顾了各方诉求,它将促进本地区的包容均衡发展,使各方都能充分共享 RCEP 成果。

1. RCEP 对中国的意义

RCEP 自贸区的建成是中国在习近平新时代中国特色社会主义思想指引下实施自由贸易区战略取得的重大进展,将为中国在新时期构建开放型经济新体制,形成以国内大循

[①] 商务部新闻办公室.商务部国际司负责同志解读《区域全面经济伙伴关系协定》(RCEP)之一[EB/OL]. (2020-11-15)[2022-06-06]. http://fta. mofcom. gov. cn/article/rcep/rcepjd/202011/43618_1. html. 注:统一起见,将其中有关我国的称谓统一修改为"中国";同时文字略有修改。

环为主体、国内国际双循环相互促进新发展格局,并为其提供巨大助力。

1)RCEP 将成为新时期中国扩大对外开放的重要平台

中国与 RCEP 成员贸易总额约占中国对外贸易总额的 1/3,来自 RCEP 成员的实际投资占中国实际吸引外资总额比例超过 10%。RCEP 一体化大市场的形成将释放巨大的市场潜力,进一步促进区域内贸易和投资往来,这将有助于中国通过更全面、更深入、更多元的对外开放,进一步优化对外贸易和投资布局,不断与国际高标准贸易投资规则接轨,构建更高水平的开放型经济新体制。

2)RCEP 将助力中国形成国内国际双循环新发展格局

RCEP 将促进中国各产业更充分地参与市场竞争,提升在国际、国内两个市场配置资源的能力。这将有利于中国以扩大开放带动国内创新、推动改革、促进发展,不断实现产业转型升级,巩固中国在区域产业链、供应链中的地位,为国民经济良性循环提供有效支撑,加快形成国际经济竞争合作新优势,推动经济高质量发展。

3)RCEP 将显著提升中国自由贸易区网络"含金量"

加快实施自由贸易区战略是中国新一轮对外开放的重要内容。RCEP 签署后,中国对外签署的自贸协定达到 19 个,自贸伙伴达到 26 个。通过签署 RCEP,中国与日本建立了自贸关系,这是中国首次与世界前 10 的经济体签署自贸协定,是中国实施自由贸易区战略取得的重大突破,使中国与自贸伙伴贸易覆盖率增加至 35% 左右,大大提升中国自贸区网络的"含金量"。

2. RCEP 对推动东亚区域经济增长的意义

1)RCEP 将有力提振各方对经济增长的信心

在当前全球经济面临困难的背景下,RCEP 自贸区的建成发出了反对单边主义和贸易保护主义、支持自由贸易和维护多边贸易体制的强烈信号,必将有力提振各方对经济增长的信心。据国际知名智库测算,到 2025 年,RCEP 可望带动成员方出口、对外投资存量、GDP(国内生产总值)分别比基线多增长 10.4%、2.6%、1.8%。

2)RCEP 将显著提升东亚区域经济一体化水平

RCEP 自贸区的建成是东亚区域经济一体化新的里程碑,将显著优化域内整体营商环境,大幅降低企业利用自贸协定的制度性成本,进一步提升自贸协定带来的贸易创造效应。RCEP 还将通过加大对发展中和最不发达经济体的经济与技术援助,逐步弥合成员发展水平差异,有力促进区域协调均衡发展,推动建立开放型区域经济一体化发展新格局。

3)RCEP 将促进区域产业链、供应链和价值链的融合

RCEP 成员之间经济结构高度互补,域内资本要素、技术要素、劳动力要素齐全。RCEP 使成员国间货物、服务、投资等领域市场准入进一步放宽,原产地规则、海关程序、检验检疫、技术标准等逐步统一,它将促进域内经济要素自由流动,强化成员间生产分工合作,拉动区域内消费市场扩容升级,推动区域内产业链、供应链和价值链进一步发展。

5.3　RCEP 关于服务贸易的主要规则[①]及中国承诺

5.3.1　关于服务贸易的主要规则

RCEP 中,关于服务贸易的内容,涵盖服务贸易概念界定及范围、承诺减让表、国民待遇、市场准入、最惠国待遇、具体承诺表、不符措施承诺表、透明度清单、过渡期、国内法规等方面进行规则制定。其核心义务包括国民待遇、最惠国待遇、市场准入和本地存在。国民待遇和最惠国待遇实质就是要求对列入承诺表的部门给予缔约方的服务及其提供者非歧视性待遇,不低于给予本国和其他国家同类服务与服务提供者的待遇,做到一视同仁。市场准入实质上就是市场开放及相关规则,要求已作出承诺的一缔约方给予其他缔约方的服务和服务提供者不得低于具体承诺表所列待遇。本地存在条款目前仅针对负面清单承诺的国家,即除负面清单列出的部门外,禁止对跨境服务提供者提出在本地设立公司、代表处、附属机构或成为东道国居民等本地存在要求。

RCEP 国内法规条款提出了信息公开等透明度要求,要求在新法规、措施出台前提供事先通知和评论的机会,要求合理、客观和公正地管理服务贸易,提供适当程序供服务提供者就行政决定申请复议,同时也对各国与资质要求和程序、技术标准和许可要求相关的措施提出了合理的期限、费用等要求。上述条款的目的是减少国内法规、管理措施等对服务贸易的不合理限制,使服务提供更加便利。

对此,本书将对主要规则做进一步介绍。

1. 承诺减让表

第八章第三条承诺减让表共分 4 款,具体如下。

(1) 各缔约方应当根据本章第七条(具体承诺表)或本章第八条(不符措施承诺表)的规定作出本章第四条(国民待遇)和本章第五条(市场准入)项下的承诺。

(2) 根据本章第七条(具体承诺表)作出承诺的一缔约方应当根据本章第四条(国民待遇)、第五条(市场准入)中的适用条款作出承诺,并且还应当根据本章第六条(最惠国待遇)或本章第十条(透明度清单)作出承诺。根据本章第七条(具体承诺表)作出承诺的一缔约方也可以根据本章第九条(附加承诺)作出承诺。

(3) 根据本章第八条(不符措施承诺表)作出承诺的一缔约方应当根据本章第四条(国民待遇)、第五条(市场准入)、第六条(最惠国待遇)和第十一条(本地存在)中的适用条款作出承诺。根据本章第八条(不符措施承诺表)作出承诺的一缔约方也可根据本章第九条(附加承诺)作出承诺。

---

① 中华人民共和国商务部-中国自由贸易区服务网. 第八章服务贸易[EB/OL]. (2022-09-09). http://fta. mofcom. gov. cn/rcep/rceppdf/d8z_cn. pdf. 中华人民共和国商务部-中国自由贸易区服务网. 第八章服务贸易-附件一金融服务[EB/OL]. (2022-09-09). http://fta. mofcom. gov. cn/rcep/rceppdf/d8z_fj1_cn. pdf. 中华人民共和国商务部-中国自由贸易区服务网. 第八章服务贸易-附件二电信服务[EB/OL]. (2022-09-09). http://fta. mofcom. gov. cn/rcep/rceppdf/d8z_fj2_cn. pdf. 中华人民共和国商务部-中国自由贸易区服务网. 第八章服务贸易-附件三专业服务[EB/OL]. (2022-09-09). http://fta. mofcom. gov. cn/rcep/rceppdf/d8z_fj3_cn. pdf.

（4）尽管有第二款的规定,根据本章第七条(具体承诺表)作出承诺的东盟成员国中的最不发达国家缔约方,没有义务根据本章第六条(最惠国待遇)或第十条(透明度清单)作出承诺。但此类缔约方可在自愿的基础上作出承诺。

2. 国民待遇

第八章第四条国民待遇共分4款,具体如下。

（1）根据本章第七条(具体承诺表)作出承诺的一缔约方,对于列入其附件二(服务具体承诺表)的部门,在遵守该承诺表中所列的任何条件和资质的前提下,在影响服务提供的所有措施方面给予其他任何缔约方的服务和服务提供者的待遇,应当不低于其给予本国同类服务和服务提供者的待遇。[①]

（2）根据本章第八条(不符措施承诺表)作出承诺的一缔约方,在遵守本章第八条(不符措施承诺表)规定的其不符措施的情况下,在影响服务提供的所有措施方面给予其他任何缔约方的服务和服务提供者的待遇,应当不低于其给予本国同类服务和服务提供者的待遇。[②]

（3）一缔约方可通过对其他任何缔约方的服务或服务提供者给予与其本国同类服务或服务提供者的待遇在形式上相同或形式上不同的待遇,以满足第一款或第二款的要求。

（4）如形式上相同或形式上不同的待遇改变竞争条件,与任何其他缔约方的同类服务或服务提供者相比,有利于该缔约方的服务或服务提供者,则此类待遇应当被视为较为不利的待遇。

3. 市场准入

第八章第五条市场准入共分两款,具体如下。

（1）对于通过本章第一条(定义)第十八款确定的服务提供方式实现的市场准入,根据本章第七条(具体承诺表)在本条项下作出承诺的一缔约方,对任何其他缔约方的服务和服务提供者给予的待遇,应当不低于其在附件二(服务具体承诺表)中同意和列明的条款、限制和条件下的待遇。[③]

（2）对于作出市场准入承诺的部门,不论是根据本章第七条(具体承诺表)作出具体承诺,或根据本章第八条(不符措施承诺表)遵守不符措施,一缔约方不得在其一地区或在其全部领土内采取或维持按如下定义的措施:

① 无论以数量配额、垄断、专营服务提供者的形式,或以经济需求测试要求的形式,限制服务提供者的数量;

---

① 在本条项下作出的具体承诺不得解释为要求任何缔约方对由于相关服务或服务提供者的外国特性而产生的任何固有的竞争劣势作出补偿。

② 本条中的任何规定不得解释为要求任何缔约方对由于相关服务或服务提供者的外国特性而产生的任何固有的竞争劣势作出补偿。

③ 如一缔约方就通过本章第一条(定义)第十八款第(一)项中所指的方式提供服务作出市场准入承诺,且如资本的跨境流动是该服务本身必需的部分,则该缔约方由此承诺允许此种资本跨境流动。如一缔约方就通过本章第一条(定义)第十八款第(三)项中所指的方式提供服务作出市场准入承诺,则该缔约方由此已承诺允许有关的资本转移进入其领土内。

② 以数量配额或经济需求测试要求的形式限制服务交易或资产总值；

③ 以配额或经济需求测试要求的形式，限制服务业务总数或以指定数量单位表示的服务产出总量；[①]

④ 以数量配额或经济需求测试要求的形式，限制特定服务部门或服务提供者可雇用的、提供具体服务所必需的直接相关的自然人总数；

⑤ 限制或要求服务提供者通过特定类型法律实体或合营企业提供服务的措施；

⑥ 以限制外国股权最高百分比或者限制单个或总体外国投资总额的方式限制外国资本的参与。

4. 最惠国待遇

第八章第六条最惠国待遇共分 5 款，具体如下。

（1）一缔约方依照本章第七条（具体承诺表）作出承诺，并选择根据本章第三条（承诺表）第二款作出最惠国待遇承诺的，应当：

① 对于列在该缔约方附件二（服务具体承诺表）的承诺表中，被确定为"最惠国待遇"的服务部门及其分部门；

② 对于在该缔约方附件二（服务具体承诺表）附录中的最惠国待遇部门范围中所列的服务部门及其分部门；

③ 对于未包含在该缔约方附件二（服务具体承诺表）附录中的最惠国待遇部门豁免清单的服务部门及其分部门，并且在遵守其中所列任何条件和资质的前提下，该缔约方给予另一缔约方的服务和服务提供者的待遇，不得低于其给予任何其他缔约方或非缔约方服务和服务提供者的待遇。

（2）在遵守列其附件三（服务与投资保留及不符措施承诺表）中的不符措施的前提下，一缔约方依照本章第八条（不符措施承诺表）作出承诺时应当给予另一缔约方的服务和服务提供者的待遇，不得低于其给予任何其他缔约方或任何非缔约方服务和服务提供者的待遇。

（3）尽管有第一款和第二款的规定，每一缔约方保留依照任何已生效的或于本协定生效之日前签署的双边或多边国际协定采取或维持任何措施的权利，以给予任何其他缔约方或非缔约方服务和服务提供者不同的待遇。

（4）尽管有第一款和第二款的规定，每一东盟成员国缔约方保留依照东盟成员国间作为广泛经济一体化进程的一部分，就货物、服务或投资贸易自由化所签署的协定，采取或维持任何措施以给予任何其他东盟成员国缔约方服务和服务提供者不同的待遇的权利。

（5）本章的规定不得解释为阻止任何缔约方对任何毗邻国家授予或给予利益，以便利仅限于毗邻边境地区的在本地生产和消费的服务的交换。

5. 具体承诺表

第八章第七条具体承诺表共分 5 款，具体如下。

---

① 该项不涵盖一缔约方限制用于服务提供的投入的措施。

（1）依照本条作出承诺的一缔约方应当在其附件二（服务具体承诺表）的承诺表中列出其根据本章第四条（国民待遇）、第五条（市场准入）以及第九条（附加承诺）作出的具体承诺。对于作出此类承诺的部门，每一附件二（服务具体承诺表）中的承诺表应当规定：①关于市场准入的条款、限制和条件；②关于国民待遇的条件和资质；③与附加承诺相关的保证；④在适当时，实施此类承诺的时限。

（2）与本章第四条（国民待遇）和第五条（市场准入）均不一致的措施应当列入与本章第五条（市场准入）相关的栏目。在这种情况下，所列内容将被视为对本章第四条（国民待遇）也规定了条件或限制。

（3）依照本条作出承诺的每一缔约方应当在其附件二（服务具体承诺表）的承诺表中，以"FL"对进一步自由化的部门或分部门加以确定。在这些部门和分部门中，任何第一款第①项及第②项中所提的适用条款、限制、条件、资质，应当限定于该缔约方的现行措施。

（4）如一缔约方以减少或消除该措施与本章第四条（国民待遇）或第五条（市场准入）不一致的方式修正第三款中所提及的措施，由于该不一致在修正前已经存在，该缔约方不得随后以增加该措施与本第四条（国民待遇）或第五条（市场准入）的不一致的方式对该措施进行修正。

（5）尽管有第三款的规定，东盟成员国的最不发达国家缔约方没有义务确定进一步自由化的部门或分部门。但此类缔约方可在自愿的基础上进行上述确定。

6. 本地存在

第八章第十一条本地存在规定：依照本章第八条（不符措施承诺表）作出承诺的一缔约方，依照该条款规定的不符措施，不得要求另一缔约方的服务提供者在其领土内建立或维持代表处、分支机构或其他任何形式的法人，或成为其领土内的居民，作为本章第一条（定义）第十八款第（一）项、第（二）项以及第（四）项所提及的提供服务的条件。

7. 金融服务、电信服务和专业服务三个附件

金融服务、电信服务和专业服务三个附件是第八章市场开放及相关规则之外，对金融、电信、专业三个领域作出了更全面和更高水平的承诺，对专业资质互认作出了合理安排。

附件一：金融服务。首次引入新金融服务、自律组织、金融信息转移和处理等规则，就金融监管透明度作出了高水平承诺，在预留监管空间维护金融体系稳定、防范金融风险的前提下，为各方金融服务提供者创造了更加公平、开放、稳定和透明的竞争环境。这些规则不仅有助于中国金融企业更好地拓展海外市场，还将吸引更多境外金融机构来华经营，为国内金融市场注入活力；承诺代表了中国金融领域的最高承诺水平。金融服务附件共分十四条，内容涵盖定义、范围、新金融服务、审慎措施、特定信息处理、认可、透明度、金融服务例外、信息转移与信息处理、自律组织、支付和清算系统、磋商、联络点、争端解决。

附件二：电信服务。制定了一套与电信服务贸易相关的规则框架。在现有的"10＋1"协定电信附件基础上，RCEP还包括了监管方法、国际海底电缆系统、网络元素非捆绑、

电杆、管线和管网的接入、国际移动漫游、技术选择的灵活性等规则。这将推动区域内信息通信产业的协调发展,带动区域投资和发展重心向技术前沿领域转移,促进区域内产业创新融合,带动产业链、价值链的提升和重构。电信服务附件共分 23 条,内容涵盖定义、范围、监管方法、接入和使用、号码携带、竞争保障、主要提供者给予的待遇、转售、互联互通、专用线路服务的提供和定价、共址、独立电信监管机构、普遍服务、许可、稀缺资源的分配和使用、透明度、与国际组织的关系、国际海底电缆系统、网络元素非捆绑、电杆/管线/管网的接入、技术选择的灵活性、国际移动漫游、电信争端解决机制。

　　附件三:专业服务。其对 RCEP 成员就专业资质问题开展交流作出了一系列安排,主要包括:加强有关承认专业资格机构之间的对话,鼓励各方就共同关心的专业服务的资质、许可或注册进行磋商,鼓励各方在教育、考试、经验、行为和道德规范、专业发展及再认证、执业范围、消费者保护等领域制定互相接受的专业标准和准则。[①] 专业服务附件共计九节内容,主要是针对 RCEP 成员专业资质问题开展交流作出一系列安排。

　　RCEP 服务贸易核心条款如表 5-3 所示。

表 5-3　RCEP 服务贸易核心条款

部　门	核　心　条　款
金融服务	① 首次引入新金融服务、自律组织、金融信息转移和处理等规则,就金融监管透明度作出了高水平承诺 ② 取消外资持股比例,取消外资设立分行子行的总资产要求 ③ 取消人身险公司外资持股比例上限,取消在华经营保险经济业务经营年限和总资产要求 ④ 取消证券公司、基金管理公司、期货公司的外资持股比例上限
专业服务	① 外国律师事务所仅能以代表处的形式提供法律服务,代表处可从事营利性活动 ② 允许外国服务提供者与中国合资伙伴合伙设立部分由外国投资者投资的医院或诊所,根据中国的需要设有数量限制,允许外资持有多数股权 ③ 允许持有在其本国颁发的专业证书的外国医师,在获得健康主管机关许可后,在中国提供短期医疗服务。服务期限最长可达 6 个月,并且可延长至 1 年 ④ 允许已在其本国从事检验服务 3 年的外国服务提供者,在注册资本不少于350 000 美元的情况下,设立从事技术测试、分析和货物检验的部分由外国投资者投资的公司
电信服务	① 新增国际移动漫游及号码携带等条款,通过整体降低漫游资费、保障号码可携 ② 一国运营商进入他国市场后,能够以非歧视的条件及价格,接入该国国际海底电缆系统

　　资料来源:中华人民共和国商务部-中国自由贸易区服务网.《区域全面经济伙伴关系协定》(RCEP)-协定文本-第八章服务贸易(中文)[EB/OL].[2022-06-08].http://fta.mofcom.gov.cn/rcep/rceppdf/d8z_cn.pdf.刘晓玲,徐靖.RCEP 规则研究与政策建议[J].商业经济.2022(7):108-111.

---

　　① 商务部新闻办公室.商务部国际司负责同志解读《区域全面经济伙伴关系协定》(RCEP)之二[EB/OL].(2020-11-16)[2022-06-06].http://fta.mofcom.gov.cn/article/rcep/rcepjd/202011/43619_1.html.注:统一起见,将其中有关我国的称谓统一修改为"中国"。

5.3.2　关于服务贸易的中国承诺

中国在 RCEP 中作出相应承诺。RCEP 承诺细目表是具体反映 15 个 RCEP 成员服务贸易部门开放的条件、状况等的有效文件。在附件二服务具体承诺表中的中国服务具体承诺表中列出了中国的具体承诺(表 5-4)。

表 5-4　中国在 RCEP 中的服务贸易承诺细目表例示

服务提供方式：(1)跨境交付　(2)境外消费　(3)商业存在　(4)自然人移动			
部门或分部门	市场准入限制	国民待遇限制	其他承诺
Ⅰ.水平承诺			
本承诺表中包括的所有部门	(1)(2)(3)(4)：对为公共目的而设立或维持的社会服务不作承诺。对此类服务可实行公共垄断或授予私人经营者专营权 (3)(略)…… (4)不作承诺,附件四(自然人临时移动具体承诺表)中所提及类别的自然人临时入境和临时停留有关的条款、条件、限制或资格除外	(1)(2)(3)(4)：对为公共目的而设立或维持的社会服务不作承诺。对这类服务可实行公共垄断或授予私人经营者专营权 (3)除在市场准入栏中列明外,没有限制 (4)不作承诺,除与市场准入栏中所提及类别的自然人临时入境和临时停留有关的条款、条件、限制或资格除外	
Ⅱ.部门承诺			
(c)税收服务 (CPC8630)	(1)没有限制 (2)没有限制 (3)允许设立外商独资子公司 (4)除水平承诺中内容外,不作承诺	(1)没有限制 (2)没有限制 (3)没有限制 (4)除水平承诺中内容外,不作承诺	

资料来源：中华人民共和国商务部-中国自由贸易区服务网.《区域全面经济伙伴关系协定》(RCEP)-协定文本-附件二服务具体承诺表-中国服务具体承诺表[EB/OL].[2022-06-07]. http://fta. mofcom. cn/rcep/rceppdf/01％20CN's％20Annex％20Ⅱ_cn. pdf.

注：因本表只是例示,所以并没有将诸多具体内容罗列出来,如有需要,请直接打开上述网址链接。

1. 承诺义务

在市场准入方面,RCEP 第八章第五条规定了六类限制性措施。在国民待遇方面,RCEP 第八章第四条作出了相应规定。前文已述,在此不赘述。

在附加承诺方面,RCEP 第八章第九条(附加承诺)规定,各缔约方可以就影响服务贸易的措施承诺进行谈判,包括根据下列条款不需列入承诺表的与资质、标准或许可事项有关的承诺：(一)对于依照本章第七条(具体承诺表)作出承诺的缔约方而言,本章第四条(国民待遇)或第五条(市场准入)；或者(二)对于依照本章第八条(不符措施承诺表)作出承诺的缔约方而言,本章第四条(国民待遇)、第五条(市场准入)、第六条(最惠国待遇)或

第十一条(本地存在)。[①] 由此扩展了服务贸易的义务和原则。

2. 水平承诺和部门承诺

在中国服务具体承诺表中,中国从水平承诺和部门承诺两个部分对市场准入与国民待遇两个方面进行了规定。

(1)水平承诺规定,适用于承诺细目表中包括的所有部门。它是评估任何一个服务部门具体承诺的前提。

(2)部门承诺规定,适用于所承诺的服务贸易的具体部门。

3. 承诺方式

在中国服务具体承诺表中,中国对具体服务部门的四种提供方式进行了承诺表示。承诺表示包括以下 3+1 种方式。

"3"是承袭 WTO 传统的承诺方式:①没有限制,属于最高开放程度;②不作承诺,属于开放程度最低;③部分承诺(限制性承诺),开放程度介于"没有限制"和"不作承诺"之间。

"1"则是最近几年新兴起的一种方式。对于根据 RCEP 第八章第七条(具体承诺表)第三款作出的进一步自由化承诺:①中国保留对通过自然人存在提供的服务采取或维持任何措施的权利。②中国进一步自由化承诺并不适用于其水平承诺。③中国对国内服务提供者的所有补贴不作承诺,中国加入 WTO 时已作出承诺的除外。

4. 四种服务提供方式

其沿袭了 GATS 中的四种服务提供方式:①跨境交付,自一缔约方领土向任何其他缔约方领土内提供服务。②境外消费,在一缔约方领土内向任何其他缔约方的服务消费者提供服务。③商业存在,一缔约方的服务提供者通过在任何其他缔约方领土内的商业存在提供服务。④自然人移动,一缔约方的服务提供者通过在任何其他缔约方领土内的一缔约方的自然人存在提供服务。

5.4 案例分析:用好 RCEP 红利 助推数字贸易示范区建设

5.4.1 基本案例

中国、日本、韩国、澳大利亚、新西兰与东盟 10 国共同签署《区域全面经济伙伴关系协定》,于 2022 年 1 月 1 日对中国正式生效。RCEP 是目前全球最大的自由贸易协定,区域内 90% 以上的货物贸易最终将实现零关税。该协定涵盖了货物贸易、服务贸易、投资、知识产权、竞争和争端解决等共 20 个章节,其中数字贸易规则集中体现在该协定的电子商务(第九章)章节中,凸显各方推进数字贸易发展的共识和决心。

国务院于 2022 年初印发的《"十四五"数字经济发展规划》提出,加快贸易数字化发

---

① 中华人民共和国商务部-中国自由贸易区服务网.《区域全面经济伙伴关系协定》(RCEP)-协定文本-附件二服务具体承诺表-中国服务具体承诺表[EB/OL].(2022-06-07). http://fta. mofcom. gov. cn/rcep/rceppdf/01% 20CN's%20Annex%20II_cn. pdf. 第 8-11 页。

展,以数字化驱动贸易主体转型和贸易方式变革,营造贸易数字化良好环境。显然,随着新一轮科技的发展,以数字贸易为代表的新型贸易模式,将成为未来全球贸易的主要形式和重要内容。

再回到 RCEP 中,可以发现,包括"电子商务""海关程序和贸易便利化""投资""服务贸易""中小企业""经济技术合作"等章节,都将有助于促进亚太地区数字贸易的发展,并能够为该区域数字贸易发展提供良好的制度保障。对中国而言,RCEP 有助于推动形成"以货物贸易数字化为核心、以服务贸易数字化为延伸,以数字基础设施互通和安全为保障"的数字贸易发展产业链和生态圈,助推中国特色数字贸易示范区建设。

5.4.2 案例分析

1. RCEP 立足于以数字贸易发展为导向的价值目标

RCEP 旨在促进缔约方之间的电子商务,以及全球范围内电子商务的更广泛使用,为其发展创造一个值得信任和有信心的环境。同时,RCEP 数字规则积极倡导推进缔约方之间合作,共同帮助中小企业克服数字运用场景中的各类障碍;在特定的合作领域,帮助缔约方实施或者加强其电子商务法律框架,加强制度供给和法律保障。缔约方合作的方式包括如研究和培训活动、能力建设、提供技术援助,以及分享信息、经验和最佳实践等,以应对发展和利用电子商务所面临的挑战,促进电子商务的使用。显然,RCEP 以数字贸易发展为导向的价值目标符合包括中国在内的各方数字经济发展的现实需要。

2. RCEP 致力于为数字贸易提供良好的营商环境

在无纸化贸易方面,RCEP 提出,努力接受以电子形式提交的贸易管理文件与纸质版贸易管理文件具有同等法律效力。在电子认证和签名方面,RCEP 鼓励各方使用可交互操作的电子认证,这些都为数字贸易的发展提供了便捷。实际上,这也是落实 WTO 框架下《贸易便利化协定》的具体表现。

另外,RCEP 强调线上消费者保护和个人信息保护,在国内监管框架方面,要求缔约方努力避免对电子交易施加任何不必要的监管负担;在海关关税方面,要求缔约方维持不对缔约方之间的电子传输征收关税的现行做法。同时,在与网络安全相关的事项方面开展合作,协定要求确保网络安全,这些都可望为缔约方数字贸易发展提供良好的营商环境。

3. RCEP 着眼于为数字贸易发展提供更开放的准入条件

在服务贸易领域,RCEP 缔约方最终将以负面清单模式实现高水平开放。针对"计算机设施的位置",RCEP 要求缔约方不得将使用该缔约方领土内的计算设施或者将设施置于该缔约方领土之内,作为在该缔约方领土内进行商业行为的条件。在"电子方式跨境传输信息"方面,RCEP 要求缔约方不得阻止为进行商业行为而通过电子方式跨境传输信息。当然,考虑到合法的公共政策目标和基本安全利益保护所必需,具体实践操作中允许缔约方作出相应的例外安排。

同时,也应看到,RCEP 和现存的高标准数字规则还存在一些差距,因此协定强调要加强对话,尤其是在数字产品待遇、源代码、金融服务中跨境数据流动、线上争端解决等方面,这种安排为后续缔约方积极融入高标准数字贸易规则治理提供了进一步发展的空间。

4. RCEP 有助于推进中国特色数字贸易示范区建设

中国应充分把握好 RCEP 的政策红利,加快打造数字贸易示范区,进一步推进高水平对外开放,推动中国更好地融入亚太数字经济发展生态圈。事实上,早在 2017 年,中国企业阿里巴巴就与马来西亚数字经济机构(MDEC)在吉隆坡设立了第一个海外"数字自由贸易区"。2020 年,中国和东盟以"数字经济合作年"为契机,致力于在人工智能、大数据等产业领域培育更多新的合作增长点,冀望在"一带一路"背景下共同打造中国—东盟"数字丝路"建设示范区。RCEP 在区域内较为统一的数字贸易规则,必将有助于我国数字新模式、新业态形成,推动数字贸易和数字经济发展。

《"十四五"电子商务发展规划》的数据显示:"十三五"期间,我国共有跨境电商综试区 105 家,跨境电商零售进口试点扩大至 86 个城市及海南全省,国家电子商务示范基地达到 127 家,商务部遴选 2 批共 393 家电子商务示范企业、确认数字商务企业 108 家,这为数字贸易示范区的建设奠定了良好的基础。

为了进一步推动数字贸易发展,商务部等 20 部门联合出台了《关于推进海南自由贸易港贸易自由化便利化若干措施的通知》(2021 年),支持海南自贸港发展数字贸易;商务部、中共中央网络安全和信息化委员会办公室(以下简称"中央网信办")、工业和信息化部等 10 部门出台了《关于支持国家数字服务出口基地创新发展若干措施的通知》(2021年),支持国家数字服务出口基地创新发展、先行先试,推进服务贸易数字化进程。在地方层面,北京市、浙江省、上海市等相继出台有关数字贸易发展的方案或者措施,上海还在《中国(上海)自由贸易试验区临港新片区条例(草案)》(2021 年)中提出,"支持在临港新片区建立与数字贸易相关的知识产权综合服务平台、数字贸易跨境支付结算平台等公共服务平台,建设数据服务出口基地、文化产品出口基地等数字贸易领域国家级基地、数字贸易人才培养实践基地,探索推进数字贸易规则制度建设,培育国际化的数字贸易品牌"。所有这些都为数字贸易环境的发展创造了良好的制度环境。

在有条件的地区先行先试,率先建设数字贸易示范区,有助于支持中国城市经济发展的功能升级,提升国际贸易中心的地位,丰富自由贸易区、自由贸易港以及社会主义现代化建设引领区的内涵,进而提升对外开放水平;也有助于中国对接《全面与进步跨太平洋伙伴关系协定》《数字经济伙伴关系协定》等高水平数字贸易规则,积极参与全球数字规则治理。

总之,全球贸易正走向数字化时代,数字技术和贸易正在全面深度融合中,数字贸易作为一种新型国际贸易形式发展迅速。RCEP 作为一个现代、全面、高质量、互惠的区域自贸协定,将在贸易,特别是服务贸易领域释放新的开放空间,中国应积极利用 RCEP 红利,致力于成为全球数字贸易平台的主要提供者、数字基础设施建设的重要贡献者和全球数字规则治理的积极参与者。

资料来源:彭德雷,阎海峰. 用好 RCEP 红利 助推数字贸易示范区建设[EB/OL].(2022-03-06)[2022-09-11]. https://www.yicai.com/news/101338046.html.

5.4.3 思考

思考 1:在 RCEP 框架下,数字贸易示范区如何落地?

思考 2：海南自贸港在发展数字贸易方面有哪些先行先试的创新做法？

本 章 小 结

2012 年 11 月 20 日，RCEP 谈判正式启动。RCEP 签署有其国际背景。RCEP 谈判经历四个阶段，各个阶段历经各自的建设进程。

RCEP 内容丰富。货物贸易在关税和非关税措施上均有所突破；各成员承诺立刻降税或 10 年内逐步降税。RCEP 通过服务贸易和自然人移动两个章节明确了各成员在服务贸易相关领域的义务和纪律，开放模式采用正面清单方式和负面清单方式；通过给予部分成员过渡期的方式，RCEP 成员最终将以负面清单模式实现高水平开放。投资章节涵盖多个领域的规则纪律，同时约定各方投资领域的开放承诺，为投资者在 RCEP 区域进行投资活动提供了较为全面的制度保障。自然人移动制定了更加便利的规则。各成员的承诺基本超越各自已有的自贸协定的承诺水平。RCEP 拓展了原有多个"10＋1"自贸协定的规则领域，对标国际高水平自贸规则纳入多个议题，作出符合区域特点和需要的规定。

RCEP 中，关于服务贸易的内容涵盖多个方面的规则制定。其核心义务包括国民待遇、最惠国待遇、市场准入和本地存在。15 个成员均作出了高于各自"10＋1"自贸协定水平的开放承诺。中国服务贸易开放承诺达到了已有自贸协定的最高水平，承诺服务部门数量在中国"入世"承诺基础上，新增 37 个部门的承诺水平；对金融、电信等领域作出了更全面和更高水平的承诺，对专业资质互认作出了合作安排。第八章是服务贸易相关条款。承诺细目表是具体反映 15 个 RCEP 成员服务贸易部门开放的条件、状况等的有效文件。中国从水平承诺和部门承诺两个部分对市场准入与国民待遇两个方面进行了规定，对具体服务部门的四种提供方式进行了承诺表示。在具体承诺中，中国沿袭了 GATS 中的四种服务提供方式。数字贸易示范区建设是一个可以落地践行的案例。

思考题

  1. RCEP 谈判背景及其签署的意义是什么？

  2. RCEP 的主要内容有哪些？

  3. RCEP 关于服务贸易的主要规则以及中国承诺是什么？

即测即练

学习园地

第 6 章

国际服务外包

【学习要点】

1. 服务外包受到科技发展的影响,服务外包有不同发展阶段,也有不同类型。
2. 许多机构和组织都界定了离岸服务外包,离岸服务外包依据经典外包模式和创新模式在全球范围内广泛展开,给东道国带来各种效应。
3. 服务外包作为服务贸易和数字贸易的重要交易模式,有其特点、趋势,也有其创新模式。
4. 中国紧抓服务外包发展机遇,不断开拓创新,积极促进服务外包发展,推动新兴服务贸易增长。

【学习目标】

1. 掌握国际服务外包未来趋势,掌握中国服务外包发展趋势。
2. 熟悉国际服务外包分类,熟悉中国服务外包政策与措施。
3. 了解国际服务外包基本概念。

 引导案例

全球离岸服务外包规模稳步增长

2023 年 1 月 17 日,《中国服务外包发展报告 2021》对外发布。报告称:"新兴技术快速发展,服务外包新业态新模式持续涌现,全球离岸服务外包规模稳步增长。"2021 年,全球离岸服务外包执行额 1.7 万亿美元,同比增长 22.5%,比全球服务出口增速高 8.2 个百分点,占全球服务出口的 28.0%,比上年提高 1.2 个百分点。过去 5 年,全球离岸服务外包执行额年均增长 9.8%,比同期全球服务出口增速高 6.2 个百分点。

全球服务外包主要发包国包括美国、欧洲、中国、日本;主要接包国包括印度、爱尔兰、越南、马来西亚、菲律宾。从报告中可以得知,在发包和接包的行业中,数字经济相关领域成为发包国和接包国的主要领域。

资料来源:商务部-政务公开. 中国服务外包发展报告 2021[EB/OL]. (2023-01-17)[2023-05-10]. http://images. mofcom. gov. cn/fms/202301/20230117101934427. pdf.

6.1 服务外包概况

外包最早出现于制造业,之后发展进入服务外包。20 世纪 90 年代,服务外包最早作

为一种"在岸"活动,在信息技术领域开始起步,但在此后迅速转向离岸市场,特别是发展中经济体和转型经济体。伴随着信息通信技术(ICT)革命,生产与相关服务在区位上实现分离,这极大地拓展了服务外包的发展空间,使其涵盖一系列的商业流程和知识流程,如市场调查、商务智能以及 R&D 活动等。① 但是,关于服务外包的定义还没有真正清晰明了,只能界定。

6.1.1　服务外包的内涵

"服务外包"是服务提供商根据企业、政府、社团等组织委托、授权或双方合作,完成组织内部服务活动或服务流程,共同创造价值、提升价值的一种生产性经济活动。该界定是中华人民共和国商务部 2022 年 3 月针对 2019 年印发的《服务外包统计调查制度》进行的修订。其修订原因是进一步体现下述变化,即"在数字化转型的推动下,服务外包的内涵和外延发生了较大变化,服务交付方式更加多样,供需双方的合作更加紧密,面向最终客户共担风险、共享利益,服务外包的价值实现能力进一步提升"。其修订主要体现在两个方面:①取消专业服务提供商的限定,反映服务提供商日益多元的发展现状;②充分考虑服务外包合作模式的变化,取消"以契约方式定制"的限定。②

服务外包不同于服务出售:①业务发生频次不同。服务外包双方业务频繁、紧密相连,契约/合同期限内,双方多次往来,甚至是频繁往来;服务出售多是一次性交易,买卖合同执行之后,往往是货款两清,不再发生业务往来。②生产经营价值链不同。服务外包是发包方把生产经营价值链中的某个环节或某些环节,以契约/合同的方式,委托给专业团队,让"专业的人做专业的事",发包企业则专注于核心业务,形成"1−X"的情形;服务出售则是出售企业将整个价值链全部打包向外转移给购买方,自己从事与之无关的其他服务活动,形成"'1−1'+1"的情形。其中,"1"表示整条价值链,"X"表示价值链中某个环节或某些环节。

服务外包发生于双方当事人之间,一方是发包方,另一方是接包方。发包方,即甲方,是服务需求方。接包方,即乙方,是服务供应方,或服务提供方。服务外包双方通过契约/合同/某种新的合作模式联系在一起,完成某项/某些服务活动(图 6-1)。

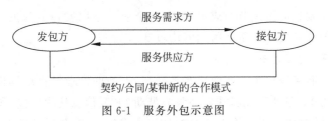

图 6-1　服务外包示意图

服务外包最初表现为发包方与接包方之间的一种契约关系,是跨国公司与其伙伴企业之间在不存在股权参与情况下建立起来的一种契约关系,即"非股权安排"。从跨国公

①　联合国贸易和发展组织. 世界投资报告(2011)[R].北京:经济科学出版社,2011:167-168.

②　中华人民共和国商务部服务贸易和商贸服务业司.服务外包统计调查制度[EB/OL].(2022-04-28)[2022-09-18].http://images. mofcom. gov. cn/fms/202204/20220428083158336. pdf.第 9,23 页.

司角度来看,服务外包与合同制造、订单农业、特许与许可以及其他各种契约关系,都是跨国公司控制下的全球价值链的管理模式,也是跨国公司外部化的过程。外部化与内部化一样,也有很多方面的内在优势,包括将特定成本与风险转移到第三方、快速获取第三方的合作伙伴关系所带来的资产及资源等。外部化可以让跨国公司建立更有效的内部分工,解放更多的稀缺资源,并将其用于价值链的其他环节。换言之,它可以使跨国公司得以专注于"核心业务"。[①] 随着科技的发展,服务外包不再局限于契约关系,会出现新的合作模式。

内部化和内部化理论

内部化,是指把市场建立在公司内部的过程,以内部市场取代原来的外部市场,公司内部的转移价格起着润滑内部市场的作用,使之像外部市场一样有效地发挥作用。内部化理论,是对跨国公司内部贸易增长的现象进行深入细致的研究之后提出的一种解释。对外直接投资的动机及决定因素的理论,是当代较为流行、有影响力的理论。英国雷丁大学巴克利(P. G. Buckley)和卡森(M. Casson)以及加拿大拉格曼(A. M. Rugman)对内部化理论作出贡献。

资料来源:任永菊.跨国公司与对外直接投资[M].2版.北京:清华大学出版社,2021:168-171.

6.1.2 服务外包的发展阶段

对于服务外包的发展阶段,中华人民共和国商务部《中国服务外包发展报告 2019》将其划分为三个阶段,即节约成本、效率提升、价值创造。[②]

1. 第一阶段:节约成本

在第一阶段,随着信息技术的推广和生产过程模块化,发达国家利用发展中国家廉价劳动力,将企业非核心业务外包,发展中国家以承接离岸服务外包方式参与到全球服务业分工之中。

此阶段,企业发包动因是节约成本,接发包企业关系以发包方为主导,即以发达国家为主导,服务外包业务技术含量及附加值均较低。

2. 第二阶段:效率提升

在第二阶段,服务外包企业专业化水平提高,不断向产业链高端延伸,服务外包企业更加强调"咨询与 IT 服务",以高端咨询服务带动 ITO(信息技术外包)和 BPO(业务流程外包)业务发展,同时加大研发投入,KPO(知识流程外包)业务增长迅速。

此阶段,企业发包动因是效率提升,运用信息技术加快企业数字化转型,服务外包业务技术含量及附加值较高。

---

① 联合国贸易和发展组织.世界投资报告(2011)[R].北京:经济科学出版社,2011:153,154,157.
② 中华人民共和国商务部.《中国服务外包发展报告 2019》[R].(2021-01-04)[2022-08-05]. http://images. mofcom. gov. cn/fms/202101/20210104191758688. pdf. 第 17-18 页.

3. 第三阶段：价值创造

在第三阶段,新兴技术重构企业生产经营模式,企业竞争更加激烈,发包企业为了在新一轮竞争中抢占先机,加强与服务外包企业合作,接包企业参与到新产品研发、生产方式变革、销售模式转变等发包企业经营全过程。

此阶段,企业发包动因是价值创造,接发包企业形成战略联盟,服务外包引领、创造服务需求。

6.1.3　服务外包的类型

依据不同标准,服务外包可以划分为不同类型。本书主要介绍依据业务领域和业务发生地域两种标准的划分类型。

1. 依据服务外包的业务领域分类

从业务领域来看,服务外包采用的是三级分类法:第一层级划分为三个类别,第二层级每个类别分别划分为若干子类,第三层级每个子类分别划分为若干项目。服务外包分为信息技术外包、业务流程外包、知识流程外包。其中,信息技术外包是指服务外包发包商委托服务外包接包商(提供商)向企业提供部分或全部信息技术服务功能,包括信息技术研发服务、信息技术运营和维护服务、新一代信息技术开发应用服务。

业务流程外包,指的是企业将一些重复性的非核心或核心业务流程外包给供应商(接包商),以降低成本,同时提高服务质量的外包业务。由于进行 BPO 的流程是重复的,且采用长期合同的形式,因此 BPO 远远超出了咨询的范围,主要包括内部管理服务、业务运营服务、维修维护服务。BPO 与传统 ITO 的区别在于,BPO 能够帮助公司更快地完成外包。

知识流程外包,指的是帮助客户研究和确定解决方案的外包业务,主要是通过多种途径成功获取信息,经过综合的分析判断,提出相关建议,并将报告及时地呈现给客户,从而作为客户的决策依据。KPO 的中心任务是以业务专长而非流程专长为客户创造价值,主要包括:商务服务、设计服务、研发服务。KPO 是继 ITO、BPO 之后的新一代的外包概念,是 BPO 的高智能延续,是 BPO 最高端的一个类别;KPO 涉及的是知识套利,需要的是人才,完成的是核心的、战略性的业务,而非日常的流程。

ITO、BPO、KPO 涵盖的若干子类分别可划分为若干个项目,比如,ITO 中的信息技术研发服务,包括软件研发服务、集成电路和电子电路设计服务、测试服务、信息技术解决方案服务、其他信息技术研发服务(表 6-1)。[①]

---

① 中华人民共和国商务部服务贸易和商贸服务业司.服务外包统计调查制度[EB/OL].(2022-04-28)[2022-09-18].http://images.mofcom.gov.cn/fms/202204/20220428083158336.pdf.第 4 页.张钱江,詹国华.服务外包[M].杭州:浙江人民出版社,2010 年 3 月第 1 版,2011 年 2 月第 2 次印刷第 53,81,82,90,91 页.

表 6-1　服务外包分类

类　别	子　类	项　目
信息技术外包（ITO）	信息技术研发服务	软件研发服务、集成电路和电子电路设计服务、测试服务、信息技术解决方案服务、其他信息技术研发服务
	信息技术运营和维护服务	信息基础设施和信息系统运维服务、网络与数据安全服务、电子商务平台服务、其他运营和维护服务
	新一代信息技术开发应用服务	云计算开发及应用服务、人工智能技术开发及应用服务、大数据技术开发及应用服务、区块链技术开发及应用服务、物联网技术开发及应用服务、地理遥感信息及测绘地理信息服务、其他新一代信息技术开发及应用服务
业务流程外包（BPO）	内部管理服务	人力资源管理服务、财务与会计管理服务、法律流程服务、其他内部管理服务
	业务运营服务	数据处理服务、互联网营销推广服务、呼叫中心服务、金融后台服务、供应链管理服务、采购外包服务、其他业务运营服务
	维修维护服务	交通工具维修维护服务、工程机械维修维护服务、医疗设备维修维护服务、智能制造装备维修维护服务、其他维修维护服务
知识流程外包（KPO）	商务服务	知识产权服务、管理咨询服务、检验检测服务、其他商务服务
	设计服务	工业设计服务、工程技术服务、文化创意及数字内容服务、服装设计服务、其他技术服务
	研发服务	医药(中医药)和生物技术研发服务、新能源技术研发服务、新材料技术研发服务、其他研发服务

资料来源：中华人民共和国商务部服务贸易和商贸服务业司. 服务外包统计调查制度［EB/OL］. (2022-04-28)［2022-09-18］. http://images. mofcom. gov. cn/fms/202204/20220428083158336. pdf. 第 9,23 页。

2. 依据服务外包的业务发生地域分类[①]

从服务外包的业务发生地域来看，服务外包可以划分为在岸服务外包（on-shore outsourcing）、近岸服务外包（near-shore service outsourcing）和离岸服务外包（off-shore service outsourcing）。从上述分类方式可知，该分类方式强调的是服务外包的发包方和接包方各自所处的地理位置，即双方是同处一个地域还是远在境外完成跨境交易。

在岸服务外包，指的是服务外包发包商与其接包方在同一个国家或地区，因而外包工作在境内完成的外包业务。比如，美国福特汽车公司将底特律工厂的零部件设计交给另外一家美国本土公司来完成就是在岸服务外包。再比如，中国企业为境内企业提供外包服务视为在岸服务外包。在岸服务外包不涉及就业岗位和价值的跨境转移。

近岸服务外包，指的是将业务外包给地理距离相近、文化习俗等相近的国家和地区的外包业务。比如，欧洲国家和日本主要选择与本国距离较近和文化接近的区域进行服务

---

① 张钱江，詹国华. 服务外包［M］. 杭州：浙江人民出版社，2010 年 3 月第 1 版，2011 年 2 月第 2 次印刷：100. 中华人民共和国商务部服务贸易和商贸服务业司. 服务外包统计调查制度［EB/OL］. (2022-04-28)［2022-09-18］. http://images. mofcom. gov. cn/fms/202204/20220428083158336. pdf. 第 4 页。

外包。例如,英国企业将业务外包给东欧国家;日本企业将 40% 的业务外包给中国,NEC 公司(日本电气股份有限公司)把某个软件开发任务交由中国杭州的某家软件公司来完成就是近岸服务外包。

离岸服务外包,指的是跨关境的服务外包业务。比如,美国主要发包给印度、菲律宾、中国等距离较远、成本低廉、人力资源丰富的国家和地区开展外包业务。IBM 公司(国际商业机器公司)把某个软件开发任务交给印度的一家软件公司来完成就是离岸服务外包。再比如,中国境内企业为境外企业提供外包服务视为离岸服务外包。

除上述三种服务外包外,随着各国开放脚步进一步加快,对外直接投资增加,各国统计制度也在变迁,逐渐出现针对境外服务外包的统计。境外服务外包,主要指的是一国境内企业到境外投资设立境外附属机构,并为当地企业提供服务外包业务。比如,中国境内企业的境外附属机构(拥有 50% 以上的股权)为境外企业提供外包服务且未向中国境内企业转包的,视为境外服务外包。①

服务外包"千百十工程"

2006 年 10 月 16 日,商务部下发《商务部关于实施服务外包"千百十工程"的通知》(以下简称《通知》)。《通知》提出,"十一五"期间,在全国建设 10 个具有一定国际竞争力的服务外包基地城市,推动 100 家世界著名跨国公司将其服务外包业务转移到中国,培育 1 000 家取得国际资质的大中型服务外包企业,创造有利条件,全方位承接国际(离岸)服务外包业务,并不断提升服务价值,实现 2010 年服务外包出口额在 2005 年基础上翻两番。

《通知》分别对服务外包企业和服务外包业务进行了界定。"服务外包企业"系指根据其与服务外包发包商签订的中长期服务合同向客户提供服务外包业务的服务外包提供商;"服务外包业务"系指服务外包企业向客户提供的信息技术外包服务和业务流程外包服务,包括业务改造外包、业务流程和业务流程服务外包、应用管理和应用服务等商业应用程序外包、基础技术外包(IT、软件开发设计、技术研发、基础技术平台整合和管理整合)等。

资料来源:中华人民共和国商务部条约法律司.《商务部关于实施服务外包"千百十工程"的通知》(商资发[2006]556 号)[EB/OL].(2006-10-16)[2022-09-20]. http://tfs. mofcom. gov. cn/article/ba/bl/gfxwj/201304/20130400103431. shtml.

6.2　国际服务外包简介

国际服务外包,即服务外包跨越关境的外包业务。传统上,国际服务外包即离岸服务外包。事实上,基于服务外包业务发生地域分类来看,除在岸服务外包之外,近岸服务外

---

① 根据以下文献示例:"中华人民共和国商务部服务贸易和商贸服务业司. 服务外包统计调查制度[EB/OL].(2022-04-28)[2022-09-18]. http://images. mofcom. gov. cn/fms/202204/20220428083158336.pdf. 第 4 页."

包和离岸服务外包均跨越关境,所以均属于国际服务外包。另外,随着服务外包的发展,离岸服务外包和近岸服务外包的区别变得越来越模糊,提起国际服务外包时,多以离岸服务外包称之。

6.2.1　国际服务外包的界定

1. 联合国贸易和发展会议的界定

《世界投资报告(2004)》以"转向服务业(The Shift Towards Services)"为主题对服务业相关内容进行了简述,其中提到离岸服务的两种方式:①发生在公司内部,通过建立外国子公司,将服务外包给其在其他国家设立的分公司或子公司;②发生在公司外部,将服务外包给第三方服务提供商,即外国公司或本国企业在国外设立的子公司。前者有时被称为"关联外包",后者即为"离岸外包"。事实上,为提升企业国际竞争力而对企业活动进行重组的一个组成部分,就是要专注于"核心竞争力"。这就意味着各行业的许多公司,将对各种服务(会计、计账、软件开发、建筑设计、测试等)进行外包,即转交给其他专业性公司。随着服务贸易增加,国际服务外包份额将会增加。当然,公司选择哪种外包方式,要取决于多重因素。[①]

2. WTO 的界定

《世界贸易报告(2005)》以"探讨贸易、标准和 WTO 之间联系"为主题,其中使用区位和控制/所有权为标准将"外包"划分为四种类型:①关联在岸外包(captive onshore outsourcing),企业内部服务需求转由本国内附属企业提供。②非关联在岸外包(non-captive onshore outsourcing),企业内部服务需求转由本国内非附属企业提供。③关联离岸外包(captive offshore outsourcing),企业内部服务需求转由设在本国境外的附属企业提供。④非关联离岸外包(non-captive offshore outsourcing),企业内部服务需求转由设在本国境外的非附属企业提供(表6-2)。从国际视野来看,后两种类型,即关联离岸外包和非关联离岸外包更让人感兴趣。[②]

表 6-2　外包类型

将公司内投入/供应转至	企业性质	本国境内	本国境外
	非关联企业	② 非关联在岸外包	④ 非关联离岸外包
	关联企业	① 关联在岸外包	③ 关联离岸外包

资料来源:World Trade Organization. World Trade Report 2005: Exploring the links between trade, standards and the WTO[R/OL]. [2022-09-26]. https://www. wto. org/english/res_e/booksp_e/anrep_e/world_trade_report05_e. pdf. 第267页.

3. 中华人民共和国商务部的界定

《商务部关于实施服务外包"千百十工程"的通知》中明确规定,"国际(离岸)服务外

---

① UNCTAD.《世界投资报告 2004》[R]. https://unctad. org/system/files/official-document/wir2004_en. pdf. 第 xxiv+xxv 页.

② World Trade Organization. World Trade Report 2005:Exploring the links between trade, standards and the WTO[R/OL]. [2022-09-26]. https://www. wto. org/english/res_e/booksp_e/anrep_e/world_trade_report05_e. pdf.

包"系指服务外包企业向境外客户提供服务外包业务。[①] 2022 年 4 月,商务部公布《服务外包统计调查制度及修订说明》,出于统计需要,规定"我国企业为境外企业提供外包服务视为离岸服务外包;我国企业为境内企业提供外包服务视为在岸服务外包;我国企业的境外分支机构(拥有 50% 以上的股权)为境外企业提供外包服务且未向我国境内企业转包的,视为境外服务外包。"[②]

综上,国际(离岸)服务外包应具有以下特征:①以契约/合同方式维系并约束发包方与接包方(需要提及的是,这种维系正在发生模式变化);②发包方与接包方可以是关联企业,也可以不是关联企业;③发包方与接包方分别处于两个国家或地区,即不处于同一个国家境内。

6.2.2　国际服务外包的模式[③]

离岸服务外包源于美国,在 20 世纪 80—90 年代,以美国为引领,英国紧随其后,发达国家的企业开始进行服务外包。发展至今,离岸服务外包活动已经在全球范围内广泛开展。跨国公司的离岸服务外包业给接包国带来了巨大收益,成为其参与全球价值链的良好契机。然而,由于公司的组织结构不同,各个国家的跨国公司在离岸服务外包业务中所采用的外包模式各不相同。当然,各国文化相互影响、相互交融,服务外包模式也会不断出现新模式,但限于篇幅,这里只介绍三种典型模式,即"倒 T 形""金字塔形""橄榄形"。

1. 倒 T 形离岸服务外包模式

美国是开展离岸服务外包最早,也是最多的国家。由于美国大型跨国公司广泛采用事业部制组织结构来管理企业,各事业部彼此之间相对独立,所开展的业务的价值链环节也各不相同。但各事业部具有较大权利,可以独立作出外包决策。在这种情况下,各事业部从自身利益出发,纷纷将各种辅助性或非核心的服务活动整体外包出去,即直接将某些不影响企业核心能力的价值链环节外包给印度等成本低、质量有保证的国外企业来运营。实行业务外包后的跨国公司比外包前显得更精干,使公司能更好地将企业资源集中到核心业务中去。由于外包后的公司业务部门减少,管理更加简单,组织结构犹如一个倒立的大写英文字母"T",故可称其为倒 T 形离岸服务外包模式(图 6-2)。美国 IBM 公司的外包活动即是典型代表。

2. 金字塔形离岸服务外包模式

20 世纪 90 年代以来,日本企业也加入离岸服务外包活动的行列,但是受到日本文化和公司治理结构的影响,其离岸服务外包模式不同于美国。

在日本,由于单一民族文化的影响,企业间的关系呈金字塔形,这在日本制造业,尤其是大型汽车制造企业如本田、丰田等企业中表现得尤为明显。位于金字塔顶端的企业处

---

① 中华人民共和国商务部条约法律司. 商务部关于实施服务外包"千百十工程"的通知(商资发〔2006〕556 号)[EB/OL]. (2006-10-16)[2022-09-20]. http://tfs.mofcom.gov.cn/article/ba/bl/gfxwj/201304/20130400103431.shtml.

② 中华人民共和国商务部服务贸易和商贸服务业司. 服务外包统计调查制度[EB/OL]. (2022-04-28)[2022-09-18]. http://images.mofcom.gov.cn/fms/202204/20220428083158336.pdf.

③ 张钱江,詹国华. 服务外包[M]. 杭州:浙江人民出版社,2010 年 3 月第 1 版,2011:104-107. 谭力文,田毕飞. 美日欧跨国公司离岸服务外包模式的比较研究与启示[J]. 中国软科学,2006(5):128-134.

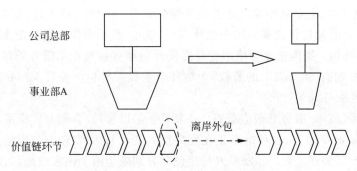

公司总部

事业部A

价值链环节　离岸外包

图 6-2　倒 T 形离岸服务外包模式

于支配地位,与它形成直接供给关系的企业称为一级接包商,与一级接包商形成直接供给关系的企业称为二级接包商,如此类推。上下游企业因长期业务形成了固定的业务路径及彼此信赖的企业间和人际的稳固关系,这造就了日本企业特有的金字塔形结构关系。

在日本离岸服务外包尤其是离岸软件服务外包领域,企业之间的金字塔形紧密关系同样存在(图 6-3)。其中,作为总接包商(一级接包商)的企业从最终客户手里承接项目,进行总体设计和任务切割后,将各模块工作再分包给若干个二级接包商,二级接包商还会再寻找三级接包商或四级接包商帮助它一起完成模块的设计、代码转换或测试工作。当任务细分到这一层次后才有可能实行离岸外包。因此,日本的软件离岸外包业务多数属于三级接包或四级接包。日本的最终用户在发包的时候,不仅希望总接包商具有很丰富的行业知识与较强的业务咨询能力,并与本企业有良好的信任关系,还希望它有足够的资金抗风险能力和在日本本地承担法律责任的能力。因此,总接包商一般是日本本地规模较大的企业。

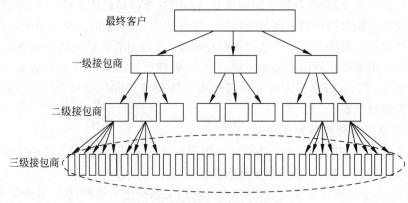

最终客户

一级接包商

二级接包商

三级接包商

图 6-3　金字塔形离岸服务外包模式

由于日本文化的暧昧性,客户不会清楚地将自己的需求用严格的文档方式表达出来,总接包商需要根据客户的业务特点,边与客户沟通,边进行系统的咨询、策划、设计。这要求总接包商对用户的业务细节非常了解,因此国外厂商不可能进入日本的总接包商行列。在日本,能够作为总接包商承接大型客户系统开发的企业只有 30 多家,如 NEC、SONY(索尼)和富士通等。这些企业往往控制着软件设计等高端业务,在对整个项目过程进行认真切割后,再将那些技术含量较低的低端业务进行外包。

3. 橄榄形离岸服务外包模式

欧盟的离岸服务外包业务开展得较晚。在离岸服务外包模式方面,欧盟国家尤其是德国、法国和荷兰的跨国公司在开展离岸服务外包的过程中,由于受到各自严厉的法规约束和自身市场情况的限制,采取了橄榄形离岸服务外包模式(图 6-4)。

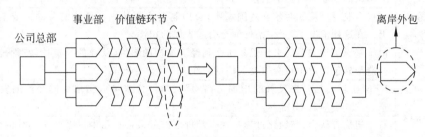

图 6-4　橄榄形离岸服务外包模式

欧盟跨国公司与美国跨国公司一样拥有较多的事业部,但不同的是,欧盟跨国公司的各事业部之间关系紧密,这使得各个事业部业务所属的价值链环节有可能"求同存异",即在保留各自特殊的价值链环节的前提下,合并或重组那些具有相同或相似功能的价值链环节。在欧盟发达国家,尤其是德国,法律和工会一度成为企业实行业务外包的最大障碍。欧盟国家的法律大多规定企业不能随意解聘雇员,而工会又不断要求增加工人工资、减少劳动时间等福利待遇。但由于美国、日本等国的离岸服务外包热潮的推进,欧盟地区的跨国公司越来越明显地觉察到企业正在全球市场竞争中逐步失去昔日的优势。为此,德国等欧盟国家的政府和工商企业正在采取措施,积极寻求获得工会方面的让步,以降低劳动力成本,并重新制定法律,实行各种经济改革,为离岸服务外包铺平道路。目前,离岸服务外包对许多欧盟跨国公司来说虽然是合法的,但仍受到各国政府的严格控制,以防止高新技术的外溢及大规模工作岗位的转移等。因此,欧盟跨国公司一般将各事业部业务所属的价值链环节中附加值低的业务进行重新组合后,形成一个新的服务于整个公司的外围业务事业部,再将新事业部中的绝大多数符合法律规定的业务进行离岸外包。这就形成了橄榄形外包模式。这种外包模式在荷兰皇家阿霍德集团(Royal Ahold)体现得较为明显。

6.2.3　国际服务外包的效应[①]

国际服务外包的主体是跨国公司,而跨国公司之所以发展国际服务外包,其根本原因在于增强自身核心竞争力。与此同时,国际服务外包也会给母国和东道国带来各种效应。据联合国贸易和发展会议归结,包括服务外包在内的 NEM(Non-Equity Mode,非股权安排)可以给东道国带来就业创造与工作条件、地区增加值与关联、出口创造、技术与技能、社会与环境影响和行业长期能力的建设等方面的一系列的影响(表 6-3)。综合考虑,本书将

---

① 联合国贸易和发展组织.世界投资报告(2011)[R].北京:经济科学出版社,2011:179,181,182,185,186,188,189.

围绕前四个方面来阐述服务外包效应。

表 6-3　NEM 活动对发展的主要影响

影响类别	研究结果综述
就业创造与工作条件	NEM 具有显著的就业创造潜力,特别是合同制造、服务外包、特许经营,在 NEM 盛行的国家的就业中占据了大量的份额
	在很多监管环境相对较弱的国家中,合同制造主要建立在低廉的劳动力成本基础之上。在这种情况下,工作条件便会引起人们的担忧
	由于基于契约关系的工作更易于受到经济周期的影响,就业的稳定性,特别是在合同制造与外包行业中也会引发人们的关注
地区增加值与关联	NEM 能够直接带来显著的增加值,在那些单体模式可以实现规模经济的发展中国家,NEM 会对其 GDP 作出重要贡献
	有些担忧者认为,契约化过程只在全部价值链或最终产品中占据较小部分的情况下,合同制造所能够产生的增加值通常是很有限的
	NEM 可以通过地区采购,或者"二级"非股权关系的形式来产生额外的增加值
出口创造	NEM 包含 NEM 成员通往跨国公司国际网络的途径;在依赖外国市场的各种模式(如合同制造、外包、旅游业的管理合同等)中,这会带来显著且稳定的出口销售
	在合同制造的情况下,其引发的出口会在一定程度上被生产过程带来的进口产品增加所抵消
	在市场寻求型的 NEM 活动(比如特许经营、品牌授权、管理合同等)中,NEM 会导致进口的增加
技术与技能	本质而言,NEM 属于知识产权在受合同保护的情况下向本地 NEM 合作伙伴转移的一种形式
	诸如特许经营、许可、管理合同等 NEM 形式都包含技术、商业模式以及(或者)技能的转移,并经常伴随着对本地员工和管理层的培训
	有证据表明,在合同制造的情况下,特别是在电子行业中,加入 NEM 关系的本地合作伙伴会出现生产率水平的提升
	NEM 的合作伙伴可以演变成为自己持股的重要技术开发者(例如,在合同制造与服务外包中)
	它们可以锁定在低技术的生产活动中
	就其性质而言,NEM 活动可以促进本地的创业活动。特别是在特许经营中,其对创业技能发展的正面影响尤为显著
社会与环境影响	NEM 可以作为一种机制将国际上最先进的社会与环境实践转移到本国
	有担忧者认为,NEM 会被跨国公司用作规避这种实践的工具
	通过上述影响,NEM 能够对发展中国家现代生产能力的建设起到支持和加速作用
行业长期能力的建设	尤为重要的是,NEM 鼓励了国内企业的发展,刺激了国内对生产资产的投资,并推动了此类国内经济活动向全球价值链的整合
	有一些担忧,特别是对外国技术资源的长期依赖、对跨国公司管理下的全球价值链中的低附加值活动的过度依赖以及"自由分布"等问题需要加以解决

资料来源:UNCTAD. 世界投资报告(2011)[R].北京:经济科学出版社,2011:179,表 4.14.

1. 就业创造与工作条件

国际服务外包增加了对接包方的劳动力需求,提供了更多就业机会,直接增加了就业。据 UNCTAD 的资料,在 NEM 产生的就业当中,有 80% 左右位于发展中经济体与转型经济体,其中合同制造活动最为明显,其次为服务外包活动。比如,在印度、菲律宾以及其他一些发展中经济体,服务外包产生的就业影响巨大。比如,在很多经济体中,IT-BPO(IT 业务流程外包)都是该经济体 GDP、出口以及就业的最大贡献者。早在 2009 年,该行业在印度已经创造了大约 2 200 万的直接就业岗位,同时间接影响了大约 800 万人的就业;在智利,服务外包产业在 2008 年吸纳了 2 万人就业;菲律宾,作为服务外包的另一个主要基地,2010 年的总就业人数已经达到 525 000 人。随着服务外包的发展,以及不断向其他服务业的渗透,就业人数还在不断增加。

国际服务外包同样可以产生间接就业效应:①通过与本地企业之间的联系来实现,比如,印度的 IT-BPO 产业等。②在后向关联情况下,间接就业的来源包括在后向的各环节为 NEM 伙伴企业提供服务等所雇用的劳动者。③间接就业可以来自一些配套服务的提供者,很多就业来自为 NEM 经营提供本地服务的企业,如物流公司、广告公司、室内设计公司等。

2. 地区增加值与关联

国际服务外包可以给东道国带来直接增加值和间接增加值。据 UNCTAD 估计,跨国 NEM 活动每年直接带来的增加值中,合同制造与服务外包是两个最主要的贡献者。在一些发展中国家,如菲律宾,其 IT-BPO 活动早在 2009 年就占到了该国 GDP 的4.8%,并创造了 90 亿美元的出口收入。

另外,一些服务外包等 NEM 活动的合作伙伴可以更充分地利用本地供应商并将价值留在东道国经济内部,因此,更大的经营自主权可能会给该地区带来潜在的间接增加值。

3. 出口创造

国际服务外包加深了全球化分工,扩大了服务进出口市场,与其他 NEM 活动一起在很多产业中重新塑造了全球贸易模式。与合同制造、服务外包有关的贸易在全球贸易额中所占的比例超过了 50%。

业务流程外包等经营模式本身就可以创造出可观的出口额以及外汇收益。与这些经营模式联系的行业常常表现出明显的集聚效应,这可以导致单一产业在一个国家或地区的出口中占据相当高的份额。

在效率寻求型 NEM 活动中,IT-BPO 等也同样具有显著的出口创汇效果。比如,早在 2005—2009 年,来自印度的 IT-BPO 出口平均就占到该国 IT-BPO 产业收入的 2/3,以及印度出口总额的 14%。

4. 技术与技能

国际服务外包刺激发包方不断进行技术创新。从服务外包经历的节约成本阶段、效率提升阶段到价值创造阶段,发包方都在力求通过创新,实现更大发展空间。

国际服务外包还可以刺激接包方进行技术创新。随着信息技术的不断发展,以及服务业属性使然,发包方拥有的先进或者优质的管理技术以及其他先进技术以更多途径、更多方式转移或者扩散到当地合作伙伴,因此能够在一定程度上刺激接包方所在国家或地区的技术进步。当然,技术吸引程度取决于当地企业的消化吸引能力。换言之,当地企业消化吸引能力越强,技术转移或扩散越多,这也在一定程度上会激发接包方的创新欲望。

印度的服务外包

印度已经成为 IT-BPO 以及离岸经济活动的主要集散地。早在 2011 年,该产业的产值就占据了印度 GDP 的 6.4%,出口收入则占到了印度出口额的 26%,同时创造了超过 200 万个工作岗位。该产业在印度的成功在很大程度上要归功于塔塔咨询服务等 IT 公司的大量存在,当 20 世纪 90 年代末 IT-BPO 离岸服务开始加速发展时,几乎所有这些 IT 公司都与来自英国以及北美洲的跨国公司存在一定的联系。印度的 NEM 活动能够利用大量使用英语并具有技术能力的廉价劳动力,以及来自政府与行业组织的强大政策与制度。印度企业的广泛存在以及与地方工业集团的联系,意味着它们拥有一定的吸收能力,可以从跨国公司合作伙伴处获得相应的技术和技能并对其进行消化与发展。它们中有很多也已经成为跨国公司。服务外包行业的快速发展增强了印度的竞争力并改善了其整体的投资环境。IT-BPO 产业经过 20 多年的发展与演变,如今已成为印度经济的重要支柱性或基础性行业。它提供了熟练的、精通 IT 的员工与企业家,这些人如今正在其他一些行业中(如电信行业等)发挥着重要的作用,而这一切都促进了经济的多样化。

资料来源:UNCTAD.世界投资报告(2011)[R].北京:经济科学出版社,2011:197.

6.3 国际服务外包的发展

6.3.1 国际服务外包的发展特点

新一轮科技革命和产业变革孕育兴起,带动新一代信息技术和数字技术强势崛起,促进产业深度融合,引领服务经济和数字贸易蓬勃发展,服务外包成为服务贸易和数字贸易的重要交易模式,也呈现明显特点。

1. 总体规模发展迅速

国际(离岸)服务外包总体规模发展迅速。2008 年,全球金融危机下的全球服务外包依然保持平稳增长,其中离岸外包发展迅速,以超过 20% 的速度增长,半数以上的欧美公司将更多的服务外包到海外。[1] 2009 年上半年,在全球财富居前 1 000 位公司中,有 95% 的公司采取了离岸外包。[2] 2010 年全球服务外包行业的主基调是"企稳""复苏",全球服务外包市场总规模达 7 995 亿美元;2011 年 8 200 亿美元,其中离岸服务外包 1 026 亿美元。[3]

---

[1] GSTOS(全球服务贸易与服务外包大会).2008 全球服务外包发展报告[R].(2022-09-30). http://gos. apceo.com/Html/Paihang/162443818.html.

[2] GSTOS(全球服务贸易与服务外包大会).2009 上半年全球服务外包发展报告[R].(2022-09-30). http:// gos.apceo.com/Html/Paihang/093046827.html.

[3] GSTOS(全球服务贸易与服务外包大会).2012 全球服务外包发展报告[R].(2022-09-30). http://gos. apceo.com/Html/Paihang/175336346.html.

当今,随着大数据、云计算、人工智能等数字技术与垂直领域融合深化,数字经济发展空间进一步拓宽,数字贸易创新发展动力十足、前景广阔、潜力巨大。而国际服务外包作为数字贸易的典型业态,具有数字新业态新模式的零接触、跨时空、敏捷性、普惠性的优势。2015—2020 年,在全球服务出口下降的背景下,全球离岸服务外包执行额逆势增长36.7%,年均增长 6.5%。2020 年,全球离岸服务外包执行额 13 875.7 亿美元,占全球服务出口的 27.8%,比上年提高 5.4%。今后,全球离岸服务外包增长趋势仍将延续,并进一步加强,在全球贸易中将扮演越来越重要的角色。中国服务外包研究中心预测,2021—2025 年,全球离岸服务外包执行额年均增速将超过 7%,2025 年全球离岸服务外包执行额有望达到 2 万亿美元(图 6-5)。^①

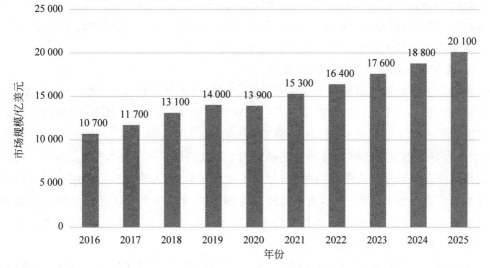

图 6-5　全球离岸服务外包市场规模(2016—2025 年)

资料来源:中华人民共和国商务部.中国服务外包发展报告(2020)[R].(2022-02-18)[2022-09-30].http://images.mofcom.gov.cn/fms/202202/20220218090927865.pdf.第 12 页.

2. 行业结构日益优化

国际服务外包涉及的行业日益优化。2008 年,全球服务外包业务正逐渐从"最基础的技术层面的外包业务"转向"高层次的服务流程外包业务",BPO 继续保持高于 ITO 的增速快速增长。其出现的新趋势是:①随着业务范围逐渐扩展,当前的发包商逐渐倾向于将 ITO 和 BPO 业务捆绑,以满足企业自身技术和业务的需求。②全球服务外包涉及的范围已经由传统的 ITO 和 BPO 拓展到金融、保险、会计、人力资源管理、媒体公共管理等多个领域。^②

出现上述后者的原因在于技术的进步。可以说,随着技术的进步,服务行业已经完成

---

① 中华人民共和国商务部.中国服务外包发展报告(2020)[R].(2022-02-18)[2022-09-30].http://images.mofcom.gov.cn/fms/202202/20220218090927865.pdf.第 11 页。

② GSTOS(全球服务贸易与服务外包大会).2008 全球服务外包发展报告[R].(2022-09-30).http://gos.apceo.com/Html/Paihang/162443818.html.

了从以产品为中心到以客户为中心的转变。在这个转变过程中,高科技含量、高附加值的业务所占比例将越来越高。具体来说,服务外包已经完成从维持系统的可供性到企业所有业务流程的转变,发包方与接包方之间形成了新型的战略协作伙伴关系。该关系的建立使先前提供单一服务的外包商,转变为提供包括更为先进应用程序、风险管理、金融分析、研究开发等在内的高科技含量、高附加值的服务外包业务。①

进入数字时代,信息化、知识化将是离岸服务外包业务未来发展方向。传统劳动密集型业务流程外包将继续由知识密集型业务流程外包替代。从全球来看,到 2025 年,ITO 和 KPO 的占比将进一步提高,全球离岸业务 ITO、BPO、KPO 结构比例将由 2020 年的43.8∶19.4∶36.9 调整为 45.0∶15.0∶40.0。② 从中国来看,以知识和研发为主要特征的知识流程外包比重稳步提升,占比由 2016 年的 36.5% 上升到 2021 年的 42.6%。尤其是检验检测服务、信息技术解决方案服务、互联网营销推广服务、工业设计服务、医药和生物技术研发服务等离岸服务外包业务保持高速增长。③

3. 发包市场集中于欧洲、美国、日本

国际服务外包发包市场主要集中于欧洲、美国、日本等发达地区。2009 年上半年,北美洲、西欧、日本 3 个地区转移的服务外包总量约占全球的 95%。其中,美国软件公司占据了世界 2/3 以上的软件市场,软件服务发包市场规模占据全球市场的 64% 左右。美国、欧洲和日本等主要转移方有两种选择倾向:①以美国的离岸服务外包方式为特征,主要选择印度、中国、菲律宾等距离较远,但成本相对较低、人力资源丰富的区域。②以欧洲和日本的近岸外包方式为特征,主要选择与本国距离较近和文化接近的区域。欧盟对外发包地点,除印度之外,更偏好与其文化和地区条件相近的东欧国家、俄罗斯等。日本对外发包业务的 40% 以上则在中国进行。④

2019 年,世界上主要发包国有美国、德国、法国、荷兰、日本及中国。其中,美国是全球最大的离岸发包国,离岸发包增速为 3.1%;德国是全球第二大离岸发包国,离岸发包增速为 2.6%;法国是全球第三大离岸发包国,增速为 -1.8%;荷兰是全球第四大离岸发包国,增速为 3.5%;日本服务外包离岸发包增速为 3.9%;中国服务外包离岸发包增速为 11.1%。⑤ 总体来讲,除中国属于发展中国家之外,其他主要发包国均是发达国家,且集中于欧洲、美国、日本。

4. 接包方市场格局悄然变化

接包方市场不仅有发展中国家、发达国家,如加拿大、澳大利亚、爱尔兰等国家也加入

① GSTOS(全球服务贸易与服务外包大会).2009 上半年全球服务外包发展报告[R].(2022-09-30).http://gos.apceo.com/Html/Paihang/093046827.html.

② 中华人民共和国商务部.中国服务外包发展报告(2020)[R].(2022-02-18)[2022-09-21].http://images.mofcom.gov.cn/fms/202202/20220218090927865.pdf.第 12 页.

③ 崔艳新.离岸外包推动"中国服务"走向全球[J].服务外包,2022(9):30-31.

④ GSTOS(全球服务贸易与服务外包大会).2009 上半年全球服务外包发展报告[R].(2022-09-30).http://gos.apceo.com/Html/Paihang/093046827.html.张钱江,詹国华.服务外包[M].2 版.杭州:浙江人民出版社,2011:45.

⑤ 智研咨询-产业信息网.全球服务外包产业发展概况及 2021 年产业发展趋势分析[EB/OL].(2021-02-05)[2022-10-01].https://www.chyxx.com/industry/202102/929762.html.

承接国际服务外包的竞争行列。2008 年,全球服务外包的接包国(地区)可分为三个层次:①优先接包国(地区)为加拿大、印度、爱尔兰、俄罗斯、菲律宾;②第二接包国(地区)为澳大利亚、新西兰、中国、马来西亚、墨西哥、西班牙;③第三接包国(地区)为中东欧、印度尼西亚、以色列、泰国、巴西、埃及、巴基斯坦、南非。[①]

随着各国营商环境的改变,接包方市场层次结构在悄然发生改变。由于教育水平较高而工资水平较低,再加上政治稳定、经济环境及法律环境等方面的因素,中国、印度、爱尔兰、菲律宾和俄罗斯等亚太国家成为全球服务外包市场的主要承接方。[②] 比如,2019 年全球服务外包主要接包国是印度、中国、爱尔兰、菲律宾、越南及马来西亚,其中爱尔兰离岸服务外包业务以 ITO 为主,2019 年爱尔兰服务外包企业承接离岸服务外包增速为19.4%;马来西亚服务外包增长放缓,2019 年马来西亚企业承接离岸服务外包增速为5.3%。[③]再比如,2021 年,全球共有 800 万全职员工就职于信息技术-商业流程管理(IT-BPM)外包行业。其中,菲律宾员工占比 17%～18%,排名第二,仅次于占比 37%～40%的印度,领先于波兰(3%～4%)、中国(2%～4%)和加拿大(2%～4%)。2020 年,菲律宾共有 135 万人从事 IT-BPM 行业。其中,90 万人就职于各类呼叫中心,16.3 万人参与全球共享服务,14.3 万人就职于健康信息管理行业,信息技术和软件行业则吸纳了13.7 万个就业。2020 年,菲律宾服务外包行业总营业额为 267 亿美元,其中呼叫中心业务营业额为 150 亿美元。[④]

6.3.2　国际服务外包的发展趋势[⑤]

当今时代,百年变局加速演进,全球政治、经济、科技等经历深刻调整,全球供应链体系正在加速重构。从全球视角来看,随着新一代信息技术的加速普及,服务外包产业数字化、智能化转型已成为大势所趋。在未来,服务外包也会追随科技力量和世界趋势而变化。

1. 专业化分工深化,全球服务外包市场将更加广阔

世界经济进入互惠共享的新服务经济时代,服务业跨国转移成为经济全球化新特征,服务外包日渐成为各国参与全球产业分工、整合外部资源、调整经济结构的重要途径,形态更高级、分工更优化、结构更合理的趋势更加明显。全球离岸服务外包将保持稳步增长。

结构继续向信息化、知识化方向调整。进入数字时代,数字技术持续创新,数字经济

① GSTOS(全球服务贸易与服务外包大会).2008 全球服务外包发展报告[R].(2022-09-30).http://gos.apceo.com/Html/Paihang/162443818.html.

② GSTOS(全球服务贸易与服务外包大会).2009 上半年全球服务外包发展报告[R].(2022-09-30).http://gos.apceo.com/Html/Paihang/093046827.html.注:文字略有修改。

③ 智研咨询-产业信息网.全球服务外包产业发展概况及 2021 年产业发展趋势分析[EB/OL].(2021-02-05)[2022-10-01].https://www.chyxx.com/industry/202102/929762.html.

④ 中华人民共和国驻菲律宾共和国大使馆经济商务处.菲律宾保持为全球第二大服务外包承接国[EB/OL].(2022-03-01)[2022-09-29].http://ph.mofcom.gov.cn/article/jmxw/202203/20220303283599.shtml.

⑤ 中华人民共和国商务部.中国服务外包发展报告(2020)[R].(2022-02-18)[2022-09-21].http://images.mofcom.gov.cn/fms/202202/20220218090927865.pdf.

基础不断夯实,信息技术和人工智能的广泛应用将对传统劳动密集型业务流程外包形成一定的替代作用。知识和信息汇聚交融,知识密集型服务外包需求将不断扩张。

东盟地区大力投资城市基础设施。中东和北非地区各国政府拟投资可再生能源与替代能源等清洁能源项目,提高能源安全和减少二氧化碳等温室气体排放。拉丁美洲地区将大幅提升基础设施建设投资数量和质量。全球基础设施的扩大投入将有助于工业设计和工程技术外包加快复苏。

2. 高端化转型升级提速,大额合同业务日益增长

在全球科技变革和服务业跨国合作的推动下,高端化发展既是服务外包产业自身转型升级的需要,也是优化全球市场资源配置的重要途径。产业高端化转型升级已是大势所趋。从需求侧看,国际发包动因从"自己不愿干、节省成本"向"自己不能干、寻求专业解决方案、创造新价值"转变,这对接包企业的创新能力、服务能力提出新要求。越来越多的劳动力密集型服务被"智能"服务所替代。与此同时,"智能"背后的"智力"服务需求超过以往任何时候,服务价值向微笑曲线的两端移动。发达国家提出"新经济战略",在智能制造、新能源、生物科技等领域衍生出高技术含量、高附加值的生产性服务外包,带动大额服务发包规模日渐扩大。从供给侧看,服务供应商持续加大研发投入,不断提升自身的综合创新能力,在创新技术、交付模式等方面引领需求、创造市场,在产业赋能升级中扮演更重要的角色。

大额合同规模有望持续扩大。大额合同规模是衡量服务外包高端化升级的重要指标。根据全球技术研究和咨询公司信息服务集团(Information Services Group, ISG)对500万美元以上大额合同的监测,2020年全球大额服务外包合同额为598亿美元,同比增长7.6%。其中,ITO合同额214亿美元,增长2.4%;BPO合同额52亿美元,下降23.5%;云计算服务外包合同额332亿美元,增长19.0%。云计算服务外包中,基础设施即服务(IaaS)合同额243亿美元,增长19.1%;软件即服务(SaaS)合同额89亿美元,增长18.7%。中国服务外包研究中心预测,2021—2025年,全球大额服务外包合同额年均增速将达到8%左右,2025年全球大额服务外包合同额将达到约900亿美元。

3. 新区域主义兴起,近岸服务外包乘势而上

受新冠疫情和国际经贸关系的调整影响,新区域主义加快兴起,近岸服务外包成为区域经贸合作的重要方式。供应链逐步分散化、区域化、本土化。近年来,贸易保护主义有所抬头,国际政治经济格局复杂多变,逆全球化浪潮加剧,产业链、供应链、价值链面临较大挑战。新区域主义兴起,日渐成为解决贸易保护主义与自由贸易主义之间矛盾的折中方案。新区域主义将促使区域成员国之间的产业分工更加密切,同时国际合作地理空间也将出现阶段性收缩,供应链分散化、区域化、本土化趋势加强。

近岸化现象日益明显。《区域全面经济伙伴关系协定》实施进程加快,区域内成员国有望形成更安全和更多元化的RCEP服务业产业链供应链,构建更紧密的近岸服务外包合作关系。《全面与进步跨太平洋伙伴关系协定》《美国—墨西哥—加拿大协定》(USMCA)等自由贸易协定相继生效,区域内国家和地区正在形成更加稳定的服务外包生态圈。爱尔兰、印度等多个国家(地区)把近岸交付作为承接国际服务外包的战略渠道,不断加大对近岸交付能力建设的政策支持力度。在技术、效率、成本等条件相当的情况下,"就近"发包正成为国际发包企业的优先选项。

4. 数字服务需求旺盛,数字交付能力日渐成为国际竞争合作新优势

数字化平台服务等新商业模式覆盖市场供需两侧,缩小全球数字鸿沟,创造并释放数字红利。数字化服务供需两旺。5G 与工业互联网融合叠加、互促共进,助推制造业数字化解决方案、云计算、人工智能等新一代信息技术开发应用服务加速发展。电商平台通过用户的搜索、购买、评论、使用等海量消费数据开展分析,刻画消费特征、趋势及全景图谱,拉动大数据分析、互联网营销推广、供应链管理、采购外包等服务需求。机器人、3D(三维)打印、物联网等数字技术,助力科技创新,孕育出柔性制造、个性化定制、远程运维等新业态,为数字化服务发展注入新动能。

数字交付能力成为发包方决策的重要因素。为适应不断增加的数字化市场需求,国际发包将更倾向于选择"高度网络化"的数字化中心。企业需要依托云计算、大数据、物联网和人工智能等信息技术,构筑强大的项目交付及技术研发能力,提高自主知识产权拥有能力,帮助客户跨越"数字鸿沟",在全球数字化转型的蛋糕中获得更多份额,才能成为各行业数字化转型的可信赖合作伙伴。

5. 配置全球资源要素,对外发包方兴未艾

全球资源配置能力是衡量更高水平开放的重要标尺。在全球化进程面临一系列新挑战的大背景下,发包正成为一国实现全球产业链、价值链、供应链、创新链优化布局发展的重要手段。通过对外发包提高市场竞争与技术合作能力,成为发达国家与发展中国家配置全球资源要素的新特征。

发展中国家对外发包有望加快增长。发展中国家铁路、公路、机场、港口等传统基础设施信息化领域投入加大,医疗卫生、绿色新能源、节能环保等公共服务需求强烈,人工智能、物联网、大数据、区块链、5G、3D 打印、机器人、无人机、基因编辑、纳米技术等前沿技术应用场景宽广。发展中国家囿于人才教育、研发设计、技术运用、管理运营等服务业供给能力,对外发包越发成为配置全球资源要素、引进先进技术、补齐产业链短板的重要途径。中国服务外包研究中心预测,2021—2025 年,"一带一路"沿线国家在传统基础设施和数字化领域发包增长约 40%,非洲在智慧农业、医药研发、商业服务、银行保险等领域对外发包增长 35% 以上。中国 2021—2025 年在制造业数字化领域对外发包增长 30%以上。

发达国家对外发包规模将保持增长态势。发达国家对外发包的动因从节约成本、提高流程效率逐渐转变为拓展市场、巩固产业链供应链优势。越来越多的企业通过设立境外商业存在将部分业务流程环节发包给发展中国家,以获得更多本地化业务市场份额。中国服务外包研究中心预测,2021—2025 年,美国、欧盟和日本离岸发包规模年均增速将分别保持在 4.0%、6.5% 和 3.5% 左右,到 2025 年,离岸发包规模将分别达到 1 700 亿美元、7 500 亿美元和 650 亿美元。

6.3.3　国际服务外包的发展创新模式

数字化时代,产业链、供应链、价值链都将被重构,同时也将解构和重连各行各业,企业也将利用数字化升级其技术、产品、管理、组织和人才。作为拉动经济增长的"三驾马车"之一的对外贸易,也迎来利用数字化并全面提升竞争力的最佳时代,数字贸易将得到快速发展。[①] 国际服务外包作为数字贸易的典型业态,既存在不同于以往的创新,也将在全球贸易中扮演越来越重要的角色。

1. 整合模式创新,加速重构"三链"

数字贸易的根基是数字技术。随着近年来数字技术的快速发展,数字贸易的根基不断增强,为服务外包企业利用数字技术整合服务外包产业链、供应链、价值链的各个环节、全流程、全链条,提供了前提;反过来,数字技术的不断发展,引致服务外包企业改变资源整合思路,必须从整合内容资源拓展到整合外部资源,既要形成内部化网络,也要形成外部化网络,使服务外包企业转化成为一个"社会型企业",融入外部企业网络中,从企业自身层面实现产业链、供应链、价值链"三链"整合,形成新的全球服务外包网络体系。

2. 合作模式创新,实现互利共赢

进入21世纪以后,科学技术的日新月异,推动服务外包行业不断变革,不断推陈出新,其中发包方与接包方之间的关系就是最重要的变革之一,即由原来单纯的契约/合同关系转变为新型的战略协作伙伴关系。[②] 这一关系的转变是服务外包主体,即跨国公司,权衡内部化成本—收益与外部化成本—收益的结果,同时也是跨国公司"组织结构随着战略走"的结果,更是现代企业竞争关系转变的结果。但不管怎样,最终结果是有效拓展了服务外包的发展空间,使发包方与接包方实现互利共赢。

3. 交易模式创新,引领持续发展

5G、互联网、物联网、大数据、云计算、边缘计算、人工智能等相互依赖、相互成就,形成一个大技术生态系统,成就了数字时代。"数字时代,服务'跨境链接''跨界链接'的成本被极大降低,收益则显著提升,这极大地推动了数字服务贸易快速发展。可见,数字全球化已成为疫后复苏和发展的强劲推动力量。"[③]

数字时代,服务外包业务可以通过线上交易和线下交易"双线"并行完成,如今"双线"更显突出:①利用服务外包信息发布平台,发包方可以发布需求信息,接包方可以发布供给信息,信息平台为双方提供更广范围寻找合作伙伴的可能性。②双方寻到意向合作方之后,彼此可利用信息发布平台进行充分沟通、磋商,交换资质认证以及项目信息等;与此同时,平台有责任确认双方资质认证以及项目信息等的安全性、真实性和有效性,为此需要制定相应约束。③双方签订合同达成合作之后,可以转成信息平台外的双方交易。此时,双方根据服务外包具体业务可以采用线上交付(如产品设计等),也可以线下交付(如人才培训、技术认证等)。

随着大技术生态系统的不断发展,数字技术和服务外包业务不断结合,还会产生很多创新性应用场景,引领服务外包走上可持续发展之路,新理念、新工具、新产品、新模式等将不断产生,推动国际服务外包发生持续性效率变革和价值变革。"未来任何一家小企业

---

① 邵宏华. 贸易数字化:打造贸易新动能新业态新模式[M]. 北京:机械工业出版社,2022:Ⅶ.

② GSTOS(全球服务贸易与服务外包大会). 2009上半年全球服务外包发展报告[R]. (2022-09-30). http://gos. apceo. com/Html/Paihang/093046827. html.

③ 中华人民共和国商务部公共商务信息服务-WTO/FTA咨询网. 数字贸易正乘风而起[EB/OL]. (2022-09-16)(2022-10-02). http://chinawto. mofcom. gov. cn/article/ap/p/202209/20220903348697. shtml.

或自然人都能够轻松利用数字化平台和工具以及解绑后的专业化服务将产品销往世界任何一个角落,真正实现'全球买、全球卖'"。[①]

6.4 中国国际服务外包的发展

近年来,新一代信息技术迅猛发展,为跨国公司等服务外包主体专注于核心业务、外包非核心业务提供了基础条件,也使全球服务外包呈现快速发展态势。中国紧抓发展机遇,不断开拓创新,积极促进服务外包发展,推动新兴服务贸易增长。

6.4.1 中国服务外包的发展特点

2023 年一季度,中国企业承接服务外包合同额 5 768 亿元人民币(币种下同),执行额 3 961 亿元,同比分别增长 18.2% 和 24.4%。其中,承接离岸服务外包合同额 3 127 亿元,执行额 2 119 亿元,同比分别增长 18.1% 和 22.7%。[②] 中国服务外包业务发展态势向好,具体特点如下。

1. 产业规模持续扩大

服务外包执行额增速创 8 年来新高。面对错综复杂的外部环境,中国以服务外包示范城市建设为着力点,加快推进服务外包转型升级,充分发挥服务外包产业对国民经济和社会发展的重要作用,推动服务外包产业快速增长。2021 年,中国企业承接服务外包合同额 3 224.0 亿美元,同比增长 30.9%;执行额 2 264.8 亿美元,同比增长 29.2%,是自 2014 年以来的最高增速。

离岸服务外包合同额突破万亿。中国坚定不移扩大对外开放,不断优化营商环境,强化国际合作。2021 年,中国企业承接离岸服务外包合同额 1 716.8 亿美元(约 1.1 万亿人民币),同比增长 22.3%,占全部服务外包合同额的 53.3%;执行额 1 303.1 亿美元,同比增长 23.2%,较上年提高 14.0%,占全部服务外包执行额的 57.5%。

在岸服务外包占比显著提高。中国构建新发展格局,加快畅通国内经济大循环,推动服务外包与现代服务业、先进制造业、智慧农业深度融合发展,推进数字中国建设。这些重大举措促进国内服务外包需求加速释放。2021 年,企业承接在岸服务外包增长强劲,合同额达 1 507.1 亿美元,同比增长 42.4%,占全部服务外包合同额的 46.7%,较上年提高 3.7%;执行额 961.7 亿美元,同比增长 38.2%,占全部服务外包执行额的 42.5%,较上年提高 2.8%。

2. 结构优化成效显著

服务外包产业结构持续优化。中国紧抓新一轮科技革命和产业变革机遇,大力发展集成电路、新能源、生物医药、基础软件等新兴产业,激励企业加大研发设计投入,推进服务外包向数字化高端化转型升级,产业结构由 ITO 为主导逐步向 ITO、KPO 并重转变。

---

① 邵宏华. 贸易数字化:打造贸易新动能新业态新模式[M].北京:机械工业出版社,2022:Ⅸ-Ⅹ.

② 商务部.商务部服贸司负责人谈 2023 年一季度我国服务外包产业发展情况[EB/OL].(2023-04-21)(2023-05-10). http://www.mofcom.gov.cn/article/xwfb/xwsjfzr/202304/20230403405773.shtml.

2016—2021 年,ITO、BPO、KPO 结构比例从 49.9∶18.3∶31.8 调整到 44.5∶20.0∶35.5,KPO 占比累计提高 3.7 个百分点;离岸 ITO、BPO、KPO 结构比例从 46.9∶16.6∶36.5 调整到 42.2∶15.2∶42.6,KPO 占比累计提高 6.1%。

ITO 保持快速增长。2021 年,随着《"十四五"数字经济发展规划》(国发〔2021〕29号)《"十四五"软件和信息技术服务业发展规划》(工信部规〔2021〕180 号)等信息技术产业发展规划相继发布实施,企业数字化转型加快,带动信息技术外包快速增长。2021 年,中国企业承接 ITO 执行额 1 008.4 亿美元,同比增长 26.0%,占全部服务外包执行额的44.5%,较上年下降 1.8 个百分点。其中,承接信息技术研发服务外包执行额 797.6 亿美元,同比增长 26.5%,占 ITO 执行额的 79.1%;承接信息技术运营和维护服务执行额191.5 亿美元,同比增长 22.8%,占比 19.0%;承接新一代信息技术开发应用服务执行额18.9 亿美元,同比增长 39.8%,占比 1.9%。

BPO 增长近三成。全球疫情持续反复,2020 年新冠病毒感染疫情在全球广泛流行,2021 年全球又遭受德尔塔变异毒株等冲击,全球供应紧张局面前所未有。为此,2021 年中国加强完善全球供应链布局,强化全球物流枢纽和通道资源掌控,构建高效安全的国际物流供应链网络。中国人民银行等部门加强供应链金融配套基础设施,推动供应链金融规范、发展和创新,促进供应链管理服务外包稳步发展。人力资源和社会保障部等 5 部门联合印发《人力资源社会保障部 国家发展改革委 财政部 商务部 市场监管总局关于推进新时代人力资源服务业高质量发展的意见》(人社部发〔2021〕89 号),提出要提高人力资源要素配置效率,推动人力资源服务业向专业化和价值链高端延伸。中国服务企业努力化危为机,为全球供应链稳定发挥重要作用。2021 年,中国企业承接 BPO 执行额 453.6亿美元,同比增长 28.1%,占全部服务外包执行额的 20.0%。其中,承接业务运营服务外包执行额 315.0 亿美元,同比增长 29.1%,占 BPO 执行额的 69.4%;承接内部管理服务外包执行额 69.4 亿美元,同比增长 15.0%,占比 15.3%;承接维修维护服务外包执行额68.2 亿美元,同比增长 39.3%,占比 15.0%。

KPO 增势突出。中国坚持创新驱动发展,持续加大科技投入,支持打好关键核心技术攻坚战。2021 年,延续执行企业研发费用加计扣除 75% 政策,将制造业企业研发费用加计扣除比例提高至 100%,推动研发服务外包保持较快增长。全国贯彻落实《制造业设计能力提升专项行动计划(2019—2022 年)》(工信部联产业〔2019〕218 号),确立首批 5 家国家工业设计研究院,有效提升工业设计能力。2021 年,中国企业承接 KPO 执行额802.8 亿美元,同比增长 34.1%,占全部服务外包执行额的 35.5%,比上年提高 2.0 个百分点。其中,承接设计服务外包执行额 539.4 亿美元,增长 36.4%,占 KPO 执行额的67.2%;承接研发服务外包执行额 177.0 亿美元,增长 20.3%,占比 22.0%;承接商务服务执行额 86.3 亿美元,增长 53.9%,占比 10.7%。

高附加值领域快速发展。中国企业不断加大研发设计投入,系统集成、解决方案、管理咨询等高附加值业务增长迅速。在 ITO 领域,信息技术解决方案服务外包执行额 88.0亿美元,同比增长 2.9 倍;人工智能服务外包执行额 8.3 亿美元,同比增长 1.1 倍。在BPO 领域,工程机械维护维修服务外包执行额 10.8 亿美元,同比增长 1.2 倍;医疗设备维修维护服务外包执行额 3.3 亿美元,同比增长 2.9 倍。在 KPO 领域,管理咨询服务外包执行额 22.6 亿美元,同比增长 1.4 倍。

3. 外包企业实力不断增强

(1) 外包企业数量持续增多。中国加大力度优化营商环境,降低外资准入门槛,促进服务外包市场主体发展壮大。2021 年纳入商务部服务外包统计系统的服务外包企业新增 6 662 家。其中,江苏省新增企业数量超过 1 000 家,高达 1 440 家;河南省、山东省和广东省新增企业数量超过 500 家,分别为 930 家、872 家、582 家;浙江省、黑龙江省和河北省新增企业数量超过 300 家,分别为 342 家、339 家和 323 家,七省份合计新增 4 828 家,占全国新增企业数量的 72.5%。截至 2021 年底,全国(不含港澳台)纳入商务部服务外包统计系统的服务外包企业数量累计达到 67 236 家。

(2) 外包企业规模实力日益增强。中国服务外包 500 强企业入围门槛大幅提高,全部执行额 500 强入围门槛提高至 7 518.9 万美元,同比增长 26.1%;离岸执行额 500 强入围门槛提高至 4 736.8 万美元,同比增长 15.4%;在岸执行额 500 强入围门槛提高至 3 794.0 万美元,同比增长 41.8%。分领域看,中国 ITO 执行额 100 强企业入围门槛提高至 1.4 亿美元,同比增长 23.4%;BPO 执行额 100 强企业入围门槛提高至 0.8 亿美元,同比增长 20.4%;KPO 执行额 100 强企业入围门槛提高至 1.1 亿美元,同比增长 38.8%。

4. 离岸市场布局得到拓展优化

(1) 全球服务外包合作伙伴数量稳步增长。中国持续扩大开放,2021 年国务院印发《关于推进自由贸易试验区贸易投资便利化改革创新的若干措施》(国发〔2021〕12 号),提出 19 项便利化措施;2021 年版全国和自贸试验区外资准入负面清单进一步缩减至 31 条、27 条,压减比例分别为 6.1%、10%。中国开放的大门越开越大,服务外包伙伴也越来越多。2021 年,中国与世界 230 个国家和地区有服务外包业务往来,比上年增加 6 个。其中,承接服务外包执行额超过 10 亿美元的国家和地区达 21 个,比上年增加 4 个;超过 1 亿美元的国家和地区达 77 个,比上年增加 4 个。

(2) 国际市场合作深化。截至 2021 年底,中国已经同 26 个国家和地区签署了 19 个自贸协定,自贸伙伴覆盖了亚洲、大洋洲、拉丁美洲、欧洲和非洲。中国持续提升开放水平,推进自贸区"扩围、提质、增效",推动共建"一带一路"高质量发展,强化与 RCEP 成员的服务外包合作。中国申请加入《全面与进步跨太平洋伙伴关系协定》《数字经济伙伴关系协定》,与海湾阿拉伯国家合作委员会、厄瓜多尔、以色列、挪威以及日本、韩国等进行自贸协定谈判,推进中国—东盟自贸区 3.0 版等自贸协定升级。中国外贸"朋友圈"进一步扩大。

(3) 与"一带一路"沿线国家服务外包合作更加深化。近年来,中国与"一带一路"沿线国家共同克服疫情困难,推动经贸合作走深走实,服务外包规模再创新高。2021 年,中国企业承接"一带一路"沿线国家服务外包执行额 243.4 亿美元,同比增长 23.2%。其中,承接新加坡服务外包执行额 70.2 亿美元,同比增长 30.5%;承接俄罗斯服务外包执行额 15.9 亿美元,同比增长 52.3%;承接越南服务外包执行额 13.0 亿美元,同比增长 32.2%;承接印度尼西亚服务外包执行额 12.5 亿美元,同比增长 45.0%。

(4) 重点服务外包合作伙伴业务保持较快增长。2021 年,中国承接前十大服务外包伙伴执行额达 916.0 亿美元,同比增长 24.8%,占离岸服务外包执行额的 70.3%,比上年提高 0.9 个百分点。其中,承接美国服务外包执行额 303.2 亿美元,同比增长 35.0%;承接德国服务外包执行额 53.5 亿美元,同比增长 49.9%。

6.4.2 中国服务外包的发展趋势[①]

在党中央、国务院高度重视,以及新一代信息技术广泛应用背景下,中国离岸服务外包加快向高技术、高附加值、高品质、高效益转型升级,并呈现出数智化、高端化、融合化、多元化、联动化的发展特征与趋势。未来中国离岸服务外包作为生产性服务出口主渠道的地位将进一步巩固,高技术含量、高附加值业务占比不断提高,成为推进贸易高质量发展、建设数字中国的重要力量。

1. 数智化特征更为明显

随着大数据、云计算、物联网、移动互联网、人工智能等新一代信息技术的快速突破和广泛应用,服务外包业务数字交付能力大幅提升,将催生诸多新的外包业务领域与商业模式。根据国际数据公司(IDC)的报告,未来数字化转型将围绕软件创新、远程运营、安全隐私、人工智能、边缘数据、数字孪生等领域展开,离岸服务外包业务也必然向数字化与智能化方向快速发展。

2. 高端化特征更为明显

离岸服务外包行业结构将进一步优化,信息技术外包中,云计算服务、人工智能服务、网络与信息安全服务外包等新兴领域将迅猛发展,业务流程外包与知识流程外包所占比例将继续提升,供应链管理、检验检测、医药和生物技术研发、清洁能源技术、节能储能技术研发等领域将迎来发展的黄金期,中国服务外包产业将加速向价值链中高端延伸,进而提升中国在服务业全球价值链分工中的地位。

3. 融合化特征更为明显

随着制造业服务化、服务外包化的快速推进,服务外包将加速向国民经济各行业深度拓展,并广泛渗透于智慧交通、智慧医疗、绿色建筑等各个民生领域,中国将加速培育一批信息技术外包和制造业融合发展示范企业,服务外包的产业链应用场景将不断丰富。

4. 多元化特征更为明显

在国际市场布局方面,以"一带一路"沿线国家和地区为代表的新兴市场份额继续上升,中国与 RCEP 成员间的离岸服务外包业务将迅猛发展。在国内区域布局方面,将支持更多符合条件的中西部、东北地区城市创建服务外包示范城市,示范城市布局更为优化。

5. 联动化特征更为明显

未来,中国将充分发挥离岸服务外包的技术外溢效应,引进先进技术和模式,推动在岸服务外包业务规模扩大与质量提升;鼓励企业面向国际市场发包,支持中国技术和标

---

① 崔艳新.离岸外包推动"中国服务"走向全球[J].服务外包,2022(9):30-31.中华人民共和国商务部.中国服务外包发展报告(2020)[R].(2022-02-18)[2022-09-21].http://images.mofcom.gov.cn/fms/202202/20220218090927865.pdf.

准"走出去",力争成为具有全球影响力和竞争力的服务外包接发包中心,助力推动形成国内国际双循环相互促进的新发展格局。

6.4.3 中国服务外包的发展政策

中国坚持对外开放的基本国策,坚定奉行互利共赢的开放战略,不断以中国新发展为世界提供新机遇,推动建设开放型世界经济,更好惠及各国人民。① 近年来,中国紧抓全球服务外包快速发展机遇,积极制定促进政策,推动中国服务外包产业发展。现列举部分政策如下。

2006 年 10 月 16 日,商务部下发《商务部关于实施服务外包"千百十工程"的通知》,提出 2010 年服务外包出口额在 2005 年基础上翻两番的目标。②

2009 年 12 月 30 日,海关总署发布《关于开展国际服务外包业务进口货物保税监管试点工作的公告》(总署公告〔2009〕85 号),规定上海、大连、深圳、南京、苏州、无锡、哈尔滨、大庆、西安、长沙市 10 个城市为服务外包试点城市。③ 2010 年 6 月 17 日,海关总署、商务部印发《海关总署、商务部关于全面推广实施国际服务外包业务进口货物保税监管模式的通知》(署加函),明确自 2010 年 7 月 1 日起在现有 10 个试点城市的基础上,将国际服务外包业务进口货物海关保税监管模式推广到目前全部 21 个服务外包示范城市。增加的推广城市有北京、天津、重庆、广州、武汉、成都、济南、杭州、合肥、南昌、厦门等。同时废止总署公告〔2009〕85 号。④ 2016 年 6 月 1 日,海关总署再次发布《关于进一步推广实施国际服务外包业务进口货物保税监管模式的公告》,在现有 21 个服务外包示范城市(北京、天津、上海、重庆、广州、深圳、武汉、大连、南京、成都、济南、西安、哈尔滨、杭州、合肥、长沙、南昌、苏州、大庆、无锡、厦门市)的基础上,将国际服务外包业务进口货物海关保税监管模式推广到服务贸易创新发展试点地区和 10 个新增服务外包示范城市。新增地区包括海南省、威海市、贵安新区、西咸新区、沈阳市、长春市、南通市、镇江市、宁波市、福州市(含平潭综合实验区)、青岛市、郑州市、南宁市和乌鲁木齐市共 14 个省市(区域)。⑤

2015 年 1 月 16 日,国务院印发《国务院关于促进服务外包产业加快发展的意见》,提出到 2020 年,服务外包产业国际国内市场协调发展,规模显著扩大,结构显著优化,企业

---

① 习近平.《高举中国特色社会主义伟大旗帜 为全面建设社会主义现代化国家而团结奋斗》——在中国共产党第二十次全国代表大会上的报告[M]. 人民出版社 2022 年 10 月第 1 版第 61 页.

② 中华人民共和国商务部条约法律司.《商务部关于实施服务外包"千百十工程"的通知》(商资发〔2006〕556 号)[EB/OL]. (2006-10-16)[2022-09-20]. http://tfs. mofcom. gov. cn/article/ba/bl/gfxwj/201304/20130400103431. shtml. 注: 已废止.

③ 中华人民共和国海关总署. 海关总署公告 2009 年第 85 号(关于开展国际服务外包业务进口货物保税监管试点工作的公告)(总署公告〔2009〕85 号). [EB/OL]. (2009-12-24)[2022-09-21]. http://www. customs. gov. cn/customs/302249/302266/302267/356933/index. html.

④ 中华人民共和国海关总署. 海关总署、商务部关于全面推广实施国际服务外包业务进口货物保税监管模式的通知(署加函)(总署公告〔2010〕39 号). [EB/OL]. (2010-06-17)[2022-09-21]. http://www. customs. gov. cn/customs/302249/302266/302267/357030/index. html.

⑤ 中华人民共和国海关总署. 海关总署公告 2016 年第 36 号(关于进一步推广实施国际服务外包业务进口货物保税监管模式的公告)(总署公告〔2016〕36 号)[EB/OL]. (2016-06-01)[2022-09-21]. http://www. customs. gov. cn/customs/302249/302266/302267/632477/index. html.

国际竞争力显著提高,成为中国参与全球产业分工、提升产业价值链的重要途径。这是国务院首次对促进服务外包产业加快发展作出全面部署。同时公布北京、天津、上海、重庆、大连、深圳、广州、武汉、哈尔滨、成都、南京、西安、济南、杭州、合肥、南昌、长沙、大庆、苏州、无锡、厦门共计 21 个中国服务外包示范城市。①

2018 年 3 月 19 日,商务部等 9 部门发布了关于印发《中国服务外包示范城市动态调整暂行办法》的通知。

2020 年 1 月 6 日,商务部等 8 部门联合下发《国务院关于推动服务外包加快转型升级的指导意见》,确立中国服务外包两阶段的发展目标:到 2025 年,中国离岸服务外包作为生产性服务出口主渠道的地位进一步巩固,高技术含量、高附加值的数字化业务占比不断提高,服务外包成为中国引进先进技术提升产业价值链层级的重要渠道,信息技术外包企业和知识流程外包企业加快向数字服务提供商转型,业务流程外包企业专业能力显著增强,服务外包示范城市布局更加优化,发展成为具有全球影响力和竞争力的服务外包接发包中心。到 2035 年,中国服务外包从业人员年均产值达到世界领先水平。服务外包示范城市的创新引领作用更加突出。服务外包成为以数字技术为支撑、以高端服务为先导的"服务+"新业态新模式的重要方式,成为推进贸易高质量发展、建设数字中国的重要力量,成为打造"中国服务"和"中国制造"品牌的核心竞争优势。②

2021 年 1 月 19 日,商务部等 9 部门发布了关于印发《中国服务外包示范城市综合评价办法》的通知,以充分发挥中国服务外包示范城市在产业集聚、引领示范、创新发展方面的积极作用,激发发展活力,形成主动作为、竞相发展的良好局面,促进中国服务外包产业更好更快发展。③

2021 年 10 月 19 日,商务部等 24 部门印发《"十四五"服务贸易发展规划》,明确提出"推进服务外包数字化高端化"。实施服务外包转型升级行动,培育龙头企业,加强对外发包,助力构建稳定的国际产业链供应链。加大技术创新力度,推动云外包企业积极拓展国际市场,提升国际市场份额,为我国"走出去"企业提供云服务。扶持众包众创、平台分包等服务外包新模式做大做强,推动零工经济发展,扩大就业空间。积极发展研发、设计、检测、维修、租赁等生产性服务外包。大力发展生物医药研发外包。加快服务外包与制造业融合发展,加速制造业服务化进程,推动制造业数字化转型,利用 5G、物联网等新兴技术发展数字制造外包。④

2022 年 3 月 15 日,商务部等 7 部门发布《专业类特色服务出口基地名单》,认定中国

① 中华人民共和国中央人民政府.国务院印发《关于促进服务外包产业加快发展的意见》(国发〔2014〕67 号)〔EB/OL〕.(2015-01-16)〔2022-09-21〕.http://www.gov.cn/zhengce/content/2015/01/16/content_9402.htm.

② 中华人民共和国商务部.商务部等 8 部门关于推动服务外包加快转型升级的指导意见〔EB/OL〕.(2020-01-06)〔2022-09-21〕.http://www.mofcom.gov.cn/article/b/xxfb/202001/20200102929998.shtml.

③ 中华人民共和国商务部.商务部等 9 部门关于印发《中国服务外包示范城市动态调整暂行办法》的通知(商服贸函〔2018〕102 号)〔EB/OL〕.(2018-03-19)〔2022-09-25〕.http://images.mofcom.gov.cn/fms/201803/20180322160259828.pdf.宜昌市商务局.商务部等 9 部门关于印发《中国服务外包示范城市综合评价办法》的通知(商服贸函〔2021〕12 号).(2021-12-30)〔2022-09-25〕.http://swj.yichang.gov.cn/content-62948-974635-1.html.

④ 中华人民共和国商务部.商务部等 24 部门《关于印发"十四五"服务贸易发展规划的通知》-附件〔EB/OL〕.(2021-10-19)〔2022-07-18〕.http://images.mofcom.gov.cn/fms/202110/20211019171846831.pdf.第 14 页.

北京人力资源服务产业园朝阳园等 12 个功能区为人力资源服务领域特色服务出口基地，认定南京市江宁区等 9 个行政区(功能区)为知识产权服务领域特色服务出口基地，认定中关村科技园区朝阳园等 5 个功能区为地理信息服务领域特色服务出口基地，认定国际传播科技文化园等 14 家单位为语言服务领域特色服务出口基地。[①]

2022 年 4 月 28 日，商务部对外公布《服务外包统计调查制度》及修订说明，以便全面、客观地反映中国服务外包产业发展的新情况、新趋势：对 2019 年印发的《服务外包统计调查制度》进行了修订，主要修订内容包括服务外包定义、服务外包业务分类、服务外包交易平台报表等。[②]

延伸阅读

韩国促进服务外包发展措施

当今全球经济竞争重点正从货物贸易向服务贸易转型，服务贸易已成为发达国家经济发展的动力引擎，亦是发展中国家抓住新一轮国际产业转移机遇，利用自身比较优势大力发展的战略领域。韩国政府本着把握历史契机、制定国家战略、集中优势资源、确立品牌效应的方针，强化国际区域经济合作，旨在通过发展服务贸易，加快转变外贸增长方式，推动经济可持续发展。

(1) 将服务外包提升至战略高度加以培育。2002 年，韩国产官学各界共同研究制定"2010 年产业进军世界 4 强"的发展目标及促进战略。计划对造船等 8 个主力产业、数码电子等 5 个未来战略企业、商业服务等 4 个知识密集型服务业进行重点扶持。

(2) 构建服务外包产业基础。构建"服务外包提供商数据库"，通过实际调查实现"服务外包需求企业"的网上检索。引入服务外包企业"国家公认资格证书"制度，对拥有资格证书的企业给予政策扶持和奖励。开发并普及"韩国服务水平协定"，建立客观高效的服务外包评价体系，每年进行一次"服务外包产业不公正行为实际调查"，推动提供者与使用者间形成良好合作关系。

(3) 促进外包产业活跃开展。修改商法等相关法律制度，推广资本金 1 000 万韩元以上、员工 50 人以上的有限责任法人，对其减免登记税和法人税。设立服务产业周，对优秀服务外包提供者颁发"服务外包奖章"。发掘"韩国外包实践成功事例"，编订"服务外包使用手册"。对相关展览、研讨会提供支持。

(4) 支持外包企业发展。将服务外包中小企业纳入政府扶持对象范围。修订中小企业确定标准，由此前的"正式员工 50 人以下或年销售额 50 亿韩元以下"规定修改为"100人或 100 亿韩元以下"。帮助服务外包中小企业解决经营过程中的实际困难，改善相关制度，提供各种金融扶持。

---

① 中华人民共和国商务部服务贸易和商贸服务业司.商务部等 7 部门公告 2022 年第 9 号 专业类特色服务出口基地名单［EB/OL］.（2022-03-22）［2022-09-26］. http://fms. mofcom. gov. cn/article/tongjiziliao/202203/20220303287423. shtml.

② 中华人民共和国商务部服务贸易和商贸服务业司.服务外包统计调查制度［EB/OL］.（2022-04-28）［2022-09-18］. http://images. mofcom. gov. cn/fms/202204/20220428083158336. pdf. 第 23-26 页.

资料来源：中华人民共和国商务部公共商务信息服务-WTO/FTA 咨询网.韩国服务贸易现状、特点及促进政策［EB/OL］.（2015-11-16）［2022-10-09］.http://chinawto. mofcom. gov. cn/article/ap/p/201511/20151101165122. shtml.

6.4.4　中国服务外包的发展措施

商务部等 8 部门在《关于推动服务外包加快转型升级的指导意见》中,明确提出了六大任务,也明确了促进中国服务外包的发展措施。[①] 其具体如下。

1. 加快数字化转型进程

（1）支持信息技术外包发展。将企业开展云计算、基础软件、集成电路设计、区块链等信息技术研发和应用纳入国家科技计划（专项、基金等）支持范围。培育一批信息技术外包和制造业融合发展示范企业。

（2）培育新模式新业态。依托 5G 技术,大力发展众包、云外包、平台分包等新模式。积极推动工业互联网创新与融合应用,培育一批数字化制造外包平台,发展服务型制造等新业态。

（3）打造数字服务出口集聚区。依托服务贸易创新发展试点地区和国家服务外包示范城市,建设一批数字服务出口基地。

（4）完善统计界定范围。将运用大数据、人工智能、云计算、物联网等新一代信息技术进行发包的新业态、新模式纳入服务外包业务统计。

2. 推动重点领域发展

（1）发展医药研发外包。除禁止入境的以外,综合保税区内企业从境外进口且在区内用于生物医药研发的货物、物品,免于提交许可证,进口的消耗性材料根据实际研发耗用核销。

（2）扶持设计外包。建设一批国家级服务设计中心。支持各类领军企业、科研院校开放创新设计中心,提升设计外包能力,支持国家级工业设计中心和国家工业设计研究院开展设计服务外包。实施制造业设计能力提升专项行动。

（3）推动会计、法律等领域服务外包。通过双边、区域自贸协定谈判,推动有关国家和地区的会计、法律市场开放。支持会计、法律等事务所为国内企业“走出去”开展跟随服务,积极研究支持事务所境外发展、对外合作的政策。

（4）支持业务运营服务外包。各级政府部门要在确保安全的前提下,不断拓宽购买服务领域。鼓励企业特别是国有企业依法合规剥离非核心业务,购买供应链、呼叫中心、互联网营销推广、金融后台、采购等运营服务。

3. 构建全球服务网络体系

（1）有序增加示范城市。完善服务外包示范城市有进有出的动态管理机制,支持更多符合条件的中西部和东北地区城市创建服务外包示范城市。

（2）加大国际市场开拓力度。将更多境外举办的服务外包类展会纳入非商业性境外

[①]　中华人民共和国商务部.商务部等 8 部门《关于推动服务外包加快转型升级的指导意见》（商服贸发〔2020〕12号）［EB/OL］.（2020-01-06）［2022-09-21］.http://www. mofcom. gov. cn/article/b/xxfb/202001/20200102929998. shtml.

办展支持范围。支持服务外包企业利用出口信用保险等多种手段开拓国际市场。鼓励向"一带一路"沿线国家和地区市场发包,支持中国技术和标准"走出去"。

（3）评估优化出口信贷优惠措施。评估服务外包示范城市服务外包企业承接国际服务外包项目享受的出口信贷优惠措施实施效果,适时向全国推广。

4. 加强人才培养

（1）大力培养引进中高端人才。推动各省区市将服务外包中高端人才纳入相应人才发展计划。鼓励符合条件的服务外包企业对重要技术人员和管理人员实施股权激励。

（2）鼓励大学生就业创业。对符合条件的服务外包企业吸纳高校毕业生就业并开展岗前培训的,或为高校毕业生提供就业见习岗位的,按规定给予相应补贴。支持办好相关创新创业大赛,对获奖人员、团队或项目在相关政策方面按规定予以倾斜。

（3）深化产教融合。完善包括普通高等院校、职业院校、社会培训机构和企业在内的社会化服务外包人才培养培训体系,鼓励高校与企业开展合作,加快建设新工科,建设一批以新一代信息技术为重点学科的服务外包学院。

5. 培育壮大市场主体

（1）创新金融支持手段。按市场化原则,充分发挥服务贸易创新发展引导基金作用,带动社会资本加大对服务外包产业投资。支持符合条件的综合服务提供商上市融资。

（2）降低企业经营成本。经依法批准,对提高自有工业用地容积率用于自营生产性服务业的工业企业,可按新用途办理相关手续。

（3）积极培育国内市场。及时修订《服务外包产业重点发展领域指导目录》,完善重点发展领域的支持政策,引导地方和企业因地制宜发展服务外包业务。

（4）大力打造公共服务平台。利用外经贸发展专项资金布局建设一批辐射全国的服务外包公共服务平台。支持服务外包领域智库和行业协会发展,充分发挥其在理论研究和贸易促进中的积极作用。将中国国际服务外包交易博览会办成具有国际影响力的精品展会。

6. 推进贸易便利化

（1）优化海关监管。逐步将服务外包有关事项纳入国际贸易"单一窗口"。加强对服务外包企业的信用培育,引导更多规范守法的服务外包企业成为海关经认证的经营者（AEO）企业。

（2）拓展保税监管范围。在确保有效监管和执行相关税收政策的前提下,研究支持对服务外包示范城市"两头在外"的研发、设计、检测、维修等服务业态所需进口料件试点保税监管。

延伸阅读

服务外包调查制度

《服务外包统计调查制度》（以下简称"本制度"）最新版于 2022 年 3 月由中华人民共和国商务部制定,国家统计局批准。本制度根据《中华人民共和国统计法》的有关规定制定。《中华人民共和国统计法》第七条规定:国家机关、企业事业单位和其他组织以及个体工商户和个人等统计调查对象,必须依照本法和国家有关规定,真实、准确、完整、及时地提供统计调查所需的资料,不得提供不真实或者不完整的统计资料,不得迟报、拒报统计资料。

《中华人民共和国统计法》第九条规定:统计机构和统计人员对在统计工作中知悉的国家秘密、商业秘密和个人信息,应当予以保密。

《中华人民共和国统计法》第二十五条规定:统计调查中获得的能够识别或者推断单个统计调查对象身份的资料,任何单位和个人不得对外提供、泄露,不得用于统计以外的目的。

本制度(2022 年版)共计五个部分:

一、总说明

(一)调查目的

(二)调查内容

(三)调查范围和对象

(四)调查频率和时间

(五)调查方法

(六)组织实施

(七)报送要求

(八)质量控制

(九)数据发布

(十)统计信息共享

(十一)使用名录库情况

二、报表目录

三、调查表式

(一)服务外包企业报表

(二)服务外包交易平台报表

(三)国务院认定的服务外包示范城市报表

四、主要指标解释

(一)"服务外包企业基本信息表"指标解释

(二)"服务外包合同协议情况登记表"指标解释

(三)"服务外包合同执行情况登记表"指标解释

(四)"服务外包人力资源情况登记表"指标解释

(五)"服务外包国际认证情况登记表"指标解释

(六)"服务外包交易平台情况登记表"指标解释

(七)"服务外包示范城市企业人员培训情况明细表"指标解释

(八)"服务外包示范城市培训机构人员培训情况明细表"指标解释

(九)"服务外包示范城市企业认证情况明细表"指标解释

五、附录

(一)向国家统计局提供的具体资料清单

(二)向统计信息共享数据库提供的统计资料清单

资料来源:中华人民共和国商务部服务贸易和商贸服务业司.服务外包统计调查制度[EB/OL].(2022-04-28)[2022-12-18]. http://images. mofcom. gov. cn/fms/202204/20220428083158336.pdf.

6.5　案例分析："打造扁平化集团,专注核心业务"
——德意志银行外包

6.5.1　基本案例

1. 案例背景

德意志银行(Deutsche Bank),是一家全球性的综合性全能银行,1870 年创建于德国柏林(Berlin,Germany),后至德国法兰克福(Frankfurt,Germany);2022 年,居《财富》世界 500 强排行榜第 350 位,营业收入 40 187.5 百万美元,利润 2 897.9 百万美元,雇员 82 969 名。

德意志银行先后经历了两个全球化时代(19 世纪和 20 世纪后期)和两次世界大战,也目睹了全球经济关系的多次繁荣与萧条,幸存下来,并进行不断创新与调整。在第一个全球化时代,德意志银行确立了自己的角色,即为成功的创新型德国工商业提供咨询服务,跟随客户实施国际化战略。20 世纪 80 年代末,德意志银行通过收购加速国际扩张,先是英国伦敦,后是美国纽约,最后是全球扩张。通过此方式,德意银行成为欧洲投资银行业务的领先者,尤其在证券和衍生品业务,以及外汇交易方面。尽管最初困难重重,但在 2007—2008 年金融危机之前的金融市场繁荣时期,此策略似乎非常成功,并戏剧性地改变了整个银行业的形态和性质。在此期间,为进一步增强其竞争力,德意志银行于 2002 年提出"打造扁平化集团,专注核心业务"的新战略,并把剥离部分非核心业务作为业务转型的重要组成部分。2019 年,德意志银行宣布了一项根本性转型,以实现可持续盈利,包括削减 1/4 的总成本。

2. 案例经过

德意志银行在业务转型过程中,选择多项服务外包。

(1) IT 业务外包。2003 年,德意志银行将其计算机中心和 1 000 名员工移交给 IBM 公司,由 IBM 公司直接聘用德意志银行各国分行的雇员,并签署计算机中心业务外包合同,IBM 公司向德意志银行提供包括信息技术和数据中心在内的多种技术服务,合同期限 10 年,合同规模约 2.5 亿美元。通过将计算机中心的固定支出改变为按量收费,德意志银行大幅度降低了成本开支。

(2) 采购和应收账款业务外包。2004 年,德意志银行和埃森哲公司签订合约,将采购和应收账款业务外包给后者。德意志银行负责供应商选择与关系维护,并保留对采购和支付行为的同意权与授权权力。埃森哲公司负责向德意志银行提供先进的系统、工具和流程,管理整个采购和支付过程,严格控制采购成本,保证银行的正常运转。德意志银行不仅降低了采购成本,也明显提高了采购的应收账款的工作质量。

(3) 金融研究业务外包。华尔街分析师的年薪至少 25 万美元,而具有同样资质的印度分析师的年薪在 2 万美元左右。德意志银行认为,只要加强与外包公司的沟通交流,使其明确银行的发展规划和业务重点,外包的金融研究业务不仅可以与内部研究水平相当,而且可能更客观和合理。2005 年,德意志银行通过英国咨询机构 Irevna Limited 将金融研究业务外包给印度。

（4）交易与销售后台业务外包。2006年，德意志银行把近50％的交易与销售后台岗位转移到印度的班加罗尔、孟买、钦奈，仅此项业务使其收益增长了19亿欧元以上。德意志银行市场业务的海外运营员工已占总量的50％以上。

（5）"云技术"业务外包。2019年，德意志银行首次使用外部数据中心。德意志银行的应用程序"dbVals"在微软"Azure"云中运行。2020年，德意志银行和谷歌云（Google Cloud）敲定了一项长期战略性合作关系，以加速该行向云技术的转型，并共同开发创新产品和服务。

6.5.2　案例分析

德意志银行选择服务外包，既有选择服务外包商的相应原则，也会从中获得相应经验。

1. 选择原则

德意志银行选择外包服务商的原则：①要求外包服务商具有高于或等同于银行的业务能力，以满足银行内部和外部客户的需要。②十分重视外包服务商的技术安全防护能力以及法律保证承诺。③要求外包服务商的服务和应急计划充分有效。④严格关注外包成本，确保成本不会随着时间的变化或者在特定环境下出现无限制的增长。⑤外包业务要有利于提高银行竞争力，而且这种改善可能在银行内部无法低成本完成。

2. 外包经验

从德意志银行服务外包业务中可以获得相应的经验：①要站在战略的高度，而不是战术的层次。②要把人才管理放在最重要的位置。③在转移至离岸前，要准确记录流程；在转换中，要对"发送""接收"部门有明确的责任划分；在转移到离岸后，必须主导流程迁移和再造。④只要下定决心，目标一致，规模就会很快壮大。⑤要得到来自高级管理层的广泛支持。⑥审时度势，与世界科技前沿保持步调一致。

资料来源：张钱江，詹国华. 服务外包[M]. 杭州：浙江人民出版社，2011：198-199. Deutsche Bank. History of Deutsche Bank-Deutsche Bank 1870—2020[EB/OL].（2022-09-25）. https://www. db. com/who-we-are/history/DB-CHRONIK-DEUTSCHE-BANK-1870-2020. pdf. Werner Plumpe, Alexander Nützenadel & Catherine R. Schenk. Deutsche Bank-The Global Hausbank 1870-2020[EB/OL]. https://www. bankgeschichte. de/files/documents/publications/books/Extract--The-Global-Hausbank--Plumpe-N％C3％BCtzenadel-Schenk. pdf.

6.5.3　思考

思考1：德意志银行未来的服务外包发展方向是什么？

思考2：德意志银行如何选择外包服务商？

本　章　小　结

"服务外包"是一种生产性经济活动。它区别于服务出售，代表着发包方和接包方之间的一种契约关系，经历了节约成本、效率提升、价值创造三个阶段；依据不同标准，服务外包划分为不同种类。

　　离岸服务外包即国际服务外包。联合国贸易和发展会议强调其发生在公司外部。WTO 基于关联与否和离岸与否把离岸外包划分为四种类型。中华人民共和国商务部则强调向境外客户提供服务外包业务。国际服务外包体现着当事双方的维系关系、类型和区位等特征,它源于美国,后被其他发达国家追随,形成美国、日本、欧洲等典型模式;并在增强自身核心竞争力的同时,给母公司国家和东道国子公司带来各种效应。

　　国际服务外包呈现总体规模发展迅速,涉及的行业日益优化,发包市场主要集中于欧洲、美国、日本等发达地区,接包方市场层次结构在悄然发生改变等特点。在未来,随着新一代信息技术的加速普及,服务外包产业数字化、智能化转型已是大势所趋;并在整合模式、合作模式、交易模式等方面创新。

　　中国紧抓发展机遇,服务外包业务发展态势向好,在产业规模、结构优化、企业实力、市场布局等方面特点明显;呈现出数智化、高端化、融合化、多元化、联动化的发展趋势;中国积极制定促进政策和相应措施,推动中国服务外包产业发展。

思考题

　　1. 简述服务外包的内涵及其发展的三个阶段。

　　2. 何谓离岸服务外包?中国针对离岸服务外包出台了哪些政策措施?

　　3. 国际服务外包的未来创新方向是什么?

即测即练

第 7 章

数字服务贸易

【学习要点】

1. 数字贸易是贸易模式的一种革命性变化,其内涵不断发展丰富,目前国际社会出现宽、窄两种口径的数字贸易界定,中国采用的是全口径界定数字贸易。数字贸易与传统贸易之间存在明显异同之处。

2. 数字服务贸易作为数字贸易的重要组成部分,包括于数字贸易之中。数字服务贸易需要满足若干条件才能实现,其自身具有明显特征。

3. 全球数字服务贸易在跨境服务贸易、跨境电商和商业存在三方面呈现显著特点,而国际规则的制定则为全球数字服务贸易发展提供了助力。

4. 中国各级政府高度重视数字服务贸易发展,数字服务贸易整体得到快速发展,中国具有发展数字贸易的强大基石。

【学习目标】

1. 掌握数字贸易、数字服务贸易的界定以及二者之间的关系。
2. 熟悉数字服务贸易特征、全球数字服务贸易发展、中国数字服务贸易发展政策。
3. 了解全球数字服务贸易发展国际规则、中国数字服务贸易发展特点与基石。

 引导案例

数字贸易：引领世界未来

2022年5月21日,由国家工业信息安全发展研究中心编制的《2021年我国数字贸易发展报告》(以下简称"报告")在"国际贸易统计第三次学术报告会"上正式发布。

国家工业信息安全发展研究中心相关负责人介绍,报告通过梳理数字贸易的内涵、发展特点,总结提炼数字贸易的发展框架,提出以"数字交付服务贸易""数字订购服务贸易"和"数字订购货物贸易"为主体的数字贸易测度框架,并依据商务部、海关总署、两化融合公共服务平台数据,利用"数字融合比"法,对我国2018年至2020年数字贸易规模进行试测算,旨在为进一步完善我国数字贸易规模测算体系和提出促进数字贸易发展的战略措施提供参考依据。

报告测算结果显示,2020年,我国数字贸易整体规模为4.0万亿元人民币,同比增长9.3%。从交易性质来看,数字交付贸易规模达到1.32万亿元,占整体服务贸易的比重从2019年的20.9%增长至2020年的28.9%,上升8个百分点;数字订购贸易的进出口规

模为 2.68 万亿元,其中,数字订购服务贸易受疫情影响总量较上年下降 2 476.4 亿元,数字订购货物贸易强势增长,带动数字订购总体贸易上涨 6.1%。从交易对象来看,数字服务贸易进出口规模为 2.31 万亿元,占服务贸易总规模的 50.6%,与 2019 年的 43.7% 相比,增长了 6.9 个百分点;数字货物贸易按跨境电商计算,规模为 1.69 万亿元,按可比口径计算增长超三成。

此外,报告也为推动我国数字贸易高质量发展、提高我国数字贸易国际竞争力提出建议:一是健全数字贸易统计体系和监测方法;二是加强数字贸易制度供给和法律保障;三是优化服务贸易行业结构;四是提升传统产业进出口数字融合比;五是积极参与数字贸易国际合作。

资料来源:国家工业信息安全发展研究中心.中心在"国际贸易统计第三次学术报告会"上发布《2021 年我国数字贸易发展报告》[EB/OL].(2022-06-12)[2022-06-16].http://www.cics-cert.org.cn/web_root/webpage/articlecontent_101001_1535871335928958978.html.

7.1　数字服务贸易概述

大数据、云计算、人工智能等新科技手段的不断发展,国际电子支付、结算等数字金融工具的广泛应用,以及席卷全球的疫情对于传统服务贸易交易方式由线下转向线上的快速促进,共同催生了诸如数字旅游、数字教育、数字医疗、数字金融等新业态、新模式在内的数字服务贸易,最终推动了全球经济活动重心从货物贸易、服务贸易转向数字贸易。然而,什么是数字服务贸易? 对此,国际上还没有形成统一的定义,而是涵盖于数字贸易的界定之中。

7.1.1　数字贸易概述

数字贸易是由信息通信技术赋能,以数据流动为关键牵引,以现代信息网络为重要载体,以数字平台为信息枢纽和有力支撑的国际贸易新形态,是贸易模式的一种革命性变化,其内涵不断发展丰富。[①]

1. 数字贸易的界定

目前,国际社会出现宽、窄两种口径的数字贸易界定:①宽口径数字贸易,是指"所有通过数字化形式订购和/或交付的贸易"(图 7-1)。经济合作与发展组织、世界贸易组织、国际货币基金组织均采用此定义。②窄口径数字贸易,是指"通过数字化交付的服务贸易",其交易标的以无形的服务和信息为主,不包括在线订购的货物和有数字对应物的实体货物。联合国贸易和发展会议、美国国际贸易委员会(USITC)都曾采用此定义。[②]

中国采用的是全口径界定数字贸易。中国国家工业信息安全发展研究中心信息政策

---

① 国务院发展研究中心对外经济研究部.中国信息通信研究院.数字贸易发展与合作报告(2021)[R].北京:中国发展出版社,2022:2.

② 国家工业信息安全发展研究中心.中心在"国际贸易统计第三次学术报告会"上发布《2021 年我国数字贸易发展报告》[EB/OL].(2022-06-12)[2022-06-16].http://www.cics-cert.org.cn/web_root/webpage/articlecontent_101001_1535871335928958978.html.

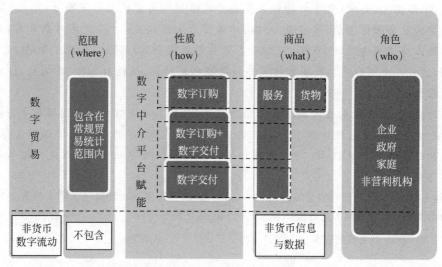

图 7-1　宽口径数字贸易定义

资料来源:《衡量数字贸易手册》。OECD、WTO、IMF,2020 年 3 月更新。转引自国家工业信息安全发展研究中心.中心在"国际贸易统计第三次学术报告会"上发布《2021 年我国数字贸易发展报告》[EB/OL].(2022-06-12)[2022-06-16]. http://www. cics-cert. org. cn/web_root/webpage/articlecontent_101001_1535871335928958978.html.

所在《2021 年我国数字贸易发展报告》解读中认为,在把握市场环境、制度环境、人文环境三个大方向的前提下,数字贸易发展框架内容可以概括为"四个一":①"一个基础",信息通信技术应用的连接、联结和协同,比如 5G、人工智能、大数据、云计算、区块链等。②"一个要素",数据、信息、知识的跨境流动和共享。③"一个前提",安全前提,即对个人隐私、数据安全、知识产权的保护。④"一个保障",发展保障,包括对数字税收、人才培养、数字鸿沟的认识。数字贸易包括"数字交付贸易"和"数字订购贸易"。"数字交付贸易"包括保险和养老金服务、金融服务、电信/计算机/信息服务、知识产权使用费、个人/文化和娱乐服务、其他商业服务六类。"数字订购贸易"包括"数字订购服务贸易"和"数字订购货物贸易"。"数字订购服务贸易"又可分为运输、旅游、建筑、维护和维修服务、加工贸易、政府服务;"数字订购货物贸易"即为跨境电商。[①]

　　《数字贸易 通用术语》双团体标准(T/ZADT 0001—2021)认为,数字贸易是针对实物商品、数据要素、数字产品、数字化服务等贸易对象,采用数字技术进行研发、设计、生产,并通过互联网等信息通信技术手段,为用户交付产品和服务的贸易新形态。数字贸易包括数字服务贸易(数字内容、数字技术)和数字平台贸易(跨境电商等),并以数字方式订

　　① 国家工业信息安全发展研究中心.中心在"国际贸易统计第三次学术报告会"上发布《2021 年我国数字贸易发展报告》[EB/OL].(2022-06-12)[2022-06-16]. http://www. cics-cert. org. cn/web_root/webpage/articlecontent_101001_1535871335928958978.html.

购和数字方式交付两种模式展开。[①]

与传统贸易相比,数字贸易外在表现于两个方面:①贸易方式的数字化;②贸易对象的数字化。贸易方式的数字化,指的是面向贸易全流程、全产业链的数字化转型,是数字技术在货物与服务贸易领域的广泛应用,由此催生出跨境电商、智慧物流、线上展会等贸易新业态。同时,通过在线交付促进各类服务贸易,特别是文化、教育、研发、咨询等实现跨境服务提供。它强调的是信息技术和国际贸易各个领域的相互渗透与深度融合。贸易对象的数字化,指的是以数据形式存在的要素和服务成为国际贸易中的重要交易对象,大体分为三类:①信息通信技术服务贸易,包括电信服务、信息服务、软件复制和分发的许可证等;②信息通信技术赋能的服务贸易,包括数字金融、数字教育、数字医疗、工业互联网等;③具有商业价值的数据要素跨境流动。[②]

2. 数字贸易与传统贸易的异同之处

数字贸易是在数字经济背景下应运而生的,与传统贸易相比较,二者既有相同之处,也有差异之处。其相同之处在于贸易本质和贸易目的两个方面;差异之处主要表现为贸易主体、贸易对象、贸易运输方式、贸易时效性以及贸易政策七个方面(表 7-1)。

表 7-1　数字贸易与传统贸易的差异之处

项　目	传 统 贸 易	数 字 贸 易
贸易主体	以大型跨国企业为主	互联网平台企业的作用凸显
贸易对象	以有形的货物和生产要素为主	数字产品和服务贸易占比上升
贸易运输方式	主要采取陆运、海运等方式	无纸化和电子化趋势明显
贸易时效性	交易周期长、贸易成本高	大幅弱化地理等因素制约
关键技术	生产制造、交通物流	信息通信技术
监管部门	海关、国家外汇管理局	数字内容审核部门、产业安全部门
贸易政策	双边及区域贸易协定等	数据监管、隐私保护等

资料来源:前瞻产业研究院.2022 年中国及全球数字贸易发展趋势研究报告[EB/OL].(2022-03-23)[2022-06-15].https://bg.qianzhan.com/report/detail/2203231520200387.html.

3. 数字贸易的产业链

数字贸易包括消费者产品在互联网上的销售以及在线服务的提供,跨境电商涉及支付、物流、海关等环节,数字服务主要是通过各种数字化平台进行交付和实现,其中,数字服务涵盖数字内容服务、数字技术服务、其他可数字交付的服务,数字化平台的支撑技术包括大数据、云计算、人工智能和区块链等,进而形成一个完整的产业链(图 7-2)。[③]

---

① 《数字贸易 通用术语》双团体标准(T/ZADT 0001—2021)是由浙江省钱塘数字贸易研究院牵头起草,之江实验室、中国计量大学和浙江省商务研究院共同参与完成的,属于内部资料,经同意在此使用。

② 新华网.展现数字贸易活力与韧性[EB/OL].(2022-06-02)[2022-06-06].转引自中华人民共和国商务部公共商务信息服务 WTO/FTA 咨询网.http://chinawto.mofcom.gov.cn/article/br/bs/202206/20220603316030.shtml.

③ 前瞻产业研究院.2022 年中国及全球数字贸易发展趋势研究报告[EB/OL].(2022-03-23)[2022-06-15].https://bg.qianzhan.com/report/detail/2203231520200387.html.

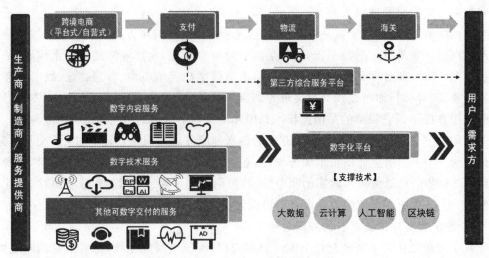

图 7-2　数字贸易产业链

资料来源:前瞻产业研究院.2022 年中国及全球数字贸易发展趋势研究报告[EB/OL].(2022-03-23)
[2022-06-15].https://bg.qianzhan.com/report/detail/2203231520200387.html.

7.1.2　数字服务贸易概述

1.数字服务贸易的界定

2019 年,商务部办公厅、中央网信办秘书局、工业和信息化部办公厅下发《商务部办公厅 中央网信办秘书局 工业和信息化部办公厅关于组织申报国家数字服务出口基地的通知》(商办服贸函〔2019〕245 号)(以下简称《通知》)。《通知》认为,数字服务是指采用数字技术进行研发、设计、生产,并通过互联网和现代信息技术手段为用户交付的产品和服务。数字服务出口主要包括软件、社交媒体、搜索引擎、通信、云计算、卫星定位等信息技术服务出口,数字传媒、数字娱乐、数字学习、数字出版等数字内容服务出口,以及其他通过互联网交付的离岸服务外包(图 7-3)。[①]

《数字贸易 通用术语》双团体标准(T/ZADT 0001—2021)认为,数字服务贸易,指的是通过信息通信网络(语音和数据网络等)传输,借助数字化手段为客户提供服务的贸易形式。其中,数据、数字产品、数字化服务等作为贸易标的物。[②]

综合上述界定或通用术语,我们认为数字服务贸易作为数字贸易的重要组成部分,包括于数字贸易之中。数字服务贸易得以实现,需要满足以下条件:

(1) 数字技术是数字服务贸易的实现载体;

(2) 数字交付是数字服务贸易的交付路径;

---

① 杭州市上城区人民政府.上城区商务局关于转发《关于组织申报国家数字服务出口基地的通知》的通知附件-商务部办公厅 中央网信办秘书局 工业和信息化部办公厅关于组织申报国家数字服务出口基地的通知(商办服贸函〔2019〕245 号)[EB/OL].(2019-08-16)[2022-06-15].http://zjjcmspublic.oss-cn-hangzhou-zwynet-d01-a.internet.cloud.zj.gov.cn/jcms_files/jcms1/web2208/site/attach/0/c71c1879c2a14bda934fa4c8e207d200.pdf.

② 《数字贸易 通用术语》双团体标准(T/ZADT 0001—2021)是由浙江省钱塘数字贸易研究院牵头起草,之江实验室、中国计量大学和浙江省商务研究院共同参与完成的,属于内部资料,经同意在此使用。

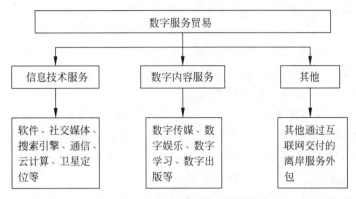

图 7-3　数字服务贸易分类

资料来源：根据以下文献绘制。杭州市上城区人民政府. 上城区商务局关于转发《关于组织申报国家数字服务出口基地的通知》的通知附件-商务部办公厅 中央网信办秘书局 工业和信息化部办公厅关于组织申报国家数字服务出口基地的通知(商办服贸函[2019]245 号)[EB/OL]. (2019-08-16)[2022-06-15]. http://zjjcmspublic. oss-cn-hangzhou-zwynet-d01-a. internet. cloud. zj. gov. cn/jcms_files/jcms1/web2208/site/attach/0/c71c1879c2a14bda934fa4c8e207d200. pdf. 已与商务部服贸司业务二处电话沟通核实确认该通知内容。

（3）数字化管理是数字服务贸易的实现方法；

（4）数字供应链是数字服务贸易的运营模式。

2. 数字服务贸易的特征

数字服务贸易主要特征表现为虚拟化、平台化、网络化、便利化、个性化、全球化和可复制化。[①]

虚拟化。虚拟化主要体现于要素、交易和流通三个方面。要素虚拟化强调的是生产过程中使用数字化的知识和信息；交易虚拟化强调的是利用互联网平台进行交易,利用电子方式进行支付；流通虚拟化强调的是以虚拟化的方式完成数字产品和服务的传输。[②]

平台化。平台化是当今互联网企业的主要商业运营模式。依据平台,互联网企业可以实现集聚-分散功能。集聚强调汇聚各方数据而形成数据中枢,以及创造价值的核心；分散则强调将汇聚而来的各方数据,直接或者经过加工之后,再通过平台进一步交易,实现资源有效配置以及合理使用。

网络化。数字服务贸易网络有别于传统服务贸易网络。一方面,数字服务贸易网络强调数字服务中间品出口和数字服务最终品等不同类型数字服务出口增加值流动的关系网络。数字服务中间品出口网络指的是由以初级品和半成品为主要内容的数字服务中间品流动引致的数字服务出口关系网络；数字服务最终品出口网络指的是被最终消费者直接消费和使用的数字服务最终品流动引致的数字服务出口关系网络。另一方面,数字服务总出口可以分解为数字服务中间品出口和数字服务最终品出口,以数字服务中间品出

---

① 此处受以下文献启发：陈霜华. 国际服务贸易[M]. 上海：复旦大学出版社,2021：462；199IT. 商务部：中国数字服务贸易发展报告 2018[EB/OL]. (2019-09-22)[2022-06-17]. http://www. 199it. com/archives/941255. html. 之后又参考多个相关文献而成,具体如文中所引。

② 陈霜华. 国际服务贸易[M]. 上海：复旦大学出版社,2021：462；199IT. 商务部：中国数字服务贸易发展报告2018[EB/OL]. (2019-09-22)[2022-06-17]. http://www. 199it. com/archives/941255. html.

口网络和数字服务最终品出口网络表征数字服务贸易网络,凸显网络层叠性。[①]

便利化。数字技术的不断进步及其广泛使用,不仅大大降低了服务贸易门槛,还为全球范围内不同类型不同规模的服务提供者、消费者提供了参与贸易的更多便利,这种便利性使得全球范围内只要有供给或者需求(如数字教育、数字医疗等),就可以通过平台完成服务贸易,大大提高了服务贸易的便利化水平。

个性化。从世界范围来看,出现越来越多追求差异化服务产品的消费者,面对这些消费者,相关企业在信息技术的支持下,服务变得更加自动化、智能化,可以拓展出更多的可能性,为消费者提供或者定制个性化服务,满足其个性化需求;与此同时,这种服务方式也利于企业提升服务竞争力、拓展服务贸易渠道。

全球化。数字化形成的网络空间,使得服务业彻底摆脱了低效率及生产与消费不可分离等传统属性,具备了极为显著的规模经济效应和范围经济效应,内生地推动了服务业全球化,也使全球的服务供应方、消费方和相关生产要素都在积极推动服务全球化并从中受益,同时服务全球化也在不断加速。[②]

可复制化。传统服务具有即时性和不可存储性等特点,教育、表演和医疗等服务大多需要面对面进行。随着上述服务被录制并转化为数据形式,可以存储于硬件设备甚至是"云"上,其"可贸易性"大大提升。[③]

7.2 全球数字服务贸易发展[④]

国际上对数字贸易还没有统一的统计标准。OECD、WTO 和 IMF(2020)联合发布的《数字贸易统计手册》(第一版)认为,数字贸易统计包括数字订购贸易和数字交付贸易。前者强调通过数字化手段达成订单,基于等同于跨境电商;后者强调通过数字化手段交付产品,属于服务贸易的一部分。数字交付贸易的统计是从现有服务贸易统计分类中挑选出可以数字化手段进行跨境交付的门类,并将其相关数据加总得出,不同机构对加总的数据名称有多种表述,如数字服务贸易、潜在信息通信赋能服务贸易、可数字化交付服务贸易等。

此处对数字贸易的分析主要包括跨境数字服务贸易、跨境电商和商业存在模式下的数字服务贸易三个方面。其中,跨境数字服务贸易反映数字交付贸易,跨境电商反映数字订购贸易,商业存在模式下的数字服务贸易通过 WTO 国外附属机构服务贸易统计数据进行分析。

---

① 吕延方,方若楠,王冬.全球数字服务贸易网络的拓扑结构特征及影响机制[J].数量经济技术经济研究.2021(10):128-147.

② 江小涓,罗立彬.网络时代的服务全球化——新引擎、加速度和大国竞争力[J].中国社会科学.2019(02):68-91,205,206.文字略有调整修改.

③ 国务院发展研究中心对外经济研究部.中国信息通信研究院.数字贸易发展与合作报告2021[R].北京:中国发展出版社,2022:7.

④ 国务院发展研究中心对外经济研究部.中国信息通信研究院.数字贸易发展与合作报告2021[R].北京:中国发展出版社,2022:13-26,38-50.部分内容有删减、修改或添加.

7.2.1 数字服务贸易推动全球服务贸易深刻变革

1. 数字服务贸易在服务贸易中主导地位逐步显现

全球数字服务贸易稳步增长,在服务贸易中比重已超过 60%。全球数字经济蓬勃发展,基于数字技术开展的线上研发、设计、生产、交易等活动日益频繁,极大促进了数字服务贸易的发展。2020 年,全球数字服务贸易规模达 3.17 万亿美元,在服务贸易中的占比从 2011 年的 48.0% 稳步提升至 63.6%。

数字服务贸易在疫情面前展现出较强韧性。2020 年,全球数字服务贸易虽然同比下降 1.8%,但下降幅度远小于服务贸易(同比下降 20.0%)和货物贸易(同比下降 7.5%)。一方面,疫情对已经通过数字手段交付的服务贸易影响非常有限。相比旅行、运输等高度依赖于面对面接触的服务贸易,对于已经通过数字手段交付的服务贸易,供给和交付环节受到的影响非常有限,冲击主要源自市场需求的乏力。另一方面,疫情加速传统服务贸易数字化转型和新兴数字服务产业发展。对于金融、保险、教育、医疗等可以但尚未通过数字化手段交付的传统服务贸易,正加速由线下转移到线上。2020 年,在线办公、短视频、云计算等新兴数字服务产业获得了难得的发展机遇。

2. 数字服务贸易稳步增长的关键动能在信息通信服务贸易

2011—2020 年,信息通信服务贸易在数字服务贸易中增速最高、比重提升最大,远超其他领域。2011—2020 年,信息通信服务贸易平均增速为 7.7%,在数字服务贸易中的占比从 16.8% 提升至 22.2%(图 7-4)。2011—2020 年是数字化蓬勃发展的 10 年,移动互联网、云计算、大数据、人工智能、区块链等信息通信技术创新活跃,在更广范围、更深层次、更高水平与实体经济融合发展,不断催生新产业、新模式、新业态。

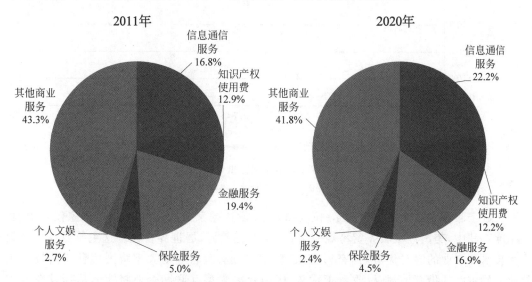

图 7-4 2011 年和 2020 年各细分数字服务贸易占比情况

资料来源:国务院发展研究中心对外经济研究部.中国信息通信研究院.数字贸易发展与合作报告 2021[R].北京:中国发展出版社,2022:16,图 1-5.本书依据 UNCTAD 基础数据重新绘制。

疫情背景下,信息通信服务贸易继续引领数字服务贸易发展。2020年,信息通信服务贸易总量为7104.3亿美元,同比增长4.1%,继续领跑服务贸易发展;金融、保险服务贸易紧随其后,增速分别排名第2和第3。2020年,金融服务贸易总量为5395.7亿美元,同比增长4.1%;保险服务贸易总量为1434.8亿美元,同比增长2.6%;其他商业服务、知识产权使用费、个人文娱服务贸易总量分别同比下降5.0%、7.9%、14.2%,主要是因为部分子项仍需通过面对面接触才能完成服务支付,受疫情影响较为严重。

3. 全球数字服务贸易集中度较高

全球数字服务贸易集中度持续提升。数字经济、平台经济具有明显的网络效应、规模效应,容易形成"强者恒强"的发展格局。无论是数字服务出口,还是数字服务进口,领先国家的市场占有率都较高,且集中度展现出不断上升的态势。2014—2020年,数字服务出口排名前10位国家累计国际市场占有率从64.4%上升至66.1%,数字服务进口排名前10位国家累计国际市场占有率从49.5%上升至51.8%(图7-5)。2020年,数字服务出口排名前17位的国家累计国际市场占有率达到80%,相当于服务贸易、货物贸易领域排名前24位和前27位国家份额加总计算的集中度。欧美是全球数字服务供给的核心区域,数字服务出口规模排名前10位国家中有6个来自欧美地区(美国、英国、爱尔兰、德国、法国、荷兰),数字服务出口国际市场占有率合计达48.9%。

图7-5　2014—2020年全球数字服务出口、进口市场集中度情况

资料来源:同图7-4第18页图1-7,本书重新绘制。

数字服务贸易规模排名前10位的国家中,发达国家占据8席,发展中国家仅有中国、印度。其中,美国数字服务贸易规模达8507.2亿美元,居世界首位。这主要得益于其数字技术和产业的绝对优势,拥有苹果、谷歌、亚马逊、微软等超大型跨国信息通信技术企业。爱尔兰凭借其地理、税收政策优势,吸引众多大型互联网企业将欧洲总部设在爱尔兰,数字服务贸易规模达5249.0亿美元,全球排名第2位,紧随其后的是英国和德国。中国数字服务贸易规模达2939.9亿美元,全球排名第5位。

7.2.2　以商业存在开展的数字服务贸易仍占主导地位

商业存在模式,即通过外国附属机构进行的采购和销售,在服务贸易发展中占据重要地位。

1. 近 2/3 的数字服务贸易通过商业存在模式提供

商业存在是数字服务贸易的最主要模式。受技术发展限制、企业外贸竞争需求、政府监管偏向等综合因素影响,数字服务贸易通过商业存在开展的比重要高于服务贸易整体水平。据 2021 年 WTO 发布的商业存在服务贸易数据,2018 年,代表性经济体数字服务出口约 66.1% 是通过商业存在模式提供的,同期的数字服务出口和非数字服务出口仅 58.6% 和 43.7% 是通过商业存在模式。疫情对既有商业存在的数字服务贸易影响有限,甚至可能产生促进效果。无论是采取跨境交付模式还是采取商业存在模式,数字服务企业均可以通过线上提供服务。疫情期间各国数字服务需求激增,带动相关商业存在业务的开展。相比跨境交付模式,通过商业存在模式出口可以发挥区位优势,迅速抢占新境市场。

商业存在模式在数字贸易中的占比呈下降趋势。2011—2018 年,代表国家的数字贸易通过商业存在模式的比重从 70.2% 下降至 66.1%。数字技术发展应用导致越来越多的服务可以通过数字化手段跨境交付,一方面是会计、广告、视听、教育等传统服务正由线下转移到线上,另一方面是社交媒体、搜索引擎、云计算、卫星定位等信息服务迅速崛起,导致通过商业存在提供的服务比重相应降低。

2. 涉及关键基础设施的数字服务贸易更依赖商业存在提供

信息通信服务和金融保险服务通过商业存在开展数字服务贸易的比重最高。2018 年,代表国家的信息通信、金融保险、专业服务和文教娱乐四类服务出口中通过商业存在模式提供的占比依次是 80.2%、81.3%、34.8% 和 63.0%。涉及关键基础设施的数字服务贸易更依赖商业存在提供。金融保险业、信息通信业涉及大量个人、企业和政府数据,是监管的重点,各国普遍施加了更多的当地存在要求限制;专业服务业、文教娱乐业对其他经济社会活动影响较小,敏感程度较低,较多通过跨境提供模式展开。

3. 发达国家商业存在模式下的数字服务贸易占比更高

发达国家经济体量大、产业竞争力强、对外投资经验丰富,商业存在模式占比也较高。2018 年,美国、德国、法国、意大利等发达国家数字服务出口中通过商业存在模式提供的占比大部分在 70% 左右;同期,中小国家数字服务出口中通过商业存在模式提供的占比多数不足 20%。

7.2.3　国际规则助力全球数字服务贸易发展

数字化转型和数字贸易的快速发展,赋予全球化新内涵、为世界经济发展注入新动力。各国为促进数字经济发展、加强知识产权与隐私保护等,不断强化自身监管,对数字贸易开放发展的制度环境与监管协调提出更高要求。"数字全球化"背景下,各国政策调整叠加全球治理博弈,数字贸易规则已成为多边、诸边、区域及双边经贸谈判的重要议题。疫情背景下,数字贸易加快发展,正在全球经济恢复中发挥更为重要的作用。相比之下,数字贸易规则制定相对滞后,呈碎片化态势。数字服务贸易作为数字贸易的重要组成部分,国际规则还未脱离数字贸易独立存在,但数字贸易国际规则的制定为全球数字服务贸易发展奠定了坚实基础,因此该部分以介绍数字贸易国际规则为主。

1. 数字贸易规则涉及的主要内容

信息通信技术的快速进步和数字经济的广泛渗透,推动数字贸易的交易内容和业务模式加速创新。未来贸易格局的变化、利益的分配,取决于系统性规则制定与制度构建,是"数字全球化"背景下各方关注的重点。目前,数字贸易发展涉及的规则领域日益广泛。有些规则是与数字贸易直接相关的显性议题,有些规则是与数字治理环境密不可分的隐性议题,领域范围持续拓展且复杂交叉(表 7-2)。

表 7-2 数字贸易涉及的主要规则议题

大 类	分 类	议 题	焦 点
显性的数字贸易规则议题	当前议题	贸易便利化	通关便利化、无纸化贸易、电子认证和签名、电子发票等
		市场准入	服务市场开放承诺、GATS 电信附件等
		关税与数字税	电子传输关税、跨境电商最低免征税额、数字(服务)税等
		跨境数据流动	通过电子方式跨境传输信息、设施本地化等
		知识产权保护	源代码、商业秘密、数字内容版权、"强制技术转让"等
		网络安全和消费者保护	非应邀商业电子信息、在线消费者保护、个人信息保护等
	未来议题	数字货币规则	国际结算权利,数字货币的互操作、协调和透明度机制,相关安全机制等
		人工智能治理标准规则	价值观伦理、治理规则、国际国内治理标准规范等
隐性的数字贸易规则议题	传统贸易投资保护问题	数字领域的投资壁垒	外资安全审查、投资额外条件等
		传统贸易保护措施	补贴、政府采购、出口管制、技术性贸易壁垒、自然人流动等
		跨境司法管辖问题	跨境平台的协同监管、对本国境外平台的监管、对平台在境外侵犯本国权益或法律的监管等
	数字治理问题	数字技术标准的非歧视性及科技合作交流	标准组织及标准合作机制的开放性和非歧视性、国际技术标准的公益性和非歧视性等
		网络执法与网络主权	数字安全,内容审查,全球互联网的去中心化、分布式管理,避免恶意网络攻击等
		打造公平竞争的市场环境	反垄断、平台责任豁免、政务数据公开、对新兴技术的包容性、数字鸿沟等相关问题

资料来源:同图 7-4 第 39 页表 1-2。

注:显性规则指在当前或未来多双边数字贸易、服务贸易投资谈判或非正式磋商中涉及的议题;隐性规则指不直接相关,但对数字贸易发展具有重要影响的议题。

虽然规则涉及领域广泛,但目前已开展的数字贸易规则谈判主要集中在贸易便利化、市场准入、关税与数字税、跨境数据流动、网络安全和消费者保护、知识产权保护、数字营商环境(打造公平竞争的市场环境)七大主题上。

一是贸易便利化。随着贸易方式数字化转型的不断深化以及国际连通性的持续提升,市场主体参与国际贸易的交易成本大幅降低,以"即时性、小规模、大批次、无纸化"为特征的跨境电商迅速发展,对贸易便利化的要求显著提升。目前,相关规则谈判主要涉及提升跨境电商通关效率及支持使用电子认证、电子签名、电子合同、电子支付、电子发票等具体规制及措施。

二是市场准入。数字贸易受制于既有国际贸易规则,所涉商品或服务能否进入国内市场以及进入的方式,取决于各成员在《服务贸易总协定》和区域及双边协定下作出的具体承诺。目前,数字产品非歧视待遇、服务市场准入承诺、第三轮信息技术协定扩围谈判、更新 GATS 的电信附件等,成为数字贸易自由化与市场准入谈判的重要议题。

三是关税与数字税。在数字经济发展初期,各大经济体给予相关新兴产业及跨境经济活动大量的税收优惠政策。近年来,由于跨境数字贸易的快速增长、对传统贸易业态的替代及跨国企业的国际避税导致各国税源大量流失,各国税收政策趋于强化管辖权,在关税及数字税的国际协调尚未达成共识前,一些国家选择开征具有单边性质的数字服务税,作为缓解税收损失、解决分配不合理的重要手段。2021 年,七国集团(G7)就跨国公司最低税率达成一致意见,有可能影响各方在数字税上的政策选择。此外,对跨境电商的最低免征税额规定和电子传输免关税政策,也成为数字贸易规模探讨的重要内容。

四是跨境数据流动。数据作为新的生产要素和可交易的重要资产,是智能制造发展所依赖的关键投入要素,是云计算等新兴服务贸易快速增长的核心,是实现全球生产经营与供应链管理的重要依托。无论是货物贸易业态和模式的变化,还是服务贸易数字化模型,抑或是平台服务企业发展、跨国公司内部治理与全球布局,都对数据跨境自由流动提出较高要求,同时对隐私与商业秘密保护、网络安全等提出较高要求,如何促进数据跨境自由安全流动,成为当前数字贸易规则谈判的核心议题。其中,跨境信息传输、计算设施位置(即"本地存储要求")等是各方关注的焦点。

五是网络安全和消费者保护。互联网环境下,安全可靠、可依赖的网络环境,有助于提升交易双方开展数字贸易的积极性。规则谈判通常鼓励市场主体参与,涉及个人信息保护、在线消费者保护、垃圾邮件和网络安全事务合作等具体议题,以通过适当保护和有效追责,规范数据贸易的交易流程。

六是知识产权保护。知识产权保护是数字贸易的重要保障,如何确定知识产权保护的监管边界,是数字贸易规则建设中的重要议题,主要涉及数字内容版权、源代码等数字资产的保护。关于数字内容版权,主要包含"版权保护期自延长""电子复制纳入复制权范畴""承诺政府仅使用正版软件"三项议题。关于源代码保护,现有区域经贸协定中的源代码规则均采用"原则＋例外"结构,原则性规定基本相同,谈判焦点在于确定禁止强制披露源代码的范围。

七是数字营商环境。数字贸易因其平台属性容易形成高度集中的市场结构,通过反垄断维护公平竞争的市场环境尤为重要。当前,规则谈判既包含对电信通道、互联网、大型互联网平台等数字基础设施的公平使用,又包含平台责任、打击市场垄断、建立包容性的技术创新环境等内容。未来,数字基础设施的技术标准等也将成为国家合作磋商的重要内容。

2. 主要议题的谈判进展

各国数字经济发展水平和数字贸易竞争力不同,对构建数字贸易国际规则体系的目标诉求各异、利益复杂交织,参与规则制定的路径选择呈现多元化趋势,主要包括多边谈判、诸边谈判、区域贸易协定、数字贸易协定等。其中,数字贸易协定是专门就数字贸易作出制度性安排的协定,比如《美日数字贸易协定》(UJDTA)、《新加坡—澳大利亚数字经济协定》(SADEA)、新加坡—新西兰—智利《数字经济合作伙伴关系协定》(DEPA)等。

上述路径选择针对主要议题出现不同的谈判进展,一些基本形成共识,一些存在较大分歧,具体如下。

一是基本形成共识且推进较快的议题。电子商务联合声明倡议(Joint Statement Initiative on E-Commerce,JSI)是在 WTO 框架下进行的最主要数字贸易规则谈判。截止到 2023 年 2 月,谈判方已增至 89 个 WTO 成员[①],涵盖主要经济体和不同发展水平的国家,贸易规模合计占全球 90% 以上;谈判各方已在垃圾邮件、电子认证/电子签名、电子合同等议题上取得了实质性进展,在政务数据公开和消费者保护等议题上也已基本形成共识。虽然部分发展中国家缺乏电子商务监管框架与隐私保护等国内法规,电子商务相关规则的落地适用仍面临不小挑战,但在 WTO 改革迟迟未真正启动的情况下,此项规则谈判已成为各方维护多边体系、紧跟现实发展需要加快国际规则调整的主要渠道,有可能成为多边框架下数字贸易规则制定的早期收获和最大亮点。

二是存在较大分歧的议题。其主要包括以下几项:①跨境数据流动。各方高度关注跨境数据流动所蕴藏的巨大发展潜力,但为防范信息泄露风险和网络安全威胁,许多国家不断强化对个人信息与重要数据的流出限制及计算设施的本地化要求。如何在促进数据自由有序流动和保护个人隐私及公共利益安全之间取得有效平衡,达成具有广泛国际共识的跨境数据流动规则,成为数字贸易规则制定的关键和难点。针对跨境数据流动,包括美国方案、欧盟方案、中国方案和日本方案。就设施本地化而言,GATS 没有对设施及数据本地化进行纪律规定,许多自贸协定原则上禁止计算设施的本地化要求,但为满足监管的特殊需要,允许对本地化要求设置"例外条款",尤其是在金融服务及关键基础设施等领域。②电子传输免关税和数字服务税(DST)。随着数字贸易规模迅速扩大,税制改革与协调成为国际规则谈判焦点之一,主要涉及电子传输免关税和数字服务税两大议题。③数字知识产权保护。数字知识产权保护对于维护数字贸易企业商业秘密、保障企业利益及促进自由贸易至关重要。谈判焦点集中在源代码保护上。大多数成员方原则上同意"不要求披露与保护知识产权有关的源代码",分歧在于如何确定源代码例外情况的范围等。④数字产品的非歧视待遇。非歧视待遇是 WTO 的基本原则之一,但现有开放承诺及 GATS 规则无法与快速发展的数字化服务明确对应,因此,数字产品的非歧视待遇成为数字贸易规则构建的重要内容。美国、日本等发达国家明确主张"对数字产品及其提供者的待遇不低于其他同类产品的待遇",但绝大部分发展中国家对此持反对态度。⑤平台责任。相关条款首次出现在 USMCA[《美国—墨西哥—加拿大协定》,即原 NAFTA(《北美自由贸易协定》)]数字贸易章节,旨在对网络中介等交互式计算机服务提供者在知识产权以外的侵权行为予以民事责任豁免,《美日数字贸易协定》沿袭了这一条款。从分歧来看,美国、日本等国为支持本国互联网企业全球拓展,积极推行网络服务提供者(ISP)"安全港"制度,不增加对互联网中介服务者的额外责任,以降低平台的运营成本,促进依赖用户创作与互动的互联网平台经济发展;其他大多数国家则主张平台应承担公共管理责任与履行用户权益保护义务。

3. 谈判存在分歧的原因

谈判存在分歧,其原因来自数字贸易自身、经济体等多个方面。其具体如下。

---

① World Trade Organization. Joint Initiative on E-Commerce-Participation [EB/OL]. (2023-01-20)[2023-06-13]. https://www.wto.org/english/tratop_e/ecom_e/joint_statement_e.htm.

一是数字贸易涉及领域广、内容新、复杂性强,达成共识的难度较大。数字贸易业态发展快、更新迭代迅速,不同市场环境下又存在模式差异,大大提升了监管要求与创新难度,各成员难以就数字贸易、数字产品、数据流动和电子传输等基础概念达成共识,范围界定也因动态发展而难以明确,规则谈判缺乏必要的前提。与此同时,数字贸易对经济社会全面快速渗透,带来隐私泄露、道德伦理和价值取向等一系列新问题,各方理念上的差异和认知上的不同,进一步提高达成共识的难度,使多边谈判进展缓慢。

二是主要经济体核心关注不同,利益分歧难以弥合。发达国家数字经济领先,产业发展起步早,企业国际竞争力较强,更强调扩大市场准入和减少贸易壁垒,已开始向高标准新规则转型,以服务其互联网企业在全球扩张的商业利益需要。绝大多数发展中国家面临"数字鸿沟",总体上处于劣势地位,在监管能力、产业基础、规则话语权等方面存在较大差距,不但面临安全监管问题,还面临贸易权益和发展权保护问题,参与高水平规则谈判的积极性受到较大影响,更为关注贸易便利化层面的开放发展以及中小微企业权益保护等议题。

三是谈判议题相互交织,单点突破的可能性较小。随着贸易数字化转型的深入推进,数字贸易议题日益增多、利益相互交织,谈判错综复杂。例如,跨境数据流动与隐私保护、设施本地化、服务市场准入、数字产品的非歧视待遇、信息技术协定扩围等存在相互关联性,在任何议题上达成全球共识,都需要多个领域的国内配套改革和国际广泛协调,单一谈判取得实质性突破的难度较大。

延伸阅读

《数字经济伙伴关系协定》

《数字经济伙伴关系协定》最早由新西兰、新加坡、智利三国于 2019 年 5 月发起、2020 年 6 月签署、2021 年 11 月生效,是全球首个完全以数字经济为重点、模块化设计的多边经贸协定,也是全球首个通过网络签署、面向所有 WTO 成员开放的重要经贸协定。该协定以 WTO 关于电子商务的谈判以及亚太经济合作组织(APEC)、亚太经济合作组织和其他国际多边组织之前或正在推进的数字经济规则建构工作为基础,深入总结了全球数字经济治理和合作的相关经验,旨在建构一个促进全球数字经济和贸易合作的整体性制度框架与规则体系,从而为推进电子商务和数字贸易便利化,加强跨境数据安全自由流动,增强个人、在线消费者商业信任,以及促进人工智能和金融科技等新兴数字创新发展提供制度保障。

DEPA 主要由 16 个主题模块构成,涵盖了商业和贸易便利化、数字产品及相关问题的处理、透明度和争端解决等数字经济与贸易方方面面的内容。自 DEPA 正式发起以来,全球多个经济体都表态加入。其中,加拿大、韩国和我国都已正式启动加入程序,美国等国家也表示出加入该协定的意愿。该协定之所以受到广泛关注,是源于其自身特有的优势以及广阔的发展前景。

首先,DEPA 条款设计具有非常强的包容性、兼容性和可拓展性,便于各方求得最大公约数。不同于许多封闭排外的约束性国际经贸协定,DEPA 本质上是一种非整体性承诺安排,其采用模块化的结构和执行方式,允许加入协定的经济体根据自身实际情况只加入其中的特定模块并履行该模块要求的义务。

这种开放式模块化设计,不仅可以让更多的经济体以"点菜"的方式灵活地加入协定之中,在特定的领域形成共识并达成合作,还使该协定可以最大限度地适应不断变化的全球数字技术创新、数字经济发展、贸易结构变动等形势和需要,及时更新、修订和完善协定内容,从而充分发挥其在发展数字经济、促进数字创新和可持续发展方面的积极作用,更好地满足各方谋求发展和繁荣的共同诉求。

其次,DEPA 是迄今为止针对全球数字化转型和数字贸易发展最为全面的数字经济规则体系,有望成为数字经济领域的"CPTPP"或"WTO"。鉴于新西兰、新加坡、智利最早发起的《跨太平洋战略经济伙伴关系》后来升级为成员更多、内容更丰富、影响更广泛的《全面与进步跨太平洋伙伴关系协定》的先例,三国基于自身数字经济与贸易发展基础和特点,充分吸纳包括 WTO《关于电子商务的联合声明》《美国—墨西哥—加拿大协定》《美日数字贸易协定》等多双边协定的内容,特别是 CPTPP 的相关条款,满足了反映数字全球化发展新趋势、数字贸易国际规则多元化态势以及全球数字经济治理新需要。内容更全面、规则更开放、机制更灵活的 DEPA,让有关各方看到了其未来深刻影响全球数字经济和贸易发展以及治理规则制定,升级为数字经济领域的"CPTPP"的潜力。

当前,百年变局与世纪疫情叠加共振,全球治理体系和国际秩序变革加速演进,世界经济中不稳定、不确定因素明显增加,全球数字经济合作和治理面临诸多新挑战。在此背景下,作为全球第二大数字经济体的我国积极申请加入 DEPA 和 DEPA 联合委员会正式成立中国加入工作组,是双方相向而行,共同践行人类命运共同体特别是网络空间命运共同体理念、共促全球数字经济发展的多赢之举。这不仅有利于我国推动数字经济对外开放和互利合作,塑造开放、安全的数字经济发展环境,也有利于加快全球数字化发展步伐,让各国共享我国数字经济发展红利,还有利于增强 DEPA 作为更广泛国际数字经济规则的影响力和吸引力,提升其成为全球数字经济"CPTPP"或"WTO"的可能性。

2022 年 8 月 18 日,根据《数字经济伙伴关系协定》联合委员会的决定,中国加入 DEPA 工作组正式成立,全面推进中国加入 DEPA 的谈判。这一决定标志着中国加入 DEPA 步入实质阶段,是中国加快数字化发展、推进数字经济制度型开放、建设更高水平开放型经济新体制的最新成果。

资料来源:王磊. 加入"DEPA"推动数字经济开放发展[EB/OL]. (2022-09-02)[2022-10-08]. http://cacs.mofcom.gov.cn/article/flfwpt/jyjdy/cgal/202209/174278.html. 中华人民共和国商务部. 中国加入《数字经济伙伴关系协定》(DEPA)工作组正式成立[EB/OL]. (2022-08-19)[2022-10-08]. http://www.mofcom.gov.cn/article/xwfb/xwrcxw/202208/20220803342152.shtml.

7.3　中国数字服务贸易发展[①]

随着信息技术的蓬勃发展,数字贸易催生了新业态、新模式,创新了服务提供方式,极大拓展了贸易的广度和深度,已成为经济高质量发展的重要影响因素。

7.3.1　中国数字服务贸易发展政策

中国各级政府高度重视数字服务贸易发展,陆续出台相关规划、法规保障,积极开展

---

① 国务院发展研究中心对外经济研究部. 中国信息通信研究院. 数字贸易发展与合作报告 2021[R]. 北京:中国发展出版社,2022:26-38. 部分内容有删减、修改或添加。

行业监管、改革创新、开放合作、参与全球治理等各方面的不懈探索,持续完善数字服务贸易发展制度环境,进一步优化市场环境,推动数字服务贸易高质量发展。

1. 中国政府高度重视数字服务贸易开放发展

中国政府陆续对外发布相应指导意见或引导性规划。2019 年《中共中央 国务院关于推进贸易高质量发展的指导意见》指出,要"深化服务贸易领域改革和开放""加快数字贸易发展"。2020 年《国务院办公厅关于推进对外贸易创新发展的实施意见》(国办发〔2020〕40 号)提出,要"促进跨境电商等新业态发展""加快发展新兴服务贸易""加快贸易数字化发展""发挥自由贸易试验区、自由贸易港制度创新作用""不断提升贸易便利化水平"。2021 年《中华人民共和国国民经济和社会发展第十四个五年规划和 2035 年远景目标纲要》强调,要"坚持实施更大范围、更宽领域、更深层次对外开放""创新发展服务贸易,推进服务贸易创新发展试点开放平台建设,提升贸易数字化水平"。2022 年 10 月 16 日,习近平总书记在党的二十大报告中明确指出,"发展数字贸易,加快建设贸易强国"(表 7-3)。

表 7-3　中国政府发布的指导性意见/规划

年　份	指导性意见/规划	主　要　内　容
2019	《中共中央 国务院关于推进贸易高质量发展的指导意见》	**(十一) 大力发展服务贸易**。深化服务贸易领域改革和开放,持续推进服务贸易创新发展试点,完善促进服务贸易发展的管理体制和政策体系。加快数字贸易发展。推进文化、数字服务、中医药服务等领域特色服务出口基地建设。完善技术进出口管理制度,建立健全技术贸易促进体系。探索跨境服务贸易负面清单管理制度。加强服务贸易国际合作,打造"中国服务"国家品牌
2020	《国务院办公厅关于推进对外贸易创新发展的实施意见》(国办发〔2020〕40 号)	**促进跨境电商等新业态发展**。积极推进跨境电商综合试验区建设,不断探索好经验好做法,研究建立综合试验区评估考核机制。支持建设一批海外仓。扩大跨境电商零售进口试点。推广跨境电商应用,促进企业对企业(B2B)业务发展。研究筹建跨境电商行业联盟。推进市场采购贸易方式试点建设,总结经验并完善配套服务。促进外贸综合服务企业发展,研究完善配套监管政策。 **加快发展新兴服务贸易**。加快发展对外文化贸易,加大对国家文化出口重点企业和重点项目的支持,加强国家文化出口基地建设。加快服务外包转型升级,开展服务外包示范城市动态调整,大力发展高端生产性服务外包。加强国家中医药服务出口基地建设,扩大中医药服务出口。 **加快贸易数字化发展**。大力发展数字贸易,推进国家数字服务出口基地建设,鼓励企业向数字服务和综合服务提供商转型。支持企业不断提升贸易数字化和智能化管理能力。建设贸易数字化公共服务平台,服务企业数字化转型。 **发挥自由贸易试验区、自由贸易港制度创新作用**。扩大开放领域,推动外向型经济主体及业务在自由贸易试验区汇聚。推动出台海南自由贸易港法。以贸易自由化便利化为重点,突出制度集成创新,研究优化贸易方案,扎实推进海南自由贸易港建设,制定海南自由贸易港禁止、限制进出口的货物、物品清单,清单外货物、物品自由进出;出台海南自由贸易港跨境服务贸易负面清单,进一步规范影响服务贸易自由便利的国内规制,为适时向更大范围推广积累经验

续表

年　　份	指导性意见/规划	主　要　内　容
2021	《中华人民共和国国民经济和社会发展第十四个五年规划和2035年远景目标纲要》	**第十三章　促进国内国际双循环**（节选）。推动加工贸易转型升级，深化外贸转型升级基地、海关特殊监管区域、贸易促进平台、国际营销服务网络建设，加快发展跨境电商、市场采购贸易等新模式，鼓励建设海外仓，保障外贸产业链供应链畅通运转。创新发展服务贸易，推进服务贸易创新发展试点开放平台建设，提升贸易数字化水平
2022	《高举中国特色社会主义伟大旗帜 为全面建设社会主义现代化国家而团结奋斗》——在中国共产党第二十次全国代表大会上的报告	**四、加快构建新发展格局，着力推动高质量发展**（节选）。（五）推进高水平对外开放。依托我国超大规模市场优势，以国内大循环吸引全球资源要素，增强国内国际两个市场两种资源联动效应，提升贸易投资合作质量和水平。稳步扩大规则、规制、管理、标准等制度型开放。推动货物贸易优化升级，创新服务贸易发展机制，发展数字贸易，加快建设贸易强国

资料来源：中华人民共和国中央人民政府.《中共中央 国务院关于推进贸易高质量发展的指导意见》[EB/OL].(2019-11-19)[2022-07-18]. http://www.gov.cn/zhengce/2019/11/28/content_5456796.htm? trs＝1. 中华人民共和国中央人民政府.《国务院办公厅关于推进对外贸易创新发展的实施意见》(国办发[2020]40号)[EB/OL].(2020-10-25)[2022-07-18]. http://www.gov.cn/zhengce/content/2020/11/09/content_5559659.htm. 中华人民共和国商务部.商务部等24部门关于印发《"十四五"服务贸易发展规划》的通知-附件[EB/OL].(2021-10-19)[2022-07-18]. http://images.mofcom.gov.cn/fms/202110/20211019171846831.pdf. 习近平.高举中国特色社会主义伟大旗帜 为全面建设社会主义现代化国家而团结奋斗——在中国共产党第二十次全国代表大会上的报告[M].北京：人民出版社,2022：33.

2. 各部门努力构建良好的数字服务贸易发展政策环境

　　各部门在平台搭建、贸易便利化、数据治理、市场环境、政策配套等方面逐步加大对数字贸易的服务支持和制度建设力度。2020年，商务部开展全面深化服务贸易创新发展试点工作，强调"大力发展数字贸易，完善数字贸易政策，优化数字贸易包容审慎监管，探索数字贸易管理和促进制度。探索构建数字贸易国内国际双循环相互促进的新发展格局"。2020年和2022年先后对外发布全面深化服务贸易创新发展试点第一批和第二批"最佳实践案例"。2021年，商务部等24部门印发《"十四五"服务贸易发展规划》，明确提出"加快服务贸易数字化进程"，包括"大力发展数字贸易""推进服务外包数字化高端化""促进传统服务贸易数字化转型""建立健全数字贸易治理体系"等各项措施。2022年7月18日，商务部等27部门印发《关于推进对外文化贸易高质量发展的意见》，从"大力发展数字文化贸易""提升文化贸易数字化水平""鼓励数字文化平台国际化发展""创新发展数字内容加工等业务"等不同角度推进文化贸易数字化进程，推动文化和科技深度融合，带动传统行业数字化转型，加快新模式新业态发展，激活文化贸易创新发展新动能。工业和信息化部推动有序放开电信领域外资准入的限制，完善电信业务相关管理办法。比如，2015

年,工业和信息化部公布《工业和信息化部关于放开在线数据处理与交易处理业务(经营类电子商务)外资股比限制的通告》,强调"在全国范围内放开在线数据处理与交易处理业务(经营类电子商务)的外资股比限制,外资持股比例可至100%"。2021 年,《中华人民共和国数据安全法》《中华人民共和国个人信息保护法》《关键信息基础设施安全保护条例》对外发布。国家互联网信息办公室于 2022 年对外公布《数据出境安全评估办法》,明确指出,数据处理者需要进行安全评估后,才能向境外提供在中华人民共和国境内运营中收集和产生的重要数据与个人信息(表 7-4)。

表 7-4　各部门发布的部分相关政策

年　份	部门政策	主要内容
2015	《工业和信息化部关于放开在线数据处理与交易处理业务(经营类电子商务)外资股比限制的通告》(工信部通〔2015〕196 号)	支持我国电子商务发展,鼓励和引导外资积极参与,进一步激发市场竞争活力,在全国范围内放开在线数据处理与交易处理业务(经营类电子商务)的外资股比限制,外资持股比例可至100%
2020	商务部《全面深化服务贸易创新发展试点总体方案》(商服贸发〔2020〕165 号)	**推进人员流动便利化**。探索与数字经济和数字贸易发展相适应的灵活就业制度与政策。推进签证便利化。健全境外专业人才流动机制,畅通外籍高层次人才来华创新创业渠道。充分利用数字技术、数字平台和数字贸易,为受新冠肺炎疫情影响的人员交流提供快捷顺畅的技术性替代解决方案。 **拓展新业态新模式**。大力发展数字贸易,完善数字贸易政策,优化数字贸易包容审慎监管,探索数字贸易管理和促进制度。探索构建数字贸易国内国际双循环相互促进的新发展格局,积极组建国家数字贸易专家工作组机制,为试点地区创新发展提供咨询指导。推进数字技术对产业链价值链的协同与整合,推动产业数字化转型,促进制造业服务业深度融合,推动生产性服务业通过服务外包等方式融入全球价值链,大力发展寄递物流、仓储、研发、设计、检验检测测试、维修维护保养、影视制作、国际结算、分销、展览展示、跨境租赁等新兴服务贸易。对"两头在外"服务贸易的中间投入,在政策等方面探索系统化安排与支持。积极促进中外技术研发合作
2020	《商务部、中央网信办、工业和信息化部联合发布公告认定 12 家国家数字服务出口基地》	根据《商务部办公厅 中央网信办秘书局 工业和信息化部办公厅关于组织申报国家数字服务出口基地的通知》(商办服贸函〔2019〕245 号),商务部会同中央网信办、工业和信息化部联合发布公告,认定了中关村软件园等12 个园区为国家数字服务出口基地

年　份	部门政策	主　要　内　容
2021	商务部等 24 部门印发《"十四五"服务贸易发展规划》	**四、加快服务贸易数字化进程** 顺应经济社会数字化发展新趋势,抢抓数字经济和数字贸易发展机遇,发挥新型服务外包创新引领作用,加快推进服务贸易数字化进程。 （一）**大力发展数字贸易**。完善数字贸易促进政策,加强制度供给和法律保障。积极支持数字产品贸易,为数字产品走出去营造良好环境。持续优化数字服务贸易,进一步促进专业服务、社交媒体、搜索引擎等数字服务贸易业态创新发展。稳步推进数字技术贸易,提升云计算服务、通信技术服务等数字技术贸易业态关键核心技术自主权和创新能力。积极探索数据贸易,建立数据资源产权、交易流通等基础制度和标准规范,逐步形成较为成熟的数据贸易模式。提升数字贸易公共服务能力。建立数字贸易统计监测体系。加强国家数字服务出口基地建设。布局数字贸易示范区。加强数字领域多双边合作。 （二）**推进服务外包数字化高端化**。实施服务外包转型升级行动,培育龙头企业,加强对外发包,助力构建稳定的国际产业链供应链。加大技术创新力度,推动云外包企业积极拓展国际市场,提升国际市场份额,为我国走出去企业提供云服务。扶持众包众创、平台分包等服务外包新模式做大做强,推动零工经济发展,扩大就业空间。积极发展研发、设计、检测、维修、租赁等生产性服务外包。大力发展生物医药研发外包。加快服务外包与制造业融合发展,加速制造业服务化进程,推动制造业数字化转型,利用 5G、物联网等新兴技术发展数字制造外包。 （三）**促进传统服务贸易数字化转型**。推动数字技术与服务贸易深度融合,运用数字化手段,创新服务供给方式,打破传统服务贸易限制,降低交易成本,提升交易效率和服务可贸易性。大力发展智慧物流、线上支付、在线教育、线上办展、远程医疗、数字金融与保险、智能体育等领域,积极支持旅游、运输、建筑等行业开展数字化改造,支持签发区块链电子提单。 （四）**建立健全数字贸易治理体系**。加强数字贸易治理,在数字贸易主体监管、个人信息保护、数据跨境流动、重要数据出境、数据产权保护利用等领域,及时出台符合我国数字贸易发展特点的政策法规。加强各部门协调联动,推出系统性综合举措。充分利用区块链、云计算等技术手段,加强风险防范,提升数字贸易治理能力和水平
2021	商务部 中央网信办 工业和信息化部等 10 部门《关于支持国家数字服务出口基地创新发展若干措施的通知》（商服贸函〔2021〕564 号）	**一是推进新型基础设施建设**。支持基地打造信息基础设施一流的智慧园区。**二是培育壮大产业实力**。发挥基地的产业集群效应,支持培育优质企业,以企业发展带动产业提升。**三是推动数据安全有序流动**。在国家数据出境安全管理制度框架下,促进要素集聚和合理有序流动。**四是建设数字贸易公共服务平台**。统筹利用现有资金渠道建设公共服务平台,提供政策研究、产业规划、信息共享、贸易促进等公共服务。**五是积极开展先行先试**。依托基地高标准打造数字贸易示范区,对接国际高水平自由贸易协定数字贸易规则开展先行先试。**六是加强国际交流合作**。支持基地参与国际技术标准制定,与境外科技园区建立合作机制,开展各层次数字领域经贸合作。**七是优化数字营商环境**。研究设计数字服务评价指标体系。推广基地优秀实践案例,打造我国数字经济营商环境标杆。

续表

年　份	部　门　政　策	主　要　内　容
2021	商务部 中央网信办 工业和信息化部等 10 部门《关于支持国家数字服务出口基地创新发展若干措施的通知》(商服贸函〔2021〕564 号)	**八是创新金融服务支持。**引导商业银行、保险公司、服贸基金等金融机构创新金融产品,开展多样化金融支持和服务。**九是加强人才培养引进。**支持基地积极引进数字贸易领军人才,培养专业技术团队,开展数字贸易人才培训。**十是深化区域产业合作。**共建数字服务产业生态系统,打造国内区域数字贸易发展高地。**十一是强化数据安全评估保护。**对基地关键信息基础设施建设时采购使用的云计算服务进行安全评估,提升基地平台和数据的安全性。**十二是建立完善统计体系。**完善数字贸易的内涵和外延,制订数字服务出口统计标准,建立重点数字服务出口企业联系制度
2021	《中华人民共和国数据安全法》(2021 年 9 月 1 日实施)	第十一条　国家积极开展数据安全治理、数据开发利用等领域的国际交流与合作,参与数据安全相关国际规则和标准的制定,促进数据跨境安全、自由流动
2021	《中华人民共和国个人信息保护法》(2021 年 11 月 1 日实施)	第三十八条　个人信息处理者因业务等需要,确需向中华人民共和国境外提供个人信息的,应当具备下列条件之一: (一) 依照本法第四十条的规定通过国家网信部门组织的安全评估; (二) 按照国家网信部门的规定经专业机构进行个人信息保护认证; (三) 按照国家网信部门制定的标准合同与境外接收方订立合同,约定双方的权利和义务; (四) 法律、行政法规或者国家网信部门规定的其他条件。 中华人民共和国缔结或者参加的国际条约、协定对向中华人民共和国境外提供个人信息的条件等有规定的,可以按照其规定执行。 个人信息处理者应当采取必要措施,保障境外接收方处理个人信息的活动达到本法规定的个人信息保护标准
2021	《关键信息基础设施安全保护条例》(2021 年 9 月 1 日起施行)	第二条　本条例所称关键信息基础设施,是指公共通信和信息服务、能源、交通、水利、金融、公共服务、电子政务、国防科技工业等重要行业和领域的,以及其他一旦遭到破坏、丧失功能或者数据泄露,可能严重危害国家安全、国计民生、公共利益的重要网络设施、信息系统等
2022	《关于推进对外文化贸易高质量发展的意见》(商服贸发〔2022〕102 号)	**(七) 大力发展数字文化贸易。**推进实施国家文化数字化战略,建设国家文化大数据体系。发挥国内大市场和丰富文化资源优势,加强数字文化内容建设,促进优秀文化资源、文娱模式数字化开发。支持数字艺术、云展览和沉浸体验等新型业态发展,积极培育网络文学、网络视听、网络音乐、网络表演、网络游戏、数字电影、数字动漫、数字出版、线上演播、电子竞技等领域出口竞争优势,提升文化价值,打造具有国际影响力的中华文化符号。 **(十三) 提升文化贸易数字化水平。**推动文化和科技深度融合,促进大数据、云计算、人工智能、区块链等新技术应用,赋能文化产业和贸易全链条,带动传统行业数字化转型,提升企业数字化运营能力。适应疫情防控常态化形势,鼓励线上线下相融合的新业态新模式发展。鼓励文化企业积极利用全球创新资源,深化国际产业和技术合作。 **(十六) 创新发展数字内容加工等业务。**发挥综合保税区政策功能优势,支持开展"两头在外"的数字内容加工业务,研究完善监管模式,鼓励企业为境外生产的影视、动漫、游戏等提供洗印、译制、配音、编辑、后期制作等服务。支持在具备条件的海关特殊监管区域开展文物、艺术品仓储、展示、交易和文物鉴定等业务。 **(二十) 扩大文化领域对外投资。**鼓励有条件的文化企业创新对外合作方式,优化资源、品牌和营销渠道,面向国际市场开发产品、提供服务,提高境外投资质量效益。鼓励优势企业设立海外文化贸易促进平台。推动深化与共建"一带一路"国家文化领域投资合作

续表

年　份	部　门　政　策	主　要　内　容
2022	《数据出境安全评估办法》（国家互联网信息办公室令第11号）	第二条 数据处理者向境外提供在中华人民共和国境内运营中收集和产生的重要数据和个人信息的安全评估，适用本办法。 第三条 数据出境安全评估坚持事前评估和持续监督相结合、风险自评估与安全评估相结合，防范数据出境安全风险，保障数据依法有序自由流动

资料来源：中华人民共和国商务部服务贸易和商贸服务业司.商务部关于印发全面深化服务贸易创新发展试点总体方案的通知-附件(商服贸发〔2020〕165号)[EB/OL].(2020-08-12)[2022-07-24].http://images. mofcom. gov. cn/fms/202008/20200814092010526. pdf. 中华人民共和国商务部服务贸易和商贸服务业司. 国务院服务贸易发展部际联席会议办公室印发全面深化服务贸易创新发展试点第二批"最佳实践案例"[EB/OL].(2022-02-24)[2022-07-24]. http://images. mofcom. gov. cn/fms/202202/20220228154222996. pdf. 中华人民共和国商务部服务贸易和商贸服务业司. 国务院服务贸易发展部际联席会议办公室关于印送服务贸易创新发展试点"最佳实践案例"的函[EB/OL].(2020-04-14)[2022-07-24]. http://images. mofcom. gov. cn/fms/202004/20200414105611733. pdf. 商务部等24部门关于印发《"十四五"服务贸易发展规划》的通知-附件[EB/OL].(2021-10-19)[2022-07-18]. http://images. mofcom. gov. cn/fms/202110/20211019171846831. pdf. 中华人民共和国商务部服务贸易和商贸服务业司. 服贸司有关负责人解读《商务部 中央网信办 工业和信息化等10部门关于支持国家数字服务出口基地创新发展若干措施的通知》(商服贸函〔2021〕564号)-附件[EB/OL].(2021-11-29)[2022-07-25]. http://images. mofcom. gov. cn/fms/202111/20211129194908837. pdf. 中华人民共和国商务部服务贸易和商贸服务业司. 关于推进对外文化贸易高质量发展的意见(商服贸发〔2022〕102号)[EB/OL].(2022-07-21)[2022-07-25]. http://fms. mofcom. gov. cn/article/jingjidongtai/202207/20220703334843. shtml. 中华人民共和国工业和信息化部. 关于放开在线数据处理与交易处理业务(经营类电子商务)外资股比限制的通告(工信部通〔2015〕196号)[EB/OL].(2015-06-19)[2022-07-24]. https://www. miit. gov. cn/zwgk/zcwj/wjfb/tg/art/2020/art_c1abee8168f44e15a0f6dd5065ccd502. html. 中华人民共和国工业和信息化部. 中华人民共和国数据安全法(2021年9月1日实施)[EB/OL].(2022-01-29)[2022-07-24]. https://www. miit. gov. cn/zwgk/zcwj/flfg/art/2022/art_284b390b84484f10b0e43eeafaad0f6d. html. 中华人民共和国工业和信息化部. 中华人民共和国个人信息保护法[EB/OL].(2022-01-29)[2022-07-24]. https://www. miit. gov. cn/zwgk/zcwj/flfg/art/2022/art_04a0f1fb5df244e39688fd5372623a8d. html. 中华人民共和国工业和信息化部. 关键信息基础设施安全保护条例(2021年9月1日起施行)[EB/OL].(2022-01-29)[2022-07-24]. https://www. miit. gov. cn/jgsj/zfs/xzfg/art/2022/art_f7de23259d384f8eb27b31ce3552d232. html. 中华人民共和国中央人民政府. 数据出境安全评估办法(国家互联网信息办公室令第11号)[EB/OL].(2022-07-07)[2022-07-24]. http://www. gov. cn/zhengce/zhengceku/2022-07/08/content_5699851. htm.

3. 各地积极探索推进数字贸易发展

　　数字贸易正在成为全球区域经济竞争的新焦点，为抢抓经济发展新机遇，各地都在发展规划中明确将加快数字贸易开放试点探索、建设数字贸易先行区或示范区作为重点任务，而且已经在推进数字化转型和跨境电商创新发展、建设高能级数字贸易、优化数字贸易发展生态等方面取得积极成效。比如，北京市 2020 年发布《北京市关于打造数字贸易试验区实施方案》，2021 年颁布《北京市关于促进数字贸易高质量发展的若干措施》，并积极打造"贸易数字化示范区"。上海市 2019 年发布《上海市数字贸易发展行动方案（2019—2021 年）》，提出打造"数字贸易国际枢纽港"，2021 年不仅发布《全面推进上海数字商务高质量发展实施意见》《上海市促进城市数字化转型的若干政策措施》，而且为打造"国际数字之都"，还成立了上海数据交易所。浙江省 2020 年印发《浙江省数字贸易先行示范区建设方案》，提出"围绕新模式、新业态打造云服务、数字内容、数字服务、跨境电商等优势领域，充分释放数字经济新动能，推动数字贸易国际化发展"；2021 年 6 月发布《浙江省数字经济发展"十四五"规划》，全面启动数字化改革，加快打造全球数字贸易中心。北京、天津、辽宁、上海、江苏、浙江、安徽、福建、山东、广东、海南、四川共计 12 个省市于 2020 年被商务部等部门联合认定为国家数字服务出口基地,各地利用此机遇大力发展数字服务贸易(表 7-5)。

表 7-5　各地区发布的部分相关政策

地区	年份	政　　策	主　要　内　容
北京	2020	《北京市关于打造数字贸易试验区实施方案》(京商服贸字〔2020〕33 号)	**4. 在实验区内探索开展跨境数据流动试点**。立足中关村软件园、金盏国际合作服务区和自贸区大兴机场片区,因地制宜地制定跨境数据流动发展规划,实现在不同领域、各有侧重的跨境数据流动试点试行。 **5. 分阶段推动跨境数据流动的有序开放**。积极推动试验区内少量试点企业与国外特定范围内实现数据流动合规,帮助国内企业开拓国外市场,并允许少量国外重点企业在中国进一步拓展数字业务
	2021	《北京市关于促进数字贸易高质量发展的若干措施》(京商服贸字〔2021〕36 号)	(一)搭建数字贸易服务平台;(二)探索推动跨境数据流动;(三)夯实数字贸易产业基础;(四)提升数字贸易便利度;(五)加大数字贸易企业支持力度;(六)完善数字贸易保障体系
上海	2019	《上海市数字贸易发展行动方案(2019—2021 年)》(沪商服贸〔2019〕201 号)	打造"数字贸易国际枢纽港"作为国际贸易中心建设的核心功能;依托技术创新和流程创新,发展新型数字贸易,围绕新模式、新业态打造云服务、数字内容、数字服务、跨境电商等基础好、潜力大、附加值高的特色领域;将城市数字化转型与贸易数字化发展相结合,建设数字贸易创新创业、交易促进和合作共享中心,汇聚中外跨境电商平台
		《上海市促进城市数字化转型的若干政策措施》	到 2025 年,推动上海数字经济核心产业增加值进一步提高,着力形成上海城市数字化转型的制度框架体系
		《全面推进上海数字商务高质量发展实施意见》(沪商电商〔2021〕121 号)	(一)**发展数字贸易新模式新业态**。支持企业在全球主要城市建设云数据中心节点,扩大云服务覆盖范围。集聚打造一批有影响力的数字内容互联网平台和应用商店,拓展优质内容发行推广渠道,打造具有全球影响力的原创 IP,推动网络视听、数字阅读、动漫游戏等原创内容出海。引进高水平数字服务,培育与金融、运输、旅游、制造等垂直行业深度融合的数字服务创新平台,探索建立具有国际影响力的数字服务标准。 (二)**培育数字贸易主体**。加快集聚一批具有行业影响力的跨国公司地区总部、高能级国际贸易主体、独角兽企业、专业化服务机构等,发布数字贸易创新引领案例。强化国家数字服务出口基地功能,建设一批数字贸易企业孵化器。完善数字贸易交易促进平台功能,支持拥有核心技术的数字贸易企业在科创板上市。构建国际合作交流平台,支持人工智能、金融科技、文化创意、生命科学、智慧城市等领域先进技术、创新产品和应用场景的国际合作。 (三)**打造数字贸易发展示范区**。以虹桥商务区全球数字贸易港、临港新片区"信息飞鱼"全球数字经济创新岛为两翼,积极承担国家试点任务。提升浦东数字内容示范引领区、静安数字应用和技术示范区、长宁数字服务发展示范区等数字贸易承载区能级,加快推进徐汇、闵行和杨浦等新兴区域发展,扩大数字贸易规模。 (四)**加快数字贸易国际规则对标**。试点实施 RCEP 关于促进无纸化贸易、推广电子认证和电子签名、保护电子商务用户个人信息、保护在线消费者权益等规则,探索跨境信息传输制度。在临港新片区探索跨境数据流动分类监管模式,开展数据跨境流动安全评估试点

地区	年份	政策	主要内容
浙江	2020	《浙江省数字贸易先行示范区建设方案》（浙商务联发〔2020〕136号）	**发展目标**。到2025年,全面形成数字贸易新发展格局,打造与国际接轨、具有浙江特色的数字贸易发展机制、监管模式和营商环境,实现更高水平的数字贸易自由化便利化,初步建成全球数字贸易中心
	2021	《浙江省人民政府办公厅关于印发浙江省数字经济发展"十四五"规划的通知》（浙政办发〔2021〕35号）	**定位与目标**。到2025年,数字经济发展水平稳居全国前列、达到世界先进水平,数字经济增加值占GDP比重达到60％左右,高水平建设国家数字经济创新发展试验区,加快建成"三区三中心",成为展示"重要窗口"的重大标志性成果。到2035年,全面进入繁荣成熟的数字经济时代,综合发展水平稳居世界前列。数字产业竞争力全球领先,数字赋能产业发展全面变革,数据要素价值充分释放,全面形成以数字经济为核心的现代化经济体系,高水平建成网络强省和数字浙江,成为全球数字技术创新、产业创新、制度创新、理念创新重要策源地,为基本实现共同富裕和高水平现代化提供强大支撑
北京天津辽宁上海江苏浙江安徽福建山东广东海南四川	2020	《商务部、中央网信办、工业和信息化部联合发布公告认定12家国家数字服务出口基地》	商务部会同中央网信办、工业和信息化部联合发布公告,认定了中关村软件园等12个园区为国家数字服务出口基地。建设国家数字服务出口基地,有利于加快数字贸易发展和数字技术应用,培育贸易新业态新模式,实现服务贸易高质量发展

资料来源：北京市人民政府.北京市商务局关于印发《北京市关于打造数字贸易试验区实施方案》的通知(京商服贸字〔2020〕33号)[EB/OL].(2021-09-21)[2022-07-25].http://www.beijing.gov.cn/zhengce/zhengcefagui/202009/t20200923_2088196.html.北京市人民政府.北京市商务局等关于印发《北京市关于促进数字贸易高质量发展的若干措施》的通知(京商服贸字〔2021〕36号)[EB/OL].(2021-10-14)[2022-07-25].http://www.beijing.gov.cn/zhengce/zhengcefagui/202110/t20211014_2512595.html.上海市商务委等九部门.上海市数字贸易发展行动方案(2019—2021年)(沪商服贸〔2019〕201号)[EB/OL].(2019-07-25)[2022-07-25].https://sww.sh.gov.cn/ghjh/20191217/0023-246957.html.上海市人民政府.上海市促进城市数字化转型的若干政策措施[EB/OL].(2021-09-02)[2022-07-25].https://www.shanghai.gov.cn/nw4411/20210902/8237f13078194c2aa9b860fa096fa436.html.上海市大数据中心.市商务委关于印发《全面推进上海数字商务高质量发展实施意见》的通知(沪商电商〔2021〕121号)[EB/OL].(2021-05-06)[2022-07-25].https://zwdt.sh.gov.cn/smzy/shell_pc/tourist/guide/qapolicydetail?policyId=60b637f7c0cf5a704db57e3b.浙江省商务厅.浙江省商务厅 中共浙江省委网络安全和信息化委员会办公室关于印发《浙江省数字贸易先行示范区建设方案》的通知(浙商务联发〔2020〕136号)[EB/OL].(2020-10-23)[2022-07-26].http://zcom.zj.gov.cn/art/2020/11/2/art_1229268089_1875027.html.浙江省人民政府.浙江省人民政府办公厅关于印发浙江省数字经济发展"十四五"规划的通知(浙政办发〔2021〕35号)[EB/OL].(2021-06-16)[2022-07-26].https://www.zj.gov.cn/art/2021/6/29/art_1229019365_2306544.html.中华人民共和国商务部.商务部、中央网信办、工业和信息化部联合发布公告认定12家国家数字服务出口基地-附件[EB/OL].(2020-04-16)[2022-07-26].http://images.mofcom.gov.cn/www/202004/20200416171002648.pdf.

7.3.2 中国数字服务贸易发展特点

在中国各级政府的大力支持下,中国数字服务贸易整体得到快速发展,呈现出以下方面的主要特点。

1. 中国数字服务贸易发展位居世界前列

数字服务贸易规模持续扩大。在国家政策的积极引导下,数字经济新模式、新业态不断涌现,持续推动数字贸易高速增长,规模逐渐扩大。2011—2020 年,中国数字服务贸易规模基本实现翻番,从 2011 年的 1 648.4 亿美元增加到 2020 年的 2 939.9 亿美元,年复合增长率达 6.6%,增速在主要国家中位居前列,数字服务贸易占服务贸易的比重从 36.7% 提升至 44.4%。

国际竞争力持续增强。从国际收支来看,经过 10 年国际化创新发展,中国数字服务海外市场取得巨大突破,数字服务贸易净出口值从 2011 年的逆差 148.2 亿美元逐渐扭转为顺差,2018—2020 年已连续 3 年实现顺差,国际竞争力持续增强。2020 年,中国数字服务贸易顺差 147.7 亿美元,贸易竞争力指数(净出口值与进出口总值之比)为 5%,与 2019 年基本持平。

全球排名持续提升。2020 年,中国数字服务贸易规模在 105 个国家中的排名从 2019 年的第 7 名上升至第 5 名,10 年来首次跻身全球前 5 强,也是前 5 强中唯一的发展中国家(图 7-6)。但与欧美发达国家相比,中国数字服务贸易规模仍存在较大差距,2020 年规模约为美国的 1/3,也远低于同期的爱尔兰、英国和德国,未来还有巨大的发展空间。

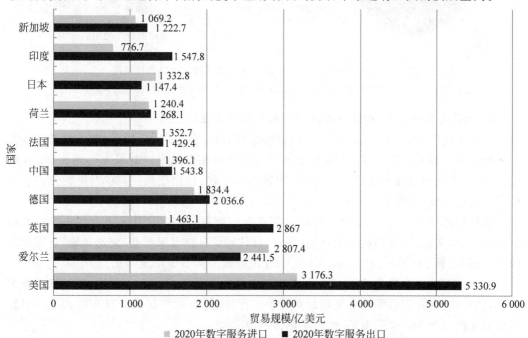

图 7-6 2020 年全球主要国家数字服务贸易规模排名情况

资料来源:同图 7-4 第 30 页图 1-20。本书重新绘制。

2. 部分细分领域的数字服务贸易增速超过全球平均水平

知识产权、金融服务、信息通信服务等多项细分数字服务出口保持高速增长。2011—2020 年,中国知识产权、金融服务、信息通信服务等细分数字服务发展平均增速分别为 31.7%、19.6% 和 17.4%,均高于世界平均水平。究其原因,主要在于中国超大规模信息基础设施网络建设,加快打造市场化、法治化、国际化营商环境,持续扩大金融、电信等领域对外开放,不断释放数字服务领域的发展活力。

信息通信服务是 2011—2020 年中国数字服务出口占比提升最快、增长贡献最大的领域。信息通信服务、知识产权服务是知识密集型行业,是国家支持发展的优先领域。2011—2020 年,中国信息通信服务在数字服务出口中占比提升了 19.7 个百分点(图 7-7)。目前,中国已成为全球最大《专利合作条约》(PCT)国际专利申请来源国,5G、区块链、人工智能等领域专利申请量全球第一,涌现出一大批具有国际竞争力的信息通信服务企业。

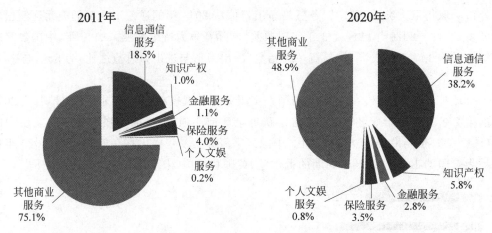

图 7-7　2011 年和 2020 年中国各细分数字服务出口占比情况

资料来源:同图 7-4。第 31 页,图 1-22。本书重新绘制。

3. 商业存在模式下,中国数字服务贸易具有较大发展空间

出口规模大、占比高。近年来,中国对外投资合作持续增加。根据 2021 年 WTO 发布的商业存在服务贸易数据,2018 年中国通过商业存在模式出口的服务达到 9 483.3 亿美元,在提供商业存在数据的 30 个国家中排名第 2 位,仅次于美国;在当年服务出口中的占比超过七成,同样居于前列。

出口增速增快。据 2020 年 5 月商务部发布的数据,2018 年中国商业存在模式下的服务出口中,文化、体育和娱乐业,信息传输、软件和信息技术服务业,交通运输、仓储和邮政业,分别增长 241.6%、212.3%、54.4%,在所有服务类型中增速领先。

与发达国家还有较大差距。中国商业存在模式下的服务出口以租赁和商务服务为主,信息通信、文化等数字服务规模相对较小。比如,2018 年中国商业存在模式下的信息通信服务出口为 545.6 亿美元,约为美国的 10%。

4. 跨境电商快速发展,为中国外贸发展注入新动能

作为数字贸易的主要组成部分,跨境电商在拉动消费提升、畅通外贸产业链及供应链等方面发挥重要作用。近年来,中国已经逐步形成跨境电商产业全链条服务体系,跨境电商交易规模持续攀升,新增初创企业数量、融资金额创新高。

规模上,目前中国是全球最大的跨境电商零售出口经济体,也是全球电子商务零售额〔B2C(指电子商务中企业对消费者的交易方式)〕最大的经济体。中国海关发布的数据显示,2020 年,中国跨境电商进出口总额为 1.69 万亿元,同比增长 31.1%,增速显著高于货物进出口增速(图 7-8)。

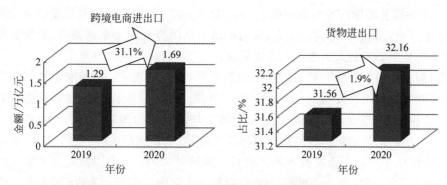

图 7-8　2019—2020 年中国跨境电商和货物贸易发展比较
资料来源:同图 7-4 第 33 页图 1-25。本书重新绘制。

趋势上,跨境电商综合试验区持续扩围,贸易伙伴不断增加。自 2015 年到 2022 年11 月,中国先后分 7 批,设立了 165 个跨境电商综合试验区。[①] 市场层面,欧美仍是中国跨境电商最主要的市场,东盟市场增长潜力巨大,与 22 个国家的"丝路电商"合作不断加深;渠道层面,独立性和供应链稳定性不断提升,独立站成为打破业务天花板、拓展新市场的重要渠道,超过 50%的跨境电商企业已经或筹划开设独立站;服务层面,个性化定制模式逐步兴起,26.9%的跨境电商企业探索向中小型企业提供选品、轻定制等供应链服务。

7.3.3　中国数字服务贸易发展基石

数字贸易是国际贸易发展的新前沿,日益成为全球贸易增长的新动力,受到各国高度重视,中国也不例外。总体来看,中国具有发展数字贸易的三大优势、拥有异军突起的相关支撑性产业以及推进开放合作的积极态度。

1. 发展数字贸易的三大优势[②]

中国拥有发展数字服务贸易的超大规模市场,主要体现于:①拥有全球最大规模的网民数量。数据显示,截至 2021 年 12 月,中国网民规模达 10.32 亿。②能够形成全球最大的数据资源。据国际数据公司的测算,预计到 2025 年,中国产生的数据总量将达 48.6 泽字节(ZB),居全球第 1 位。③中国是全球最大贸易国。2021 年,中国货物和服务贸易

---

① 中华人民共和国商务部. 商务部外贸司负责人就《关于同意在鄂尔多斯等 27 个城市和地区设立跨境电子商务综合试验区的批复》进行解读[EB/OL].(2022-07-18)[2023-06-13]. http://kmtb. mofcom. gov. cn/article/zhengcfg/j/202207/20220703334088. shtml. 中华人民共和国商务部. 国务院关于同意在廊坊等 33 个城市和地区设立跨境电子商务综合试验区的批复(国函〔2022〕126 号)[EB/OL].(2022-11-30)[2023-06-13]. http://www. mofcom. gov. cn/article/zcfb/zcwg/202303/20230303394644. shtml.

② 中华人民共和国商务部公共商务信息服务. 展现数字贸易活力与韧性——我国数字服务贸易居全球前列[EB/OL].(2022-06-02)[2022-07-20]. http://chinawto. mofcom. gov. cn/article/br/bs/202206/20220603316030. shtml.

进出口总额为 44.4 万亿元,贸易数字化趋势稳定,成为驱动数字贸易发展的重要力量。④中国成为全球主要数字经济体之一。中国数字经济总体规模连续多年位居世界第 2,对经济社会发展的引领支撑作用日益凸显。2021 年,中国跨境电商进出口规模近 2 万亿元。①

中国拥有世界上相对规模最大的优质劳动力资源,人力资本持续积累。据教育部统计,2020 年各级各类学历教育在校生达 2.89 亿人,全国新增劳动力平均受教育年限增加到 13.8 年。受教育人员规模的扩大,有力推动了全国劳动力水平的提高,也为数字服务贸易发展提供了坚实的人力资本和人才资源。

中国拥有发展数字服务贸易的研发创新优势,主要表现于:①国家创新实力大幅提高。世界知识产权组织发布的《2021 年全球创新指数报告》显示,中国创新指数排名已提升至第 12 位,居中等收入经济体之首,是世界上进步最快的国家之一。②数字技术创新实力突出。根据世界知识产权组织数据测算,中国数字领域相关专利已快速增加到 51.1 万件,居全球第 4 位。③研发投入持续增长。据统计,2021 年中国研究与试验发展经费支出 27 864 亿元,研发投入强度提高到 2.44%。④党中央对于创新的高度重视。党的二十大报告提出,"完善科技创新体系""加快实施创新驱动发展战略"。②

2. 异军突起的相关支撑性产业

中国各级政府大力发展新兴产业,激发新动能,创新新技术,促进了推动中国数字贸易持续性向好发展的相关支撑性产业异军突起。需要特别提到的是,随着党的二十大报告明确提出"加快发展数字经济,促进数字经济和实体经济深度融合,打造具有国际竞争力的数字产业集群"③,将助推中国数字贸易相关支撑性产业的进一步发展。

云计算协同融合发展,助力构筑数字化底座。云计算有助于加速数据流通、汇集、处理、价值挖掘,在推动服务贸易数字化转型方面发挥重要作用。中国云计算生态链日益完善,云网边端协同融合进程不断加快,泛在灵活的算力服务模式逐步成熟,主要表现为:①算力成为发展最快的技术领域之一。2020 年,中国云计算整体市场规模达 2 091 亿元,增速 56.6%,其中,公有云市场规模达 1 277 亿元,相比 2019 年增长 85.2%;私有云市场规模达 814 亿元,较 2019 年增长 26.1%(图 7-9)。②中国云服务商不断加快全球布局。2020 年,阿里云在全球公有云(IaaS)市场份额中排名第 3,占 7.6%,数据中心在全球 23 个地理区域覆盖 69 个可用区;腾讯云数据中心在全球 27 个地理区域覆盖 58 个可用区。③云计算服务正从电商、政务、金融,向制造、医疗、农业等各个领域延伸拓展,应用程度不断深化。以云计算承载,融人工智能、区块链、数字孪生等新一代数字技术于一体的平台底座,将极大地推动国际贸易数字化转型。

数字平台发展势头强劲,引领产业升级。作为数字贸易的有力支撑,数字平台在推动

---

① 中华人民共和国商务部.我国数字经济竞争力和影响力稳步提升[EB/OL].(2022-11-08)[2023-06-13].http://www.mofcom.gov.cn/article/tj/tjsj/202211/20221103365772.shtml.

② 习近平.高举中国特色社会主义伟大旗帜 为全面建设社会主义现代化国家而团结奋斗——在中国共产党第二十次全国代表大会上的报告[M].北京:人民出版社,2022:35.

③ 习近平.高举中国特色社会主义伟大旗帜 为全面建设社会主义现代化国家而团结奋斗——在中国共产党第二十次全国代表大会上的报告[M].北京:人民出版社,2022:30.

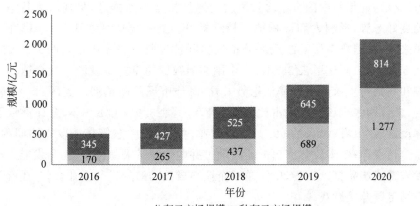

图 7-9　2016—2020 年中国云计算市场规模
资料来源：同图 7-4 第 34 页图 1-26.本书重新绘制。

产业升级、优化资源配置、贯通经济循环等方面发挥重要作用。近年来,中国平台经济保持快速发展态势,头部平台发展势头强劲。其主要表现于：①平台经济快速发展。截至 2020 年年底,中国市值超过 10 亿美元的数字平台企业达 197 家,比 2015 年新增 133 家,以年均新增超 26 家的速度快速扩张。2015—2020 年,中国超 10 亿美元数字平台总市值由 7 702 亿美元增长到 35 043 亿美元,年复合增长率达 35.4％(图 7-10)。②中型平台不断涌现并加速成长。2020 年,市值在 10 亿～100 亿美元的平台数量从 2015 年的 53 家增加到 161 家;各领域平台经济展现出巨大活力,电子商务和社交网络处在第一梯队,在线教育、金融科技、数字媒体、本地生活、物流等领域发展也较为活跃。

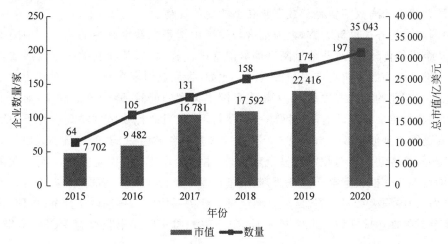

图 7-10　2015—2020 年中国市值超 10 亿美元数字平台企业数量和总市值
资料来源：同图 7-4 第 35 页图 1-27.本书重新绘制。

自研游戏加速海外发展,拓展业态创新。作为数字贸易的新兴业态,游戏软件在推动国内外文化交流、提升中国国际影响力等方面发挥重要作用。中国音像与数字出版协会(以下简称“中国音数协”)游戏工委与中国游戏产业研究院联合发布的《2020 年中国游戏产业报告》显示,近年来中国自主研发游戏的海外拓展不断推进,呈现出多品类、多区域、广覆盖的良好态势,影响力和影响地位持续提升。其主要体现在规模和趋势两个方面:①从规模来看,中国自主研发游戏海外市场实际销售收入稳步上涨,2020年实际销售收入达154.5亿美元,同比增长33.3%。中国相当数量的自主研发游戏在全球上百个地区的下载榜和畅销榜步入前列。②从趋势来看,海外市场不断拓展。美国、日本、韩国仍为核心市场,来自这些市场的收入占比分别为27.6%、23.9%和8.8%,合计贡献了中国自主研发移动游戏"出海"收入的60.3%,东南亚、俄罗斯、中东等市场取得不同程度突破。拓展渠道多种多样,资本优势突出的企业通过并购快速拓展海外市场,研发能力突出的企业通过优秀游戏产品打入市场,中小游戏企业与成熟的海外发行企业合作,还有部分企业为海外市场定制开发游戏。

3. 推进开放合作的积极态度

中国积极推动"数字丝绸之路"建设。2017年5月14日,国家主席习近平在"一带一路"国际合作高峰论坛开幕式上发表题为《携手推进"一带一路"建设》的演讲,明确提出了"数字丝绸之路",指出我们"要坚持创新驱动发展,加强在数字经济、人工智能、纳米技术、量子计算机等前沿领域合作,推动大数据、云计算、智慧城市建设,连接成21世纪的数字丝绸之路"。[①] 作为两届"一带一路"国际合作高峰论坛成果,中国海关总署、国家标准化管理委员会与多个国家共同发起设立海关和标准化领域的信息交换和共享平台,开展数字化公共服务合作,共享信息数据;截至2022年底,中国已与共建"一带一路"沿线国家签署80多个政府间科技合作协定,与17个国家签署"数字丝绸之路"合作谅解备忘录,与23个国家建立"丝路电商"双边合作机制[②],与阿联酋等7个国家发起"一带一路"数字经济国际合作倡议,与沿线国家共建国际陆缆、跨境电商平台等数字基础设施,利用互通互利、共商共建来分离数字贸易和数字化转型的变革红利。

中国通过对外援助等方式,大力推进与发展中国家在数字领域的合作。中国支持建设了37个电信传输网、政务信息网络等电信基础设施项目,帮助有关国家发展信息通信产业,为推动缩小数字鸿沟作出积极贡献。比如,肯尼亚国家光纤骨干网项目推动了肯尼亚信息通信产业的跨越式发展,在大幅提高网络速度的同时,降低通信成本,促成了电子商务的兴起。孟加拉国政府基础网络三期项目,打通当地行政区域的政府骨干网络的回路,将高速网络延伸至64个市、488个县、2 600多个乡,覆盖62%的地域和人口。[③]

中国积极推动和参与数字贸易全球治理,主要表现于:①协定安排方面。在多边层面,中国是WTO框架下电子商务谈判、信息技术产品协定等磋商的重要参与方。在区域安排方面,中国积极参与签署《区域全面经济伙伴关系协定》,推动电子商务、电信、知识产权等章节或附件达成共识;2021年4月,中国率先向东盟秘书长交存RCEP核准书,推

① 习近平. 携手推进"一带一路"建设[EB/OL]. (2017-05-14)[2022-07-28]. http://cpc.people.com.cn/n1/2017/0515/c64094-29274601.html.

② 智库圆桌(第34期·总153期)."一带一路"产能合作持续深化-李锋:共享数字时代红利[EB/OL]. (2023-04-30)[2023-06-18]. http://paper.ce.cn/pc/content/202304/30/content_273372.html.

③ 中华人民共和国国务院新闻办公室. 新时代的中国国际发展合作白皮书(全文)[EB/OL]. (2021-01-10)[2022-07-28]. http://www.gov.cn/zhengce/2021/01/10/content_5578617.htm.

动其尽早生效实施,同年 9 月,正式申请加入《全面与进步跨太平洋伙伴关系协定》。在双边协定方面,中国与韩国、澳大利亚、智利、毛里求斯等国签订的自由贸易协定中已纳入单独的电子商务或电信章节及附件。②机制方面。从对话机制来看,中国是 G20、亚太经济合作组织等多边机制中数字贸易议题的主要推动者。从合作机制来看,自 2016 年以来,中国已与多个国家签署电子商务合作备忘录并建立双边电子商务合作机制,合作伙伴遍及五大洲,"丝路电商"成为经贸合作新渠道和新亮点。截至 2022 年 7 月,与中国建立电子商务合作的国家包括塞内加尔、乌兹别克斯坦、瓦努阿图、萨摩亚、哥伦比亚、意大利、巴拿马、阿根廷、冰岛、卢旺达、阿联酋、科威特、俄罗斯、哈萨克斯坦、奥地利、匈牙利、爱沙尼亚、柬埔寨、澳大利亚、巴西、越南、新西兰和智利。[①]　③其他。在标准合作方面,中国积极参与国际标准化组织(ISO)、国际电工委员会(IEC)和国际电信联盟(ITU)等联合国标准化组织的工作,与各国共同促进信息通信技术标准的演进升级。在网络空间全球治理、数字技术合作等领域,中国与各方一道积极贡献合作倡议和发展促进方案。

7.4　案例分析：新加坡扩大数字经济"朋友圈"

7.4.1　基本案例

2022 年 6 月 14 日,《英国—新加坡数字经济协定》(UKSDEA,以下简称《协定》)正式生效,标志着新加坡在积极推进数字经济,加强与合作伙伴的互联互通方面又取得新进展。

据新加坡贸易与工业部发布的文告,《协定》将为高标准的数字贸易规则设定一个全球基准,并惠及两国企业和民众,尤其有助于中小企业更好把握两国数字市场的机会。

根据《协定》,新加坡与英国为支持安全可靠的跨境电子支付发展,将促进制定透明和便利的规则,如鼓励开放的应用程序编程接口(API)、采用国际公认的标准以及促进电子支付系统之间的互通性等。《协定》将寻求促进双边供应链的跨境数字化,重点是促进提单和发票等电子文件的互操作性,实现更快、更便捷的交易,并降低企业成本。《协定》内容还包括发展海底电缆、开放政府信息、启用无缝隙和可信赖的数字流通系统、增强数字系统的可信任度和数字经济发展的参与度等。

近年来,新加坡十分重视推进数字经济协定的签署工作,充分抓住数字革命和数字技术发展带来的新机遇。2020 年 6 月,新加坡与新西兰和智利签署第一份《数字经济伙伴关系协定》,并分别于 2021 年 1 月和 11 月生效;2020 年 12 月,新加坡与澳大利亚数字经济协定生效;中国 2021 年 11 月申请加入 DEPA;2021 年 12 月,新加坡与韩国完成数字关系协定谈判。另外,新加坡与欧盟、印度和加拿大等也在商讨加强数字经济合作事宜。

7.4.2　案例分析

新加坡强化数字经济地位,积极与他国构建双边或多边数字经济框架,签订数字经济

---

① 中华人民共和国商务部全国电子商务公共服务网. "丝路电商"——电子商务国际合作[EB/OL]. [2022-07-29]. https://dzswgf. mofcom. gov. cn/slds. html.

协定,主要源于以下原因。

1. 利于打造数字经济强国

政府制定了打造"数字中心"的中长期发展战略,欲成为数字经济强国。对内,致力于促进数字技术在各领域的普及和应用,加快企业的数字化转型升级,增强企业和社会利用数字技术的创新能力;对外,重视加强数字产品和服务在全球流动中的互联互通,为企业"走出去"搭建平台和打造合作新规则。

2. 利于刺激各国及世界经济复苏

政府认识到数字经济已经成为全球经济发展的主要新动力,是促进各国和世界经济复苏的新引擎。疫情使数字经济的韧性和重要性凸显。随着数字经济的重要性与日俱增,数字领域规则和合作框架的制定也成为诸多双边或多边经贸谈判的重要内容,必须抓住规则制定新机遇和拥有贸易合作话语权。

3. 利于维护经济全球化和贸易自由化

加强数字经济领域的双边或多边合作,有利于维护经济全球化和贸易自由化。长期以来,新加坡是经济全球化和贸易自由化的参与者、推动者和主要受益者,在当前逆全球化趋势抬头和贸易保护主义加重的背景下,必须建立广泛的自由贸易并加强互联互通,在数字经济中创造更多发展机会。

4. 利于提高对 GDP 的贡献

随着数字经济的快速发展,其对年度国内生产总值的贡献越来越大。微软 2020 年委托国际数据公司进行的调查结果显示,2021 年,新加坡约 60% 的 GDP 来自数字产品或服务。2017 年,这项占比仅为 10%。谷歌、淡马锡和贝恩联合发布的《2021 年东南亚数字经济报告》预计,东南亚数字经济规模由 2021 年的 1 490 亿美元增长至 2025 年的 2 940 亿美元,复合年均增长率为 31%。

5. 利于实现各国互利共赢

数字经济的竞争日趋激烈,积极建立数字经济双边或多边协定,有利于推动数字贸易规则协调,消除贸易障碍和壁垒,释放数字贸易在经济增长中的潜能,降低贸易成本,建立争端裁决机制,实现互利共赢。

6. 利于促进各伙伴国开展合作

数字经济协定有助于鼓励伙伴国在数字身份、人工智能和数据创新等新兴领域开展合作,共同推动世界范围内的数字经济发展。

资料来源:中华人民共和国商务部全国电子商务公共服务网.新加坡扩大数字经济"朋友圈"[EB/OL].(2022-06-20)[2022-07-26].https://dzswgf.mofcom.gov.cn/news/184/2022/6/1655691107463.html.

7.4.3 思考

思考 1:新加坡扩大数字经济"朋友圈"对于"一带一路"倡议的意义是什么?

思考 2:新加坡数字经济发展对于中国有何借鉴意义?

本 章 小 结

有关数字服务贸易的定义涵盖于数字贸易的界定之中。国际社会存在宽、窄两种口径的数字贸易界定。中国强调的是全口径界定,在把握市场环境、制度环境、人文环境三个大方向的前提下,数字贸易发展框架内容可以概括为"四个一"。数字贸易与传统贸易存在异同之处,且数字贸易有其独特的产业链。

数字服务贸易包括信息技术服务、数字内容服务以及其他通过互联网交付的离岸服务外包。数字服务贸易得以实现,需要满足四个条件。数字服务贸易主要特征表现为虚拟化、平台化、网络化、便利化、个性化、全球化和可复制化。

全球数字服务贸易不仅在跨境服务贸易、跨境电商和商业存在模式下的数字服务贸易三个方面具有明显特征,而且国际规则的制定也在助力全球数字服务贸易发展。

中国各级政府高度重视数字服务贸易发展,陆续出台相关规划、法规保障,持续完善数字服务贸易发展制度环境;在各级政府大力支持下,中国数字服务贸易在各个方面发展迅速,取得非常惊人的成效。中国数字服务贸易之所以迅速发展,是因为中国数字服务贸易拥有强有力的发展基石。

新加坡通过与世界其他国家签署数字贸易协定,不断扩大数字经济"朋友圈",值得研究与借鉴。

思考题

1. 何谓数字贸易?何谓数字服务贸易?简述数字贸易与数字服务贸易之间的关系。
2. 从全球范围来看,数字服务贸易在数字贸易中的地位是怎样的?简述之。
3. 中国数字服务贸易迅速发展的原因是什么?

即测即练

学习园地

第 8 章

国际服务贸易的国别发展

【学习要点】

1. 世界范围内的不同国家/地区,国际服务贸易国际地位、竞争优势、进出口差额均不相同。

2. 世界各国基本上都存在服务贸易行业集中的情况,但存在明显差异。

3. 少数国家已经开展 FATS 统计,多数国家则没有;各国 FATS 特点差异显著。

【学习目标】

1. 掌握北美洲主要国家、欧盟、RCEP 成员、金砖国家的国际服务贸易发展总体特点。

2. 熟悉北美洲主要国家、欧盟、RCEP 成员、金砖国家的国际服务贸易竞争优势特点。

3. 了解北美洲主要国家、欧盟、RCEP 成员、金砖国家的 FATS 特点。

 引导案例

《全球服务贸易发展指数报告2022》发布

《全球服务贸易发展指数报告》(以下简称《报告》)由商务部国际贸易经济合作研究院负责,国际服务贸易研究所团队执笔,自 2018 年开始,连续 5 年对外发布。2022 年 9 月 9 日,"2022 全球服务贸易大会暨首届国际数字贸易峰会"在南京开幕,会上,《全球服务贸易发展指数报告 2022》对外发布。《全球服务贸易发展指数报告 2022》通过构建服务贸易发展指标体系,对全球 80 个经济体的服务贸易指数测算,以期能够综合反映各经济体服务贸易发展情况。通过测算,全球服务贸易发展呈现以下特征。

从综合指数看,2022 年中国排名第 9 位,首次进入前 10 名。过去 5 年,中国服务贸易综合发展水平在全球的排名持续提升。2021 年中国排名第 14 位,首次发布报告时,中国排名第 20 位。在总体排名方面,发达经济体稳居前列。排名前 10 的经济体中,除中国首次进入之外,卢森堡、爱尔兰、英国、新加坡、德国、法国及荷兰等国家均较为稳定。

从细分指数来看,规模指数方面,通过服务贸易总额和人均服务贸易额来综合反映一个经济体的服务贸易的相对规模。卢森堡、美国、爱尔兰位居前 3。结构指数主要反映一个经济体服务贸易在外贸中的重要程度,以及服务贸易中知识密集型服务贸易与传统服务贸易的占比情况。在结构指数方面,卢森堡排名第 1,爱尔兰和英国分别位列第 2 位和

第 3 位。地位指数从进出口世界比重、贸易竞争力和服务产业国际化等维度描述一个经济体的服务贸易在世界和自身经济发展中的地位。美国、爱尔兰、卢森堡和中国位居前 4 位。产业基础指数以四个具体指标来刻画一个经济体服务产业对贸易的支撑作用。美国、卢森堡、中国香港、中国澳门分别位居前 4 位。

资料来源：商务部国际贸易经济合作研究院(国际服务贸易研究所团队执笔).全球服务贸易发展指数报告 2022-数字贸易标准化的初衷与探索[R](未出版之简版，经同意后使用；内容有所删减).中华人民共和国商务部公共商务信息服务 WTO/FTA 咨询网.中国服务贸易综合指数排名首次进入前 10 名[EB/OL].(2022-09-09)[2022-10-08].http://chinawto. mofcom. gov. cn/article/ap/p/202209/20220903347199. shtml.李俊. 全球服务贸易变局下的中国——《全球服务贸易发展报数报告》解读[J].对外经贸实务,2021(2)：8-12.

8.1　北美洲主要国家的国际服务贸易发展

北美洲位于西半球北部,是世界上第二发达的大洲,包括美国、加拿大、墨西哥、古巴等共计 23 个国家或地区。[①] 除美国、加拿大为发达经济体之外,其他均为发展中经济体,也就意味着北美洲经济以及服务贸易发展极度不平衡。

8.1.1　美国的国际服务贸易发展

美国位于北美洲中部,领土还包括北美洲西北部的阿拉斯加和太平洋中部的夏威夷群岛,北与加拿大接壤,南靠墨西哥湾,西临太平洋,东濒大西洋。国土面积 937 万平方千米。本土东西长 4 500 千米,南北宽 2 700 千米,海岸线长 2.27 万千米。美国国内生产总值居世界首位,服务业高度发达,产业门类齐全,国际竞争力强[②],为其国际服务贸易奠定了坚实基础。

1. 国际地位在波动中下滑

美国国际服务贸易十分发达。观察期内,2012—2019 年美国对外服务贸易值一路上扬至 14 382.36 亿美元,2020 年受疫情影响回落 2 918.22 亿美元至 11 464.14 亿美元,2021 年回升至 12 967.57 亿美元。但是美国国际服务贸易的国际地位正处于下降通道之中,美国对外服务贸易值占世界服务贸易额的比重由 2012 年的 24.40% 下降至 2021 年的 21.63%。其间的两次低点分别出现在 2014 年和 2018 年,比重分别为 23.28% 和 22.99%；最高占比出现在 2016 年,为 25.02%(图 8-1)。

2. 进出口顺差先增后减

美国服务贸易进出口一直都处于顺差状态,弥补了其货物贸易逆差。但是观察期内出现两个截然不同的阶段,2012—2018 年除个别年份外(2016 年微幅回落),一直处于增

---

① 中华人民共和国外交部.国家和组织-国家(地区)-北美洲[EB/OL].(2022-11-11).https://www.mfa.gov.cn/web/gjhdq_676201/gj_676203/bmz_679954/.

② 中华人民共和国商务部国际贸易经济合作研究院,中国驻美国大使馆经济商务处,中华人民共和国商务部对外投资和经济合作.对外投资合作国别(地区)指南-美国(2021 年版)[EB/OL].(2022-10-27).http://www.mofcom. gov. cn/dl/gbdqzn/upload/meiguo.pdf.第 2,9,12 页。

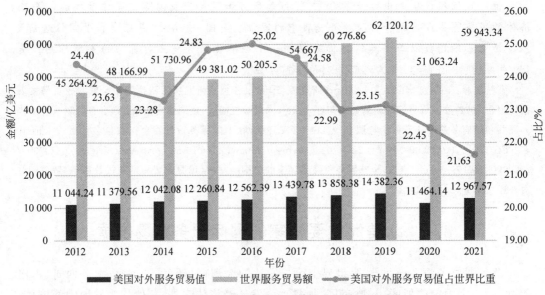

图 8-1　2012—2021 年美国对外服务贸易国际地位

资料来源：WTO STATS. https://stats.wto.org/.

长状态，由 2 152.13 亿美元增长至 3 001.54 亿美元；2019 年出现微幅回落，2020—2021
年持续出现两年较大幅度的回落，至 2 452.48 亿美元（图 8-2）。这种情况说明美国服务
贸易出口态势趋弱。

图 8-2　2012—2021 年美国服务贸易进出口情况

资料来源：WTO STATS. https://stats.wto.org/.

3. 部门间分化较严重

美国各部门服务贸易分化较严重。其中，知识型服务贸易部门相对稳定，占比呈现上
升趋势，传统服务贸易部门则出现不同程度的相对波动。从服务贸易进口结构来看，即部
门服务贸易进口额占美国服务贸易进口总额的比重，2021 年居前 3 位的是其他商业服

务、运输、保险和养老金服务,分别占 24.69%、20.05%、11.31%,其中保险和养老金服务是新晋前三甲的部门,且以微弱优势超过旅游(跌至第 4 位,占 10.83%),但在 2012—2018 年一直处于缓慢下滑过程,2019—2020 年回升,2021 年出现回落;个人/文化和娱乐服务、金融服务在 2012—2019 年平缓上升,2020 年较快上升,分别升至 5.39%、10.25%,2021 年微幅回落,分别回落至 5.39%、9.44%;知识产权使用费围绕 8.00% 较窄区间波动,2020 年升至最高点 10.79%,2021 年回落至 8.26%;电信/计算机/信息服务处于不平稳变动中,2020 年达到最高点 8.99%,密集区集中在 8.08%~8.22%,2012 年、2020—2021 年低于 8.00%,分别为 7.53%、7.69%、7.51%(图 8-3)。

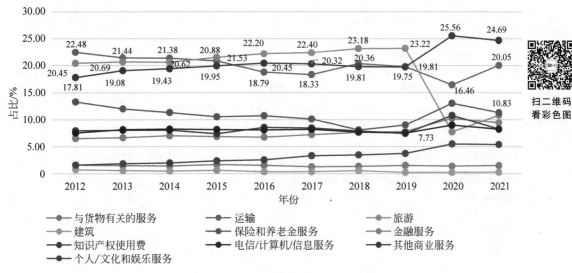

扫二维码
看彩色图

图 8-3　2012—2021 年美国服务贸易进口结构
资料来源:WTO STATS. https://stats.wto.org/.

从服务贸易出口结构来看,即部门服务贸易出口额占美国服务贸易出口总额的比重,2021 年居于前 3 位的是其他商业服务、金融服务、知识产权使用费。其中,其他商业服务、金融服务基本步调一致,在 2012—2019 年缓慢上升,2020—2021 年快速上升,2021 年分别占比 28.17%、22.25%;知识产权使用费在 2012—2018 年一路小幅下滑,2019—2020 年连续两年回升,2021 年回调至 16.14%,但仅比 2020 年低 0.26 个百分点。旅游波动最大,2012—2019 年一直是美国第一大服务出口部门,占比高达 22% 以上,但是 2020—2021 年连续剧烈下跌,2021 年仅占 9.1%,居第 4 位,仅比第 5 位的运输高 0.6 个百分点。电信/计算机/信息服务则在 2012—2019 年缓慢上升,2020 年快速上升至 8.01%,但 2021 年微幅回调至 7.75%;与货物有关的服务则是在 2012—2019 年缓慢上升,2020—2021 年出现回落,且速度快于上升期;其他行业基本平稳(图 8-4)。

4. 以金融服务等为主的 FATS 总体规模相对平稳上升

美国作为全球对外投资和吸引外资的大国,FATS 总体规模处于相对平稳上升状态。观察期内,FATS 总额由 2012 年的 19 793.07 亿美元,经过 2015 年的小幅回调之后,持续上涨,2019 年达到 29 832.17 亿美元。另外,外向 FATS 和内向 FATS 的规模都在扩大,

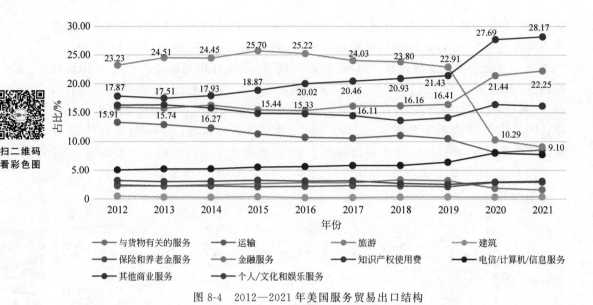

图 8-4　2012—2021 年美国服务贸易出口结构

资料来源：WTO STATS. https://stats.wto.org.

但外向 FATS 规模一直大于内向 FATS 规模，2019 年外向 FATS 和内向 FATS 分别为 17 966.16 亿美元和 11 866.01 亿美元(图 8-5)。

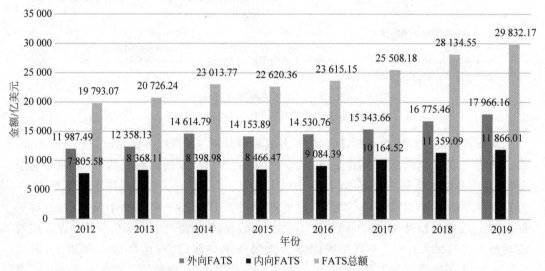

图 8-5　2012-2019 年美国 FATS 总体情况

资料来源：WTO STATS. https://stats.wto.org.

外向 FATS 中，前 3 位的是金融与保险，信息与通信，专业、科学与技术活动，分别占美国 FATS 总额的 33.13%、31.01%、10.4%。其中，金融与保险总体规模扩大，但是相对规模正在缓慢缩小；信息与通信则是总体规模和相对规模都在较快扩大；专业、科学与技术活动是总体规模扩大，相对规模基本平稳(图 8-6)。

2019 年占比居于内向 FATS 前 3 位的部门是金融与保险，信息与通信，专业、科学与技术活动，分别是 43.74%、21.06%、9.89%。其中，金融与保险绝对规模在 2012—2015

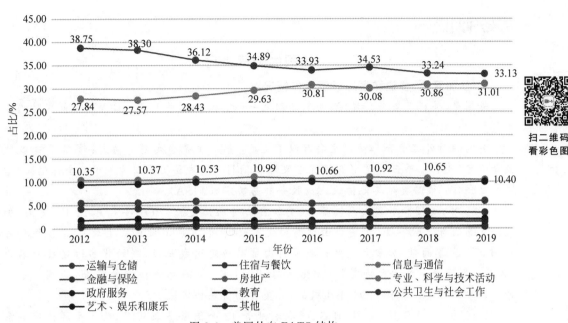

图 8-6　美国外向 FATS 结构

资料来源：WTO STATS. https://stats.wto.org/.

年处于下滑期，由 46.67％下滑至 41.02％，2016 年回升，2017 年再次回落，2018—2019
年连续两年回升；信息与通信绝对规模呈现较平缓扩大，但是相对规模在 2014—2017 年
缓慢扩大，2018—2019 年再缓慢回落；专业、科学与技术活动绝对规模扩大，但是相对规
模基本平稳（图 8-7）。

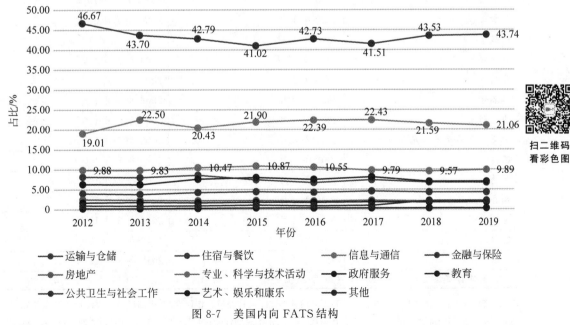

图 8-7　美国内向 FATS 结构

资料来源：WTO STATS. https://stats.wto.org/.

延伸阅读

美国的经贸协定

1. 参加双边、多边和区域经济合作情况

美国是《关税及贸易总协定》的创始国之一,也是 1995 年 1 月 1 日 WTO 创建时的正式成员。

美国的对外经贸合作协议主要有以下几类:第一类是自由贸易协定;第二类是双边投资协定(BIT);第三类是贸易投资框架协议(TIFA),主要用于双方基于此合作框架,增进经贸合作;第四类是其他协议,如《服务贸易协定》(TISA)。

1989 年,美国和加拿大两国签署《美加自由贸易协定》。1992 年 8 月 12 日,美国、加拿大及墨西哥三国签署《北美自由贸易协定》,1994 年 1 月 1 日正式生效。2018 年 9 月 30 日,美国、墨西哥、加拿大就更新北美自由贸易协定达成一致,新的贸易协定被命名为"美国—墨西哥—加拿大协定"。2020 年 1 月 29 日,美国总统特朗普签署《美国—墨西哥—加拿大协定》,取代 1994 年生效的《北美自由贸易协定》。

2015 年 10 月 5 日,美国、日本、澳大利亚等 12 个国家结束 TPP(跨太平洋伙伴关系协定)谈判,达成 TPP。2017 年 1 月,美国退出 TPP。

2. 与其他国家签署自由贸易协定的情况

截至 2021 年,美国共与 20 个国家签署了自由贸易协定(表 8-1)。

表 8-1 美国对外生效的自贸协定

国 家 名 称	签 署 时 间	生 效 时 间
以色列	1985 年	1985 年 8 月 19 日
加拿大、墨西哥	2020 年 1 月	2020 年 1 月 29 日
约旦	2000 年 10 月	2001 年 12 月 17 日
新加坡	2003 年 12 月	2004 年 1 月 1 日
智利	2003 年 6 月	2004 年 1 月 1 日
摩洛哥	2004 年 3 月	2006 年 1 月 1 日
澳大利亚	2004 年 5 月	2005 年 1 月 1 日
中美洲五国及多米尼加	2004 年 8 月	2006 年 3 月
巴林	2006 年 1 月	2006 年 8 月 1 日
阿曼	2006 年 1 月	2009 年 1 月 1 日
秘鲁	2006 年 4 月	2009 年 2 月 1 日
哥伦比亚	2006 年 2 月	2012 年 5 月 15 日
巴拿马	2007 年 6 月	2012 年 10 月 31 日
韩国	2007 年 6 月	2012 年 3 月 15 日
美韩自贸协定修订版于 2018 年 9 月 24 日签署		2019 年 1 月 1 日

资料来源:美国贸易代表办公室。转引自商务部国际贸易经济合作研究院,中国驻美国大使馆经济商务处,商务部对外投资和经济合作司. 对外投资合作国别(地区)指南-美国(2021 年版)[EB/OL]. (2022-10-27). http://www. mofcom. gov. cn/dl/gbdqzn/upload/meiguo. pdf. 第 17-18 页。

8.1.2　加拿大的国际服务贸易发展

加拿大位于北美洲北半部,约在北纬 41°～83°、西经 52°～141°。东临大西洋,西濒太平洋,西北部邻美国阿拉斯加州,南接美国本土,北靠北冰洋达北极圈。海岸线超过 24 万千米。加拿大以贸易立国,支持多边贸易体制和经济全球化。加拿大通过外交贸易政策体现加拿大价值观和国家利益,注重以规则为基础的贸易安排,拓展双边、区域和全球市场准入。美国是加拿大最大的服务贸易伙伴。[①]

1. 国际地位长期缓降

作为北美洲仅有的两个发达国家之一,受地理和历史传统等因素影响,美国一直是加拿大最大的贸易伙伴和出口市场。1994 年 1 月,北美自由贸易区生效后,加美贸易关系更趋紧密。近年来,加拿大对中国等亚太国家/地区贸易也保持快速发展。[②] 从加拿大国际服务贸易总体规模来看,观察期内,加拿大对外服务贸易值总体处于平稳状态,在 2015 年和 2020 年出现两个低点,分别为 1 874.92 亿美元和 1 896.56 亿美元;在 2013 年和 2019 年出现两次高点,其中 2019 年为历史峰值,达到 2 365.94 亿美元,经 2020 年回落之后,2021 年回升至 2 063.47 亿美元,低于 2019 年的峰值。但是加拿大对外服务贸易国际地位长期处于缓缓下降之中,属于"慢熊"态势,除 2019 年较上一年回升 0.08 个百分点之外,其他年份均在下降,从 2012 年的 4.49%一路慢慢下降到 2021 年的 3.44%(图 8-8)。

图 8-8　加拿大对外服务贸易国际地位

资料来源:WTO STATS. https://stats.wto.org/.

---

① 商务部国际贸易经济合作研究院,中国驻加拿大大使馆经济商务处,商务部对外投资和经济合作司.对外投资合作国别(地区)指南-加拿大(2021 年版)[EB/OL].(2022-10-27).http://www.mofcom.gov.cn/dl/gbdqzn/upload/jianada.pdf.第 2,34,35 页.

② 商务部国际贸易经济合作研究院,中国驻加拿大大使馆经济商务处,商务部对外投资和经济合作司.对外投资合作国别(地区)指南-加拿大(2021 年版)[EB/OL].(2022-10-27).http://www.mofcom.gov.cn/dl/gbdqzn/upload/jianada.pdf.第 34 页.

2. 进出口逆差持续收窄

观察期内,加拿大服务贸易进出口长期处于逆差之中,但是逆差值持续收窄。2012年逆差值为222.23亿美元,经过2013年扩大0.11亿美元之后,从2014年开始一路收窄,到2021年时收窄到10.51亿美元(图8-9)。但是能否由逆差转为顺差,还要后续观察。上述情形有可能与加拿大贸易伙伴趋于多元化有关,也有可能与加拿大调整其服务贸易结构有关。

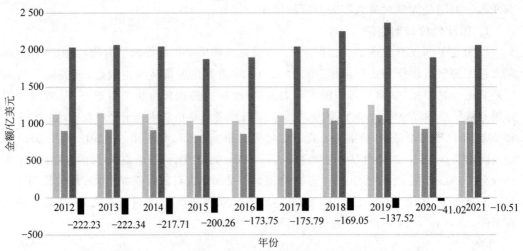

图 8-9 加拿大服务贸易进出口情况

资料来源:WTO STATS. https://stats.wto.org/.

3. 其他商业服务呈现一枝独秀趋势

从服务贸易出口结构来看,加拿大部门服务贸易呈现出以其他商业服务一枝独秀的态势。观察期内,其他商业服务部门在出口中一直居于首位,2021年更是增到35.21%,占据加拿大服务贸易出口额的三成以上,比居第2位的旅游部门高出22.48个百分点。基本处于持续上升状态的是金融服务,知识产权使用费,个人/文化和娱乐服务三个部门。先降后升的部门是电信/计算机/信息服务,该部门于2021年发展为加拿大的第3大出口部门,占比12.71%,仅比第2位低0.02个百分点。先升后降的是旅游和运输,其中,旅游还是受疫情影响最大的部门,自2020年开始大跌;运输由2012年的15.51%缓缓下滑至2020年的11.00%,跌出前3位,2021年回升至11.53%。其他部门相对较平稳(图8-10)。

从服务贸易进口结构来看,其他商业服务呈现一枝独秀的态势,2012—2018年其他商业服务居第3位,但紧逼居第2位的运输,2019年增长且超越第2位,2020—2021年继续增长,占比达到29.78%,同时也成功跃升为新的首位。原居首位的旅游2012—2014年微幅上扬,2015—2019年降幅加大,2020年暴跌,2021年继续跌势,最后至7.39%,也因此退居第6位,同时旅游也是波动最大的部门。由相对平稳到相对明显上升的部门是知识产权使用费;先降后升的是运输,个人/文化和娱乐服务,保险和养老金服务;在一定区间内波动且有上升苗头的是金融服务、电信/计算机/信息服务,不过这两个部门2021年的占比相较2020年出现微幅下滑;其他部门占比非常小(图8-11)。

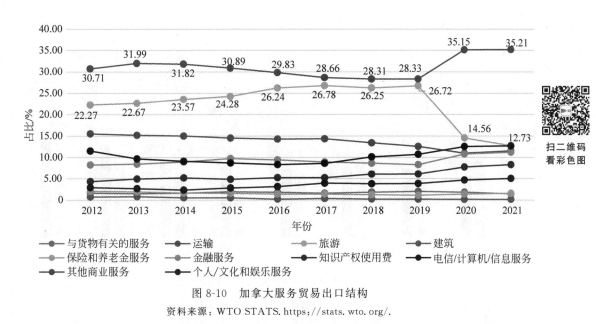

图 8-10　加拿大服务贸易出口结构

资料来源：WTO STATS. https://stats.wto.org/.

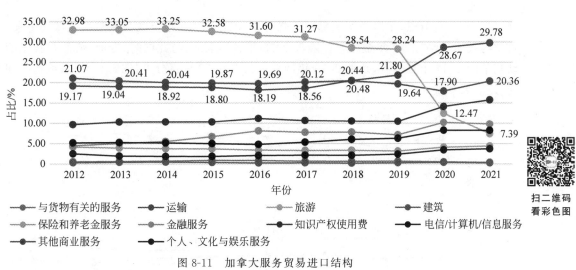

图 8-11　加拿大服务贸易进口结构

资料来源：WTO STATS. https://stats.wto.org/.

4. 金融与保险是 FATS 的强势存在

作为北美洲第二大发达国家，加拿大 FATS 总体情况可以说是在波动中上涨。观察期内，波谷出现在 2016 年，FATS 总额为 3 608.97 亿美元，其中，内向 FATS 和外向 FATS 分别是 1 681.85 亿美元和 1 927.12 亿美元；波峰分别出现在 2013 年和 2019 年，分别为 4 070.08 亿美元和 4 862.02 亿美元。另外，外向 FATS 与内向 FATS 经历了此消彼长的过程，2012—2014 年内向 FATS 高于外向 FATS，2015—2019 年内向 FATS 逐渐低于外向 FATS，差异还在不断扩大，2019 年扩大到 762.16 亿美元(图 8-12)。

从内向 FATS 结构来看，观察期内，金融与保险，专业、科学与技术活动一直在第 1 和第 2 位之间交替前行，占比则处于 28.61%～32.45% 之间，比居第 3 位的运输与仓储

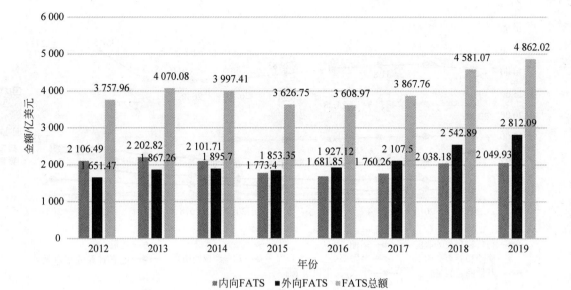

图 8-12　加拿大 FATS 总体情况

资料来源：WTO STATS. https://stats.wto.org/.

高出近 20 个百分点，足以说明两部门的强势。2017—2019 年金融与保险占比低于专业、科学与技术活动，2019 年金融与保险较 2018 年微幅上涨，与此同时，专业、科学与技术活动则下滑 2.44 个百分点，致使 2019 年两部门仅差 0.58 个百分点(图 8-13)。后续情况如何，还需要观察。

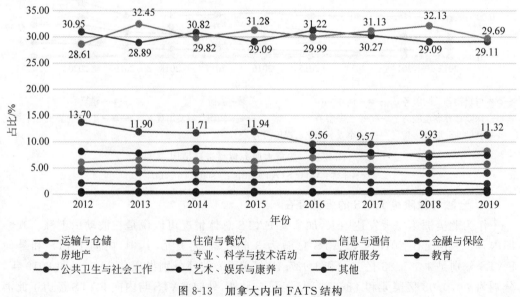

图 8-13　加拿大内向 FATS 结构

资料来源：WTO STATS. https://stats.wto.org/.

从外向 FATS 结构来看，金融与保险占据绝对强势，占比一直在 50.00% 上下波动，比第 2 位的运输与仓储高出差不多 40 个百分点。2012—2014 年，金融与保险下滑，

2015—2017 年回升,2018 年再次回落,但依然高于 50.00％,2019 年重新回升,到达历史峰值 56.19％(图 8-14)。

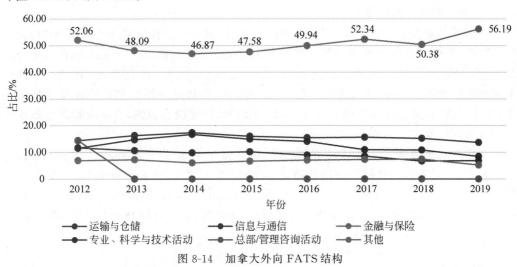

图 8-14　加拿大外向 FATS 结构

资料来源：WTO STATS. https://stats.wto.org/.

加拿大区域贸易安排

1994 年 1 月,加拿大、美国和墨西哥共同签署的《北美自由贸易协定》生效。2018 年 11 月底,美、加、墨三国领导人共同签署《美国—墨西哥—加拿大协定》,于 2020 年 7 月 1 日生效。

2009 年 7 月,加拿大与欧洲自由贸易联盟(EFTA)签署的自由贸易协定生效；2017 年 9 月,与欧盟签署的《全面经济贸易协定》(CETA)生效。

2018 年 12 月底,加拿大与日本、墨西哥等 11 国联合签署的《全面与进步跨太平洋伙伴关系协定》生效。

此外,加拿大与加勒比共同体(CARICOM)、南美三国(萨尔多瓦、危地马拉、尼加拉瓜)、南方共同市场(MERCOSUR)、太平洋联盟(智利、哥伦比亚、墨西哥、秘鲁)等正在开展自贸协定谈判。加拿大与东盟(ASEAN)的自贸协定处于探索性研究阶段。

在双边领域,加拿大已与美国、以色列、智利、哥斯达黎加、秘鲁、哥伦比亚、约旦、巴拿马、洪都拉斯、韩国、乌克兰 11 个国家先后签署自贸协定。2021 年英国脱欧后,加拿大与英国达成过渡性贸易安排,正在推进商谈新的双边自贸协定。

加拿大与多米尼加、印度、日本、摩洛哥、新加坡的自贸协定正在谈判过程中；与中国、土耳其、菲律宾、泰国则开展了自贸协定探索性研究。

资料来源：商务部国际贸易经济合作研究院,中国驻加拿大大使馆经济商务处,商务部对外投资和经济合作司. 对外投资合作国别(地区)指南-加拿大(2021 年版)[EB/OL]. (2022-10-27). http://www.mofcom.gov.cn/dl/gbdqzn/upload/jianada.pdf. 第 34 页.

8.1.3　墨西哥的国际服务贸易发展

墨西哥位于北美洲,北部同美国接壤,南侧和西侧濒临太平洋,东南接伯利兹、危地马拉和加勒比海,东接墨西哥湾,拥有 300 万平方千米专属经济区和 35.8 万平方千米大陆架,海岸线总长 1.11 万千米。目前,南美电商市场规模排名中,墨西哥位列第 1。[①]

1. 国际竞争力相对薄弱

墨西哥是新兴工业化国家,但是发展相对落后,服务贸易国际竞争力更是相对薄弱。观察期内,墨西哥对外服务贸易值总体规模较小,最高点和最低点分别出现在 2019 年、2020 年,分别为 712.36 亿美元、446.94 亿美元,二者相差 265.42 亿美元;墨西哥对外服务贸易值在 2012—2019 年除个别年份(2015 年)外,整体处于增长期;2020 年受疫情冲击,迅速回跌,并跌至观察期内最低点,2021 年回升,后续能否稳定,在一定程度上取决于墨西哥国际服务贸易竞争力。

从相对规模来看,墨西哥对外服务贸易值占世界服务贸易额的比重过小,仅占 1.00% 左右,最大占比和最小占比分别是 1.18% 和 0.88%,分别出现于 2017 年和 2020 年。2013 年较 2012 年回落 0.01 个百分点之后,2014—2017 年持续上升,2018 年回落 0.03 个百分点,2019 年与 2018 年持平,2020 年较大回落,2021 年回升至 1.09%(图 8-15)。

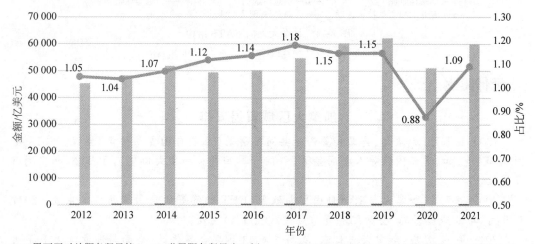

图 8-15 墨西哥对外服务贸易国际地位

资料来源:WTO STATS. https://stats.wto.org/.

2. 服务贸易进口的不稳定性大于出口

墨西哥作为拉美经济大国,农业、工业和服务业三部门占 GDP 的比例分别是 3%、31% 和 60%。[②] 1986 年,墨西哥开始了新自由主义经济体制改革,逐步实行贸易自由化和金融自由化,而服务业作为墨西哥 GDP 占比最高的部门,为国际服务贸易发展奠定了较好基础。2012—2019 年,墨西哥服务贸易出口额由 162.64 亿美元逐年增加至 315.25

---

① 商务部国际贸易经济合作研究院,中国驻墨西哥大使馆经济商务处,商务部对外投资和经济合作司. 对外投资合作国别(地区)指南-墨西哥(2021 年版)[EB/OL]. (2022-10-27). http://www.mofcom.gov.cn/dl/gbdqzn/upload/moxige.pdf. 第 2,17 页.

② 商务部国际贸易经济合作研究院,中国驻墨西哥大使馆经济商务处,商务部对外投资和经济合作司. 对外投资合作国别(地区)指南-墨西哥(2021 年版)[EB/OL]. (2022-10-27). http://www.mofcom.gov.cn/dl/gbdqzn/upload/moxige.pdf. 第 13 页.

亿美元,2020 年受疫情影响回落之后,2021 年重新上升,基本上升到 2017 年的水平。与此相较,墨西哥服务贸易进口存在更多不稳定性,观察期出现更多波动,三次上升,两次下降。其中,2015 年、2019—2020 年出现下降;2012—2014 年、2016—2018 年、2021 年出现上升,但是 2021 年的上升能否延续,还需后观。正是由于服务贸易进口的波动,墨西哥服务贸易进出口差额也呈现波动,2012—2016 年逐渐收窄,2017—2018 年扩大,2019 年收窄,2020—2021 年再次扩大(图 8-16)。这种波动并不利于墨西哥国际收支的改善,也在一定程度上显示了墨西哥服务贸易的不稳定性甚至脆弱性。

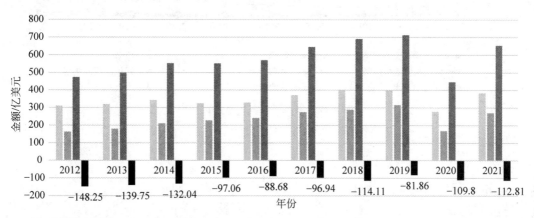

图 8-16　墨西哥服务贸易进出口情况

资料来源:WTO STATS. https://stats.wto.org/.

3. 部门服务贸易高度集中

从服务贸易进口结构来看,墨西哥主要集中于运输、保险和养老金服务、旅游三个部门,分别占墨西哥服务贸易进口总额的 48.09%、17.39%、13.52%,合计 78.98%。其中,2012—2020 年运输部门总体相对稳定,2021 年的上升速度超过观察期内任何一个年份;旅游受疫情影响最大,2020 年出现更大回落,2021 年也只是微弱回升(图 8-17)。

墨西哥服务贸易出口则集中于旅游,2012—2021 年,除 2020 年之外,均在 73% 以上,其中 2016 年出现最高占比 81.63%,一句话,旅游是墨西哥服务贸易出口的"绝对霸主"(图 8-18)。据墨西哥旅游部介绍,墨西哥已跃升为全球第 6 大旅游目的地,2019 年,旅游外汇收入 248 亿美元,增长 10.2%,GDP 贡献率 8.7%。[①]

4. 旅游是唯一具有持续竞争优势部门

一个国家/地区服务贸易竞争优势可以用贸易竞争力指数(trade special coefficient,TC)、RCA 指数和 MSI 等衡量。其中,贸易竞争力指数指的是一个国家/地区某一个服务行业/部门出口与进口差额与该行业/部门进出口总额的比率。该指数反映的是该国(地区)某个行业(部门)对外贸易的比较优势状况,是衡量一国(地区)某个行业(部门)国际竞争力的重要指标。RCA 指数,即显性比较优势指数(revealed comparative

---

① 商务部国际贸易经济合作研究院,中国驻墨西哥大使馆经济商务处,商务部对外投资和经济合作司. 对外投资合作国别(地区)指南-墨西哥(2021 年版)[EB/OL]. (2022-10-27). http://www.mofcom.gov.cn/dl/gbdqzn/upload/moxige.pdf. 第 18 页.

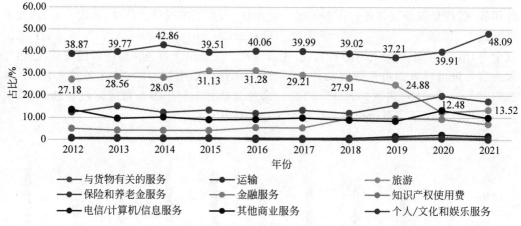

图 8-17　墨西哥服务贸易进口结构

资料来源：WTO STATS. https://stats.wto.org/.

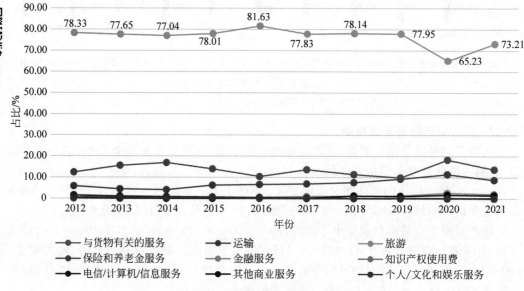

图 8-18　墨西哥服务贸易出口结构

资料来源：WTO STATS. https://stats.wto.org/.

advantage)；MSI，即国际市场占有率指数(market share index)。

　　从部门服务贸易竞争力来看，旅游是墨西哥唯一一个具有持续竞争优势的部门。
2012—2021 年，旅游部门 TC 指数由 0.202 一路增长到 0.585，表明旅游部门竞争力不仅
持续，而且在持续增长；电信/计算机/信息服务由较小竞争优势退回到较大劣势，TC 指
数由 0.159 演变为 −0.795，尽管墨西哥大力发展电子商务，但却存在电信/计算机/信息
服务竞争力减弱的事实；金融服务、其他商业服务具有持续性较大劣势，但是表现出劣势
缩小的趋势，TC 指数分别由 −0.841 和 −0.965 发展为 −0.653 和 −0.804；运输一直处

于较大劣势,但是经过连续 3 年劣势小幅扩大—连续 5 年缩减—连续两年扩大的过程;个人/文化和娱乐服务同样一直处于劣势,但其表现非常不稳定,跳跃较大(表 8-2)。

表 8-2　墨西哥服务贸易 TC 指数

部　门	2012 年	2013 年	2014 年	2015 年	2016 年	2017 年	2018 年	2019 年	2020 年	2021 年
与货物有关的服务	−1.000	−1.000	−1.000	−1.000	−0.903	−0.927	−0.906	−0.942	−0.910	0.000
运输	−0.853	−0.881	−0.888	−0.800	−0.784	−0.773	−0.755	−0.668	−0.703	−0.771
旅游	0.202	0.209	0.256	0.274	0.312	0.326	0.335	0.426	0.520	0.585
保险和养老金服务	−0.313	−0.268	−0.086	−0.156	−0.221	−0.139	−0.192	−0.334	−0.284	−0.283
金融服务	−0.841	−0.831	−0.837	−0.814	−0.843	−0.759	−0.839	−0.799	−0.705	−0.653
知识产权使用费	−0.961	−0.934	−0.935	−0.948	−0.951	−0.953	−0.955	−0.956	−0.953	−0.937
电信/计算机/信息服务	0.159	0.104	0.112	0.009	−0.246	−0.375	−0.589	−0.802	−0.842	−0.795
其他商业服务	−0.965	−0.993	−0.994	−0.993	−0.980	−0.972	−0.810	−0.815	−0.851	−0.804
个人/文化和娱乐服务	−0.545	−0.545	−0.545	−0.545	−0.350	−0.882	−0.429	−0.685	−0.850	−0.798
服务贸易总况	−0.313	−0.280	−0.239	−0.176	−0.156	−0.150	−0.165	−0.115	−0.246	−0.173

资料来源:WTO STATS. https://stats. wto. org/.

延伸阅读

墨西哥签署的自由贸易协定

截至 2021 年,墨西哥签署的自由贸易协定共计 15 个,具体如表 8-3 所示。

表 8-3　墨西哥签署的自由贸易协定

序号	自由贸易协定	签订的对象/组织	实施时间
1	北美自由贸易协定	美国、加拿大	1994 年 1 月 1 日
2	墨西哥—哥伦比亚自由贸易协定	哥伦比亚	2011 年 8 月 2 日
3	墨西哥—哥斯达黎加自由贸易协定	哥斯达黎加	1995 年 1 月 1 日
4	墨西哥—尼加拉瓜自由贸易协定	尼加拉瓜	1998 年 7 月 1 日
5	墨西哥—智利自由贸易协定	智利	1999 年 8 月 1 日
6	墨西哥—欧盟自由贸易协定	欧盟	2000 年 7 月 1 日
7	墨西哥—以色列自由贸易协定	以色列	2000 年 7 月 1 日
8	墨西哥—北三角自由贸易协定	萨尔瓦多、危地马拉、洪都拉斯	2000 年 3 月 14 日与萨尔瓦多和危地马拉;2001 年 6 月 1 日与洪都拉斯
9	墨西哥—欧洲自由贸易协会自由贸易协定	挪威、冰岛、瑞士、卢森堡	2000 年 10 月 1 日
10	墨西哥—乌拉圭经济合作协定	乌拉圭	2004 年 7 月 15 日
11	墨西哥—日本自由贸易协定	日本	2005 年 4 月 1 日
12	墨西哥—秘鲁自由贸易协定	秘鲁	2012 年 2 月 1 日
13	全面与进步跨太平洋伙伴关系协定	文莱、马来西亚、新加坡、澳大利亚、新西兰、越南等 11 国	2018 年 12 月 30 日正式生效

续表

序号	自由贸易协定	签订的对象/组织	实施时间
14	太平洋联盟自贸协定	哥伦比亚、智利、秘鲁	2015 年 7 月 20 日太平洋联盟框架协议正式生效
15	美国—墨西哥—加拿大协定	美国、墨西哥、加拿大	2020 年 7 月 1 日正式生效

资料来源：商务部国际贸易经济合作研究院,中国驻墨西哥大使馆经济商务处,商务部对外投资和经济合作司. 对外投资合作国别(地区)指南—墨西哥(2021 年版)[EB/OL]. (2022-10-27). http://www. mofcom. gov. cn/dl/ gbdqzn/upload/moxige. pdf. 第 27-28 页.

8.2 欧盟的国际服务贸易发展

欧盟位于亚欧大陆最西端,是全球最大的发达国家联合体。欧盟是新一轮多边谈判的主要倡导者,主张制定合理的时间表,进一步实现货物贸易、服务贸易和投资自由化。其中,欧盟共同贸易政策是规范欧盟成员国统一执行的、针对第三国的贸易政策、共同海关税则和法律体系。最初其内容仅涉及关税税率改变、关税和贸易协定缔结。进出口政策在 1999 年 5 月《阿姆斯特丹条约》生效之前只包括货物贸易,《阿姆斯特丹条约》将其覆盖范围扩展到大部分服务贸易,2003 年 2 月生效的《尼斯条约》又将其扩及所有服务贸易和与贸易相关的知识产权。2009 年 12 月生效的《里斯本条约》则重点在外国直接投资(FDI)领域进一步扩大了欧盟在贸易政策领域的权限。[①]

8.2.1 欧盟服务贸易总体发展

近年来,世界服务贸易额迅速增长。作为全球最大的服务贸易集团,欧盟基本上保持与全球服务贸易发展同步。

1. 年增长率快于货物贸易

从欧盟与区域外贸易伙伴开展的贸易情况来看,与货物贸易相比,观察期内,欧盟服务贸易年增长率呈现两个趋势:①相对更平稳一些。2001—2020 年,密集区在 7.00%～10.00%之间。②相对更趋强势。2012—2020 年,除 2017 年和 2020 年以外,服务贸易年增长率均高于货物贸易,进一步说明服务贸易的强劲发展(图 8-19)。

2. 总体规模较稳定扩大

作为全球最大的服务贸易集团,欧盟服务贸易进出口总体规模呈现较稳定扩大。2010—2021 年,除 2020 年出现回落之外,其他年份均在增长。2019 年,欧盟服务出口和服务进口同时出现最大规模,分别为 10 720 亿欧元和 10 220 亿欧元,致使欧盟对外服务贸易值达到历史峰值 20 940 亿欧元;2020 年受疫情影响受挫,服务出口和服务服务进口分别回落至 9 102 亿欧元和 8 775 亿欧元,对外服务贸易值 17 877 亿欧元,但仍处于历史

---

① 商务部国际贸易经济合作研究院,中国驻欧盟使团经济商务处,商务部对外投资和经济合作司. 对外投资合作国别(地区)指南-欧盟(2021 年版)[EB/OL]. (2022-10-27). http://www. mofcom. gov. cn/dl/gbdqzn/upload/ oumeng. pdf.

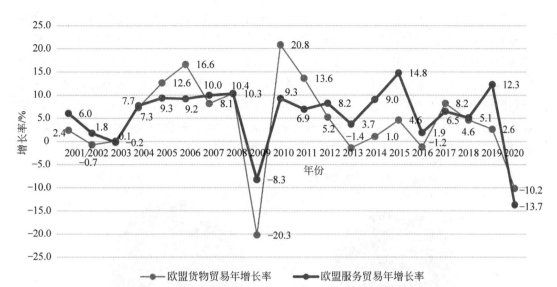

图 8-19　2001—2020 年欧盟对外服务贸易增长率和对外货物贸易增长率

资料来源：Eurostat。

注：图中所列货物贸易和服务贸易均是与欧盟区域外贸易伙伴进行的相关贸易。

高位；2021 年服务出口和服务进口分别回升至 10 270 亿欧元和 8 940 亿欧元，对外服务
贸易值恢复至 19 210 亿欧元，仅低于 2019 年的历史峰值(图 8-20)。

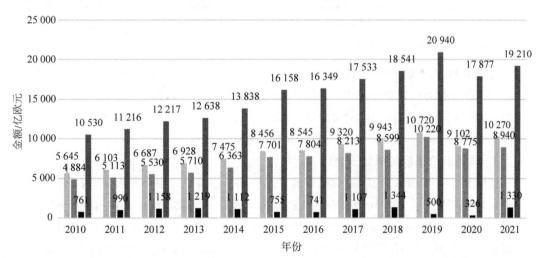

图 8-20　2001—2021 年欧盟服务贸易进出口情况

资料来源：Eurostat. Statistics Explained-International trade in services-an overview［EB/OL］.（2022-11-15）.
https://ec. europa. eu/eurostat/statistics-explained/index. php? title ＝ International _ trade _ in _ services _- an _
overview#Statistics_on_international_trade_in_services.

欧盟服务贸易总体表现比较强劲，特别是疫情影响下的快速反弹，主要得益于欧盟服
务业的高度发达，这可以从经济结构和就业情况两个方面窥见一斑。

从经济结构来看,2000—2020 年,专业服务、科学和技术活动的产出增加,推动欧盟服务业增加值占总增加值的比重从 69.2% 上升到 73.1%。与此同时,欧盟其他经济部门的相对份额出现萎缩,其中工业占比由 22.6% 降至 20.10%,农业、林业和渔业占比从 2.5% 降至 1.8%,建筑业的份额从 5.7% 降至 5.6%。2020—2021 年,服务业占欧盟总增加值的比重从 73.1% 降至 72.4%,该下降在一定程度上源自疫情的影响;2021 年,许多商业活动出现强劲反弹,只是疫情对不同服务活动产生了不同影响(图 8-21)。尽管如此,欧盟服务业依然占总增加值的 70% 以上,成为欧盟服务贸易发展的有力支撑。

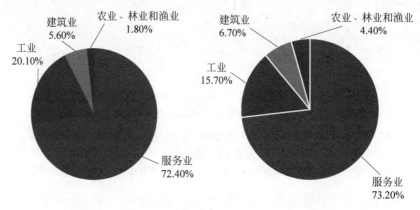

图 8-21　2021 年欧盟经济结构(左)和就业情况(右)

资料来源:Eurostat-Your key to European statistics. Key fugures on Europe-2022 edition[EB/OL]. (2022-07-14)[2022-11-03]. https://ec. europa. eu/eurostat/documents/3217494/14871939/KS-EI-22-001-EN-N. pdf/9ad193b2-fb0e-7ef3-2200-053f845df1be? t=1665758624782. P46-48.

从就业情况来看,服务业在欧盟经济中的相对重要性在就业方面也可以得到体现。2021 年,服务业为欧盟提供了 73.2% 的就业;在 2000 年,该比例是 64.6%。其他行业的相对重要性在 2000—2021 年均出现下降,其中工业占比从 19.9% 降至 15.7%,农业、林业和渔业从 8.6% 降至 4.4%,建筑业从 6.9% 降至 6.7%(图 8-21)。

3. 服务出口态势长期强于进口

欧盟长期处于服务贸易顺差,服务出口态势强于进口。观察年份内,欧盟服务贸易顺差共计出现三次低点:2010 年 761 亿欧元、2016 年 741 亿欧元和 2020 年 326 亿欧元。出现低点的主要原因分别是:2010 年有可能延续 2008 年金融危机影响,又遇上 N1H1 流感在多国蔓延;2015 年民族主义让整个欧洲大陆躁动,再加上全球经济疲软、地缘政治博弈等多重因素;2020 年疫情在全球范围内出现,并呈现暴发式增长。观察年份内,服务贸易顺差创下历史新高的年份是 2013 年(1 219 亿欧元)、2018 年(1 344 亿欧元)和 2021 年(1 330 亿欧元)。其中 2021 年在上一年疫情等因素影响下,欧盟服务贸易出口受到重挫之后,出现较快速的恢复性增长,服务贸易顺差猛增,并达到次高点,仅低于 2019 年(图 8-20)。

8.2.2　欧盟部门服务贸易发展

欧盟统计局按照以下主要类别进行服务分类：以他人拥有的有形投入为基础的制造业服务（manufacturing services on physical inputs owned by others）、保养和维修服务（其他地方不包括）、运输、旅游、建筑、保险和养老金服务、金融服务、知识产权使用费（其他地方不包括）、电信/计算机/信息服务、其他商业服务、个人/文化和娱乐服务、与政府有关的商品和服务（其他地方不包括）。[①]

1. 服务贸易相对集中

欧盟服务贸易相对集中，无论是出口，还是进口，都集中于占比居前 5 位的部门。2020 年，前 5 位在出口、进口方面的合计占比分别是 82.3% 和 86.7%。在欧盟部门服务贸易中，研发、专业管理和咨询、技术、与贸易有关的服务在欧盟服务贸易中占比最高，分别占出口总额和进口总额的 27.3% 和 40.5%，该部门也是欧盟服务贸易中的最大逆差部分；知识产权使用费是欧盟的第 2 大逆差部分，分别占出口总额和进口总额的 9.0% 和 15.2%。上述两个部门是欧盟仅有的两个逆差部门，其他部门均为顺差。居于出口第 2 位的是电信/计算机/信息服务，占 20.0%，其进口居第 4 位，占 8.9%；出口居于第 3 位的是运输，占 16.9%，其进口居第 3 位，占 14.0%（图 8-22）。

2. 五大部门拥有较强竞争力

欧盟的金融、旅游、研发、运输、教育等服务业拥有较强竞争力。其中，金融、旅游、运输都属于欧盟的传统优势服务部门。欧盟海运实力强大。荷兰鹿特丹港、比利时安特卫普港、德国汉堡港和不来梅港、希腊比雷埃夫斯港、西班牙瓦伦西亚港和阿尔盖斯港等均为全球集装箱吞吐量排名前 50 的港口。北大西洋航线是世界上最繁忙的海上运输航线，北大西洋至北美航线、欧洲至亚洲航线等均为全球主要海运航线。另外，欧洲银行业十分发达，保险公司起步较早，规模相对较大。[②]

属于新兴服务部门的电信/计算机/信息服务迅速成长，2020 年出口额占欧盟出口总额的五成，同时还是最大的顺差部门，出口占比高出进口占比达 11.1 个百分点（图 8-22），有利改善了欧盟的国际收支，也成为欧盟主要的创汇部门。究其原因，与欧盟的数字经济发展规划是密不可分的（参见"延伸阅读"）。在研发方面，欧盟重视和鼓励研发与创新投入，并不断加强对知识产权保护和执法。[③]

3. 服务贸易部门结构较合理

欧盟的多个服务业居于世界前列，如运输、旅游、其他商业服务等。2020 年，欧盟与区域外非成员的国际服务贸易规模，依次是其他商业服务（包括 R&D、专业和管理咨询、

① eurostat. International trade in services-Overview：services are classified according to the following main categories[EB/OL]. (2022-11-01). https://ec. europa. eu/eurostat/web/international-trade-in-services/overview.

② 商务部国际贸易经济合作研究院，中国驻欧盟使团经济商务处，商务部对外投资和经济合作司. 对外投资合作国别（地区）指南-欧盟（2021 年版）[EB/OL]. (2022-10-27). http://www. mofcom. gov. cn/dl/gbdqzn/upload/oumeng. pdf.

③ 商务部国际贸易经济合作研究院，中国驻欧盟使团经济商务处，商务部对外投资和经济合作司. 对外投资合作国别（地区）指南-欧盟（2021 年版）[EB/OL]. (2022-10-27). http://www. mofcom. gov. cn/dl/gbdqzn/upload/oumeng. pdf.

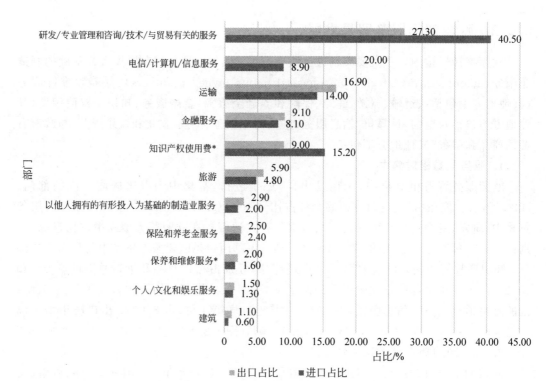

图 8-22　2020 年欧盟服务贸易结构

资料来源：eurostat. Trade in services by type，EU［EB/OL］. (2022-11-01). https://ec. europa. eu/eurostat/web/ international-trade-in-services/visualisations.

注：①总值加起来可能不会等于 100％，因为有未分配服务、与政府有关的货物和服务、保密值等；② ＊ 表示在其他地方不包括；③欧盟数据指与欧盟以外国家的交易。

技术及与服务有关的贸易、建筑、工程及科学服务、安全与调查服务、房地产及其他商业服务）、电信/计算机/信息服务、运输、知识产权使用费（比如专利权使用费及许可费）、金融服务、旅游。其中，其他商业服务出口额达到 2 520 亿欧元，几乎占其所有服务出口的 1/4（24.5％）；其次是电信/计算机/信息服务（20.5％，2 100.60 亿欧元）；再次则是运输服务（19.6％，2 013.37 亿欧元）。其中，除知识产权使用费和其他商业服务存在逆差之外，其他行业均呈现顺差，运输是欧盟的传统创汇行业，其他服务贸易部门发展较为平衡，结构较合理（表 8-4）。

表 8-4　欧盟区域外服务贸易额　　　　　　　　　　亿欧元

行 业 类 别	出　　口		进　　口	
	2011 年	2021 年	2011 年	2021 年
服务	6 103.22	10 270.36	5 113.12	8 944.29
制造服务	223.68	294.67	71.06	181.14
养护与维修服务	69.07	179.27	38.30	140.07
运输	1 447.35	2 013.37	1 182.35	1 570.73
旅游	976.12	628.09	818.85	443.28

续表

行业类别	出　　口		进　　口	
	2011 年	2021 年	2011 年	2021 年
建筑	97.32	99.97	48.16	55.65
保险和养老金服务	135.48	262.47	127.88	249.12
金融服务	523.94	870.70	363.79	787.35
知识产权使用费	314.39	966.19	400.63	1 639.48
电信/计算机/信息服务	776.86	2 100.60	471.25	808.93
其他商业服务	1 407.22	2 519.32	1 447.88	2 936.80
个人/文化和娱乐服务	65.48	142.47	88.19	98.43
政府服务	63.26	68.48	49.88	32.21
其他	3.05	124.78	4.91	1.13

资料来源：eurostat-Statistics Explained. International trade in services by type of service[EB/OL]. [2022-11-03]. https://ec. europa. eu/eurostat/statistics-explained/index. php? title＝International_trade_in_services_by_type_of_service♯International_trade_in_services_. E2. 80. 93_focus_on_selected_service_categories.

8.2.3　欧盟服务贸易伙伴发展

2010—2019 年，欧盟对非成员的出口额上升了 89.9％，进口额上升了 109.2％。2020 年因疫情影响，进出口额分别下降 15.1％和 14.1％；2021 年回升。[①] 尽管如此，欧盟服务贸易伙伴仍在不断发展，只是贸易伙伴不仅差异较大，而且向多元化发展。

1. 各成员服务贸易伙伴差异较大

欧盟各成员服务贸易伙伴差异较大。2020 年，欧盟区域内服务贸易（进出口总额）和区域外服务贸易占比差异很大（图 8-23）。这在一定程度上反映了地理接近或历史上的贸易联系。因此，爱尔兰（80％）大部分国际服务贸易发生在欧盟区域外，塞浦路斯（69％）和希腊（66％）也一样。而斯洛伐克（76％）和斯洛文尼亚（75％）的国际服务贸易大多是与其他欧盟成员国展开的，紧随其后的是奥地利和罗马尼亚，两国比例都在 73％左右。从欧盟均值来看，2020 年约有一半的国际服务交易发生在欧盟区域内，另一半发生在区域外。

2. 服务贸易伙伴向多元化发展

欧盟服务贸易伙伴向多元化发展，主要表现为"双扩展"，即向区域外扩展和向发展中经济体扩展。

从欧盟服务贸易伙伴来看，一部分是欧盟区域内各成员形成贸易伙伴，一部分是与区域外非成员形成贸易伙伴。2010—2019 年，欧盟对区域外非成员服务出口每年都在增加，从 2010 年的 5 650 亿欧元增加到 2019 年的 10 720 亿欧元。2020 年疫情大流行，区域外出口额下降到 9 100 亿欧元。同一时期，欧盟从非成员国的服务进口从 2010 年的 4 880 亿欧元增长到 2019 年的 10 220 亿欧元，2020 年下降到 8 780 亿欧元。2020 年，欧盟区域

---

① Eurostat-Your key to European statistics. Key fugures on Europe-2022 edition[EB/OL]. (2022-07-14)[2022-11-03]. https://ec. europa. eu/eurostat/documents/3217494/14871939/KS-EI-22-001-EN-N. pdf/9ad193b2-fb0e-7ef3-2200-053f845df1be? t＝1665758624782. P44.

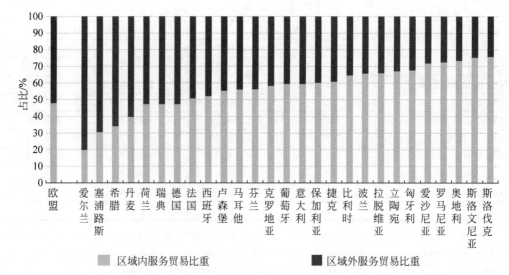

图 8-23 2020 年欧盟区域内外服务贸易比重

资料来源：eurostat-Statistics Explained. International trade in services[EB/OL]. (2022-11-02). https://
ec. europa. eu/eurostat/statistics-explained/index. php? title＝International_trade_in_services.

外服务贸易伙伴中，主要伙伴是美国和英国，欧盟服务出口英国的占比略多于 1/5(20.2%)，
美国占比与此相近(20.1%)，瑞士是欧盟服务出口的第 3 大贸易伙伴(11.6%)。与此相对，
从非成员方的服务进口中，最高比例(29.8%)来自美国，英国占比略低(18.4%)，居第 2 位
(图 8-24)。其中，爱尔兰是对区域外非成员服务出口额和进口额最高的欧盟成员，出口额
1 690 亿欧元，相当于欧盟总额的 19%；进口额达 2 700 亿欧元，占欧盟总额的 31%。[①]

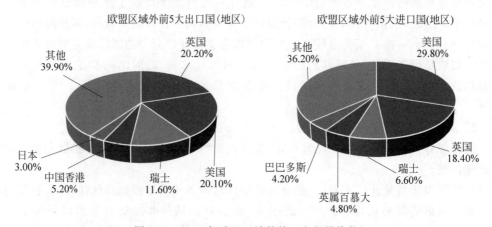

图 8-24 2020 年欧盟区域外前 5 大贸易伙伴

资料来源：Eurostat-Your key to European statistics. Key fugures on Europe-2022 edition[EB/OL]. (2022-07-
14)[2022-11-03]. https://ec. europa. eu/eurostat/documents/3217494/14871939/KS-EI-22-001-EN-N. pdf/
9ad193b2-fb0e-7ef3-2200-053f845df1be? t＝1665758624782. 第 45 页。

---

① eurostat-Statistics Explained. International trade in services by partner[EB/OL]. [2022-11-03]. https://ec.
europa. eu/eurostat/statistics-explained/index. php? title＝International_trade_in_services_by_partner＃Focus_on_
trade_in_services_for_individual_EU_Member_States.

从区域外贸易伙伴来看,欧盟正在向发展中国家或地区出口,如中国内地、新加坡、中国香港、印度、巴西、韩国、阿拉伯联合酋长国、土耳其、墨西哥、沙特阿拉伯等;前 20 位进口贸易伙伴中,中国内地、新加坡、印度、中国香港、阿拉伯联合酋长国、土耳其、韩国、巴西、墨西哥等发展中国家/地区都已经成为欧盟的进口贸易伙伴(表 8-5)。

表 8-5　欧盟区域外贸易

序号	出　　口			进　　口		
	贸易伙伴	占比/%	贸易额/亿欧元	贸易伙伴	占比/%	贸易额/亿欧元
1	英国	20.2	1 840.12	美国	29.8	2 613.30
2	美国	20.1	1 832.31	英国	18.4	1 617.02
3	瑞士	11.6	1 051.46	离岸金融中心*	12.9	1 129.69
4	其他非成员	10.3	937.57	其他非成员	8.6	758.98
5	中国内地	5.2	469.36	瑞士	6.6	575.73
6	日本	3.0	276.72	中国内地	3.5	310.61
7	离岸金融中心*	2.7	245.61	新加坡	3.3	287.19
8	新加坡	2.4	215.65	印度	2.0	173.06
9	俄罗斯	2.3	205.33	日本	1.5	127.29
10	挪威	2.2	198.08	加拿大	1.3	117.33
11	中国香港	1.9	17 034	挪威	1.3	116.99
12	澳大利亚	1.8	159.59	中国香港	1.2	102.22
13	加拿大	1.7	155.13	阿拉伯联合酋长国	1.0	89.57
14	印度	1.4	131.05	俄罗斯	1.0	89.07
15	巴西	1.4	125.65	土耳其	1.0	85.84
16	韩国	1.4	123.46	韩国	0.7	62.84
17	阿拉伯联合酋长国	1.3	116.79	以色列	0.7	59.46
18	土耳其	1.2	112.11	澳大利亚	0.7	58.95
19	墨西哥	1.2	108.31	巴西	0.6	54.15
20	沙特阿拉伯	1.0	92.60	墨西哥	0.5	43.47

资料来源:eurostat-Statistics Explained. International trade in services by partner[EB/OL]. [2022-11-03]. https://ec. europa. eu/eurostat/statistics-explained/index. php? title＝International_trade_in_services_by_partner # Focus_on_trade_in_services_for_individual_EU_Member_States.

注:＊表示中国香港和新加坡单独计算。

8.2.4　欧盟 FATS 发展

对于欧盟来讲,内向 FATS 和外向 FATS 均在增加,其中,内向 FATS 以信息与通信行业为代表,外向 FATS 以金融和保险行业为代表。

1. 内向 FATS 规模在扩大

观察期内,内向 FATS 总额由 2014 年的 5 545.68 亿美元增长到 2018 年的 5 692.72 亿美元,增长 2.65%,其中,信息与通信行业规模在内向 FATS 各行业中最大,由 2014 年的 2 530.77 亿美元上涨至 2018 年的 3 058.48 亿美元,占内向 FATS 总额的比重由 45.64% 增长到 53.73%,增长 8.09 个百分点(表 8-6)。

表 8-6   欧盟部门内向 FATS   亿美元

部　门	2013 年	2014 年	2015 年	2016 年	2017 年	2018 年
内向 FATS 总额	—	5 545.68	—	—	—	5 692.72
运输与仓储	—	897.75(16.19)	779.64	780.14	—	1 088.87(19.13)
住宿与餐饮	168.56	193.86(3.50)	176.94	175.38	—	251.37(4.42)
信息与通信	1 974.06	2 530.77(45.64)	1 891.63	—	2 389.02	3 058.48(53.73)
房地产	140.66	—	104.97	121.17	145.32	—
专业、科学和技术活动	1 019.81	1 167.99(21.61)	—	—	1 573.56	—
政府服务	760.26	755.31(13.62)	649.20	704.93	919.28	1 062.86(18.67)

资料来源：WTO STATS. https://stats.wto.org/.

注：括号内数据表示某部门在某年占该年内向 FATS 总额的比重，单位为%。

2. 外向 FATS 在波动中增加

观察期内，外向 FATS 以金融和保险为代表，且总体规模在波动中扩大。2014 年和 2018 年为波峰，分别为 9 590 亿美元和 10 446.83 亿美元，波谷在 2015 年，为 8 841.6 亿美元，2019 年较 2018 年回落 59.45 亿美元至 10 387.38 亿美元（图 8-25）。其中以金融和保险行业为代表，规模一直保持在外向 FATS 总额的 40% 上下，规模由 2013 年的 3 739.61 亿美元上涨至 2019 年的 4 146.00 亿美元。其间，2014 年较 2013 年出现较大幅度上涨，至 4 126.86 亿美元，2015 年回落至 3 722.33 亿美元，之后，连续 4 年上涨，2019 年达到历史峰值（表 8-7）。

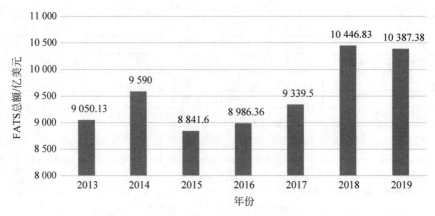

图 8-25   2013—2019 年欧盟外向 FATS 总额

资料来源：WTO STATS. https://stats.wto.org/.

表 8-7   欧盟部门外向 FATS   亿美元

行　业	2013 年	2014 年	2015 年	2016 年	2017 年	2018 年	2019 年
外向 FATS 总额	9 050.13	9 590.00	8 841.60	8 986.36	9 339.50	10 446.83	10 387.38
运输与仓储	10 76.80	—	1 046.54	1 073.87	1 220.35	1 418.15	1 401.19
住宿与餐饮	263.82	259.88	245.51	262.15	294.78	322.20	323.85
信息与通信	1 954.43	2 091.86	2 055.00	2 042.56	2 103.98	2 367.21	2 396.62

续表

行　　业	2013 年	2014 年	2015 年	2016 年	2017 年	2018 年	2019 年
金融和保险	3 739.61	4 126.86	3 722.33	3 771.46	3 829.32	4 081.88	4 146.00
房地产	77.73	119.92	71.95	70.20	70.81	88.43	87.88
专业、科学与技术活动	1 309.79	1 146.59	1 009.89	1 003.90	1 034.19	1 278.91	1 145.18
政府服务	402.61	410.89	426.90	440.20	467.46	541.35	580.60
教育	4.18	—	—	22.65	24.04	13.94	9.31
公共卫生与社会工作活动	123.13	153.20	161.76	184.30	182.15	212.61	200.01
艺术、娱乐与康养	72.57	—	—	81.31	78.89	94.85	76.10
其他服务活动	25.44	52.72	28.69	33.75	33.53	27.30	20.65

资料来源：WTO STATS. https://stats.wto.org/.

3. 各行业差异较大

从外向 FATS 各行业表现来看，观察期内，规模居于前 3 位的行业依次是金融和保险、信息与通信、运输与仓储。2019 年，这三个行业的规模达到 7 943.81 亿美元，占外向 FATS 总额的 76.48%，分别比 2013 年增加 1 172.97 亿美元和 1.67 个百分点（表 8-7）。其中，金融和保险、运输与仓储均是欧盟的传统优势行业，信息与通信行业属于知识型服务业。

8.3　RCEP 成员的国际服务贸易发展

2011 年 11 月，东盟提出"区域全面经济伙伴关系"倡议，旨在构建以东盟为核心的区域自贸安排。2020 年 11 月，RCEP 正式签署。RCEP 成员包括东盟 10 国，以及中国、日本、韩国、澳大利亚、新西兰。[①]

8.3.1　东盟 10 国的国际服务贸易发展

东盟前身是由马来西亚、菲律宾和泰国 1961 年 7 月 31 日成立的东南亚联盟。1967 年 8 月 8 日，印度尼西亚、泰国、新加坡、菲律宾和马来西亚在曼谷发表《东南亚国家联盟成立宣言》，即《曼谷宣言》，正式宣告东盟成立。文莱（1984 年）、越南（1995 年）、老挝（1997 年）、缅甸（1997 年）和柬埔寨（1999 年）先后加入，东盟扩大到 10 个成员。自成立以来，东盟经济实力和影响力不断加强，在推动一体化方面稳步前行，国际服务贸易也呈现其自身特点。[②]

1. 服务贸易差额呈现波动

2021 年，东盟对外服务贸易总计 7 270.47 亿美元，其中，出口额 3 297.06 亿美元，进

---

① 中国国际服务贸易发展用单独一章介绍，本章只介绍东盟 10 国和日本、韩国、澳大利亚、新西兰的国际服务贸易发展情况；金砖国家只介绍巴西、俄罗斯、印度和南非的国际服务贸易发展情况。

② 商务部国际贸易经济合作研究院，中国驻东盟使团经济商务处，商务部对外投资和经济合作司. 对外投资合作国别（地区）指南-东盟（2021 年版）[EB/OL]. (2022-10-27). http://www.mofcom.gov.cn/dl/gbdqzn/upload/dongmeng.pdf. 第 2 页。

口额 3 973.41 亿美元。2020 年受疫情影响出现回落之后,2021 年东盟服务贸易总额、出口额和进口额均出现恢复性增长,其中进口恢复相对于出口更好一些,导致服务贸易差额由逆差 248.31 亿美元扩大到逆差 676.35 亿美元。

东盟服务贸易差额情况从观察期内可以了解一二。观察期内,东盟服务贸易差额在逆差与顺差之间交替变换,呈现出波动。2012—2015 年和 2020—2021 年两个时间段内均为服务贸易逆差,2016—2019 年为服务贸易顺差,且顺差在逐年扩大(图 8-26)。这在一定程度上显示出东盟对于外部市场的依赖程度较高。

图 8-26　2012—2021 年东盟服务贸易进出口情况

资料来源:WTO STATS. https://stats. wto. org/.

2. 知识型服务贸易渐成主流

知识型服务贸易成为东盟国际服务贸易的主流。观察年份内,东盟服务贸易出口份额居前五位的行业是旅游、其他商业服务、运输、金融服务、电信/计算机/信息服务,它们构成东盟服务贸易出口的主要行业领域。其中,其他商业服务、金融服务、电信/计算机/信息服务均属于知识型服务贸易。2021 年,其他商业服务、运输、金融服务、电信/计算机/信息服务均出现较大幅度出口增长,分别增至 36.57%、24.87%、12.06%、9.67%;旅游作为东盟服务贸易第一大出口行业,也是受疫情影响最为严重的行业,2020—2021 年出现断崖式下降,2021 年仅占东盟服务贸易出口的 0.3%(图 8-27)。

3. 各成员国服务贸易发展不平衡

东盟各成员国服务贸易发展不平衡。从各成员国服务贸易进出口额占东盟总额的比重来看,2021 年,新加坡占东盟服务贸易总额的比重高达 62.37%,居于第 2 位和第 3 位的分别是泰国与马来西亚,分别占比 12.38% 和 7.77%,可以说新加坡遥遥领先于其他成员国。缅甸、老挝、越南、柬埔寨合计仅占 1.13%。尽管 2020—2021 年疫情席卷全球,但是新加坡却独树一帜、强势增长,占比创历史新高(图 8-28)。

从服务贸易进出口差额来看,观察期内,文莱、印度尼西亚、老挝、马来西亚、越南五国

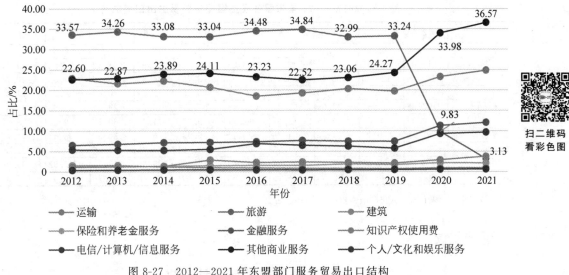

图 8-27　2012—2021 年东盟部门服务贸易出口结构

资料来源：WTO STATS. https://stats.wto.org/.

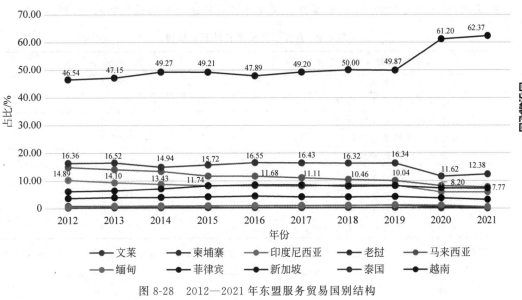

图 8-28　2012—2021 年东盟服务贸易国别结构

资料来源：WTO STATS. https://stats.wto.org/.

一直处于逆差。柬埔寨和泰国于 2020 年由顺差变成逆差,2021 年继续逆差,逆差值分别为 14.47 亿美元和 409.99 亿美元。缅甸和新加坡则是由逆差变成顺差,前者于 2009 年出现顺差 5.59 亿美元,在 2019 年达到历史峰值 30.18 亿美元,2020—2021 年连续两年顺差值缩小,分别是 9.00 亿美元和 3.27 亿美元;后者 2018 年出现顺差 46.75 亿美元,2019 年创历史高点 97.76 亿美元,2020 年回落至 58.46 亿美元,2021 年恢复至 62.86 亿美元。菲律宾是唯一一直处于顺差的成员国,除 2014 年有所回落之外,其他年份均处于增长之中,2020—2021 年的疫情冲击下,顺差继续扩大,2021 年达到 141.74 亿美元(表 8-8)。

表 8-8　2012—2021 年东盟各成员国服务贸易进出口差额　　　亿美元

国　　别	2012 年	2013 年	2014 年	2015 年	2016 年	2017 年	2018 年	2019 年	2020 年	2021 年
文莱	−21.56	−23.66	−16.30	−10.06	−11.14	−6.98	−10.06	−11.88	−8.55	−6.97
柬埔寨	16.00	17.03	17.27	17.13	16.03	18.63	23.95	28.12	−2.58	−14.47
印度尼西亚	−105.64	−120.70	−100.10	−86.97	−70.83	−73.79	−64.85	−764.0	−97.55	−146.78
老挝	−0.93	−2.74	−3.86	−2.34	−1.87	−3.35	−2.64	−0.67	−0.99	−1.27
马来西亚	−27.68	−30.37	−32.64	−52.32	−45.44	−53.27	−43.71	−26.22	−112.95	−147.40
缅甸	−2.28	5.59	9.18	13.57	12.71	9.37	11.95	30.18	9.00	3.27
菲律宾	61.78	70.15	45.76	54.55	70.44	86.93	116.08	130.39	138.66	141.74
新加坡	−34.63	−76.85	−128.92	−84.93	−63.66	−104.00	46.75	97.76	58.46	62.86
泰国	8.50	74.01	66.93	155.64	202.75	242.96	225.35	243.23	−151.92	−409.99
越南	−14.02	−31.10	−39.50	−44.73	−39.53	−37.10	−37.19	−23.76	−115.90	−157.34

资料来源：WTO STATS. https://stats.wto.org/.

延伸阅读

东盟服务贸易领域互认安排

东盟已签署 9 个互认安排，实现了相关领域专业资格的互认，促进东盟地区内专业人员的流动，扩大服务贸易，并在东盟推广相关标准和职业资格的最佳实践（表 8-9）。

表 8-9　东盟服务贸易领域互认安排

服务贸易领域互认安排	签 署 时 间
《东盟工程服务互认安排》	2005 年
《东盟护理服务互认安排》	2006 年
《东盟建筑服务互认安排》	2007 年
《东盟测量师资格互认框架安排》	2007 年
《东盟牙医互认安排》	2009 年
《东盟医师互认安排》	2009 年
《东盟旅游专业人员互认安排》	2012 年
《东盟会计服务互认安排》	2014 年
《东盟机组人员执照互认安排》	2017 年

资料来源：商务部国际贸易经济合作研究院，中国驻东盟使团经济商务处，商务部对外投资和经济合作司. 对外投资合作国别（地区）指南-东盟（2021 年版）[EB/OL].（2022-10-27）. http://www.mofcom.gov.cn/dl/gbdqzn/upload/dongmeng.pdf. 第 24 页。

延伸阅读

东盟对外签订自由贸易协定/经济伙伴协定进程

2002 年 11 月，中国和东盟领导人批准《中国—东盟全面经济合作框架协议》，开启了中国—东盟自贸区建设，并于 2010 年全面建成自贸区，这是东盟首次整体对外商谈和建立自贸区，开创了自贸区建设的先河。此后，东盟先后与日本（2003 年）、印度（2003 年）、韩国（2005 年）、澳大利亚和新西兰（2004 年）、欧盟（2007 年）及中国香港（2014 年）举行自贸区或全面经济合作框架协议的谈判并陆续实施（表 8-10）。

表 8-10　东盟对外签订 FTA/EPA 情况

序号	协定名称	进展情况
1	中国—东盟自贸协定	2002 年 11 月签署《全面经济合作框架协议》,2003 年 7 月生效。2004 年 11 月签署《货物贸易协议》和《争端解决机制协议》,2005 年 7 月生效。2007 年 1 月签署《服务贸易协议》,同年 7 月生效。2009 年 8 月签署《投资协议》,2010 年 2 月生效。2015 年 11 月签署升级《议定书》,于 2016 年 7 月正式生效,并于 2019 年 10 月对中国和东盟 10 国全面生效。截至 2021 年,双方 91.9% 的商品已实现零关税。其中,中国对东盟 94.6% 的货物实行零关税
2	东盟—日本全面经济伙伴关系协定（AJCEP）	2003 年 10 月签署《全面经济合作框架协议》。2008 年 4 月签署《全面经济伙伴协议》(EPA),同年 12 月生效。新加坡、泰国、马来西亚、文莱、印度尼西亚、菲律宾和越南 7 国分别与日本单独达成 EPA。货物贸易自由化目标是 5 年内实现 90.4% 税目零关税,其中日本将对东盟 91.9% 的货物实行零关税
3	东盟—印度自贸协定	2003 年 10 月签署《全面经济合作框架协议》。2009 年 8 月签署《货物贸易协议》《争端解决机制》和《全面经济合作框架协议的修正》,2010 年 1 月生效。货物贸易自由化目标是 10 年内实现 76.4% 税目零关税,其中印度将对东盟 74.2% 的货物实行零关税
4	东盟—韩国自由贸易协定（AKFTA）	2005 年 12 月签署《全面经济和合作框架协议》及框架下《争端解决机制》,2007 年 6 月生效。2006 年 8 月签署《货物贸易协议》(泰国未签字),2007 年 6 月生效。货物贸易自由化目标是 5 年内实现 90.3% 税目零关税,其中韩国将对东盟 92.1% 的货物实行零关税。2007 年 11 月签署《服务贸易协议》(泰国未签字),2009 年 5 月生效。2009 年 5 月签署《投资协议》《关于泰国加入服务贸易协议的议定书》和《关于泰国加入货物贸易协议的协定书》,同年 9 月生效
5	东盟—澳大利亚—新西兰自贸协定（AANZFTA）	2009 年 2 月签署《建立东盟—澳大利亚—新西兰自由贸易区的协定》,2010 年 1 月生效。货物贸易自由化目标是 10 年内实现 93.5% 税目零关税,其中澳大利亚和新西兰将对东盟实现 100% 货物零关税
6	东盟—欧盟自贸协定	2007 年 5 月启动 FTA 谈判,2009 年 5 月暂停。目前,欧盟已与新加坡、越南签署自贸协定,并正在推进与印度尼西亚和菲律宾的双边自贸谈判,以期最终实现欧盟—东盟自贸协定目标
7	东盟—中国香港自贸协定	2017 年 11 月签署《自贸协定》和《投资协定》。2019 年 6 月,《自贸协定》和《投资协定》生效。2021 年 2 月,两份协定全面生效。在货物贸易自由化方面,中国香港对原产于东盟 10 国的所有货物取消关税;新加坡对原产于中国香港的所有货物取消关税,文莱、马来西亚、菲律宾和泰国将于 10 年内实现约 85% 的税目零关税,并于 14 年内进一步削减约 10% 税目的关税;印度尼西亚和越南将于 10 年内撤销其约 75% 税目的关税,并于 14 年内削减另外约 10% 税目的关税;柬埔寨、老挝和缅甸将于 15 年内撤销其约 65% 税目的关税,并于 20 年内进一步削减约 20% 税目的关税

续表

序号	协 定 名 称	进 展 情 况
8	东盟—印度货物贸易协定（AITIGA）	2010年1月签署《东盟—印度货物贸易协定》
9	东盟—印度服务贸易协定	2014年11月签署《东盟—印度服务贸易协定》
10	区域全面经济伙伴关系协定	2012年11月，东盟10国与中国、日本、韩国、澳大利亚、新西兰、印度领导人宣布启动RCEP谈判。2019年11月，第三次RCEP领导人会议宣布东盟10国与中国、日本、韩国、澳大利亚、新西兰结束全部20个章节的文本谈判以及实质上所有市场准入问题的谈判。2020年11月，东盟10国与中国、日本、韩国、澳大利亚、新西兰共同签署协定

资料来源：商务部国际贸易经济合作研究院,中国驻东盟使团经济商务处,商务部对外投资和经济合作司.对外投资合作国别（地区）指南-东盟（2021年版）［EB/OL］.（2022-10-27）. http://www. mofcom. gov. cn/dl/gbdqzn/upload/dongmeng. pdf. 第28-29页。

8.3.2　日本的国际服务贸易发展

日本,地处亚欧大陆东部,东临太平洋,西隔东海、黄海、朝鲜海峡、日本海,与中国、朝鲜、韩国、俄罗斯相望。日本是RCEP成员,RCEP是全球规模最大的自贸区,也是中日间首个自贸安排,不但降低了关税水平,还将区域内各经济体纳入共同规则平台,将有助于区域产业链、供应链和价值链进一步整合,促进包括中、日两国在内的区域内贸易投资合作进一步发展。①

1. 国际地位在一定区间内波动

自第二次世界大战结束之后,随着制造业空前发展,日本货物贸易竞争力迅速提升,也一度占据世界货物贸易的重要地位,成为世界货物贸易最大顺差国。但是日本货物贸易并不是"常青树",占世界货物贸易的比重正在逐年下降。与货物贸易相比,日本服务贸易却是另一番景象,从原先的相对落后状态,一路竞相发展,直到在世界服务贸易领域的地位稳定在一定区间内波动。观察期内,日本服务贸易进出口总额占世界服务贸易总额的比重基本上保持在6.16%～7.07%波动(图8-29)。这在很大程度上反映了日本服务业具有一定程度的竞争能力。

2. 贸易差额持续处于逆差状态

日本服务贸易持续处于逆差状态。但是各个时间段的表现各不相同。观察期内,2012—2017年处于服务贸易逆差迅速缩小态势,其中2017年是逆差最小的年份,逆差为61.58亿美元;2018—2021年则处于逆差迅速扩大的态势,2021年扩大到了412.08亿美元(图8-30)。日本服务贸易持续处于逆差状态,既不利于创汇,也不利于国际收支改善。

---

① 商务部国际贸易经济合作研究院,中国驻日本大使馆经济商务处,商务部对外投资和经济合作司.对外投资合作国别(地区)指南-日本(2021年版)[EB/OL].(2022-10-27). http://www. mofcom. gov. cn/dl/gbdqzn/upload/riben. pdf. 第2页.

图 8-29　日本对外服务贸易国际地位

资料来源：WTO STATS. https：//stats.wto.org/.

探究日本服务贸易逆差原因，前况主要因为日本在实行服务业渐进式开放的同时，还特别注重知识型服务业竞争力的提升；后况主要因为新兴经济体服务贸易竞争力迅速增长的压力，以及疫情影响。

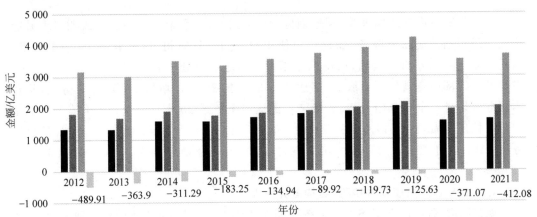

图 8-30　日本服务贸易进出口差额

资料来源：WTO STATS. https：//stats.wto.org/.

3. 部门服务贸易以其他商业服务等为主

尽管日本对外服务贸易国际地位日益稳定，然而，部门服务贸易差异较大。从服务贸易出口结构来看，观察期内，知识产权使用费、其他商业服务、金融服务、电信/计算机/信息服务等部门出口额占日本服务出口总额的比重呈现不同形态的明显上涨趋势；保险和养老金服务、个人/文化和娱乐服务呈现微幅上涨趋势；运输、建筑呈现明显下降趋势，其中，运输 2020—2021 年出现回升；旅游波动最大，表现为先升后降，且降幅显著。在各个部门中,2021年占比最高的三个部门是知识产权使用费、其他商业服务、运输,占比分别是29.18%、28.62%、15.39%,合计占比高达近八成,三部门占比分别比2012年上升5.36个百分点、9.61个百分点、0.31个百分点(图8-31)。该情形充分说明日本服务贸易结构的调整与优化,以及对于知识型服务贸易的重视程度。

扫二维码
看彩色图

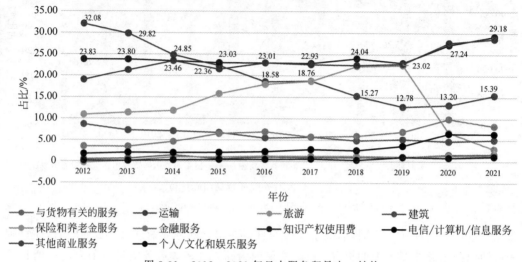

图8-31 2012—2021年日本服务贸易出口结构
资料来源:WTO STATS. https://stats.wto.org/.

从服务贸易进口结构来看,观察期内,日本部门服务贸易进口占比呈现明显上升趋势的部门包括其他商业服务、知识产权使用费、电信/计算机/信息服务、金融服务等;呈现明显下降趋势的是运输、旅游两个部门;其他部门处于相对平稳态势。2021年,占比最高的部门是其他商业服务,高达36.53%,比2012年增加11.90个百分点,是日本服务贸易进口主要部门,远高于第2位的运输服务近20个百分点;居于第3位的是知识产权使用费,占比14.24%,比2012年上升3.36个百分点;电信/计算机/信息服务由2012年的3.11%上升到2021年的12.38%;金融服务由1.76%升至4.90%(图8-32)。

4. FATS总体规模基本持稳,结构差异巨大

观察期内,日本的FATS总体规模长期保持在3 000亿美元上下较窄区间波动,基本保持稳定,只有2018年是一个例外,高达3 568.02亿美元,创历史峰值。内向FATS和外向FATS趋势表现并不一致,外向FATS趋于上升,内向FATS趋于下降。在观察期内,外向FATS由2012年的1 433.61亿美元升至2019年的2 149.99亿美元;内向FATS则由1 724.88亿美元降至1 116.35亿美元,但高于前次低点,即2017年的942.04亿美元(图8-33)。上述态势再一次说明日本服务业竞争力较为强劲,服务业对外投资力度加强。

从内向FATS结构来看,金融与保险占内向FATS总额的比重先降后升,但一直高居榜首。2012—2017年基本处于下降过程(只有2016年小幅回升),从74.02%降至58.64%,2018—2019年连续两年回升至76.98%,超过观察期内的最大值,即2012年的

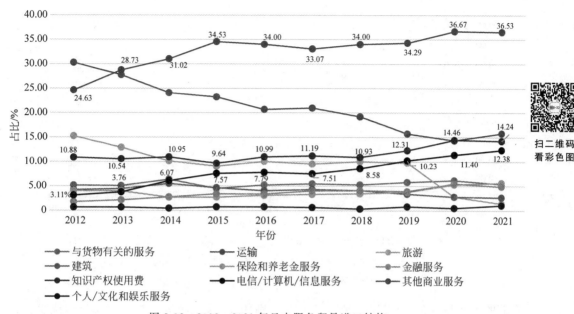

与货物有关的服务　运输　旅游
建筑　保险和养老金服务　金融服务
知识产权使用费　电信/计算机/信息服务　其他商业服务
个人/文化和娱乐服务

图 8-32　2012—2021 年日本服务贸易进口结构

资料来源：WTO STATS. https://stats.wto.org/.

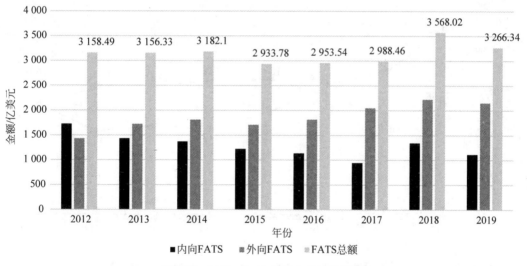

■内向FATS　外向FATS　FATS总额

图 8-33　2012—2019 年日本 FATS 情况

资料来源：WTO STATS. https://stats.wto.org/.

74.02%（图 8-34）。此情形说明金融与保险是外国资本对日本投资比较热衷的行业，也在一定程度上说明日本金融与保险的开放程度逐步加大，致使引资结构发生变化。

从外向 FATS 结构来看，金融与保险、运输与仓储是日本对外投资最大的两个行业。其中，金融与保险由 2012—2015 年波动较大演变为 2016—2019 年的基本平稳，最低点出现于 2013 年，为 11.76%，最高点为 2019 年的 16.54%，次高点为 2015 年的 16.43%；运输与仓储占外向 FATS 的比重经历先降后升的过程，其中 2012—2016 年一路下降，2017年微幅回升，2018 年再次回落且低于 2016 年，2019 年回升。另外，2012—2014 年运输与

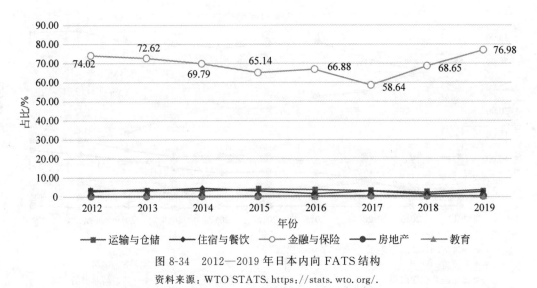

图 8-34　2012—2019 年日本内向 FATS 结构

资料来源：WTO STATS. https://stats. wto. org/.

仓储的占比超过金融与保险,2015—2019 年则相反,这说明运输与仓储作为传统服务行业,优势正在丧失(图 8-35)。

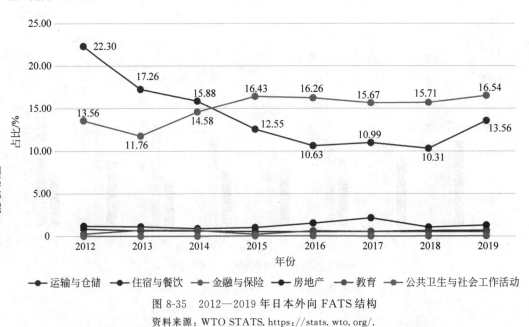

扫二维码
看彩色图

图 8-35　2012—2019 年日本外向 FATS 结构

资料来源：WTO STATS. https://stats. wto. org/.

延伸阅读

与日本签署 EPA 的国家和地区

截至 2021 年,与日本签署 EPA 的国家和地区已经达 21 个,还有一些正在谈判中(表 8-11)。

表 8-11　与日本签署 EPA 的国家/地区（组织）

序号	国家/地区（组织）	批准/生效时间	序号	国家/地区（组织）	批准/生效时间
1	新加坡	2002 年 11 月	12	印度	2011 年 8 月
2	墨西哥	2005 年 4 月	13	秘鲁	2012 年 3 月
3	马来西亚	2006 年 7 月	14	澳大利亚	2015 年 1 月
4	智利	2007 年 9 月	15	TPP12	2016 年 2 月（签署）
5	泰国	2007 年 11 月	16	蒙古国	2016 年 6 月
6	印度尼西亚	2008 年 7 月	17	TPP11	2018 年 12 月
7	文莱	2008 年 7 月	18	欧盟	2019 年 2 月
8	菲律宾	2008 年 12 月	19	美国	2020 年 1 月
9	东盟	2008 年 12 月	20	RCEP	2020 年 11 月
10	瑞士	2009 年 9 月	21	英国	2021 年 1 月
11	越南	2009 年 10 月	22		
除已签署的协定外，日本与哥伦比亚、土耳其的经济伙伴关系协定、中日韩 FTA 正在谈判中					

资料来源：日本外务省网站（www.mofa.go.jp/mofaj/gaiko/fta）。转引自商务部国际贸易经济合作研究院，中国驻日本大使馆经济商务处，商务部对外投资和经济合作司. 对外投资合作国别（地区）指南-日本（2021 年版）[EB/OL].（2022-10-27）. http://www.mofcom.gov.cn/dl/gbdqzn/upload/riben.pdf. 第 25 页.

注：原文为"国家/地区"，根据上下文，修改为"国家/地区（组织）"。

 延伸阅读

日本知识产权保护的法律法规

日本很早就确立了知识产权立国战略。日本经济产业省特许厅负责制定政策和实施管理。2002 年，日本设立直属于首相的"知识产权战略会议"，同年颁布《知识产权基本法》，并于 2005 年成立知识产权高级法院。

涉及知识产权保护的法律法规包括《专利法》《实用新型法》《商标法》《外观设计法》《著作权法》《反不正当竞争法》等。

《专利法》规定，原则上专利保护期都是从申请之日起的 20 年。因药品审查等原因，在可实施期限被缩短情况下，最多可申请延长 5 年保护期。

《实用新型法》规定实用新型保护期为 10 年。

《商标法》规定商标保护期为 10 年，在有效期内可多次更新。

《外观设计法》规定外观设计有效保护期为 20 年，在保护期间为维持注册须每年支付注册费。20 年后权利消失，但仍受《反不当竞争法》保护。

《著作权法》规定著作权在著作人死亡或第一次出版之日起 50 年内，受到保护。电影著作权在公布后 70 年内受到保护。

2018 年 12 月 31 日，《全面与进步跨太平洋伙伴关系协定》生效，对知识产权保护作出新规定。在制药方面，强化医药品知识产权保护制度。制定新药数据保护期限规定，专利期限延长制度等。在商标权方面，将签署《商标国际注册马德里协定》和《商标法新加坡条约》作为义务，使取得商标权更便捷，还对商标的不当使用设置损害赔偿制度。在专利权方面，将导入专利期限延长制度作为义务。在防止网络著作权侵权方面，导入由著作权人通报、网络服务商应对、以减免责任的制度。

资料来源：商务部国际贸易经济合作研究院,中国驻日本大使馆经济商务处,商务部对外投资和经济合作司.对外投资合作国别(地区)指南-日本(2021年版)[EB/OL].(2022-10-27).http://www.mofcom.gov.cn/dl/gbdqzn/upload/riben.pdf.第64-65页.

8.3.3　韩国的国际服务贸易发展

韩国地处亚洲大陆东北部,朝鲜半岛南端,面积为10.04万平方千米,北与朝鲜接壤,西与中国隔海相望,东部和东南部与日本隔海相邻。韩国是新兴经济体中发展较快的国家,于1996年加入经济合作与发展组织。[①] 韩国国际服务贸易相对落后,但却是后起且快速发展国家,主要服务贸易伙伴为美国、中国、日本、欧盟、东盟等。

1. 国际地位先降后升

观察期内,韩国国际服务贸易进出口总体规模基本保持平稳态势,大多年份保持在2 000亿~2 300亿美元,只有2020年低于2 000亿美元,为1 964.02亿美元,2021年高于2 300亿美元,为2 498.61亿美元。但对外服务贸易国际地位却经历先降后升两个阶段:第一阶段为2012—2019年的下滑阶段,第二阶段为2020—2021年的回升阶段,回升是否能够持续,还需后续观察,这要取决于韩国服务贸易的底蕴以及韩国政府的应对措施。韩国的国际地位虽然呈现两个阶段,但其对外服务贸易值占世界服务贸易额的比重基本上保持在3.80%~4.40%,只有2012年超过4.40%,为4.62%(图8-36)。

图 8-36　韩国对外服务贸易国际地位

资料来源：WTO STATS. https://stats.wto.org/.

2. 服务贸易进口态势强于出口

韩国服务贸易进口态势强于出口。观察期内,韩国服务贸易进口额一直高于出口额,

① 商务部国际贸易经济合作研究院,中国韩国大使馆经济商务处,商务部对外投资和经济合作司.对外投资合作国别(地区)指南-韩国(2021年版)[EB/OL].(2022-10-27).http://www.mofcom.gov.cn/dl/gbdqzn/upload/hanguo.pdf.参赞的话,第2,15页.

逆差额呈现先放大、后收窄的态势。服务进口额最大值 1 315.17 亿美元和最小值
1 049.16 亿美元分别出现在 2018 年和 2020 年；服务出口额最大值 1 219.73 亿美元和最
小值 887.20 亿美元分别出现在 2021 年和 2017 年；服务贸易最大逆差 360.33 亿美元和
最小逆差 33.92 亿美元分别出现在 2017 年和 2014 年。从上面的数据可以看出，2021 年
韩国出口额达到峰值，进出口逆差一直存在，但逆差从 2017 年以来正在缩小。这种情形
说明：一方面，韩国服务贸易进口态势强于出口；另一方面，韩国服务贸易出口及其国内
服务业竞争能力正在增强，服务出口在 2020 年受到疫情冲击出现回落之后，2021 年迅速
回升（图 8-37）。

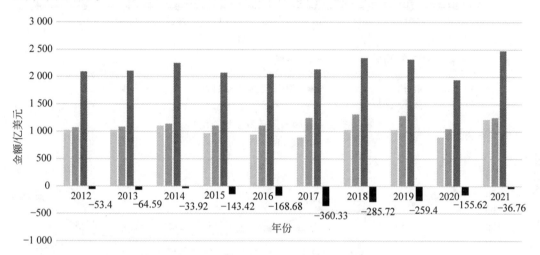

图 8-37　韩国国际服务贸易进出口情况

资料来源：WTO STATS. https://stats.wto.org/.

3. 部门服务贸易相对集中度较高

各部门贸易地位差异明显，贸易集中度较高，主要集中于其他商业服务、运输等部门。
从进口结构来看，观察期内，进口额占韩国服务贸易进口总额的比重呈现明显上涨态势的
部门有其他商业服务、电信/计算机/信息服务，分别由 2012 年的 26.75%、1.41% 上涨至
2021 年的 32.70% 和 7.12%；呈现明显下降态势的部门是运输；波动最大的是旅游；其
次是建筑；其他部门相对平稳。居于进口前 3 位的部门分别是其他商业服务、运输、旅
游，2021 年分别占比 32.70%、24.13% 和 13.33%（图 8-38）。

从出口结构来看，观察期内，出口地位明显上升的部门是其他商业服务、电信/计算
机/信息服务、金融服务，分别由 2012 年的 15.97%、1.49%、1.80% 升至 2021 年的
23.01%、9.55% 和 3.64%；出口地位明显下降的部门是建筑；波动明显的部门是运输、旅
游、知识产权使用费；其他部门相对平稳。居于 2021 年出口前 3 位的部门是运输、其他商业
服务、电信/计算机/信息服务，与之前各年相比，居前 3 位的部门变动较大（图 8-39）。

4. 各部门贸易竞争力差异巨大

各部门贸易竞争力差异巨大。观察期内，TC 指数一直大于零的部门是建筑、电信/
计算机/信息服务，表示它们是韩国的优势服务部门。其中，建筑部门的优势在弱化，TC

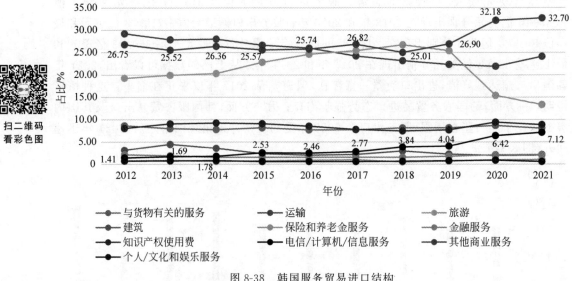

图 8-38　韩国服务贸易进口结构

资料来源：WTO STATS. https：//stats. wto. org/.

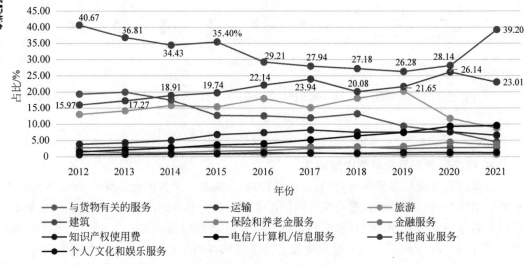

图 8-39　韩国服务贸易出口结构

资料来源：WTO STATS. https：//stats. wto. org/.

指数由 2012 年的 0.708 减小到 2021 年的 0.366；电信/计算机/信息服务则是优势不断加强的部门，同期 TC 指数由 0.001 强劲增长到 0.232。

　　TC 指数一直小于零的行业是与货物有关的服务、旅游、知识产权使用费、其他商业服务，表示它们是韩国的劣势服务部门。其中，与货物有关的服务劣势变化不大，TC 指数由 2012 年的 −0.539 升至 2021 年的 −0.500，但是在此期间或升或降，均在较小区间内波动；旅游在 2017 年和 2018 年劣势扩大，在 2014 年劣势减弱，其他年份基本平稳；知识产权使用费劣势正在减弱，或者说是优势正在积聚，TC 指数由 2012 年的 −0.377 升至

2021 年的 −0.162,上升速度较快,该情形与韩国注重 R&D 投入、注重创新等分不开;其他商业服务亦呈现波动,在一定程度上说明韩国在该部门的竞争力还缺乏稳定性。

　　TC 指数由小于零到大于零的行业是金融服务、个人/文化和娱乐服务,表示这两个部门由劣势转为优势,未来发展前景可期。

　　TC 指数在大于零与小于零之间变换的行业是运输。这说明运输呈现出由优势到劣势再到优势的过程,即在 2012—2015 年和 2020—2021 年 TC 指数大于零,2016—2019 年 TC 指数小于零,这种情形在一定程度上说明韩国具有优势的运输服务在国际市场中慢慢落后,缺乏竞争力,但在韩国政府的一系列鼓励、扶持政策下,运输业重新获得竞争优势的过程(表 8-12)。

表 8-12　2012—2021 年韩国部门服务贸易 TC 指数

部　　门	2012 年	2013 年	2014 年	2015 年	2016 年	2017 年	2018 年	2019 年	2020 年	2021 年
与货物有关的服务	−0.539	−0.493	−0.474	−0.513	−0.511	−0.576	−0.556	−0.609	−0.568	−0.500
运输	0.139	0.108	0.088	0.073	−0.024	−0.099	−0.043	−0.031	0.044	0.224
旅游	−0.217	−0.201	−0.141	−0.261	−0.235	−0.407	−0.308	−0.221	−0.211	−0.220
建筑	0.708	0.615	0.653	0.650	0.682	0.592	0.557	0.541	0.537	0.366
保险和养老金服务	−0.237	−0.177	0.039	−0.062	−0.172	−0.045	0.074	−0.165	−0.191	−0.187
金融服务	−0.106	−0.226	−0.105	−0.023	0.018	0.071	0.167	0.168	0.285	0.242
知识产权使用费	−0.377	−0.386	−0.311	−0.211	−0.152	−0.142	−0.117	−0.122	−0.181	−0.162
电信/计算机/信息服务	0.001	0.151	0.323	0.201	0.266	0.246	0.236	0.321	0.192	0.232
其他商业服务	−0.276	−0.222	−0.179	−0.196	−0.157	−0.223	−0.228	−0.217	−0.182	−0.188
个人/文化和娱乐服务	−0.066	−0.054	0.009	0.144	0.261	0.119	0.116	0.120	0.089	0.347
服务贸易总况	−0.024	−0.030	−0.014	−0.070	−0.084	−0.170	−0.124	−0.114	−0.082	−0.018

资料来源:WTO STATS. https://stats.wto.org/.

 延伸阅读

韩国参加双边、多边和区域经济合作情况

　　韩国是 WTO 成员,也是 WTO《政府采购协议》缔约方。截至 2021 年 4 月,韩国已与 57 个国家(地区)签署自贸协定。其中,17 个自贸协定已生效,7 个自贸协定正在谈判中。2021 年 12 月 2 日,韩国政府通过《区域全面经济伙伴关系协定》批准案,RCEP 于 2022 年 2 月 1 日对韩国正式生效。此外,韩国已正式启动加入《全面与进步跨太平洋伙伴关系协定》,并原拟于 2022 年 4 月向日本、澳大利亚、新加坡等 11 个国家提交加入《全面与进步跨太平洋伙伴关系协定》的申请书。

　　资料来源:商务部国际贸易经济合作研究院,中国韩国大使馆经济商务处,商务部对外投资和经济合作司. 对外投资合作国别(地区)指南-韩国(2021 年版)[EB/OL]. (2022-10-27). http://www.mofcom.gov.cn/dl/gbdqzn/upload/hanguo.pdf. 第 15 页.

8.3.4　澳大利亚的国际服务贸易发展

　　澳大利亚位于南太平洋和印度洋之间,由澳大利亚大陆、塔斯马尼亚岛等岛屿和海外领土组成。大陆面积 769 万平方千米,南北长约 3 700 千米,东西宽约 4 000 千米。按照

面积计算,澳大利亚为全球第六大国,仅次于俄罗斯、加拿大、中国、美国和巴西。服务业是澳大利亚经济最重要和发展最快的部门,2020 年其服务业产值占 GDP 的 66.04%。服务业中产值最高的 5 大行业是金融保险业、医疗和社区服务业、专业科技服务业、公共管理和安全服务、教育培训服务。[①] 以国内服务业为基础的国际服务贸易也有其特点。

1. 国际地位形成下滑态势

澳大利亚服务贸易的国际地位形成下滑态势。观察期内,澳大利亚对外服务贸易峰值出现在 2019 年,为 1 410.22 亿美元,略高于 2018 年(1 409.28 亿美元);2020 年则猛跌至 866.23 亿美元,2021 年继续小幅下滑。对外服务贸易值占世界服务贸易额的比重呈现明显下跌趋势,先后在 2012—2015 年和 2019—2021 年出现两次持续性较大回落,2016—2018 年呈现相对平稳发展,致使占比由 2012 年的 2.89% 降至 2021 年的 1.38%(图 8-40)。这种情况可以说明澳大利亚服务贸易竞争力堪忧。

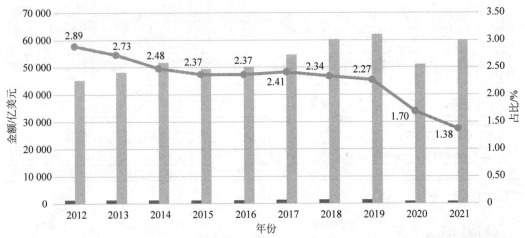

图 8-40　澳大利亚对外服务贸易国际地位

资料来源:WTO STATS. https://stats.wto.org/.

2. 进出口差额转为顺差

观察期内,尽管澳大利亚对外服务贸易额及其占世界服务贸易总额比重均出现较明显回落,但是其服务贸易进出口经过长期逆差之后,于 2020 年转为顺差,顺差值为 111.07 亿美元,2021 年继续保持顺差,只是顺差值回缩至 66.51 亿美元(图 8-41)。

3. 旅游在部门贸易中独树一帜

观察期内,旅游在部门贸易中独树一帜。从服务贸易出口结构来看,澳大利亚服务贸易出口是其最大创汇部门,2012—2019 年旅游出口额占澳大利亚服务出口总额的比重一直保持在 60% 以上,最高占比出现在 2018 年,高达 65.77%,2019 年出现微幅回落至65.19% 之后,2020—2021 年连续大幅回落至 39.37%,但依然是澳大利亚最大出口部门;

[①] 商务部国际贸易经济合作研究院,中国驻澳大利亚大使馆经济商务处,商务部对外投资和经济合作司. 对外投资合作国别(地区)指南-澳大利亚(2021 年版)[EB/OL]. (2022-10-27). http://www.mofcom.gov.cn/dl/gbdqzn/upload/aodaliya.pdf. 第 3,21 页.

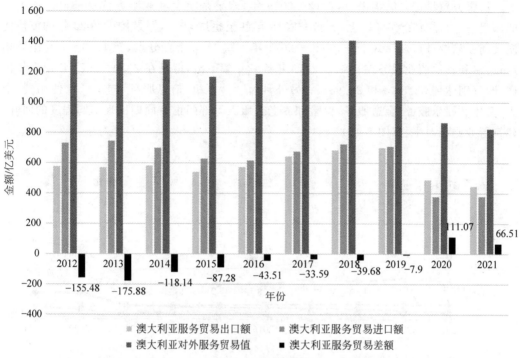

图 8-41　澳大利亚服务贸易进出口情况

资料来源：WTO STATS. https://stats. wto. org/.

2021 年居于第 2、3 位的部门分别是其他商业服务、个人/文化和娱乐服务,占比分别是 19.13% 和 12.43%,同时,它们也是出口占比出现明显上扬的两个部门,其中个人/文化和娱乐服务是新晋前 3 名的部门(图 8-42)。

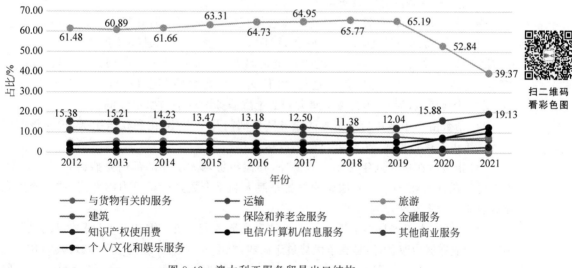

扫二维码
看彩色图

图 8-42　澳大利亚服务贸易出口结构

资料来源：WTO STATS. https://stats. wto. org/.

从服务贸易进口结构来看,2012—2019 年,旅游是澳大利亚服务贸易进口占比最大的部门,一直保持在 46% 以上,2017—2018 年甚至超过 50%,但是始于 2020 年的疫情使澳大利亚旅游进口断崖式下跌,2020—2021 年下跌 48.8 个百分点,至 1.96%;与旅游相反,运输和其他商业服务在 2012—2019 年连续小幅下滑,但是在 2020—2021 年出现较快回升,分别达到 35.88% 和 28.98%;另外,电信/计算机/信息服务、知识产权使用费、个人/文化和娱乐服务、金融服务、保险和养老金服务等部门也在同期出现不同程度的回升;建筑行业则相对平稳(图 8-43)。

扫二维码
看彩色图

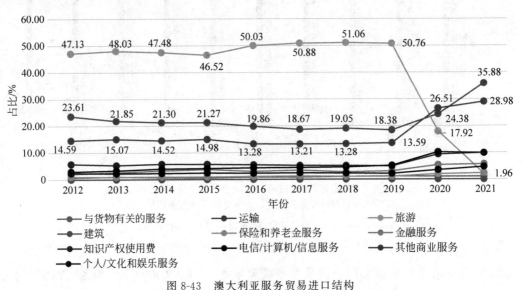

图 8-43　澳大利亚服务贸易进口结构
资料来源：WTO STATS. https://stats.wto.org/.

4. 建筑和金融服务最具竞争力

观察期内,澳大利亚服务贸易竞争力整体较弱,但表现出向好趋势。TC 指数一直大于零的服务贸易部门是建筑、金融服务,说明它们是澳大利亚具有竞争优势的部门。其中,建筑的 TC 指数一直等于 1,说明建筑是澳大利亚最强竞争力部门;金融服务的 TC 指数经过回落—回升—再回落的过程,2015 年 TC 指数回落至最小,为 0.138,2018 年 TC 指数达到峰值,为 0.292,说明澳大利亚金融服务的竞争力稳定性偏弱。

TC 指数由小于零转为大于零的服务贸易部门是个人/文化和娱乐服务,说明该部门竞争优势正在逐步形成,2021 年 TC 指数达到 0.519。

TC 指数除在极个别年份小于零之外,其他年份均大于零的部门是旅游,2021 年 TC 指数更是跃升至 0.919,再一次说明旅游是澳大利亚少数具有竞争力的部门,这与澳大利亚政府旅游政策是密不可分的。

TC 指数在大于零与小于零之间上下波动的服务贸易部门是电信/计算机/信息服务,表明该行业在努力改善,但是竞争优势过于微弱,也不太稳定,2021 年 TC 指数为 0.081。

TC 指数一直小于零的服务贸易部门是与货物有关的服务、运输、保险和养老金服务、知识产权使用费,其中,与货物有关的服务竞争劣势最大,经历了劣势扩大到回归的过程,2021 年与 2012 年基本持平;知识产权使用费竞争劣势较大,但出现收窄迹象,在一定程度或许可以说明澳大利亚正在优化服务贸易部门结构；运输经过收窄到扩大的过程，2017 年最小，为 -0.369，2021 年扩大到 -0.654；保险和养老金服务竞争劣势最小，但也经历了劣势扩大再到收窄的过程，2017 年扩大到 -0.336，是劣势最大的年份，2021 年收窄到 -0.156（表 8-13）。

表 8-13　2012—2021 年澳大利亚部门服务贸易 TC 指数

部　　门	2012 年	2013 年	2014 年	2015 年	2016 年	2017 年	2018 年	2019 年	2020 年	2021 年
与货物有关的服务	−0.783	−0.753	−0.753	−0.666	−0.780	−0.839	−0.918	−0.927	−0.907	−0.786
运输	−0.460	−0.459	−0.430	−0.449	−0.388	−0.369	−0.420	−0.405	−0.481	−0.654
旅游	0.013	−0.016	0.038	0.079	0.092	0.096	0.098	0.119	0.585	0.919
建筑	1.000	1.000	1.000	1.000	1.000	1.000	1.000	1.000	1.000	1.000
保险和养老金服务	−0.178	−0.150	−0.147	−0.161	−0.247	−0.336	−0.256	−0.228	−0.211	−0.156
金融服务	0.247	0.242	0.176	0.138	0.190	0.179	0.292	0.266	0.231	0.217
知识产权使用费	−0.658	−0.656	−0.646	−0.636	−0.605	−0.579	−0.582	−0.588	−0.600	−0.504
电信/计算机/信息服务	0.019	−0.019	−0.064	−0.051	−0.036	−0.036	0.002	−0.002	−0.039	0.081
其他商业服务	−0.093	−0.129	−0.102	−0.127	−0.040	−0.053	−0.105	−0.066	−0.127	−0.126
个人/文化和娱乐服务	−0.376	−0.428	−0.289	−0.351	−0.337	−0.311	−0.238	−0.127	0.458	0.519
服务贸易总况	−0.118	−0.133	−0.092	−0.075	−0.037	−0.027	−0.030	−0.008	0.119	0.071

资料来源：WTO STATS. https://stats.wto.org/.

8.3.5　新西兰的国际服务贸易发展

新西兰位于南太平洋，南纬 33°至 53°，西经 160°至 173°，介于赤道和南极之间，西隔塔斯曼海，距离澳大利亚东海岸最近处约 1 500 千米。新西兰海岸线长达 1.5 万千米，领海面积约为 400 万平方千米，是其陆地面积的 15 倍。作为以贸易立国的发达经济体，自由贸易、利用外资是促进新西兰经济发展与繁荣的关键因素。2020 年，新西兰服务贸易前五大出口目的地为澳大利亚、美国、中国、英国和印度；前五大进口来源国为澳大利亚、美国、新加坡、瑞士和英国。[①]

1. 国际地位由相对平稳到下滑

新西兰对外服务贸易国际地位基本形成由平稳到下滑态势。观察期内，新西兰对外服务贸易值占世界服务贸易额的比重不仅非常小，而且可以划分为两个阶段：2012—2019 年为基本平稳阶段，2020—2021 年为下滑阶段。在前一阶段，占比基本保持在 0.55% 上下 0.2 个百分点内窄幅波动；后一阶段则直接跌破 0.50%，到 0.37%。当然，后一阶段的主要原因是疫情影响，但也说明新西兰服务贸易的脆弱性（图 8-44）。

2. 服务贸易出口态势由强变弱

新西兰服务贸易出口态势由强于进口演变成弱于进口。观察期内，2012—2017 年进出口顺差逐年增加，2018 年较 2017 年出现小幅下滑，2019 年和 2020 年顺差继续 2018 年的下滑，2020 年成为观察期内的最小顺差，2021 年出现逆差，逆差值高达 39.27 亿美元，

---

① 商务部国际贸易经济合作研究院，中国驻新西兰大使馆经济商务处，商务部对外投资和经济合作司. 对外投资合作国别（地区）指南-新西兰（2021 年版）[EB/OL].（2022-10-27）. http://www.mofcom.gov.cn/dl/gbdqzn/upload/xinxilan.pdf. 参赞的话，第 2,21 页.

超过之前的最大顺差值 33.13 亿美元。换一个角度来看,从 2017 年开始,新西兰服务贸易进口态势逐渐强于出口态势(图 8-45)。

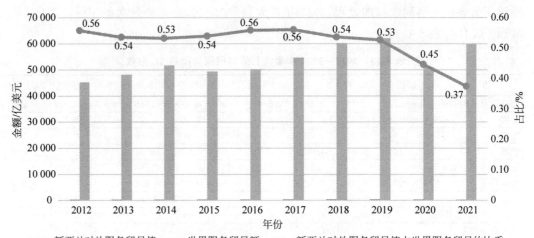

图 8-44 2012—2021 年新西兰对外服务贸易国际地位

资料来源:WTO STATS. https://stats.wto.org/.

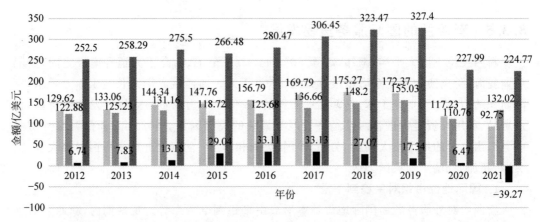

图 8-45 2012—2021 年新西兰服务贸易进出口情况

资料来源:WTO STATS. https://stats.wto.org/.

3. 旅游等传统服务贸易部门受挫

从服务贸易进口结构来看,新西兰各部门表现可谓千姿百态,其中电信/计算机/信息服务强势上扬。除此之外,观察期内,占比呈现明显上扬态势的是个人/文化和娱乐服务;呈现温和上扬态势的部门是知识产权使用费;呈现上扬苗头,但又出现回落的部门是保险和养老金服务、金融服务;持续下跌,但目前出现回调的是运输、其他商业服务、与货物有关的服务;波动最大的是旅游,2012—2017 年温和上涨,2018—2019 年出现缓慢下滑,2020—2021 年受疫情影响受到重挫,出现剧烈下滑,由原先的首位滑落至 2020 年的第 4 位再到 2021 年的第 5 位(图 8-46)。

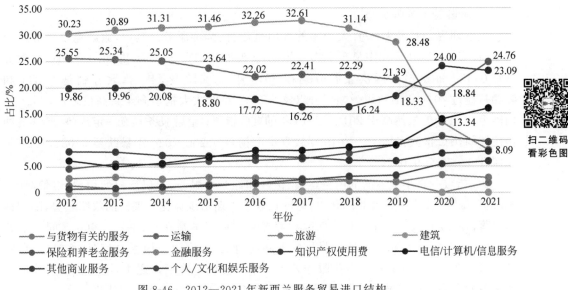

图 8-46　2012—2021 年新西兰服务贸易进口结构
资料来源：WTO STATS. https://stats.wto.org/.

从服务贸易出口结构来看，旅游历经 2012—2015 年的持续上扬，2016—2019 年的小幅回落，出现 2020—2021 年疫情影响下的大幅下滑至 36.50%，却依然是新西兰服务贸易出口占比最高的部门；与旅游态势基本相反的部门是其他商业服务，由下滑到回升，2021 年占比达到 16.79%，成为新西兰第 2 大服务贸易出口部门；基本上呈现上涨趋势，且在疫情冲击下，不降反升的部门是电信/计算机/信息服务、知识产权使用费、金融服务，其中，知识产权使用费、电信/计算机/信息服务分列 2021 年服务贸易出口部门的第 3、4 位，但二者占比相差无几，分别是 12.35% 和 12.25%；运输则持续下滑，由 2012 年的第 2 大服务贸易出口部门变成 2021 年的第 5 大服务贸易部门，占比为 10.92%（图 8-47）。

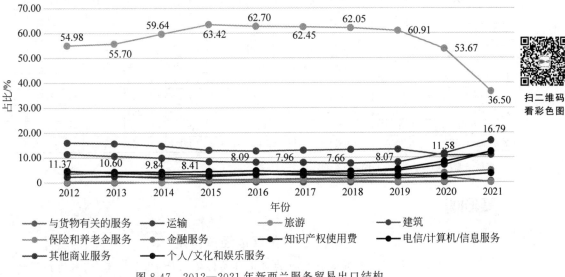

图 8-47　2012—2021 年新西兰服务贸易出口结构
资料来源：WTO STATS. https://stats.wto.org/.

4. 旅游最具竞争优势

观察期内,TC指数一直大于零的部门是旅游、金融服务。其中,旅游竞争优势最为明显,且TC指数在波动中呈现上涨趋势,两次波峰分别在2015年和2020年,TC指数分别是0.430和0.620,两次波谷分别在2013年和2018年,TC指数分别是0.314和0.404,经过2019年的超级微幅回升以及2020年跳跃式大幅攀升至新高位之后,2021年回落至0.520,但依然高于2012—2019年的TC指数;金融服务具有一定优势,但是抗冲击性较弱,TC指数在2012—2019年较艰难上扬至0.250,2020年暴跌至0.082,2021年仅回升0.005至0.087。

TC指数一直小于零的部门是运输、保险和养老金服务、知识产权使用费、电信/计算机/信息服务、其他商业服务。其中,运输在观察中期出现昙花一现式的收窄趋势,随即迅速回落,在2020—2021年暴跌;保险和养老金服务基本是在−1～−0.600区间上下波动;电信/计算机/信息服务处于明显的下降通道之中,说明新西兰电信/计算机/信息服务的劣势在不断扩大;其他商业服务处于一个缓慢的下降通道之中,说明新西兰其他商业服务的劣势正在缓慢地扩大,也说明新西兰经济结构调整和优化有待进一步深入。

TC指数由小于零转变为大于零的行业是知识产权使用费。新西兰知识产权使用费TC指数由2012年的−0.527一路高歌上扬到2021年的0.051,由原来的劣势部门转变为微弱优势部门。

TC指数由大于零转变为小于零的部门是个人/文化和娱乐服务。该部门与知识产权使用费的态势正好相反,一路下跌至2021年的−0.411,由原来的优势部门转变为劣势部门(表8-14)。

表 8-14   2012—2021年新西兰部门服务贸易TC指数

部　　门	2012 年	2013 年	2014 年	2015 年	2016 年	2017 年	2018 年	2019 年	2020 年	2021 年
与货物有关的服务	0.236	0.521	0.320	−0.052	−0.050	−0.056	−0.097	−0.068	1.000	−1.000
运输	−0.206	−0.208	−0.218	−0.190	−0.159	−0.166	−0.180	−0.186	−0.244	−0.527
旅游	0.315	0.314	0.354	0.430	0.423	0.408	0.404	0.408	0.620	0.520
建筑	—	—	−0.429	−1.000	−0.238	−0.188	−0.358	−1.000	1.000	1.000
保险和养老金服务	−0.875	−0.884	−1.000	−0.713	−0.723	−0.681	−0.780	−0.943	−0.930	−0.978
金融服务	0.136	0.183	0.139	0.148	0.204	0.208	0.239	0.250	0.082	0.087
知识产权使用费	−0.527	−0.496	−0.491	−0.387	−0.284	−0.207	−0.095	−0.067	−0.004	0.051
电信/计算机/信息服务	−0.143	−0.058	−0.099	−0.106	−0.154	−0.199	−0.244	−0.207	−0.227	−0.299
其他商业服务	−0.247	−0.278	−0.299	−0.285	−0.267	−0.244	−0.284	−0.343	−0.324	−0.324
个人/文化和娱乐服务	0.707	0.621	0.527	0.473	0.383	0.188	−0.002	−0.059	−0.374	−0.411
服务贸易总况	0.028	0.031	0.048	0.108	0.118	0.108	0.083	0.053	0.028	−0.175

资料来源:WTO STATS. https://stats.wto.org/.

延伸阅读

新西兰的多双边经贸协定

截至2021年,新西兰已签署并生效的自由贸易协定共计12个。其中,双边经贸协定包括:新西兰与中国、韩国、马来西亚、新加坡双边自由贸易协定,与澳大利亚更紧密经贸关系(Closer Economic Relations,CER)协定,与中国香港、泰国、新加坡更紧密经贸伙伴(Closer Economic Partnership,CEP)协定。多边经贸协定包括:数字经济伙伴关系协定,东盟—澳大利亚—新西兰自由贸易协定,跨太平洋战略经济伙伴关系协定,P4/成员方:文莱、智利、新加坡、新西兰,太平洋更紧密经济关系协定,全面与进步跨太平洋伙伴关系协定,区域全面经济伙伴关系协定。

新西兰已签署但尚未生效的经贸协定主要包括中国—新西兰自贸协定升级版、新西兰与海湾合作委员会成员方自贸协定、反仿冒贸易协定。

新西兰正在进行中的自贸协定包括新西兰—英国自贸协定谈判、新西兰—欧盟自贸协定谈判、新西兰—太平洋联盟自由贸易协定、新西兰—印度自贸协定、新西兰与俄罗斯—白俄罗斯—哈萨克斯坦关税联盟自由贸易协定。

资料来源:商务部国际贸易经济合作研究院,中国驻新西兰大使馆经济商务处,商务部对外投资和经济合作司.对外投资合作国别(地区)指南-新西兰(2021 年版)[EB/OL].(2022-10-27).http://www.mofcom.gov.cn/dl/gbdqzn/upload/xinxilan.pdf.第 20 页。

8.4　金砖国家的国际服务贸易

2001 年,美国高盛公司首次提出 BRICs 概念,用巴西、俄罗斯、印度、中国四国英文名称首字母组成缩写词。因"BRICs"拼写和发音同英文单词"砖"(bricks)相近,中国媒体和学者将其译为金砖国家。2011 年,南非正式加入金砖国家,英文名称定为 BRICS。金砖国家合作机制成立以来,合作基础日益夯实,领域逐渐拓展,已经形成以领导人会晤为引领,以安全事务高级代表会议、外长会晤等部长级会议为支撑,在经贸、财金、科技、农业、文化、教育、卫生、智库、友城等数十个领域开展务实合作的多层次架构。[①] 近年来,金砖国家在国际服务贸易领域表现出相对较好的市场前景和发展潜力。

8.4.1　巴西的国际服务贸易发展

巴西位于南美洲东南部,北邻法属圭亚那、苏里南、圭亚那、委内瑞拉和哥伦比亚,西邻秘鲁、玻利维亚,南接巴拉圭、阿根廷和乌拉圭,东濒大西洋。服务业对巴西经济发展举足轻重,不仅是产值最高的行业,也是创造就业机会最多的行业。2020 年,保险、金融和通信服务、计算机和信息服务作为现代服务贸易占比接近 70%,主要贸易伙伴为美国、欧盟成员国及周边国家。[②]

1. 国际地位长期持续下滑

作为新兴经济体和发展中大国,巴西经济体系较为完整,门类齐全,服务业产值占国

---

① 外交部.国家和组织—国际和地区组织—金砖国家—组织(会议)概况[EB/OL].[2022-11-17].https://www.mfa.gov.cn/web/gjhdq_676201/gjhdqzz_681964/jzgj_682158/jbqk_682160/.

② 商务部国际贸易经济合作研究院,中国驻巴西大使馆经济商务处,商务部对外投资和经济合作司.对外投资合作国别(地区)指南-巴西(2021 年版)[EB/OL].(2022-10-27).http://www.mofcom.gov.cn/dl/gbdqzn/upload/baxi.pdf.第 2,14,24 页。

内生产总值超过七成,金融业较发达。① 从总体规模来看,观察期内,巴西对外服务贸易值处于下降通道之中,两次高点出现在 2014 年、2017 年,分别是 1 250.29 亿美元、1 044.02 亿美元;三次低点出现在 2012 年、2016 年和 2020 年,分别是 1 130.02 亿美元、940.76 亿美元和 757.34 亿美元。从相对规模来看,巴西对外服务贸易占世界服务贸易的比重除 2017 年较 2016 年微幅上扬 0.04 个百分点以外,观察期内的其他年份一直处于长期持续稳步下滑之中,从 2012 年的 2.50% 下滑到 2021 年的 1.35%,即 10 年间下滑了近 50%(图 8-48)。巴西对外服务贸易无论是从绝对规模来看,还是从相对规模来看,对于国际市场的影响都在收缩。

图 8-48　2012—2021 年巴西对外服务贸易国际地位

资料来源:WTO STATS. https://stats. wto. org/.

2. 进出口差额在波动中收窄

观察期内,巴西对外服务贸易值趋于下降,这主要是由服务贸易进口下降引发的;另外,巴西服务贸易一直处于逆差状态,却经历了扩大—收窄—再扩大—再收窄的过程。两次扩大分别发生于 2012—2014 年、2017 年;两次收窄分别发生在 2015—2016 年、2018—2021 年(图 8-49)。总体来看,收窄时间长于扩大时间,这在一定程度上可以说明巴西服务贸易出口发展态势相较进口要好一些。

3. 部门服务贸易以其他商业服务为主

从服务贸易进口结构来看,巴西服务贸易进口主要集中于其他商业服务部门,且波动较大,这一情形近年来更甚。观察期内,大多数部门表现不太稳定。旅游 2012—2019 年是巴西第二大服务贸易进口部门,但旅游服务贸易进口额占巴西服务贸易进口总额的比重波动最大,且处于下降通道之中,2020 年猛跌,跌破下降通道下边至 11.29%,2021 年继续下跌至 10.78%。其他商务服务是巴西服务贸易进口最大部门,占比在绝大多数年份居于四成上下波动,波动区间趋于扩大且上升,2013 年较 2012 年小幅下滑,2014—

① 商务部国际贸易经济合作研究院,中国驻巴西大使馆经济商务处,商务部对外投资和经济合作司. 对外投资合作国别(地区)指南-巴西(2021 年版)[EB/OL]. (2022-10-27). http://www. mofcom. gov. cn/dl/gbdqzn/upload/baxi. pdf. 参赞的话.

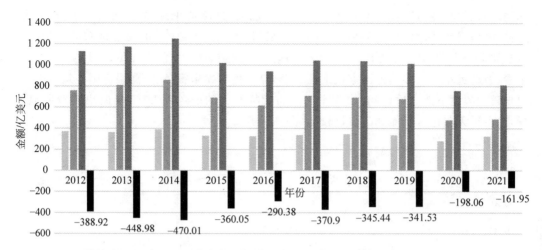

图 8-49　2012—2021 年巴西服务贸易进出口差额

资料来源：WTO STATS. https://stats.wto.org/.

2016 年连续上升,最高点 43.06％;2017—2019 年持续回落,低于 2014 年水平;经过 2020 年上升,并达历史高点 45.06％之后,2021 年再次回落至 36.68％,接近 2014 年水平。运输、电信/计算机/信息服务、知识产权使用费、保险和养老金服务亦在波动中上升,且较其他商业服务明显,其中运输进口占比在 2012—2019 年居于第 3 位,持续低于第 2 位的旅游 10 个百分点左右,2020—2021 年旅游猛跌,致使运输跃居第 2 位。其他部门相对平稳(图 8-50)。

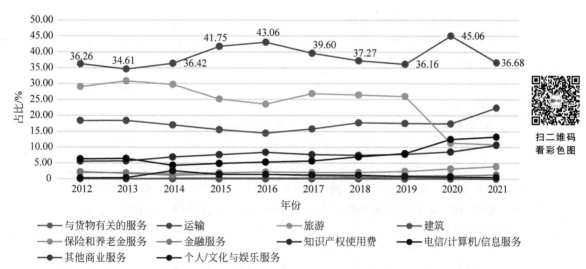

扫二维码
看彩色图

图 8-50　2012—2021 年巴西服务贸易进口结构

资料来源：WTO STATS. https://stats.wto.org/.

服务贸易出口结构基本与进口结构相似。其他商务服务是巴西服务贸易出口第一大部门,占比一直居于 47.00％以上,其中 2012—2013 年、2018—2021 年保持在 47.13％~

49.33％,2014—2017 年保持在 50.76％～54.73％,最高值出现在 2014 年,为 54.73％。运输、电信/计算机/信息服务是上升明显的部门,占比是 2021 年的第 2 位和第 3 位。旅游是波动最大的部门,从 2012—2019 年的第 2 位跌到 2021 年的第 4 位,但是从全球角度来看,波动远小于很多其他国家或地区。个人/文化与娱乐服务、金融服务则是从 2013 年出现较大幅度下挫之后,一直表现平平。与货物有关的服务在 2018 年时出现较明显上扬,之后再无起色。其他部门占比较小(图 8-51)。

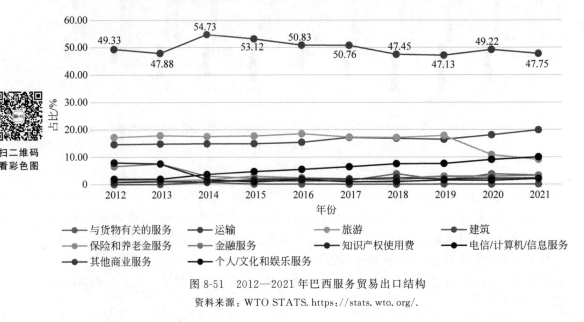

扫二维码
看彩色图

图 8-51　2012—2021 年巴西服务贸易出口结构

资料来源：WTO STATS. https://stats.wto.org/.

4. 建筑是唯一长期优势部门

观察期内,TC 指数一直大于零的只有建筑,但由原先的具有较强优势转变为较弱优势;观察期基本可以划分为两个阶段,即 2014—2019 年在 0.11 幅度内波动,最高 TC 指数是 2019 年的 0.875,最低 TC 指数是 2018 年的 0.750;2020—2021 年猛跌,跌破区间下边,到 0.440。

TC 指数由小于零转为大于零的部门是与货物有关的服务。虽然该部门竞争优势增长得有些波折,但是趋势向好,2021 年 TC 指数为 0.643。

TC 指数在大于零与小于零、小于零与大于零之间交替变动的是金融服务、个人/文化与娱乐服务。其中,金融服务波动较小,特别是 2018 年 TC 指数达到 0.236,之后 3 年比较稳定,在一定程度上说明巴西金融服务已经具有比较稳定的较小的竞争优势;个人/文化和娱乐服务波动较大,2019—2021 年上升速度较快、势头较猛,2021 年 TC 指数为 0.443。

TC 指数一直小于零,且处于上升通道的是运输、旅游、知识产权使用费。其中,知识产权使用费相对更平稳一些,在一定程度上说明巴西的研发投入力度和投入效果都有待进一步加强;运输、旅游上升通道更陡峭一些。需要特别说明的是,旅游是受疫情冲击最大的部门,但是巴西旅游业 TC 指数依然在上升通道的上边,这在一定程度上可以说明巴西旅游正在积聚竞争优势,后续如何,还需要观察。

TC 指数一直小于零,且先平稳后急速上升的部门是其他商业服务。2012—2020 年,其他商业服务 TC 指数基本保持在 0.200 上下窄小区间内,2021 年快速上升至 −0.070,竞争劣势快速减弱。

TC 指数一直小于零,波动较大的是保险和养老金服务、电信/计算机/信息服务,不过,波动都在缩小,说明两部门竞争劣势都在减弱,2021 年 TC 指数分别是 −0.415、−0.330(表 8-15)。

表 8-15　2012—2021 年巴西部门服务贸易 TC 指数

部　　门	2012 年	2013 年	2014 年	2015 年	2016 年	2017 年	2018 年	2019 年	2020 年	2021 年
与货物有关的服务	−0.333	−0.458	0.303	0.393	0.341	0.387	0.680	0.185	0.690	0.643
运输	−0.440	−0.471	−0.432	−0.371	−0.279	−0.318	−0.356	−0.364	−0.243	−0.256
旅游	−0.551	−0.589	−0.578	−0.496	−0.413	−0.532	−0.510	−0.492	−0.279	−0.281
建筑	—	—	0.864	0.797	0.783	0.867	0.750	0.875	0.700	0.440
保险和养老金服务	−0.479	−0.532	−0.369	−0.144	−0.261	−0.347	−0.449	−0.243	−0.447	−0.415
金融服务	0.187	0.313	0.085	−0.160	−0.092	−0.018	0.236	0.209	0.253	0.245
知识产权使用费	−0.877	−0.851	−0.881	−0.801	−0.775	−0.788	−0.723	−0.782	−0.730	−0.760
电信/计算机/信息服务	−0.733	−0.761	−0.435	−0.360	−0.286	−0.292	−0.293	−0.354	−0.401	−0.330
其他商业服务	−0.202	−0.236	−0.189	−0.244	−0.232	−0.242	−0.222	−0.215	−0.220	−0.070
个人/文化和娱乐服务	0.864	0.802	−0.531	−0.512	−0.202	−0.468	−0.402	−0.029	0.154	0.443
巴西服务贸易总况	−0.344	−0.382	−0.376	−0.353	−0.309	−0.355	−0.333	−0.337	−0.262	−0.199

资料来源:WTO STATS. https://stats.wto.org/.

延伸阅读

巴西签署的主要经贸协定

根据巴西政府部门发布的信息,巴西对外签署的经贸协定中,正在执行的协定有 20 个,涉及阿根廷、墨西哥、哥伦比亚、安哥拉等国家及南共市、南部洲联盟等(表 8-16)。

表 8-16　巴西对外签署的主要经贸协定

序号	协 定 名 称	签 署 时 间
1	巴西和乌拉圭第 2 号经济互补协议(ACE 02),最初称为商业扩展协议(PEC)	1982 年
2	拉丁美洲一体化协会(ALADI)第 04 号区域关税优惠协议(APTR04)(建立了区域关税优惠)	1984 年
3	巴西—阿根廷第 14 号经济互补协议(ACE14)	1990 年
4	阿根廷、巴西、巴拉圭和乌拉圭在《亚松森条约》(成立南共市文件)的框架内签署了第 18 号经济互补协议(ACE18)	1991 年
5	南方共同市场国家与玻利维亚签署第 36 号经济互补协议(ACE 36)	1996 年
6	南方共同市场和智利签署第 35 号经济互补协议(ACE35)	1996 年
7	巴西和圭亚那第 38 号部分优惠协议	2001 年
8	巴西与墨西哥签署三项经济互补协议(ACE53、54、55)	2002 年
9	南方共同市场与哥伦比亚、厄瓜多尔和委内瑞拉第 59 号经济互补协定(ACE59)	2004 年

续表

序号	协定名称	签署时间
10	南方共同市场—印度优惠贸易协定（ACP）	2004 年
11	巴西和苏里南第 41 号经济互补部分优惠协议	2005 年
12	南方共同市场与秘鲁第 58 号经济互补协议（ACE58）	2005 年
13	南方共同市场与古巴第 62 号经济互补协议（ACE62）	2006 年
14	南方共同市场与南部非洲关税同盟（SACU）优惠贸易协定（ACP）	2008 年
15	南方共同市场与埃及自由贸易协定（FTA）	2010 年
16	南方共同市场—以色列自由贸易协定	2010 年
17	巴西和委内瑞拉第 69 号经济互补协议（ACE69）	2012 年
18	巴西—墨西哥投资合作和便利化协议（ACFI）	2015 年
19	巴西—安哥拉投资合作和便利化协议（ACFI）	2015 年
20	南方共同市场与哥伦比亚第 72 号经济互补协议（ACE72）	2017 年

资料来源：巴西政府官网。转引自商务部国际贸易经济合作研究院，中国驻巴西大使馆经济商务处，商务部对外投资和经济合作司. 对外投资合作国别（地区）指南-巴西（2021 年版）[EB/OL]. (2022-10-27). http://www.mofcom. gov. cn/dl/gbdqzn/upload/baxi. pdf. 第 21,22 页.

8.4.2　俄罗斯的国际服务贸易发展

俄罗斯横跨欧亚大陆，东西最长 9 000 千米，南北最宽 4 000 千米，领土包括欧洲的东部和亚洲的北部，是世界上国土最辽阔的国家。俄罗斯国界线长 60 933 千米，其中，海岸线长达 38 807 千米，濒临大西洋、北冰洋、太平洋的 12 个海；陆界长达 14 509 千米，与 14 个国家接壤，南部和东南部同中国、朝鲜接壤，南连哈萨克斯坦、蒙古、格鲁吉亚、阿塞拜疆，西南连接乌克兰，西部与芬兰、白俄罗斯、爱沙尼亚、拉脱维亚、立陶宛、挪威毗邻而居。加里宁格勒州与波兰、立陶宛相邻。东面与日本和美国隔海相望。2019 年，俄罗斯第一产业（农、林、牧、渔业）产值占 GDP 的 3.7%，第二产业产值（采矿业、制造业、电力、燃气及水的生产和供应业、建筑业）占 36%，第三产业产值占 60.3%。俄罗斯主要服务贸易伙伴包括欧盟国家、APEC 成员、OECD 国家和金砖国家。[①]

1. 国际地位长期下跌

俄罗斯国际服务贸易的国际地位长期下跌。从对外服务贸易值来看，观察期内，俄罗斯对外服务贸易值步入下跌通道。自 2014 年开始，受世界经济形势等因素影响，俄罗斯对外服务贸易值持续 3 年回落，2017 年开始复苏，且呈连续性恢复增长，2019 年恢复到 1 594.61 亿美元，自 2020 年受疫情等因素影响再次出现回落，至 1 115.31 亿美元，低于 2016 年的低点 1 229.14 亿美元，2021 年小幅回升，至 1 303.6 亿美元，略高于 2016 年低点水平。与绝对规模相似，俄罗斯对外服务贸易值占世界服务贸易总额的比重也处于下跌通道之中。但是具体情况稍有差异，2013 年占比最高，为 4.05%，2014—2016 年持续下跌，跌落 1.6 个百分点，2017 年恢复了 0.19 个百分点至 2.64%，2018—2019 年并没有

与绝对规模同步上升,而是微幅缓慢下滑,2020 年较大幅度下滑,2021 年继续下滑,但仅下滑 0.01 个百分点,下滑速度明显放缓,或者说与 2020 年基本持平(图 8-52)。

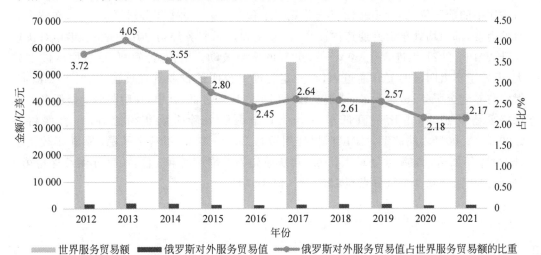

图 8-52　2012—2021 年俄罗斯对外服务贸易国际地位

资料来源:WTO STATS. https://stats. wto. org/.

2. 进口优于出口的态势正在减弱

俄罗斯服务贸易进口长期优于出口,且正在减弱。观察期内,俄罗斯服务贸易进出口一直表现为逆差,说明服务贸易进口优于出口;与此同时,经历了扩大—收窄—扩大—收窄—扩大的过程,且后期的差额扩大程度明显低于前期,说明俄罗斯服务贸易进口优于出口的态势正在减弱,但同时也说明这种减弱的脆弱性。2021 年,俄罗斯服务贸易进出口逆差为 190.56 亿美元(图 8-53)。

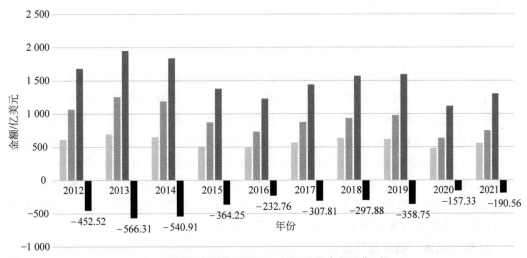

图 8-53　2012—2021 年俄罗斯服务贸易进出口差额

资料来源:WTO STATS. https://stats. wto. org/.

3. 运输、其他商业服务占比较高且发展势头良好

从服务贸易进口结构来看,观察期,其他商业服务、运输一直居于俄罗斯服务贸易进口占比中的前3位,2012—2019年分居第2、3位,2020—2021年分居第1、2位,在整个观察期内,两部门均处于上升通道内。个人/文化和娱乐服务经历2012—2018年相对快速上升,2019—2021年进入1.50%～2.00%的窄幅波动。电信/计算机/信息服务波动较大,但处于不太明显的上升通道内,在一定程度上说明该行业有发展苗头,但不太稳定。保险与养老金服务、金融服务、知识产权使用费占比均过低,其中,保险与养老金服务基本保持平稳状态,但占比一直低于2.00%;金融服务除个别年份之外,一直保持在2.00%～3.00%之间波动;知识产权使用费在2012—2019年基本平稳,2020年较大上升,2021年回落。旅游波动最大,2020年从原先的首位跌到第3位,2021年继续保持第3位,但占比回升0.9个百分点至15.20%(图8-54)。

扫二维码
看彩色图

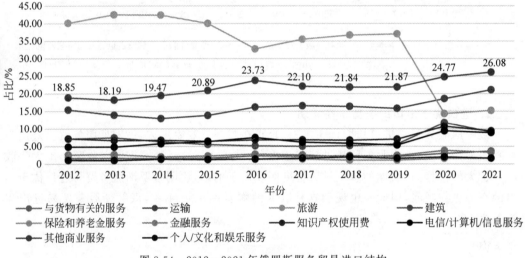

图 8-54　2012—2021 年俄罗斯服务贸易进口结构

资料来源:WTO STATS, https://stats.wto.org/.

从服务贸易出口结构来看,观察期,运输、其他商业服务一直居于俄罗斯服务贸易出口占比中的前两位,其中,运输一直占三成以上,2013—2017年攀升,2018—2020年稳定在34.75%上下,2021年回落至34.07%,表明运输在俄罗斯服务贸易出口中的地位相对坚挺;其他商业服务较运输波动大一些,2013—2018年持续下跌,2019—2020年小幅回升,2021年微幅回落0.01%。旅游波动最大,2020年跌出前3,至第5位,占比为7.20%。电信/计算机/信息服务、知识产权使用费呈现较明显上升;建筑在波动中逐渐呈现上升;金融服务在2012—2019年基本平稳,2020—2021年出现上升;保险和养老金服务则窄幅波动;与货物有关的服务处于下降通道之中(图8-55)。

4. 运输是唯一微弱优势部门

观察期内,TC指数一直大于零的部门只有运输,运输是俄罗斯长期一直保持微弱优势的部门,且在窄幅波动中先上行、后下行,TC指数最高的年份出现在2016年,为0.183。

TC指数处于上升通道的是知识产权使用费、旅游、保险和养老金服务、电信/计算

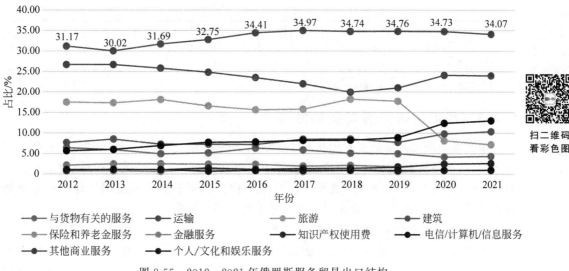

图 8-55　2012—2021 年俄罗斯服务贸易出口结构

资料来源：WTO STATS. https://stats.wto.org/.

机/信息服务,其中,知识产权使用费 TC 指数虽然一直小于零,却是一路上扬,在一定程度上说明俄罗斯注重知识产权投入,竞争优势正在积聚;旅游属于在波动中形成上升通道,虽然 2020 年受疫情冲击,但是 TC 指数仍然处于上升通道之中,竞争优势并未受到太大影响;保险和养老金服务波动区间更大一些,TC 指数小于零,但也形成一个明显上升通道,这在一定程度上说明该部门正在努力改进,但是难度较大,稳定性有待进一步加强;电信/计算机/信息服务是各部门中竞争优势上升最快的一个部门,TC 指数由小于零转为大于零,由原先的较小劣势已经积聚发展为具有微弱优势。

　　TC 指数由大于零到小于零的是与货物有关的服务,该部门 TC 指数处于一个明显下降通道,由较小优势到微弱劣势。

　　TC 指数一直小于零,且大部分年份处于一路下滑的是其他商业服务。尽管 2020 年 TC 指数有所回升,但 2021 年再次下滑。

　　TC 指数最不稳定的是建筑、个人/文化和娱乐服务、金融服务。其中,建筑由较小劣势到较弱优势再到较小劣势;个人/文化和娱乐服务劣势较快扩大,之后又逐渐缓慢收窄;金融服务 TC 指数一直小于零,虽有积聚优势的趋势,但是不太稳定(表 8-17)。

表 8-17　2012—2021 年俄罗斯部门服务贸易 TC 指数

部　门	2012 年	2013 年	2014 年	2015 年	2016 年	2017 年	2018 年	2019 年	2020 年	2021 年
与货物有关的服务	0.388	0.337	0.270	0.274	0.300	0.264	0.201	0.185	0.023	−0.060
运输	0.076	0.085	0.142	0.159	0.183	0.155	0.182	0.164	0.169	0.092
旅游	−0.598	−0.634	−0.622	−0.612	−0.509	−0.553	−0.495	−0.535	−0.402	−0.479
建筑	−0.232	−0.226	−0.228	−0.133	−0.023	0.046	0.058	−0.072	−0.229	−0.081
保险和养老金服务	−0.512	−0.455	−0.614	−0.390	−0.432	−0.570	−0.325	−0.483	−0.414	−0.359
金融服务	−0.356	−0.332	−0.201	−0.248	−0.270	−0.347	−0.160	−0.360	−0.353	−0.267
知识产权使用费	−0.840	−0.838	−0.847	−0.772	−0.802	−0.782	−0.755	−0.743	−0.708	−0.661
电信/计算机/信息服务	−0.193	−0.187	−0.207	−0.171	−0.167	−0.073	−0.021	0.023	−0.004	0.042
其他商业服务	−0.102	−0.107	−0.161	−0.182	−0.194	−0.216	−0.233	−0.243	−0.154	−0.187

续表

部　　门	2012 年	2013 年	2014 年	2015 年	2016 年	2017 年	2018 年	2019 年	2020 年	2021 年
个人/文化和娱乐服务	−0.335	−0.243	−0.406	−0.524	−0.418	−0.490	−0.515	−0.497	−0.494	−0.419
俄罗斯服务贸易总况	−0.269	−0.291	−0.294	−0.264	−0.189	−0.214	−0.190	−0.225	−0.141	−0.146

资料来源：WTO STATS. https://stats.wto.org/.

8.4.3 印度的国际服务贸易发展

印度是南亚次大陆最大的国家。印度东北部同中国、尼泊尔、不丹接壤,东部与缅甸为邻,东南部与斯里兰卡隔海相望,西北部与巴基斯坦交界。东临孟加拉湾,西濒阿拉伯海,海岸线长约 8 000 千米。[①] 服务业有力促进了印度经济增长,也促进了印度服务贸易发展,使印度成为服务贸易进出口盈余的极少数发展中国家。

1. 对世界服务贸易的贡献正在稳定上升

从绝对规模来看,观察期内,印度对外服务贸易值除个别年份外,基本上处于持续上升态势,特别是 2016—2019 年可以说是一路高歌,2020 年受挫回调之后,2021 年迅速恢复,并超过 2019 年创下历史峰值,达到 4 348.74 亿美元。从相对规模来看,印度对外服务贸易值占世界服务贸易额的比重在 2013—2014 年下滑之后,2015—2021 年持续上升,从 5.64% 一路上升到 7.25%,共计上升了 1.61%,显示出印度服务贸易的国际地位正在持续较稳定上升(图 8-56)。

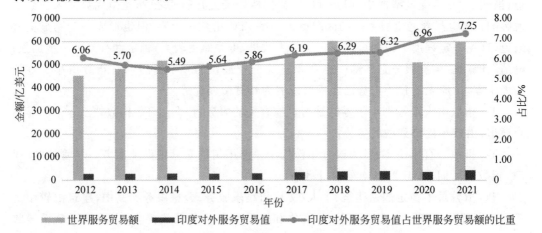

图 8-56　2012—2021 年印度对外服务贸易国际地位

资料来源：WTO STATS. https://stats.wto.org/.

2. 进出口顺差持续保持且趋于扩大

与大多数发展中国家或地区不同的是,印度服务贸易进出口持续顺差,而且顺差处于上升通道之中,大大利于印度创汇,及其国际收支改善。观察期内,2016 年、2018 年、2021年出现调整,其他年份均处于上升之中,特别是 2012—2015 年和 2019—2020 年更是保持

[①]　商务部国际贸易经济合作研究院,中国驻印度大使馆经济商务处,商务部对外投资和经济合作司. 对外投资合作国别(地区)指南-印度(2021 年版)[EB/OL]. (2022-10-27). http://www.mofcom.gov.cn/dl/gbdqzn/upload/yindu.pdf. 第 2 页.

较快上升速度,2021 年达到 448.38 亿美元,是 2012 年的 2.84 倍(图 8-57)。

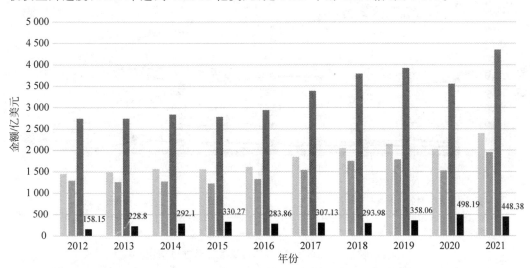

图 8-57　2012—2021 年印度服务贸易进出口差额

资料来源：WTO STATS. https://stats.wto.org/.

3. 部门服务贸易集中度较高

印度部门服务贸易表现出较高的集中度。从服务贸易进口结构来看,2012—2020 年居前 3 位的部门分别是运输、其他商业服务、旅游;2021 年,旅游由第 3 位退居第 4 位,电信/计算机/信息服务进位到第 3。但不管如何变化,前三者合计占比均达七成以上。其中,运输在波动中下跌,2021 年较 2020 年出现较大回升,至 42.38%,基本接近 2015 年的水平;其他商业服务与运输的轨迹正好相反。旅游在 2012—2019 年窄幅波动,基本平稳,2020—2021 年出现观察期内最大幅度下滑。电信/计算机/信息服务出现较大幅度上涨。

与电信/计算机/信息服务轨迹相似的是知识产权使用费,个人/文化和娱乐服务,除个别年份外,两部门基本处于稳定上升过程中,再一次说明知识型服务贸易在印度部门服务贸易中的地位逐渐提升,究其原因,主要在于印度自 20 世纪 90 年代开始进行全面市场化改革,吸引外国资本进入印度市场,跟随而来一些相应的服务部门,从而导致服务贸易进口增加。

金融服务、保险与养老金服务均处于下跌态势。其中,金融服务在较大波动中基本形成下降通道,不过,通道渐宽且渐缓,2021 年没有继续 2020 年的上升突破,而是回落,如果没有利好消息,金融服务有可能继续在下降通道中波动。保险与养老金服务持续下跌,不过其跌速渐缓,2021 年恢复性回升,达到 2019 年的水平,能否持续,需要后观(图 8-58)。

从服务贸易出口结构来看,主要集中于其他商业服务、电信/计算机/信息服务,合计占比超过七成。2016 年之前,电信/计算机/信息服务居首位,其他商业服务居次席;2016 年之后,其他商业服务居首位,电信/计算机/信息服务退居次席。究其原因,有可能是印度从 1990 年开始软件行业猛增,成为"世界软件动力室",使电信/计算机/信息服务成为印度第一大出口部门。但同样,对外部市场过度依赖,也有可能引致印度电信/计算机/信息服务出口的波动,所以印度电信/计算机/信息服务出口占比并不平稳。

图 8-58　2012—2021 年印度服务贸易进口结构

资料来源：WTO STATS. https://stats.wto.org/.

金融服务占比一直低于 5.00%，且持续下跌。这在一定程度上说明，印度金融服务竞争力在弱化，需要进一步改革。

运输与金融服务同属于资本密集型部门，但轨迹有些许差异。运输先降后升，2015年之前缓降，2015—2020 年缓升，2021 年上升速度加快。

旅游经历了 2012—2017 年的缓升，到 2018—2019 年的基本平稳，再到 2020—2021年的较快下降。

未归类服务，即其他，波动得有些杂乱，不过 2019—2021 年基本平稳（图 8-59）。

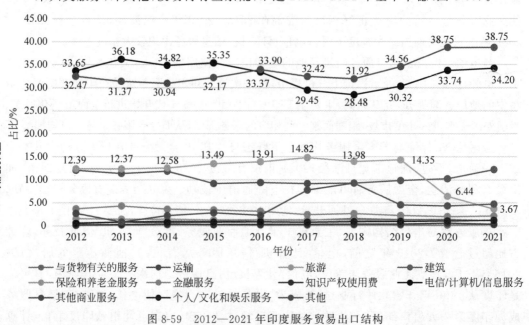

图 8-59　2012—2021 年印度服务贸易出口结构

资料来源：WTO STATS. https://stats.wto.org/.

4. 外向 FATS 以专业/科学与技术活动为主

印度 FATS 统计中,只有外向 FATS,且只有专业/科学与技术活动、金融与保险。其中,专业/科学与技术活动基本上经历了先升后跌的过程,2012—2015 年较快速上升,由 99.78 亿美元升至 270.21 亿美元;2016—2018 年持续 3 年回落;2019 年小幅回升,2020 年恢复下跌。金融服务外向 FATS 规模较小,且呈现分阶段下跌。只有 2013 年、2017 年分别较上一年小幅回升,其中 2013 年居于历史高点,为 13.97 亿美元;其他年份,即 2014—2016 年、2018—2020 年均处于下跌过程(图 8-60)。

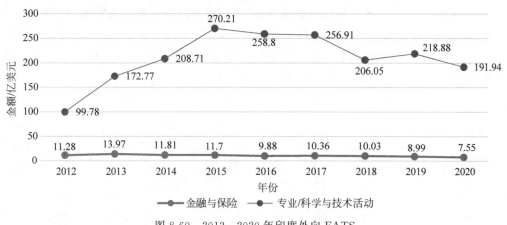

图 8-60　2012—2020 年印度外向 FATS

资料来源:WTO STATS. https://stats.wto.org/.

延伸阅读

印度与其他国家签署自由贸易协定的情况

印度与东盟、不丹、阿富汗、斯里兰卡、日本、韩国、马来西亚、新加坡、智利签有自由贸易协议,印度、孟加拉国、斯里兰卡、尼泊尔、不丹、马尔代夫六国共同签署了南亚自由贸易区(SAFTA)协议。

印度与南方共同市场于 2003 年签署框架协议,确定分两个阶段达成自由贸易协议,2004 年签署优惠贸易协定(PTA)。

此外,印度还在与海合会、南方共同市场、南部非洲关税同盟、欧盟、澳大利亚、新西兰、印度尼西亚、以色列等伙伴进行自贸协议谈判,并参与区域全面经济伙伴关系谈判。

资料来源:商务部国际贸易经济合作研究院,中国驻印度大使馆经济商务处,商务部对外投资和经济合作司.对外投资合作国别(地区)指南—印度(2021 年版)[EB/OL]. (2022-10-27). http://www.mofcom.gov.cn/dl/gbdqzn/upload/yindu.pdf. 第 17 页.

8.4.4　南非的国际服务贸易发展

南非位于非洲大陆最南端,北面接壤纳米比亚、博茨瓦纳和津巴布韦,东北毗邻莫桑比克和斯威士兰。莱索托是南非国中国,被南非领土包围。位于开普敦东南 1 920 千米大西洋上的爱德华王子岛及马里昂岛亦为南非领土。南非东、南、西三面濒临印度洋和大西洋,扼两大洋交通要冲,地理位置十分重要,海岸线长达 3 000 多千米。南非金融、法律体系健全;金融业发达,律师事务所、会计师事务所等第三方专业服务能力强;基础设施较发达,劳动力资源丰富,具有一定的科研和创新能力,是非洲地区制造业和服务外包产业基地。[①]

1. 国际地位持续趋弱

观察期内,尽管 2017—2018 年出现复苏迹象,但并没有改变南非对外服务贸易整体下滑的趋势;2019 年微幅回落,2020 年放大跌幅,2021 年继续跌势,跌势较 2020 年明显放缓,后续如何,还需观察。从相对规模来看,南非对外服务贸易值占世界服务贸易总额的比重非常小,而且形成明显持续下滑趋势,由 2012 年的 0.79% 一路下滑至 2021 年的 0.37%(图 8-61)。这种情形在一定程度上说明南非服务贸易受到了国际经济形势影响,也说明南非服务贸易的国际竞争力有待进一步提升。

图 8-61　2012—2021 年南非对外服务贸易国际地位

资料来源:WTO STATS. https://stats.wto.org/.

2. 进口态势不稳定地强于出口

南非服务贸易进口态势强于出口,但是表现不甚稳定。观察期内,南非服务贸易进出口顺差与逆差不断交替,2012—2013 年、2015—2017 年、2019—2021 年进口态势强于出口,表现为逆差;2014 年、2018 年出口态势强于进口,表现为顺差,且很小。因此可以说南非服务贸易进口态势要强于出口。特别是 2020 年,受疫情影响,南非服务贸易进出口逆差突然扩大,2021 年进一步扩大;换一种说法,服务贸易进口恢复快于出口,再次说明南非服务贸易进口态势强于出口(图 8-62)。

---

① 商务部国际贸易经济合作研究院,中国驻南非共和国大使馆经济商务处,商务部对外投资和经济合作司. 对外投资合作国别(地区)指南—南非(2021 年版)[EB/OL]. (2022-10-27). http://www.mofcom.gov.cn/dl/gbdqzn/upload/nanfei.pdf. 第 2,36 页.

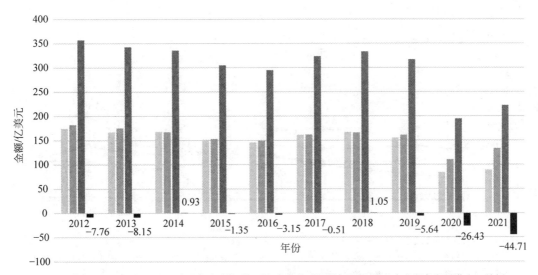

图 8-62　2012—2021 年南非服务贸易进出口差额

资料来源：WTO STATS. https://stats.wto.org/.

3. 电信/计算机/信息服务占比持续上升

从服务贸易进口结构来看,观察期内,电信/计算机/信息服务进口额占南非服务贸易进口总额的比重持续上升,从 2012 年的 5.58% 一路上扬至 2021 年的 24.23%,占比从第 5 位升至第 2 位。其中 2020 年上升速度加快,2021 年放缓。

运输占比一直居于首位,但是处于渐缓的下跌通道之中。其中,2013 年、2015—2016 年、2019—2020 年均出现下跌,2014 年、2017—2018 年、2021 年回升,但是下跌幅度明显大于回升幅度。

旅游与电信/计算机/信息服务趋势正好相反,观察期内,虽然有个别年份回升,但却难抑跌势,特别是 2020—2021 年受疫情冲击,出现迅猛下跌,跌幅超过 50%,占比跌至 8.43%,也由 2012—2019 年的第 2 位退居第 5 位。

金融服务、保险与养老金服务、个人/文化和娱乐服务在基本稳定中呈现出微幅上升,但是占比很小。

其他商业服务、知识产权使用费在较小区间内波动,观察期内,占比集中于 10.00%～15.00% 之间,一直分居南非服务贸易进口的第 3、4 位(图 8-63)。

从服务贸易出口结构来看,电信/计算机/信息服务出口额占南非服务贸易出口总额的比重先是缓步上升,后较快速上升,但排位仅为第 5。南非服务贸易出口占比经过 2020—2021 年连续两年较快速上升的部门还有其他商业服务、金融服务、个人/文化和娱乐服务,特别是其他商业服务,已经由 2019 年的 15.96% 升至 2021 年的 31.94%,升幅超过 1 倍,同时跃升至第 1 位。

旅游、运输均居于降势之中。其中,旅游在 2012—2019 年缓降,2020 年断崖式下跌,2021 年延续下跌,但放缓,由 2012—2020 年的首位,退居次位。运输在 2013 年回升,2014—2018 年持续缓缓下滑,2019—2020 年再次回升,2021 年恢复下跌。

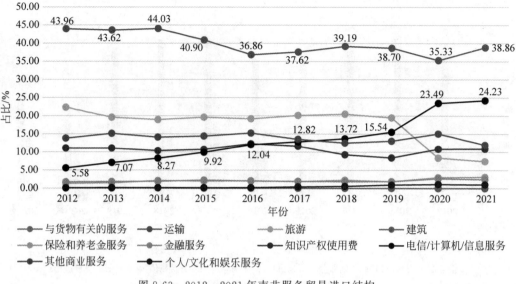

图 8-63　2012—2021 年南非服务贸易进口结构

资料来源：WTO STATS. https://stats.wto.org/.

其他部门占比小，且相对稳定（图 8-64）。

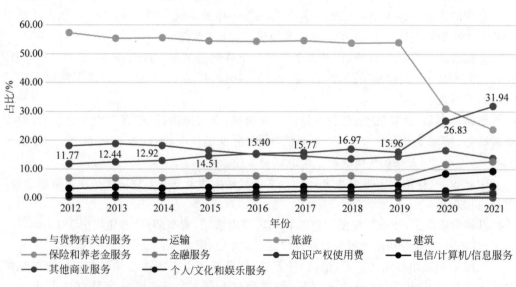

图 8-64　2012—2021 年南非服务贸易出口结构

资料来源：WTO STATS. https://stats.wto.org/.

4. 多个部门具有竞争优势

南非服务贸易总体 TC 指数在微弱劣势和微弱优势之间波动，其中，仅 2014 年和 2018 年表现为微弱优势，其他年份为微弱劣势。但是南非多个服务贸易部门具有一定竞争优势，另外一些则具有一定竞争劣势，各部门分化较大。

与货物有关的服务、旅游、建筑、金融服务、个人/文化和娱乐服务均有一定竞争优势。与货物有关的服务、建筑、金融服务具有较强优势,其中,与货物有关的服务 TC 指数在波动中呈现上升趋势,且正在形成较明显上升通道;建筑 TC 指数在多数年份均超过 0.500,只有 2014 年、2021 年低于 0.500;金融服务 TC 指数多数年份均超过 0.550,2018 年超过 0.600,达到 0.610。旅游具有较小竞争优势,TC 指数 2012—2020 年在 0.400～0.500 之间波动,2021 年回落至 0.360。个人/文化和娱乐服务虽有一定竞争优势,但是并不稳定,TC 指数波动较大,2013—2015 年 TC 指数微幅上升,2016—2020 年持续下跌,且跌速逐渐加快,2021 年回升,超过 2019 年的水平。

其他商业服务是唯一一个由微弱竞争劣势到较小竞争优势的部门,TC 指数由小于零转为大于零,且形成明显上升通道。

保险和养老金服务、电信/计算机/信息服务、运输、知识产权使用费均处于一定程度的竞争劣势。其中,保险和养老金服务波动相对较大,TC 指数 2012—2017 年波动下跌,竞争劣势加大;TC 指数 2018—2019 年相对平稳,劣势相对稳定;TC 指数 2020—2021 年回升,劣势减弱。电信/计算机/信息服务竞争劣势持续扩大,TC 指数一路下跌。运输竞争劣势在微幅波动扩大,TC 指数在波动中负值加大。知识产权使用费先是竞争劣势逐渐减弱,再到劣势缓增,TC 指数在 2012—2018 年逐渐上升,2019—2021 年逐渐回落(表 8-18)。

表 8-18　2012—2021 年南非部门服务贸易 TC 指数

部　门	2012 年	2013 年	2014 年	2015 年	2016 年	2017 年	2018 年	2019 年	2020 年	2021 年
与货物有关的服务	0.707	0.821	0.840	0.800	0.730	0.765	0.864	0.846	0.927	1.000
运输	−0.435	−0.419	−0.415	−0.430	−0.428	−0.444	−0.483	−0.471	−0.475	−0.617
旅游	0.421	0.459	0.493	0.467	0.470	0.460	0.451	0.455	0.475	0.360
建筑	0.515	0.548	0.484	0.538	0.545	0.565	0.565	0.600	0.571	0.429
保险和养老金服务	−0.335	−0.432	−0.570	−0.572	−0.685	−0.918	−0.909	−0.929	−0.721	−0.351
金融服务	0.582	0.565	0.569	0.546	0.579	0.585	0.610	0.570	0.536	0.547
知识产权使用费	−0.875	−0.870	−0.853	−0.857	−0.859	−0.845	−0.788	−0.800	−0.810	−0.830
电信/计算机/信息服务	−0.282	−0.344	−0.426	−0.469	−0.524	−0.531	−0.562	−0.567	−0.570	−0.593
其他商业服务	−0.101	−0.122	−0.041	−0.001	−0.006	0.074	0.154	0.082	0.151	0.280
个人/文化和娱乐服务	0.762	0.740	0.763	0.821	0.813	0.700	0.621	0.438	0.271	0.451
南非服务贸易总况	−0.022	−0.024	0.003	−0.004	−0.011	−0.002	0.003	−0.018	−0.136	−0.201

资料来源:WTO STATS. https://stats.wto.org/。

 延伸阅读

南非与其他国家签署自由贸易协定的情况

非洲大陆自由贸易区(AfCFTA)是非洲 44 个国家签署成立的自由贸易区,旨在通过加强人员、资本、货物和服务的自由流动,促进农业发展、粮食安全、工业化和结构性经济转型,从而深化非洲经济一体化。2018 年 3 月 21 日,非洲 44 个国家在卢旺达首都基加利举行的非洲联盟(非盟)首脑特别会议上签署成立非洲大陆自由贸易区协议。2019 年 7 月 7 日,非洲联盟非洲大陆自由贸易区特别峰会在尼日尔首都尼亚美开幕,会议正式宣布非洲大陆自贸区成立。2021 年 1 月 1 日,非洲大陆自由贸易区启动,这是非洲区域一体化和经济转型的一个重要里程碑。

此外,南非积极开展与南亚、拉丁美洲等的发展中国家自贸谈判。2002年,南部非洲关税同盟与印度就签署优惠贸易协议达成框架协议;2004年就关税减让作出规定,拟将其扩大为完整的自贸协议;2008年双方开始正式谈判,就关税减让交换清单。2016年,南部非洲关税同盟与南方共同市场签署普遍优惠贸易协议,为双方1 000个税号的商品提供贸易优惠,也是该关税同盟首个与其他区域组织签署的贸易协议。

资料来源:商务部国际贸易经济合作研究院,中国驻南非共和国大使馆经济商务处,商务部对外投资和经济合作司.对外投资合作国别(地区)指南—南非(2021年版)[EB/OL].(2022-10-27).http://www.mofcom.gov.cn/dl/gbdqzn/upload/nanfei.pdf.第30页.

8.5　案例分析:花旗集团——全球公认的最成功的金融服务集团之一

8.5.1　基本案例

花旗集团(Citigroup),总部位于美国纽约,是被公认的全球成功的金融服务集团之一。它是花旗公司与旅行者集团于1998年合并而成的。花旗公司的前身是成立于1812年的花旗银行,花旗银行最早被称为"纽约城市银行"(City Bank of New York);1865年,"纽约城市银行"加入国民银行体系,改称"纽约国民城市银行"(National City Bank of New York);1955年收购纽约市的"第一国民银行"(First National Bank),名称改为"纽约第一国民花旗银行(First National City Bank of New York)",此前,花旗银行的标准名称是"纽约国民花旗银行"(National City Bank of New York)。1968年又变成单一银行持股公司"第一国民城市公司"(First National City Corporation)的子公司。1974年,持股公司名称改为"花旗公司"(Citicorp);两年后,银行名称改为"花旗银行"(Citibank, N. A.),也实现了它梦寐以求的目标,即从一家小银行发展成了一个全球化的金融服务公司。旅行者集团的前身则是成立于1864年的旅行者人身及事故保险公司(Travelers Life and Accident Insurance Company),主要经营保险业。在收购美邦经纪公司(Smith Barney)后,经营范围扩大到证券经纪、投资金融服务领域,1997年以90亿美元兼并了美国所罗门兄弟公司,成立所罗门·美邦投资公司。

8.5.2　案例分析

作为花旗集团的前身之一,花旗银行在其发展过程中,在为跨国公司提供服务中尽拔头筹。继1914年在阿根廷的布宜诺斯艾利斯(Buenos Aires)开设了第一家海外分行,为在那里建立子公司的美国跨国公司提供服务之后,20世纪60年代,花旗银行的海外分行快速扩张,在相当大的程度上回应美国跨国公司速度迅猛的海外市场布局的需要。20世纪60—70年代,美国最大的工业企业是跨国公司,也有大量的海外直接投资。其中约占88.24%在海外投资的美国企业,长期以来都是花旗银行的客户,而且这些企业在花旗银行的账户,基本上都是最大的账户。20世纪60年代,它们在花旗银行账户有保留的存款余额平均要超过 300 万美元,总的活期存款大约有 5.19 亿美元,占花旗银行全部活期存款总额的 10%。随着美国大公司国际化业务不断发展,国际化运作不断调整,花旗银行要帮助跨国公司全球性的资金经理进行现金管理和资本筹措,由此也为花旗银行提供了极大的发展机会。在不断满足跨国公司需求、提供更好服务的过程中,花旗银行逐步发展成为全球性金融服务公司。

事实上,花旗集团如花旗银行一样,"它经历了多次战争、多次危机和恐慌;它有过一帆风顺的时候,也遭遇过灭顶之灾。在经历了多次风雨之后,它在国内和海外稳定地发展,并持续保持着行业内的领导地位"。2021 年机构客户集团营收 438.87 亿美元,其中北美洲、EMEA(欧洲、中东、非洲)国家、拉丁美洲、亚洲分别为 167.48 亿美元、130.94 亿美元、49.46 亿美元和 90.99 亿美元,均比 2020 年出现不同程度的涨幅,其中亚洲涨幅最大,为 5%,北美 4%,拉丁美洲 1%,EMEA 国家微幅上涨;全球个人银行业务营收 273.30 亿美元,其中北美洲、拉丁美洲和亚洲分别为 174.81 亿美元、42.50 亿美元和 55.99 亿美元,分别比 2020 年上涨 9%、5% 和 15%。2022 年,花旗集团居《财富》世界 500 强第 141 位,营业收入 79 865 百万美元,利润 21 952 百万美元;在全球拥有雇员 221 768 名,为 100 多个国家的客户服务,涉及储蓄、信贷、证券、保险、信托、基金、财务咨询、资产管理等全能式金融服务。

资料来源:克里夫兰德,侯尔塔斯,等.花旗银行[M].郑先炳,译.北京:中国金融出版社,2006.财富-世界 500 强—花旗集团[EB/OL].(2022-08-03)[2022-10-26].https://www.fortunechina.com/global500/39/2022. Citi. About us-History[EB/OL].(2022-10-26). https://www.citigroup.com/citi/about/timeline/. Citi. 2021 Annual Reports[R]. https://www.citigroup.com/citi/investor/annual-reports.html.

8.5.3　思考

思考 1:花旗集团的成功之路是什么?

思考 2:花旗集团的成功给发展中国家/地区带来哪些方面启示?

本 章 小 结

国际服务贸易的国别发展可谓各具特色。北美洲,经济以及服务贸易发展极度不平衡。美国国际服务贸易十分发达,长期持续顺差弥补了货物贸易逆差,但国际地位正在下降。加拿大对外服务贸易值总体平稳,但其国际地位缓降;进出口逆差值持续收窄;其他商业服务在部门服务贸易中一枝独秀;FATS 总体规模波动扩大,金融与保险具有绝对强势地位。墨西哥作为新兴工业化国家,服务贸易国际竞争力相对薄弱;旅游是唯一具有持续性竞争优势部门。

欧盟,作为全球最大的服务贸易集团,基本上保持与全球服务贸易同步发展。国际服务贸易增长速度快于货物贸易;部门服务贸易相对集中,其中,金融、旅游、研发、运输、教育等服务业拥有较强竞争力;贸易伙伴正在趋于多元化,渐向区域外和发展中国家扩张;FATS 总体规模正在扩大,但内向 FATS 和外向 FATS 的稳定性并不一致。

　　RCEP成员,包括发达国家、新兴工业化国家、发展中国家,经济发展水平和国际服务贸易发展存在明显差异。东盟10国服务贸易在顺差与逆差之间交替,且波动较大;知识型服务贸易渐成主流,但各国发展极度不平稳。日本服务贸易一路发展到占据世界服务贸易领域的一席之地。韩国国际服务贸易相对落后,但却是后起且快速发展国家,主要服务贸易伙伴为美国、中国、日本、欧盟、东盟等地区。澳大利亚经济最重要和发展最快的部门是服务业,进出口由逆差转为顺差,利于其国际收支改善。新西兰是以贸易立国的发达经济体,但国际地位由相对稳定到缓降,出口态势由强变弱,导致进出口由顺差到逆差。

　　金砖国家,近年来在国际服务贸易领域表现出相对较好的市场前景和发展潜力。巴西经济体系较为完整,门类齐全,服务业产值占国内生产总值超过七成,金融业较发达,但国际服务贸易对于国际市场的影响在收缩;进出口高度集中于其他商业服务;建筑却是唯一长期具有比较优势的部门。俄罗斯服务贸易国际地位处于下降通道之中;进口强于出口的态势正在减弱;运输、其他商业服务占比较高且发展势头良好;运输是唯一具有微弱优势部门。印度是服务贸易出现盈余且趋于扩大的极少数发展中国家;对于世界服务贸易的贡献正在稳定上升;部门服务贸易高度集中;专业/科学与技术活动是印度外向FATS的主要部门。南非在多个服务领域服务能力强,但其服务贸易的国际影响力既小又趋弱;进口态势强于出口,但不稳定;电信/计算机/信息服务所占比重持续上升;南非服务贸易总体TC指数在微弱劣势和微弱优势之间波动,但多部门具有竞争优势。

　　花旗集团是全球公认的最成功的金融服务集团之一。

思考题

　　1. 简述北美洲主要国家、欧盟、RCEP成员、金砖国家的FATS特点。

　　2. 简述RCEP成员、金砖国家国际服务贸易行业集中度差异。

　　3. 简述北美洲主要国家、欧盟、RCEP成员、金砖国家国际服务贸易的总量变化特点。

即测即练

第 **9** 章

中国国际服务贸易发展

【学习要点】

1. 自改革开放以来,中国国际服务贸易发展迅速,整体发展特点明显。
2. 中国附属机构服务贸易是国际服务贸易的重要组成部分,2015 年数据第一次被统计,2017 年统计数据首次对外公布。数据表明,FATS、内向 FATS 和外向 FATS 各有特点。
3. 中国国际服务贸易发展势头越来越强劲,这是因为中国服务贸易发力、竞争力向好、发展基础坚实、商业存在坚挺等提供了可靠条件。

【学习目标】

1. 掌握 FATS 统计特点及其发展特点。
2. 熟悉中国国际服务贸易总体发展特点。
3. 了解 FATS 统计意义;了解中国国际服务贸易发展趋势。

 引导案例

服务合作促发展　绿色创新迎未来

为增强中国服务业和服务贸易国际竞争力,充分发挥服务业和服务贸易在加快转变经济发展方式中的作用,2012 年党中央、国务院批准由商务部、北京市人民政府共同主办中国(北京)国际服务贸易交易会(简称"京交会");2019 年更名为中国国际服务贸易交易会;2020 年,中国国际服务贸易交易会简称由"京交会"更名为"服贸会"。

截至 2022 年 9 月,服贸会(包括原京交会)已成功举办九届,成为全球服务贸易领域规模最大的综合型展会和中国服务贸易领域的龙头展会,也是中国对外开放的重大展会平台,为国际服务贸易领域传播理念、衔接供需、共享商机、共促发展发挥了积极作用。

党中央、国务院高度重视,国家主席习近平在 2020 年、2021 年服贸会全球服务贸易峰会上发表重要致辞,向 2019 年、2022 年服贸会致贺信。

2022 年 8 月 31 日至 9 月 5 日,2022 年中国国际服务贸易交易会如期在北京举办,再次传递出与世界携手发展的真诚意愿。沙特阿吉兰兄弟控股集团副董事长阿吉兰认为,中国如期举办 2022 年服贸会将进一步推动全球服务贸易发展,中国服务贸易强劲增长对中外企业是一颗强有力的"定心丸"。

自 2012 年创办至今,服贸会见证了中国服务贸易快速发展的 10 年,也见证了中国为

促进全球服务业和服务贸易发展作出积极贡献的 10 年。10 年来,中国服务业增加值增长 1.49 倍,进口服务累计超过 4 万亿美元;与世界 200 多个国家和地区有服务贸易往来,服务贸易进出口额占全球总额的比例持续提升。"中国服务"已然成为"全球服务"的巨大引擎。正如习近平主席在贺信中强调的:"中国愿同世界各国一道,坚持真正的多边主义,坚持普惠包容、合作共赢,携手共促开放共享的服务经济,为世界经济复苏发展注入动力。"

2022 年服贸会主题为"服务合作促发展 绿色创新迎未来"。

资料来源:中国国际服务贸易交易会组委会.举办背景[EB/OL].(2022-05-19)[2022-05-25].https://www.ciftis.org//article/8855035828236288.html.中国国际服务贸易交易会组委会.2020 年中国国际服务贸易交易会[EB/OL].(2020-11-25)[2022-05-25].https://www.ciftis.org//article/8855043797151744.html.注:其中具体日期由作者根据实际情况加入。邱海峰.为促进全球服务贸易发展作出积极贡献[EB/OL].(2022-09-03)[2022-09-03].http://news.haiwainet.cn/n/2022/0903/c3541523-32480594.html.新华网.习近平向 2022 年中国国际服务贸易交易会致贺信[EB/OL].(2022-08-31)[2022-09-03].http://www.news.cn/politics/leaders/2022-08/31/c_1128966054.htm.

9.1　中国国际服务贸易发展特点

当今世界正处于百年未有之大变局,服务业开放合作已经成为推动社会经济发展的重要力量。一方面,伴随着改革开放,中国经济快速发展,服务业也快速发展;另一方面,中国履行"入世"承诺,服务业全方位高水平开放不断走深走实,为服务贸易发展奠定坚实基础,服务贸易发展规模不断扩大,进而推动中国贸易结构转型升级以及经济发展。

9.1.1　服务贸易总体规模呈现继续扩大态势

服务贸易总体规模继续扩大,服务贸易全球第二大国地位得到巩固。面对新冠感染疫情冲击及复杂多变的国际形势,中国坚定不移扩大开放,推进服务贸易高质量发展,服务进出口连续创历史新高,已经连续多年居于服务贸易全球第二大国地位。2021 年,中国服务进出口 8 212.5 亿美元,同比增长 24.1%,比 2019 年增长 4.6%,占世界比重增至7.0%。2022 年,中国服务进出口 8 629.4 亿美元,同比增长 12.9%(表 9-1)。

表 9-1　中国历年服务进出口状况(1982—2022 年 6 月)

年　份	中国进出口额		中国出口额		中国进口额		差额/亿美元
	金额/亿美元	同比/%	金额/亿美元	同比/%	金额/亿美元	同比/%	
2022	8 629.4	12.9	4 115.8	12.1	4 513.6	13.5	−397.85
2021	8 212.5	24.1	3 942	40.4	4 269	12.0	−327
2020	6 617	−15.7	2 806	−1.0	3 810	−23.9	−1 004
2019	7 850	−1.4	2 836	4.5	5 014	−4.5	−2 178
2018	7 919	13.8	2 668	17.0	5 250	12.3	−2 582
2017	6 957	5.1	2 281	8.9	4 676	3.4	−2 395
2016	6 616	1.1	2 095	−4.2	4 521	3.8	−2 426

续表

年　份	中国进出口额		中国出口额		中国进口额		差额/亿美元
	金额/亿美元	同比/%	金额/亿美元	同比/%	金额/亿美元	同比/%	
2015	6 542	0.3	2 186	−0.2	4 355	0.6	−2 169
2014	6 520	21.3	2 191	5.9	4 329	30.9	−2 137
2013	5 376	11.3	2 070	2.7	3 306	17.5	−1 236
2012	4 829	7.6	2 016	0.3	2 813	13.5	−797
2011	4 489	20.8	2 010	12.7	2 478	28.2	−468
2010	3 717	22.9	1 783	24.2	1 934	21.7	−151
2009	3 025	−6.1	1 436	−12.1	1 589	0.0	−153
2008	3 223	21.4	1 633	20.7	1 589	22.1	44
2007	2 654	30.2	1 353	31.4	1 301	29.0	52
2006	2 038	21.1	1 030	22.1	1 008	20.1	21
2005	1 683	15.9	843	16.3	840	15.5	3
2004	1 452	36.2	725	41.3	727	31.5	−2
2003	1 066	15.0	513	11.0	553	18.9	−40
2002	928	18.2	462	18.0	465	18.5	−3
2001	784	10.2	392	11.8	393	8.6	−1
2000	712	16.7	350	19.3	362	14.3	−11
1999	610	17.6	294	17.2	317	17.9	−23
1998	519	−16.6	251	−26.8	268	−4.0	−18
1997	622	23.0	342	22.4	280	23.8	63
1996	506	1.9	280	14.6	226	−10.5	54
1995	496	36.0	244	20.9	252	54.7	−8
1994	365	37.1	202	38.5	163	35.4	39
1993	266	20.9	146	15.9	120	27.6	25
1992	220	61.0	126	31.7	94	128.9	31
1991	137	10.1	95	18.4	41	−5.3	54
1990	124	22.8	81	30.0	44	11.3	37
1989	101	16.2	62	21.6	39	8.5	23
1988	87	32.5	51	24.9	36	45.0	15
1987	66	7.0	41	5.7	25	9.2	16
1986	61	9.2	39	24.6	23	−9.8	16
1985	56	−5.5	31	0.3	25	−11.7	6
1984	59	24.9	31	11.7	29	43.3	2
1983	48	1.4	28	3.6	20	−1.5	8
1982	47	—	27	—	20	—	6

资料来源：1982—2021 年数据来源于商务数据中心. 历年中国服务进出口统计 [EB/OL]. http://data. mofcom. gov. cn/fwmy/overtheyears. shtml. 2022 年数据来源于中华人民共和国商务部. 商务部服贸司负责人介绍 2022 年全年服务贸易发展情况 [EB/OL]. (2023-01-30)[2023-05-10]. http://tradeinservices. mofcom. gov. cn/trade/searchList. shtml? keyword = 2022％E5％B9％B4％E5％85％A8％E5％B9％B4％E6％9C％8D％E5％8A％A1％ E8％B4％B8％E6％98％93％E5％8F％91％E5％B1％95％E6％83％85％E5％86％B5. 并根据中国银行 2023-05-10 发布于 15：22：45 的中行折算价（＄100＝￥692. 99）计算而得. 中国银行. https://srh. bankofchina. com/search/ whpj/search_cn. jsp. "

注：数据存在"四舍五入"，故"出口额＋进口额"之和可能与进出口总额之间有稍许出入。

9.1.2　服务贸易逆差陡增后迅速缩小

在考察期内,出现两大阶段:1982—2008 年波动范围较小,2009—2021 年服务贸易逆差陡增后迅速缩小。1982—2008 年,中国服务贸易顺差和逆差相互交错,但差额均相对较小,其中顺差主要集中于 1982—1997 年(1995 年除外,该年出现改革开放之后的首次逆差)和 2005—2008 年,顺差最大的是 1997 年,为 62.7 亿美元。2009 年开始,中国服务贸易进出口差额出现较大波动,经过逆差陡增,后进入迅速缩小期。2009 年逆差突破150 亿美元,达 153 亿美元,之后逆差迅速扩大;一直到 2016 的 2 425.7 亿美元;2017 年逆差略有减小,至 2 395 亿美元;2018 年再次扩大至 2 582 亿美元;2019 年重新缩小至 2 178亿美元;2020 年和 2021 年逆差迅速缩小,分别至 1 004.6 亿美元和 327.5 亿美元,2022 年逆差小幅扩大,至 397.85 亿美元(图 9-1)。

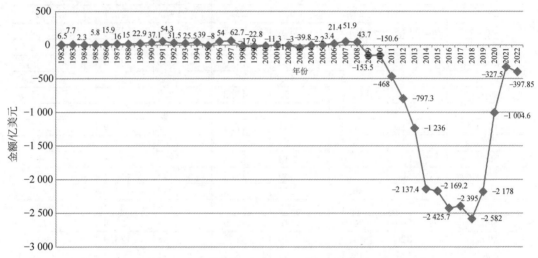

图 9-1　中国服务贸易进出口差额(1982—2022 年)

资料来源:2000—2020 年数据来源于"国家统计局.《中国统计年鉴 2021》[EB/OL]. http://www.
stats. gov. cn/tjsj/ndsj/2021/indexch. htm. "2021 年数据来源于"商务数据中心. 历年中国服务进出口统
计[EB/OL]. http://data. mofcom. gov. cn/fwmy/overtheyears. shtml. "2022 年数据来源于"中华人民
共和国商务部. 商务部服贸司负责人介绍 2022 年全年服务贸易发展情况[EB/OL]. (2023-01-30)
[2023-05-10]. http://tradeinservices. mofcom. gov. cn/trade/searchList. shtml? keyword=2022％E5％
B9％B4％E5％85％A8％E5％B9％B4％E6％9C％8D％E5％8A％A1％E8％B4％B8％E6％98％93％
E5％8F％91％E5％B1％95％E6％83％85％E5％86％B5. 并根据中国银行 2023-05-10 发布于 15:22:
45 的中行折算价($100＝¥692.99)计算而得. 中国银行. https://srh. bankofchina. com/search/
whpj/search_cn. jsp. "

9.1.3　服务贸易结构正在进一步优化

电信/计算机/信息服务进出口继续增长。中国紧抓数字经济和数字贸易发展新机遇,不断加快信息技术服务等领域对外开放,有序放宽增值电信业务等领域外资准入限制,推动信息技术外包和制造业融合发展,电信/计算机/信息服务贸易国际竞争力持续提升。[①]2022 年,电信/计算机/信息服务进出口 8 352.7 亿元,同比增长 8.3%。其中,电信/计算机/信息服务出口 5 794.6 亿元,同比增长 13.0%;电信/计算机/信息服务进口 2 558.1 亿元,同比下降 1.2%。电信/计算机/信息服务贸易顺差达 3 236.5 亿元,利于中国国际收支。

知识产权使用费出口增长明显快于其进口增长。中国高度重视知识产权保护和运用工作,正从知识产权引进大国向知识产权创造大国转变。[②] 2022 年,中国知识产权使用费进出口 3 881.2 亿元,同比增长 2.5%。其中,知识产权使用费出口 892.8 亿元,同比增长 17.5%;知识产权使用费进口 2 988.4 亿元,同比下降 1.2%。

金融服务表现为顺差。中国持续稳妥推进金融业对外开放,按照市场化法治化国际化原则,稳妥处理好资本市场运行中的问题,为各类市场主体营造稳定、透明、可预期的发展环境。[③] 2022 年,金融服务进出口 594.0 亿元,同比下降 10.8%,主要是因为金融服务进口出现较大幅度下降,下降幅度为 26.9%,金融服务出口则保持增长,同比增长 6.5%,也由此出现金融服务顺差。

保险和养老金服务与金融服务正好表现相反。2022 年,保险和养老金服务进出口 1 704.8 亿元,同比增长 24.4%。其中,保险和养老金服务出口 300.1 亿元,同比下降 10.5%;保险和养老金服务进口 1 404.6 亿元,同比增长 35.8%,由此出现贸易逆差。

其他商业服务进出口稳步增长。中国不断完善创新体制机制,加强技术创新和服务模式创新,共享全球创新资源,满足国际国内市场需求,推动研发设计、专业管理和咨询、检验检测认证、供应链管理、会计、法律等生产性服务国际合作与交流。[④] 2022 年,其他商业服务进出口 10 240.3 亿元,同比增长 9.1%。其中,其他商业服务出口 6 711.7 亿元,同比增长 12.6%;其他商业服务进口 3 528.6 亿元,同比增长 2.8%。其他商业服务贸易顺差达 3 183.1 亿元(表 9-2)。

表 9-2　2022 年中国服务分类进出口统计

服务类别	进出口		出口		进口		贸易差额/亿元
	金额/亿元	同比/%	金额/亿元	同比/%	金额/亿元	同比/%	
总额	59 801.9	12.9	28 522.4	12.1	31 279.5	13.5	−2 757.1
加工服务	1 459.9	8.6	1 403.9	8.2	56.0	21.9	1 347.9
维护和维修服务	847.1	12.4	555.8	9.5	291.3	18.3	264.5
运输	21 101.0	25.4	9 745.3	18.8	11 355.7	31.8	−1 610.4

① 中华人民共和国商务部.中国服务贸易发展报告 2021[EB/OL].(2023-01-12)[2023-05-23].http://images.mofcom.gov.cn/fms/202301/20230113140829275.pdf.第 4-5 页。

② 中华人民共和国商务部.中国服务贸易发展报告 2021[EB/OL].(2023-01-12)[2023-05-23].http://images.mofcom.gov.cn/fms/202301/20230113140829275.pdf.第 5 页。

③ 中华人民共和国商务部.中国服务贸易发展报告 2021[EB/OL].(2023-01-12)[2023-05-23].http://images.mofcom.gov.cn/fms/202301/20230113140829275.pdf.第 5 页。

④ 中华人民共和国商务部.中国服务贸易发展报告 2021[EB/OL].(2023-01-12)[2023-05-23].http://images.mofcom.gov.cn/fms/202301/20230113140829275.pdf.第 5 页。

续表

服务类别	进出口		出口		进口		贸易差额/亿元
	金额/亿元	同比/%	金额/亿元	同比/%	金额/亿元	同比/%	
旅行	8 559.8	8.4	644.4	−12.2	7 915.3	10.5	−7 270.9
建筑	2 410.0	−7.2	1 899.0	−3.4	510.9	−19.1	1 388.1
保险和养老金服务	1 704.8	24.4	300.1	−10.5	1 404.6	35.8	−1 104.5
金融服务	594.0	−10.8	341.8	6.5	252.2	−26.9	89.7
知识产权使用费	3 881.2	2.5	892.8	17.5	2 988.4	−1.2	−2 095.7
电信/计算机/信息服务	8 352.7	8.3	5 794.6	13.0	2 558.1	−1.2	3 236.5
其他商业服务	10 240.3	9.1	6 711.7	12.6	3 528.6	2.8	3 183.1
个人/文化和娱乐服务	295.5	−11.4	119.8	−2.2	175.7	−16.8	−55.9
别处未提及的政府服务	355.6	15.2	113.0	13.0	242.5	16.2	−129.5

资料来源：中华人民共和国商务部商务数据中心. 2022年我国服务分类进出口统计[EB/OL]. [2023-05-23]. http://data.mofcom.gov.cn/fwmy/classificationannual.shtml.

知识密集型服务贸易类型

知识密集型服务贸易包括保险服务，金融服务，电信、计算机和信息服务，知识产权使用费，个人/文化和娱乐服务，其他商业服务。

资料来源：中华人民共和国商务部. 中国服务外包发展报告2019[R]. (2021-01-04)[2022-08-05]. http://images.mofcom.gov.cn/fms/202101/20210104191758688.pdf. 第79页.

9.1.4 服务贸易新模式新业态持续涌现

2021年10月19日，商务部等24部门印发《"十四五"服务贸易发展规划》，其中贸易规模进一步扩大和贸易结构进一步优化是服务贸易发展的主要目标。[①] 而服务贸易新模式、新业态的不断出现则为此目标完成奠定了坚实基础。回顾"十三五"，服务贸易创新发展试点地区积极推进服务贸易领域供给侧结构性改革，大胆探索、开拓创新，涌现出一批新模式、新业态，依托大数据推进服务贸易数字化、发展"互联网＋中医药服务贸易"、语言服务贸易、纪录片方案国际预售融资模式、跨境电商物流账款智慧管理模式和跨境电商出口保险服务创新六条经验全国推广。（贵州省）贵安新区设计较为完整的大数据脱敏、监管、交易机制，优化大数据交易制度环境，促进服务贸易数字化发展。上海、深圳发展远程中医药诊疗，创新线上线下相融合的中医药服务模式。（陕西省）西咸新区、（湖北省）武汉

---

① 中华人民共和国商务部. 商务部等24部门关于印发《"十四五"服务贸易发展规划》的通知[EB/OL]. (2021-10-19)[2022-06-13]. http://images.mofcom.gov.cn/fms/202110/20211019171846831.pdf. 第7-8页.

建设基于大数据和移动互联网技术的语言服务平台,推动语言服务贸易发展。(广东省)广州首创纪录片方案国际预售融资模式,推动"中国故事"走向国际市场。(浙江省)杭州在跨境电商领域首创基于大数据的物流账款智慧管理业务,降低中小微跨境电商企业成本。

商务部问卷调查[①]结果显示,交易模式创新方面,52.2%的地方政府主管部门表示通过鼓励技术贸易、通信服务、计算机信息服务发展,扩大跨境交付服务贸易规模;47.8%的地方政府主管部门表示依托大数据、物联网、移动互联网、云计算等新技术打造新型服务贸易促进和交易平台;45.7%的地方政府主管部门表示利用电子商务优势,创新境外消费服务贸易发展;28.3%的地方政府主管部门表示运用信息技术提升服务的可贸易性,促进"互联网+服务"向行业纵深发展;21.7%的地方政府主管部门表示加快了国际营销网络和境外交付中心建设。业态创新方面,65.2%的地方商务主管部门认为本地区加快产业跨界融合,发展"制造+服务""文化+旅游"等新业态。79.4%的调研企业认为推出了新产品和新服务,采取了新商业模式,新型服务主要集中在技术贸易、大数据分析、人工智能应用、云服务、供应链管理、数字贸易、区块链及数字货币应用等领域。33.5%的企业存在跨界融合业务,主要包括"制造+服务""文化+旅游""中医药+健康旅游""文化+服务""文化+游戏开发"和"供应链+大数据"等领域。[②]

9.2　中国附属机构服务贸易的发展特点

附属机构服务贸易是国际服务贸易的重要组成部分。FATS统计与服务进出口统计相结合,能够更加全面地反映一国服务贸易发展状况,系统地分析一国提供国际服务的能力和水平。近年来,中国坚持全方位高水平对外开放,不断推动贸易和投资自由化、便利化,中国FATS取得积极进展。经商务部、证监会、银监会和保监会等部门的共同努力,商务部于2015年第一次开展对中国FATS的统计和分析。[③] 虽然统计时间不长,但是中国FATS发展特点已然清晰。

9.2.1　FATS 及其统计概况[④]

根据世界贸易组织的分类,国际服务贸易通常包括跨境交付、境外消费、商业存在以及自然人移动四种模式下所提供的服务。由于FATS与GATS模式3中的商业存在密切相关,对FATS的统计也日益受到世界各国的重视。在此背景下,中国着手构建FATS统计体系,并于2017年首次发布FATS统计数据。中国FATS统计数据的发布符合国

---

① 中国服务外包研究中心采取线上形式,分为地方政府部门调查问卷和企业调查问卷。其中,地方商务主管部门有效问卷46份,服务贸易企业有效问卷250份。

② 中华人民共和国商务部. 中国服务贸易发展报告（2020）[EB/OL]. （2021-09-09）[2022-06-05]. http://images. mofcom. gov. cn/fms/202109/20210914144408338. pdf. 第10-11页. 括号中的省份由本文作者加入。

③ 中华人民共和国商务部办公厅(国际贸易谈判代表秘书局).商务部服贸司负责人谈我国首次发布附属机构服务贸易统计数据[EB/OL]. （2017-06-26）[2022-09-12]. http://bgt. mofcom. gov. cn/article/c/sijufabu/201706/20170602599850. shtml.

④ 中华人民共和国服务贸易和商贸服务业司.《2015 年中国附属机构服务贸易统计解读》[EB/OL].（2017-06-27）[2022-08-06]. http://fms. mofcom. gov. cn/article/jingjidongtai/201706/20170602600114. shtml.

际服务贸易统计规范,统计特点明显。

1. FATS 及其统计由来

FATS,指的是通过外国附属机构实现的服务贸易,与 BOP,即居民与非居民之间的服务贸易,构成国际服务贸易实际统计的两条主线。其具体内容可参阅第 1 章相关部分。

之所以出现 FATS 统计,源自:①统计体系自身问题。按照 BOP 跨境原则统计国际服务贸易,商业存在就无法被纳入国际服务贸易范畴,所以 BOP 就不能全面完整地反映一国对外服务贸易情况。②世界经济发展所驱。全球经济一体化不断深入,跨国公司风起云涌,国际直接投资迅猛发展,以商业存在形式发生的国际服务贸易规模越来越大,占据国际服务贸易甚至国际贸易的份额也越来越大,所以如何统计该部分交易已经成为世界各国都非常关注且亟待解决的问题。

基于上述原因,美国、日本、欧洲等一些发达国家与地区先后展开针对 FATS 的统计,并逐渐形成符合各自实际的统计体系。

2. FATS 统计的特点

1)统计体系制度逐步走向成熟

目前,世界上主要发达国家均遵循《国际服务贸易统计手册》(MSITS)的统计框架,进行两种类型的服务贸易统计:①常住单位(居民)与非常住单位(非居民)间的服务进出口统计(BOP 统计);②境外附属机构服务贸易统计(FATS 统计)。

BOP 统计主要对应于 GATS 四种供应模式中的第 1、2、4 种模式,即跨境交付、境外消费和自然人移动;而 FATS 统计主要涵盖商业存在,即第 3 种模式,也就是说 BOP 统计和 FATS 统计相互补充,共同完成服务贸易统计。

2)统计重点明确

根据《国际服务贸易统计监测制度》,中国 FATS 统计范围包括两种情形:①外国或地区的企业通过直接投资方式控制(直接投资者拥有 50%以上的股权)的中国关境内企业在中国关境内实现的服务销售,即内向 FATS,形成服务进口;②中国关境内的企业通过直接投资方式控制(直接投资者拥有 50%以上的股权)另一国或地区企业而在该国或地区关境内实现的服务销售,即外向 FATS,形成服务出口。

另外,在 FATS 统计中,非金融类外向 FATS 国别数据按首个投资目的国统计。

3)统计指标层次分明

中国 FATS 统计的主要指标分为企业数量、服务业企业销售收入、就业人数三个层次:①企业数量反映 FATS 的普遍程度。②服务业企业销售收入。该指标是 FATS 统计的基本指标,特别是当地的服务销售收入。③从业人数。该指标又分为从业人员总数和外(中)方从业人员数,是一个反映企业当期活动的辅助性指标。

从中国公布的历年 FATS 统计来看,FATS 统计主要执行国别分类和行业分类:①国别分类。内向 FATS 指投资母国国别分类,外向 FATS 指投资东道国国别分类。②行业分类。直接投资企业所属行业,企业行业分类主要执行《国民经济行业分类》。

3. FATS 统计的意义

中国建立 FATS 统计,具有重要意义,即能够更好地与国际接轨、日益完善中国服务贸易统计监测、为研判形势与制定政策提供更全面的决策依据。

1）更好地与国际接轨

在世界主要发达国家已经建立 FATS 统计的前提下，中国建立 FATS 统计能够更好地与国际接轨。MSITS 推荐各国可按照国际标准产业分类（ISIC）所述的业务，对跨国公司活动和 FATS 统计数据进行分类，并根据国际标准产业分类外国子公司类别（ICFA）进行分组。通常，FATS 统计根据国际资本流动方向的不同，又分为内向型 FATS 统计和外向型 FATS 统计。FATS 数据的采集、分类与汇总在各国都是统计的难点，由于二者针对不同群体，因而统计方法与数据获取在手段上存在差别。

外向型 FATS 统计，是针对一国母公司的国外附属机构的服务活动进行调查，信息获取难度更大。自 1977 年起，美国开始连续采集 FATS 统计数据，统计调查采取基准调查、季度调查、年度调查相结合的形式。基准调查每 5 年进行一次，年度调查在非基准调查年度进行，并定期发布统计数据。日本的 FATS 统计主要依靠海外商业活动调查（外向型调查）和国外附属公司商业活动趋势调查（内向型调查）两种方式获得。这两项调查都由日本经济产业省（METI）负责，以调查问卷方式每年进行一次。欧洲经济区（EEA）于 2007年 6 月 20 日颁布"国外附属机构统计规定基本法律"（716/2007），欧盟统计局发布 FATS 建议手册，手册介绍了适用于 FATS 汇编的一般方法体系，以确保欧盟各成员国 FATS 数据彼此协调。欧盟成员国以及候选国每年须向欧盟统计局提供 FATS 相关统计数据。

2）日益完善中国服务贸易统计监测

FATS 统计数据的发布标志着中国服务贸易统计监测制度日益完善。随着中国服务贸易迅速发展以及服务业国际投资规模的扩大，进行全面系统的服务贸易统计显得尤为必要。初期中国服务贸易统计只局限于国际收支（BOP）项下的服务进出口项目，无法提供与 GATS 对接的国际服务贸易统计数据。

为建立符合国际规范的服务贸易统计体系，科学、有效地开展服务贸易统计监测工作，2007 年，商务部与国家统计局联合发布了第一版《国际服务贸易统计制度》，开始着手建立包含服务进出口（BOP）以及附属机构服务贸易（FATS）数据的服务贸易统计制度。根据该制度，FATS 统计包括内向 FATS 和外向 FATS，其中，内向 FATS 是指外国或地区的企业通过直接投资方式控制（直接投资者拥有 50％以上的股权）的中国关境内企业在中国关境内实现的服务销售；外向 FATS 是指中国关境内的企业通过直接投资方式控制（直接投资者拥有 50％以上的股权）另一国或地区企业而在该国或地区关境内实现的服务销售。企业行业分类主要执行《国民经济行业分类》，接受调查的企业需填报销售收入总额、服务销售收入、从业人数、利润总额等指标，外向 FATS 的调查还需填报投资目的国所在地。此次商务部在前期开展调查收集数据的基础上，首次发布 FATS 统计数据，标志着中国服务贸易"BOP＋FATS"统计体系制度逐步走向成熟。

3）为研判形势与制定政策提供更全面的决策依据

FATS 统计数据的发布为研判形势与制定政策提供了更为全面的决策依据。此前中国对外公布的服务贸易统计数据仅包括基于国际收支（BOP）的服务进出口数额，不能全面反映中国提供国际服务的能力和水平。

自 2017 年中国第一次对外公布 FATS 统计数据，能够知悉中国服务业利用外资占利用外资总额的比重，以及服务业对外投资占对外投资比重，特别是商业存在形式的服务贸易总额与国际收支统计口径下的服务进出口额,能够更准确全面地了解服务贸易对中国外贸平稳增长、经济结构转型升级的贡献度。发布系统全面的服务贸易统计数据,为相关主管部门研判发展形势、预测未来前景、制定发展战略和政策奠定了基础,也可为服务贸易企业开拓业务市场提供依据与引导。

9.2.2　FATS总体发展特点

2022年6月,中华人民共和国商务部发布2020年中国附属机构服务贸易情况。数据显示,疫情给全球服务贸易带来重大冲击,但总体发展特点依然明显。

1. FATS销售收入规模正在扩大

中国FATS销售收入规模出现不同程度的扩大,以2020年为样本年份,以2018年和2016年为对比年份,数据对比结果是:①2020年,内外FATS销售收入总体规模达到175 251.9亿元,分别比2018年和2016年高出25 104.9亿元和72 751.9亿元,分别是上述两个对比年份的1.17倍和1.71倍;②内向FATS销售收入95 025亿元,分别比2018年和2016年增加18 633亿元和38 425亿元,分别是上述两个对比年份的1.24倍和1.68倍;③外向FATS销售收入80 226.9亿元,分别比2018年和2016年增加6 471.9亿元和34 326.9亿元,分别是上述两个对比年份的1.09倍和1.75倍(表9-3)。

表9-3　中国FATS统计数据(2015—2020年)　　　　　　　　　　　亿元

年份	进口(内向FATS)	出口(外向FATS)	进出口差额	进出口总额
2015	86 550	50 241	36 309	136 791
2016	56 600	45 900	10 700	102 500
2018	76 392	73 755	2 637	150 147
2020	95 025	80 226.9	14 798.1	175 251.9

资料来源:2015年数据来源于中华人民共和国商务部办公厅(国际贸易谈判代表秘书局).商务部服贸司负责人谈我国首次发布附属机构服务贸易统计数据[EB/OL].(2017-06-26)[2022-09-12].http://bgt. mofcom. gov. cn/article/c/sijufabu/201706/20170602599850. shtml.2016年数据来源于中华人民共和国商务部公共商务信息服务WTO/FTA咨询网.商务部服贸司负责人谈2017年我国服务贸易有关情况[EB/OL].(2018-02-07)[2022-09-12].http://chinawto. mofcom. gov. cn/article/ap/n/201802/20180202709837. shtml.2018年数据来源于中华人民共和国商务部公共商务信息服务WTO/FTA咨询网.服贸司负责人介绍中国附属机构服务贸易情况[EB/OL].(2020-05-08)[2022-09-12].http://chinawto. mofcom. gov. cn/article/e/r/202005/20200502962477. shtml.2020年数据来源于中华人民共和国商务部服务贸易和商贸服务业司.2020年中国附属机构服务贸易情况[EB/OL].(2022-06-27)[2022-09-12].http://fms. mofcom. gov. cn/article/jingjidongtai/202206/20220603322025. shtml.

注:中华人民共和商务部官网上面未查到2017年和2019年的FATS数据。

上述结果说明:FATS销售收入,无论是进口额(内向FATS销售收入)、出口额(外向FATS销售收入),还是进出口总额(内外向FATS销售收入总额)都在增长。但增长并不一致。2020年进口额较2018年增长倍数高于同期的出口额增长倍数,原因在于:一方面,中国正在加速开放服务业,又辅以中国国际服务贸易交易会的积极作用,使服务进口增速更快;另一方面,在疫情影响下,全球经济受到不同程度伤害,而中国经济韧性最强,受到全球资本的追捧,这些资本纷纷投资于中国,使商业存在得到更快发展。

2. FATS 内外向销售收入存在差额

从公布的统计数据来看,内向 FATS 高于外向 FATS,存在差额。2020 年,内向 FATS(进口)和外向 FATS(出口)分别是 95 025 亿元与 80 226.9 亿元,进出口差额 14 798.1 亿元,服务进口远高于服务出口(表 9-3)。此种情形表明:①中国已经履行了加入 WTO 时的承诺,中国服务业开放已经达到一定水平;②中国服务业对外提供能力有待进一步提升,发展空间广阔。[①]

2020 年是挑战满满的一年,在疫情冲击下,世界经济出现严重衰退,国际金融市场大幅波动。然而,中国却是另一番景象,中国经济先抑后扬,走出一条不平凡的经济增长曲线,中国不仅成为当年全球经济唯一正增长的主要经济体,而且,根据联合国贸易和发展会议发布的《2021 世界投资报告》,中国成为全球最大的外资流入国,原因在于以下两点:①金融市场加速开放。2020 年 5 月,中国人民银行、国家外汇管理局出台《境外机构投资者境内证券期货投资资金管理规定》[②],全面取消外资金融机构持股比例限制的开放政策,外资金融机构以多种方式加大对金融机构的投资,中国金融业外资直接投资数额大幅增长;人民币资产受追捧,外资纷纷扩大对境内人民币资产配置规模,不断推升证券项下外资投资新高度。②直接投资的“吸金效应”。2020 年非金融领域的直接投资中,租赁和商业服务业、信息技术服务、制造业位列前 3 名,占比分别为 18%、17%、16%。由此可见,外资对中国经济中长期发展的信心和期待。[③]

3. FATS 行业分布相对集中

FATS 行业分布相对集中,可以从公布的数据得到证实:①2020 年,进入内外向 FATS 销售收入前 10 位的行业有 8 个,它们是租赁和商务服务业、批发和零售业、建筑业、信息传输/软件和信息技术服务业、交通运输/仓储和邮政业、房地产业、居民服务/修理和其他服务业、科学研究和技术服务业;②进入内外向 FATS 销售收入前 5 位的行业有 4 个,它们是租赁和商务服务业、批发和零售业、信息传输/软件和信息技术服务业、交通运输/仓储和邮政业;③进入内外向 FATS 销售收入前 3 位的行业有 1 个,它是租赁和商务服务业(表 9-4)。

表 9-4　2020 年进入内外向 FATS 前 10 的行业

位次	外向 FATS	位次	内向 FATS
1	租赁和商务服务业	1	信息传输/软件和信息技术服务业
2	批发和零售业	2	租赁和商务服务业
3	建筑业	3	科学研究和技术服务业
4	信息传输/软件和信息技术服务业	4	批发和零售业

① 中华人民共和国商务部公共商务信息服务 WTO/FTA 咨询网.商务部服贸司负责人谈 2017 年我国服务贸易有关情况[EB/OL].(2018-02-07)(2022-09-12).http://chinawto.mofeom.gov.cn/article/ap/n/201802/20180202709837.shtml.

② 中华人民共和国中央人民政府.中国人民银行,国家外汇管理局公告〔2020〕第 2 号-境外机构投资者境内证券期货投资资金管理规定[EB/OL].(2020-05-07)[2022-09-15].http://www.gov.cn/gongbao/content/2020/content_5525100.htm.

③ 刘开雄.2020 年外资来华投资同比增长 81%,为啥?[EB/OL].(2021-03-31)[2022-09-15].http://www.xinhuanet.com/2021-03/31/c_1127279258.htm.

位次	外向 FATS	位次	内向 FATS
5	交通运输/仓储和邮政业	5	交通运输/仓储和邮政业
6	房地产业	6	房地产业
7	居民服务/修理和其他服务业	7	—
8	科学研究和技术服务业	8	建筑业
9	—	9	—
10	—	10	居民服务/修理和其他服务业

资料来源：中华人民共和国商务部服务贸易和商贸服务业司. 2020 年中国附属机构服务贸易情况［EB/OL］. (2022-06-27)［2022-09-12］. http://fms. mofcom. gov. cn/article/jingjidongtai/202206/20220603322025. shtml.

注："—"表示内外向 FATS 销售收入没有同时进入前十大行业之列。

从不同年份数据对比同样可以证实 FATS 行业分布相对集中：①内向 FATS 不同年份均进入前 5 大行业。2015 年第一次公布 FATS 数据即进入前 5 的行业，到 2020 年时依然在前 5 大行业之列，共计 4 个行业，它们分别是批发和零售业、租赁和商务服务业、信息传输/软件和信息技术服务业、交通运输/仓储和邮政业。①②外向 FATS 不同年份均进入前 5 大行业。2015 年和 2020 年均进入前 5 的行业共计 3 个，它们是批发和零售业、租赁和商务服务业、交通运输/仓储和邮政业。③内、外向 FATS 不同年份均进入前 5 大行业。2015 年和 2020 年均进入前 5 大的行业共计 3 个，它们是批发和零售业、租赁和商务服务业、交通运输/仓储和邮政业（表 9-5）。

表 9-5　内外向 FATS 销售收入不同年份均进入前 5 的行业（2015 年和 2020 年）

FATS	位次	2015 年	2020 年
内向 FATS	1	批发和零售业	信息传输/软件和信息技术服务业
	2	租赁和商务服务业	租赁和商务服务业
	3	信息传输/软件和信息技术服务业	—
	4	—	批发和零售业
	5	交通运输/仓储和邮政业	交通运输/仓储和邮政业
外向 FATS	1	批发和零售业	租赁和商务服务业
	2	租赁和商务服务业	批发和零售业
	3	—	—
	4	交通运输、仓储和邮政业	—
	5	—	交通运输、仓储和邮政业

资料来源：中华人民共和国商务部办公厅（国际贸易谈判代表秘书局）. 商务部服贸司负责人谈我国首次发布附属机构服务贸易统计数据［EB/OL］. (2017-06-26)［2022-09-12］. http://bgt. mofcom. gov. cn/article/c/sijufabu/201706/20170602599850. shtml.

中华人民共和国商务部服务贸易和商贸服务业司. 2020 年中国附属机构服务贸易情况［EB/OL］. (2022-06-27)［2022-09-12］. http://fms. mofcom. gov. cn/article/jingjidongtai/202206/20220603322025. shtml.

注："—"表示内外向 FATS 销售收入没有同时进入前 10 大行业之列。

---

① 只有房地产业跌出前 5 大行业，至第 6 位，取代房地产业进入前 5 大行业的是科学研究和技术服务业，2020 年居第 3 位。

9.2.3 内向 FATS 发展特点

内向附属机构服务贸易企业,指的是在华设立的外商控股 50％以上的服务业企业和建筑服务企业。2020 年,中国内向附属机构服务贸易企业 216 721 家,实现销售收入 95 025 亿元,同比下降 1.3％。

1. 知识型服务业表现强劲

从行业看,销售收入排名前 5 的行业为信息传输/软件和信息技术服务业、租赁和商务服务业、科学研究和技术服务业、批发和零售业、交通运输/仓储和邮政业,分别实现销售收入 22 449.2 亿元、20 457.2 亿元、16 012.5 亿元、10 938.1 亿元和 7 770.2 亿元。其中,同比增长最快的是科学研究和技术服务业,为 28.1％;其次是信息传输/软件和信息技术服务业,为 8.3％;其他行业因疫情影响,出现不同程度回落(表 9-6)。

表 9-6 2020 年内向附属机构销售收入排名前 10 的行业

行业名称	企业数量/家	销售收入		从业人员/人	
		金额/亿元	同比/％	总数	外方
信息传输/软件和信息技术服务业	17 724	22 449.2	8.3	583 024	11 206
租赁和商务服务业	44 836	20 457.2	−10.9	704 141	39 630
科学研究和技术服务业	33 509	16 012.5	28.1	832 098	23 045
批发和零售业	83 493	10 938.1	−0.4	1 267 079	59 598
交通运输/仓储和邮政业	6 035	7 770.2	−0.2	199 150	5 697
房地产业	9 727	7 441.0	−22.3	323 346	4 783
金融业	2 868	2 596.6	−24.5	98 007	2 650
建筑业	4 275	1 467.0	−6.9	58 036	3 017
住宿和餐饮业	4 161	1 280.4	−13.3	325 998	3 252
居民服务/修理和其他服务业	2 740	945.3	−4.7	58 324	1 640
前十大行业合计	209 368	91 357.7	−0.7	4 449 203	154 518

资料来源:中华人民共和国商务部服务贸易和商贸服务业司.2020 年中国附属机构服务贸易情况[EB/OL].(2022-06-27)[2022-09-11].http://fms.mofcom.gov.cn/article/tongjiziliao/202206/20220603322025.shtml.

从历史数据来看,信息传输/软件和信息技术服务业、科学研究和技术服务业等知识型服务业已经连续数年居于前 10 大行业之列,说明中国市场对于知识型服务业具有巨大的吸引力和吸收能力,同时也说明该服务业已经成为中国经济社会发展的"绿色引擎",正在推动中国经济发展方式转变,加快产业转型升级。

知识型服务业

知识型服务业,主要是指以知识活动(知识创造、传播和共享等)为基础,提供知识产品和知识服务的产业,是智力密集型服务业群体的总称,是相对于劳动密集型服务业和资金密集型服务业而言的新兴服务业,包括生产性知识服务业和消费性知识服务业两部分。

经济合作与发展组织对知识型服务业范围划分包括:IT(互联网技术)服务、软件服务、工程服务、数据库、管理咨询、R&D 服务、广告、工业设计、医疗保健、广播影视和文化。知识型服务业是一种低风险、高知识、高创新、高增值、高成长、低能耗的产业,是集知识密集、技术密集与人才密集为一体的高附加值服务业。智力服务是知识型服务业的主要形式,知识是知识型服务业的基础,人才是知识型服务业的关键。

资料来源:钟坚,韩晓洁.加快发展知识型服务业[N/OL].光明日报,2017-05-23(14)[2022-09-14].https://epaper.gmw.cn/gmrb/html/2017-05/23/nw.D110000gmrb_20170523_2-14.htm.

2. 中国香港销售收入稳居首位

中国香港销售收入稳居首位,可以从公布的最新数据得到证实。2020 年销售收入排名前 5 的国家(地区)为中国香港、英属维尔京群岛、日本、新加坡和韩国,分别实现销售收入 52 732 亿元、10 561.1 亿元、4 967.9 亿元、4 889.5 亿元和 2 725.9 亿元,中国香港居首位,英属维尔京群岛居第 2 位,首位差不多是第 2 位的 5 倍;另外,同比增长最快的是法国 12.9%,其次是中国香港 12.1%,再次是荷兰 12.0%,英属维尔京群岛−3.3%,因此可以说中国香港首位暂时无法撼动(表 9-7)。

表 9-7　2020 年内向附属机构销售收入排名前 10 的国家(地区)

国家(地区)	企业数量/家	销售收入		从业人员/人	
		金额/亿元	同比/%	总数	外方
中国香港	72 415	52 732.0	12.1	1 920 139	36 422
英属维尔京群岛	3 610	10 561.1	−3.3	160 206	2 697
日本	3 886	4 967.9	−11.1	138 280	7 287
新加坡	4 675	4 889.5	−15.5	154 877	4 677
韩国	4 098	2 725.9	−3.4	49 269	6 179
美国	6 883	2 614.5	−10.2	163 940	6 723
德国	1 849	2 540.2	0.2	69 679	3 558
荷兰	725	1 851.8	12.0	95 318	2 627
法国	1 070	1 363.4	12.9	42 847	1 646
开曼群岛	898	1 165.5	4.9	117 275	1 040
前 10 的国家(地区)合计	100 109	85 411.8	4.7	2 911 830	72 856

资料来源:2015 年数据来源于中华人民共和国商务部办公厅(国际贸易谈判代表秘书局).商务部服贸司负责人谈我国首次发布附属机构服务贸易统计数据[EB/OL].(2017-06-26)[2022-09-12].http://bgt.mofcom.gov.cn/article/c/sijufabu/201706/20170602599850.shtml.2016 年数据来源于中华人民共和国商务部公共商务信息服务 WTO/FTA 咨询网.商务部服贸司负责人谈 2017 年我国服务贸易有关情况[EB/OL].(2018-02-07)[2022-09-12].http://chinawto.mofcom.gov.cn/article/ap/n/201802/20180202709837.shtml.2018 年数据来源于中华人民共和国商务部公共商务信息服务 WTO/FTA 咨询网.服贸司负责人介绍中国附属机构服务贸易情况[EB/OL].(2020-05-08)[2022-09-12].http://chinawto.mofcom.gov.cn/article/e/r/202005/20200502962477.shtml.2020 年数据来源于中华人民共和国商务部服务贸易和商贸服务业司.2020 年中国附属机构服务贸易情况[EB/OL].(2022-06-27)[2022-09-12].http://fms.mofcom.gov.cn/article/jingjidongtai/202206/20220603322025.shtml.

从历史数据同样可以证实中国香港稳居中国 FATS 首位。2018 年、2020 年,中国香港无论是内向型 FATS,还是外向型 FATS,销售收入均处于首位,再次说明中国香港稳居中国 FATS 首位,在中国 FATS 中占据着重要地位(表 9-8)。

表 9-8　(2018/2020 年)内、外向附属机构销售收入排名前 3 的国家(地区)

年份	内向型 FATS		外向型 FATS
	位次	国家/地区	国家/地区
2020	1	中国香港	中国香港
	2	英属维尔京群岛	美国
	3	日本	新加坡

续表

年份	内向型 FATS		外向型 FATS
	位次	国家/地区	国家/地区
2018	1	中国香港	中国香港
	2	日本	新加坡
	3	新加坡	英国

资料来源：根据表 9-3 参考文献中相关年份数据整理而得。

9.2.4　外向 FATS 发展特点

外向附属机构服务贸易企业，指的是在境外设立的中方控股 50％以上的服务业企业和建筑服务企业。2020 年，中国外向附属机构服务贸易企业 24 636 家，实现销售收入 80 226.9 亿元，同比下降 3.8％。

1. 信息传输/软件和信息技术服务业同比增长最快

从行业看，销售收入排名前 5 的行业为租赁和商务服务业、批发和零售业、建筑业、信息传输/软件和信息技术服务业、交通运输/仓储和邮政业，分别实现销售收入 33 852.4 亿元、11 087.2 亿元、10 755.8 亿元、8 310.5 亿元和 3 758.5 亿元，同比增长最快的是信息传输/软件和信息技术服务业，为 86.6％；其次是开采专业及辅助性活动，为 74.3％；再次是居民服务/修理和其他服务业，为 25.8％（表 9-9）。

表 9-9　2020 年外向附属机构销售收入排名前 10 的行业

行业名称	企业数量/家	销售收入		从业人员/人	
		金额/亿元	同比/％	总数	外方
租赁和商务服务业	4 805	33 852.4	−5.7	304 854	61 963
批发和零售业	10 775	11 087.2	−8.9	238 483	41 918
建筑业	—	10 755.8	−9.8	244 886	—
信息传输/软件和信息技术服务业	2 386	8 310.5	86.6	80 181	17 726
交通运输/仓储和邮政业	1 006	3 758.5	−11.0	48 896	14 792
房地产业	581	3 133.9	−10.3	67 834	50 599
居民服务/修理和其他服务业	754	1 363.6	25.8	23 554	2 003
科学研究和技术服务业	1 856	775.9	−25.1	45 294	9 728
农/林/牧/渔专业及辅助性活动	415	390.5	6.6	15 186	2 069
开采专业及辅助性活动	55	335.7	74.3	6 590	1 975
前 10 大行业合计	22 633	73 764.1	−2.0	1 075 758	202 773

资料来源：2015 年数据来源于中华人民共和国商务部办公厅(国际贸易谈判代表秘书局). 商务部服贸司负责人谈我国首次发布附属机构服务贸易统计数据[EB/OL]. (2017-06-26)[2022-09-12]. http://bgt.mofcom.gov.cn/article/c/sijufabu/201706/20170602599850.shtml. 2016 年数据来源于中华人民共和国商务部公共商务信息服务 WTO/FTA 咨询网. 商务部服贸司负责人谈 2017 年我国服务贸易有关情况[EB/OL]. (2018-02-07)[2022-09-12]. http://chinawto.mofcom.gov.cn/article/ap/n/201802/20180202709837.shtml. 2018 年数据来源于中华人民共和国商务部公共商务信息服务 WTO/FTA 咨询网. 服贸司负责人介绍中国附属机构服务贸易情况[EB/OL]. (2020-05-08)[2022-09-12]. http://chinawto.mofcom.gov.cn/article/e/r/202005/20200502962477.shtml. 2020 年数据来源于中华人民共和国商务部服务贸易和商贸服务业司. 2020 年中国附属机构服务贸易情况[EB/OL]. (2022-06-27)[2022-09-12]. http://fms.mofcom.gov.cn/article/jingjidongtai/202206/20220603322025.shtml.

注：建筑服务业未统计企业数量和中方从业人员数量。

2. 发达经济体是主要贸易伙伴

从国别(地区)看,外向 FATS 销售收入排名前 5 的所在国家(地区)为中国香港、美国、新加坡、英属维尔京群岛和英国,分别实现销售收入 44 850.8 亿元、5 334.6 亿元、4 247.3 亿元、3 478.7 亿元和 2 327.8 亿元,同比增长最快的是美国,高达 296.6%,其次是阿联酋,为 53.5%,居第 3 位的是英属维尔京群岛,为 25.2%(表 9-10)。

表 9-10 2020 年外向附属机构销售收入排名前 10 的国家(地区)

国家(地区)	企业数量/家	销售收入		从业人员/人	
		金额/亿元	同比/%	总数	外方
中国香港	10 939	44 850.8	8.8	497 646	157 275
美国	3 131	5 334.6	296.6	60 949	3 735
新加坡	849	4 247.3	−16.7	44 891	2 693
英属维尔京群岛	720	3 478.7	25.2	24 692	6 522
英国	229	2 327.8	−31.4	2 442	278
开曼群岛	279	997.3	−16.3	18 343	5 831
阿联酋	205	699.4	53.5	15 806	1 732
马来西亚	159	535.2	−7.7	11 794	789
印度尼西亚	171	507.6	—	24 161	916
澳大利亚	453	397.5	−5.3	10 655	471
前 10 的国家(地区)合计	17 135	63 376.1	10.7	711 379	180 242

资料来源:2015 年数据来源于中华人民共和国商务部办公厅(国际贸易谈判代表秘书局).商务部服贸司负责人谈我国首次发布附属机构服务贸易统计数据[EB/OL].(2017-06-26)[2022-09-12].http://bgt.mofcom.gov.cn/article/c/sijufabu/201706/20170602599850.shtml.2016 年数据来源于中华人民共和国商务部公共商务信息服务 WTO/FTA 咨询网.商务部服贸司负责人谈 2017 年我国服务贸易有关情况[EB/OL].(2018-02-07)[2022-09-12].http://chinawto.mofcom.gov.cn/article/ap/n/201802/20180202709837.shtml.2018 年数据来源于中华人民共和国商务部公共商务信息服务 WTO/FTA 咨询网.服贸司负责人介绍中国附属机构服务贸易情况[EB/OL].(2020-05-08)[2022-09-12].http://chinawto.mofcom.gov.cn/article/e/r/202005/20200502962477.shtml.2020 年数据来源于中华人民共和国商务部服务贸易和商贸服务业司.2020 年中国附属机构服务贸易情况[EB/OL].(2022-06-27)[2022-09-12].http://fms.mofcom.gov.cn/article/jingjidongtai/202206/20220603322025.shtml.

注:不含建筑服务业企业数量和从业人员数。

9.3 中国国际服务贸易发展趋势

在未来,随着中国政府对于发展服务贸易重视程度的不断提高,如推进的一系列"放管服"改革、不断完善或健全的政策体系以及法律法规、越来越显著的平台效应、越来越扩大的"朋友圈",以及"推动共建'一带一路'高质量发展"[①]的提出,均为中国服务贸易发力、竞争力向好、发展基础坚实、商业存在坚挺等提供了可靠条件,也必定推动中国国际服务贸易发展势头越来越强劲。

[①] 习近平.高举中国特色社会主义伟大旗帜 为全面建设社会主义现代化国家而团结奋斗——在中国共产党第二十次全国代表大会上的报告[M].北京:人民出版社,2022:33.

9.3.1　服务贸易正在呈现薄发之势

中国服务贸易正在积蓄力量,预示未来将保持良好发展势头。从总体规模来看,2010—2020 年,虽然服务贸易远远低于货物贸易,但是服务贸易总额却是在波动中呈现上涨趋势,从 3 696 亿美元增加到 6 617.2 亿美元,增加了约 1.8 倍(图 9-2)。

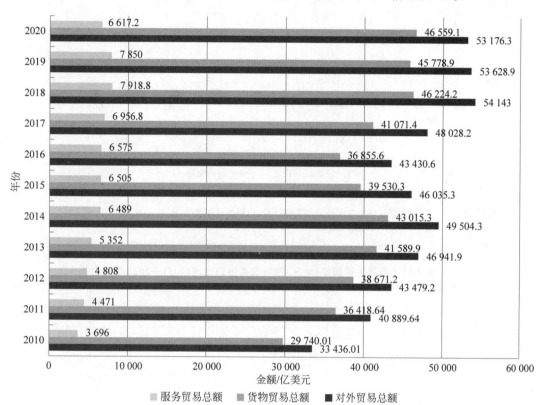

图 9-2　中国服务贸易与货物贸易规模(2010—2020 年)

资料来源:国家统计局. 中国统计年鉴 2021[EB/OL]. (2022-08-01) http://www. stats. gov. cn/tjsj/ndsj/2021/indexch. htm. 国家统计局. 中国统计年鉴 2017[EB/OL]. (2022-08-01). http://www. stats. gov. cn/tjsj/ndsj/2017/indexch. htm.

从占比来看,服务贸易占中国贸易总额的比重也有所上涨,最高占比出现于 2016 年,为 15.14%;2017—2019 年处于 14.5% 上下,保持基本平稳状态;2020 年受疫情影响,回落至 12.44%,但依然高于 2010 年的 11.05%(图 9-3)。

从出口增速来看,中国服务贸易居于世界主要国家前列,特别是 2018 年和 2021 年居世界第 1,其中,2021 年比位列第 2 的韩国高 3.54 个百分点,比位列第 3 的西班牙高 7.83 个百分点,比美国则高出 30 多个百分点;2020 年为 -0.91%,虽然增速为负,但却是受疫情影响最小的国家,或者说是韧性最强的国家(表 9-11)。

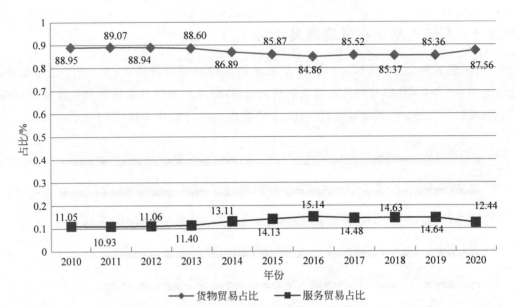

图 9-3　中国服务贸易与货物贸易占比（2010—2020 年）

资料来源：根据以下文献数据计算绘制而得。国家统计局. 中国统计年鉴 2021［EB/OL］.（2022-08-01）http://www. stats. gov. cn/tjsj/ndsj/2021/indexch. htm.

国家统计局. 中国统计年鉴 2017［EB/OL］.（2022-08-01）. http://www. stats. gov. cn/tjsj/ndsj/2017/indexch. htm.

表 9-11　世界主要国家（地区）服务贸易出口增速（2011—2022 年）

国家（地区）	2011 年	2012 年	2013 年	2014 年	2015 年	2016 年	2017 年	2018 年	2019 年	2020 年	2021 年	2022 年
加拿大	11.38	4.98	1.72	−0.84	−8.43	2.91	8.31	11.17	9.42	−13.58	11.60	10.88
美国	10.76	6.23	5.05	5.23	1.63	1.82	6.90	3.35	2.96	−18.49	9.48	16.52*
中国	12.73	0.26	2.69	5.86#	4.95#	−9.56	9.66	16.99	6.29	−1.05	40.50	7.55
日本	4.61	−2.79	−1.16	21.15	−0.77	8.14	6.26	4.00	7.74	−21.76	3.71	−1.93
韩国	9.18	13.89	0.18	8.30	−12.87	−2.76	−5.39	15.58	0.16	−13.72	33.88	8.53
印度	18.34	5.05	2.50	5.39	−0.58	3.55	14.51	10.61	4.78	−5.29	18.32	30.37*
法国	17.37	−0.19	9.96	6.82	−10.80	1.40	6.13	9.97	−2.23	−16.62	21.95	8.54
德国	10.69	0.20	8.10	9.48	−7.38	4.35	9.77	10.96	−0.19	−10.47	21.26	3.54
意大利	10.43	−2.04	2.80	1.79	−14.00	2.72	11.62	9.22	−0.65	−30.22	20.71	19.94
西班牙	17.11	−6.44	4.13	5.78	−11.69	7.57	10.54	7.58	0.84	−42.48	31.69	56.96*
荷兰	—	—	—	—	−3.83	−3.59	15.90	17.47	6.15	−17.41	10.22	10.36*
英国	14.46	1.81	5.12	6.88	−3.36	−3.08	4.77	10.75	−0.57	−7.37	14.38	7.84*
世界	12.54	2.83	6.34	7.00	−4.53	1.31	9.21	9.92	3.24	−17.12	18.75	15.29

资料来源：UNCTADSTAT. DATA［EB/OL］.［2023-06-19］. https://unctadstat. unctad. org/wds/TableViewer/tableView. aspx.

注：右上角带 * 的数据表示估计值；带 # 的数据表示突破值（BREAK）。

9.3.2　服务贸易竞争力正在向好

中国服务贸易竞争力正在向好。从整体竞争力来看，2000—2022 年，大部分年份竞争力指数均小于零，但是大致可以划分为两个阶段：2000—2008 年基本稳定期和 2009—

2022 年大幅波动期。2000—2008 年,中国服务贸易整体竞争力呈现两大特点:①涵盖了竞争力指数大于零的所有年份,即 2005—2008 年。②在基本稳定中呈现逐渐增强的势头,其中 2003 年受 SARS(严重急性呼吸综合征)影响,较 2002 年出现回落;2008 年受金融危机影响,较 2007 年回落,但该年竞争力依然大于零。2009—2022 年,中国服务贸易整体竞争力呈"V"形,2016 年为"V"形底,2009—2016 年中国服务贸易整体竞争力迅速下降,说明中国服务贸易虽然保持了较高增速,规模不断扩大,但整体竞争力不强;2017—2022 年,尽管整体竞争力依然小于零,但是竞争力迅速增强,从 −0.344 到 −0.046(图 9-4)。

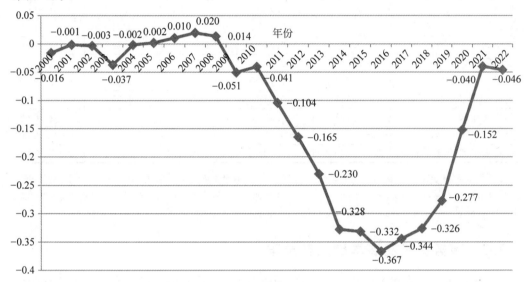

图 9-4　中国服务贸易整体竞争力(2000—2022 年)

资料来源:2000—2020 年数据来源于国家统计局. 中国统计年鉴 2021[EB/OL]. http://www. stats. gov. cn/tjsj/ ndsj/2021/indexch. htm. 2021 年数据来源于商务数据中心. 历年中国服务进出口统计[EB/OL]. http://data. mofcom. gov. cn/fwmy/overtheyears. shtml. 2022 年数据来源于中华人民共和国商务部. 商务部服贸司负责人介绍 2022 年全年服务贸易发展情况[EB/OL]. (2023-01-30)[2023-05-10]. http://tradeinservices. mofcom. gov. cn/ trade/searchList. shtml? keyword=2022%E5%B9%B4%E5%85%A8%E5%B9%B4%E6%9C%8D%E5%8A% A1%E8%B4%B8%E6%98%93%E5%8F%91%E5%B1%95%E6%83%85%E5%86%B5. 并根据中国银行 2023- 05-10 发布于 15:22:45 的中行折算价($100=¥692.99)计算而得. 中国银行. https://srh. bankofchina. com/ search/whpj/search_cn. jsp.

　　从分部门竞争力来看,考察年份内竞争力指数持续大于零的包括加工服务、维护和维修服务、建筑、电信/计算机/信息服务、其他商业服务,其中,其他商业服务指数值呈现增长势头,电信/计算机/信息服务于 2018 年出现跃升后基本保持平稳;变化最大的是金融服务,2017—2020 年均大于零,2021 年转变为小于零,此情况应该是由疫情影响而致;另外,运输、知识产权使用费以及个人/文化和娱乐服务尽管指数持续小于零,但在不断增大,说明上述部门竞争力在不断增强。2021 年,竞争力指数大于零的包括加工服务、维护和维修服务、建筑、电信/计算机/信息服务、其他商业服务;从数值来看,指数最高的是加

工服务 0.931 8,其次是建筑 0.513 8,再次是维护和维修服务 0.346 7;指数较小的是旅行
－0.814 2、知识产权使用费－0.598 4、保险和养老金服务－0.510 6(表 9-12)。

表 9-12　中国服务贸易分部门竞争力指数

服 务 类 别	2017 年	2018 年	2019 年	2020 年	2021 年
总额	－0.344 3	－0.326 1	－0.277 5	－0.151 8	－0.039 9
加工服务	0.983 5	0.970 0	0.969 8	0.943 0	0.931 8
维护和维修服务	0.439 0	0.477 4	0.471 0	0.390 2	0.346 7
运输	－0.429 2	－0.438 2	－0.389 7	－0.251 7	－0.024 4
旅行	－0.735 7	－0.750 5	－0.758 4	－0.776 1	－0.814 2
建筑	0.470 8	0.511 2	0.501 3	0.510 2	0.513 8
保险和养老金服务	－0.441 4	－0.414 3	－0.384 6	－0.393 3	－0.510 6
金融服务	0.396 23	0.242 2	0.218 8	0.137 2	－0.035 9
知识产权使用费	－0.714 7	－0.729 8	－0.675 6	－0.625 1	－0.598 4
电信/计算机/信息服务	0.183 3	0.342 9	0.334 2	0.296 6	0.329 1
其他商业服务	0.178 2	0.193 0	0.190 8	0.194 2	0.269 2
个人/文化和娱乐服务	－0.571 4	－0.472 9	－0.547 2	－0.391 2	－0.265 0
别处未提及的政府服务	－0.346 2	－0.437 3	－0.415 1	－0.173 0	－0.352 8

　　资料来源:根据以下数据整理计算而得。2017—2020 年数据来源于国家统计局. 中国统计年鉴(2018-2021)
[EB/OL]. http://www. stats. gov. cn/tjsj/ndsj/. 2021 年数据来源于商务数据中心. 2021 年我国服务分类进出口统计
[EB/OL]. http://data. mofcom. gov. cn/fwmy/classificationannual. shtml.

9.3.3　服务贸易发展基础正在筑牢

　　中国服务贸易发展基础正在筑牢,以服务业 FDI、商业存在、离岸服务外包、跨境电商
等为代表。[①] 从实际利用外商直接投资额来看,在观察年份,以 2011 年为界可以分为两
个阶段:2011 年之前,中国服务业实际利用外商直接投资额占实际利用外商直接投资总
额比重高于第一产业、低于第二产业。2011 年之后,服务业实际利用外商直接投资额所
占比重超过第二产业并迅速上升至 2017 年的 67.93%。2018 年,由于外部形势错综复
杂,特别是中美经贸摩擦的严峻挑战,中国实际吸引外资小幅增长[②],而服务业实际利用
外商直接投资占比回落 4 个多百分点至 63.61%,不过结构进一步优化,高技术服务业新
设立企业数 12 557 家,占全年新高立企业数的 20.7%;实际使用外资总额 183.1 亿美
元,占全年实际使用外资金融的 1.2%。[③] 2019 年迅速回升,2020 年遭受疫情影响,但是
回升势头并未减退,至 74.25%(图 9-5);2022 年 1—6 月,服务业实际使用外资金额
5 371.3 亿元人民币(约合 796.93 亿美元),增长 9.2%,高技术产业实际使用外资增长

---

　　① 商业存在部分将在后面单独列出。
　　② 中华人民共和国商务部. 中国外资统计公报 2019[EB/OL]. (2019-12-26)[2022-08-04]. http://images.
mofcom. gov. cn/wzs/201912/20191226103003602. pdf. 第 1 页。
　　③ 同上,第 20 页。

33.6％,其中高技术服务业增长 34.4％。①

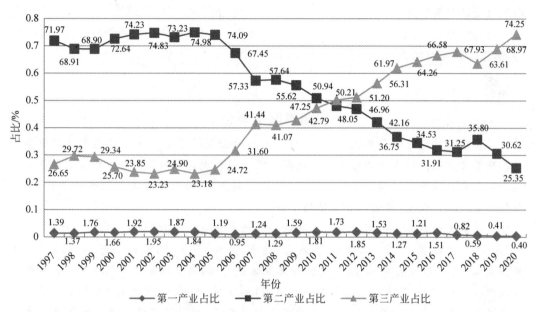

图 9-5　中国三次产业实际利用外商直接投资占实际利用外商直接投资比重(1997—2020 年)

资料来源:依据国家统计局.中国统计年鉴(1998—2021)[EB/OL].(2022-08-04).http://www.stats.gov.cn/tjsj/ndsj/.相关数据整理计算。

注:针对《国民经济行业分类》,国家统计局从 1984 年开始至今进行过五次修正:GB/T 4754—84、GB/T 4754—94、GB/T 4754—2002、GB/T 4754—2011、GB/T 4754—2017。此处执行标准如下:1997—2003 年行业分类执行 1994 年版的国民经济行业分类标准;2004—2017 年行业分类执行 2002 年版的国民经济行业分类标准;2018—2020 年行业分类执行 2017 年版的国民经济行业分类标准。

离岸服务外包成为中国服务出口增长主引擎。中国顺应数字技术发展趋势,抢抓全球数字经济发展战略机遇,加快推进数字产业化和产业数字化进程,以产业转型升级和市场需求为导向,积极发展云计算服务、软件研发服务、集成电路和电子电路设计服务等信息技术外包,促进离岸服务外包成为可数字化服务出口②的主要模式。2015—2020 年,离岸服务外包对中国服务出口累计增长的贡献率达 66.4％,对可数字化服务出口累计增长贡献率达 66.5％。2020 年疫情全球大流行以来,远程医疗、供应链服务、在线教育、共享平台、协同办公、跨境电商广泛应用,服务外包企业积极响应市场需要,加快复工复产,提升服务交付能力,满足市场需求,为稳定全球产业链供应链和推动国际抗疫合作发挥了重要作用。2020 年,中国离岸服务外包占服务出口的比重达 37.7％,占可数字化服务出口的比重达 68.2％,对可数字化服务出口的增长贡献率达 78.0％。其中,离岸信息技术外

---

　　①　中华人民共和国商务部.商务部服贸司负责人介绍 2022 年上半年服务贸易发展情况[EB/OL].(2022-08-03)[2022-08-05].http://www.mofcom.gov.cn/article/xwfb/xwsjfzr/202208/20220803338154.shtml.并根据中国银行 2022-08-05 发布于 09:37:50 的中行折算价计算而得。中国银行.https://srh.bankofchina.com/search/whpj/search_cn.jsp.

　　②　依据 WTO *World Trade Statistical Review 2019*,可数字化服务出口包括保险服务、金融服务、知识产权使用费、电信/计算机/信息服务、其他商业服务、个人/文化和娱乐服务。

包执行额占电信/计算机/信息服务出口的 76.3%，贡献率达 53.1%。[①] 2021—2022 年，继续承袭良好发展势头，2021 年承接离岸服务外包合同额 1 717 亿美元，执行额 1 303 亿美元，同比分别增长 22.3% 和 23.2%[②]；2022 年 1—6 月承接离岸服务外包合同额 846 亿美元，执行额 556 亿美元，同比分别增长 14.2% 和 13.5%。[③]

离岸服务外包

离岸服务外包是服务外包的一种，指的是母国企业将原来在企业内部完成的服务活动转移至外部东道国企业的过程。其实现形式一般表现为跨国公司将非核心服务业务通过合同方式分包给东道国企业承担，通过签订长期合同、协议等具有法律竞争力的文件，确保服务的稳定供应、质量以及低廉的价格。

全球最大的离岸发包国是美国。欧洲国家包括法国、英国、德国、意大利、比利时、荷兰、爱尔兰、卢森堡、希腊、西班牙、奥地利、瑞士、挪威、芬兰、瑞典和丹麦，是全球第二大服务支出（服务支出包括 IT 服务支出和商务服务支出，商务服务支出包括商务咨询和业务流程外包）地区。其中，德国（第 2 位）、法国（第 3 位）和荷兰（第 4 位）位列全球前 5 大离岸服务外包发包国。全球第 5 大离岸发包国是日本，同时日本还是亚太地区第一大离岸发包国。中国是亚太地区第 2 大离岸发包国，也是全球第 6 大发包国。

全球最大的接包国依次是印度、中国、爱尔兰、菲律宾、越南和马来西亚。中国离岸服务外包市场主要集中在亚洲、北美洲和欧洲，三者业务占整个中国离岸服务外包的比例超过 90%。

资料来源：赵春明，蔡宏波.新编国际服务贸易教程[M].北京：清华大学出版社，2019：202-203.

中华人民共和国商务部.中国服务外包发展报告 2019[R].（2021-01-04）[2022-08-05]. http://images. mofcom. gov. cn/fms/202101/202101104191758688.pdf.第 20,21,88,89,92 页.

9.3.4 商业存在继续保持最主要模式地位

商业存在继续保持中国服务贸易最主要模式地位。FATS 作为国际服务贸易的重要组成部分，FATS 数据与跨境服务进出口数据相结合，能够更加全面地反映一国服务贸易发展状况，系统地展现一国提供国际服务的能力和水平。2020 年，中国内向、外向 FATS 销售收入合计达 17.5 万亿元，是当年 4.6 万亿元跨境服务进出口总额的 3.8 倍，比 2019 年下降 2.2%。其中，中国内向 FATS 企业 216 721 家，实现销售收入 95 025 亿元，同比下

---

① 中华人民共和国商务部.中国服务外包发展报告 2020[R].（2022-02-18）[2022-08-05]. http://images. mofcom. gov. cn/fms/202202/20220218090927865.pdf.

② 中华人民共和国商务部.商务部召开例行新闻发布会（2022 年 1 月 27 日）[EB/OL].（2022-01-18）[2022-08-05]. http://ca. mofcom. gov. cn/article/xwfb/202202/20220203283084. shtml.

③ 中华人民共和国商务部.商务部服贸司负责人谈 2022 年上半年我国服务外包产业发展情况[EB/OL].（2022-07-20）[2022-08-05]. http://www. mofcom. gov. cn/article/xwfb/xwsjfzr/202207/20220703334588. shtml.

降 1.3%。中国外向 FATS 企业 24 636 家,实现销售收入 80 226.9 亿元,同比下降 3.8%。[①]

虽然 2020 年内、外向 FATS 销售收入同比下降,但依然是跨境服务进出口总额的 3.8 倍,这一点就足以说明商业存在依然是中国服务贸易最主要模式。在此需要说明的是,有关 FATS 更详细的内容以及中国 FATS 发展特点等内容,请分别参阅本书第 1 章和第 9.2 节,在此不再赘述。

9.4　案例分析:创新开展服务贸易外汇
收支便利化试点

9.4.1　基本案例

2020 年 8 月 12 日,《全面深化服务贸易创新发展试点总体方案》(商服贸发〔2020〕165 号)(以下简称《方案》)对外公布。《方案》共分六个部分:①总体要求,包括指导思想、总体目标和 5 条基本原则。②试点范围,包括北京、天津、上海、重庆(涪陵区等 21 个市辖区)、海南、大连、厦门、青岛、深圳、石家庄、长春、哈尔滨、南京、杭州、合肥、济南、武汉、广州、成都、贵阳、昆明、西安、乌鲁木齐、苏州、威海和河北雄安新区、贵州贵安新区、陕西西咸新区 28 个省市(区域)。③试点期限,自方案批复之日起 3 年。④试点任务,共计包括 8 个"全面探索",即全面探索完善管理体制、扩大对外开放、提升便利水平、创新发展模式、健全促进体系、优化政策体系、完善监管模式、健全统计体系。⑤组织实施,确定试点地区人民政府(管委会)作为试点工作的责任主体。⑥说明及附表,提出 122 项具体改革、开放和创新举措,在试点地区先行先试,为试点提供政策保障。

《方案》试点任务提出,积极推动服务贸易外汇收支便利化试点。为此,国家外汇管理局深入推进"放管服"改革,主动适应服务贸易转型创新发展要求,推出服务贸易外汇收支便利化试点,探索构建以主体信用为基础的分类管理模式,推动实现高效、安全、低成本的跨境资金结算,助力打造诚实守信、公平竞争的营商环境。

9.4.2　案例分析

1. 主要创新做法

国家外汇管理局积极推动服务贸易外汇收支便利化试点工作,主要涉及手续简化与业务范围深化、分类管理模式、政策落地生效等,具体如下。

(1) 持续深化服务贸易外汇收支便利化试点。一方面,印发《国家外汇管理局关于进一步促进跨境贸易投资便利化的通知》,实施服务贸易外汇收支便利化试点(以下简称"试点")。支持符合条件的银行为信用良好的境内机构办理外汇收支时,可按照"了解客户、了解业务、尽职审查"的展业原则简化手续。另一方面,为满足更多诚信主体的便利化需求,持续完善试点政策,放宽集团型企业试点条件,并将特殊代垫或分摊业务、事后核验税

① 中华人民共和国服务贸易和商贸服务业司. 2020 年中国附属机构服务贸易情况[EB/OL]. (2022-06-27) [2022-08-05]. http://fms.mofcom.gov.cn/article/jingjidongtai/202206/20220603322025.shtml.

务备案表等纳入试点业务范围,发挥试点政策的引领作用。

(2)创新构建以主体信用为基础的分类管理模式。"银行主责、企业优质、业务规范"的管理原则,赋予审慎经营银行对诚信优质企业的更大审核自主权,试点银行基于对试点企业诚信状况、合规能力以及内控管理等情况评估,可简化事前业务办理手续。推动银行业务办理模式从以往单纯依赖单证材料向评估主体信用风险转变。

(3)积极推动便利化试点政策落地生效。持续跟踪便利化政策实施效果,通过建立常态化服务机制、业务培训、座谈调研等多渠道收集业务诉求与政策建议,及时解决试点银行、企业困难问题,积极推动便利化试点政策落地生效。

2. 创新实践效果

经过一系列的具体工作,国家外汇管理局服务贸易国际收支便利化试点取得明显效果,具体如下。

(1)优化业务流程,提升服务实效。引导银行在了解企业信用状况和风控能力的基础上,为企业提供高效便捷的跨境资金结算服务,在坚持实质合规的同时,不断提升金融服务水平。试点实施以来,诚信企业贸易外汇业务实现"秒申请、分钟办",业务办理时间节约一半以上,提交的纸质材料大幅减少。

(2)构建信用监管方式,统筹发展安全。试点逐步构建了银行分级、企业分类的信用监管方式,通过树立"企业越诚信、手续越便利,银行越合规、审核越自主"的管理导向,在便利真实合规业务高效办理的同时,有效防范虚假违规资金跨境流动风险,服务实体经济健康有序发展。截至2021年底,服务贸易便利化试点范围已扩大至26个地区,涉及业务近6万笔、金额309亿美元。

3. 未来创新思路

在未来,国家外汇管理局将围绕加强信用监管能力建设、引导银行提升服务水平、高质量推动便利化改革三个方面进一步创新,为中国服务贸易创新发展作出贡献。

资料来源:中华人民共和国商务部.商务部关于印发全面深化服务贸易创新发展试点总体方案的通知(商服贸发〔2020〕165号)[EB/OL]. (2020-08-12)[2022-06-13]. http://www.ctaxnews.com.cn/2020-08/17/content_969973.html.

中华人民共和国商务部服务贸易和商贸服务业司.全面深化服务贸易创新发展试点第二批"最佳实践案例"[EB/OL]. (2022-02-24)[2022-06-13]. http://images.mofcom.gov.cn/fms/202202/20220228154222996.pdf. 第14-16页.

注:本书根据需求对相关文字略做修改和调整。

9.4.3 思考

思考1:围绕服务贸易外汇收支便利化试点,国家外汇管理局的主要创新做法是什么?

思考2:在大数据时代,如何构建银行信用监管体系?

本 章 小 结

改革开放以来,中国国际服务贸易迅速发展。从整体来看,服务贸易总体规模不断扩大、全球服务贸易第二大国地位得到巩固、虽然近年来逆差陡增但迅速缩小、结构优化程度进一步加强、新模式新业态持续涌现等，均表现出中国国际服务贸易已经成为推动社会经济发展的重要力量，以及全球服务贸易重要组成部分。

附属机构服务贸易是国际服务贸易的重要组成部分。近年来，中国坚持全方位高水平对外开放，不断推动贸易和投资自由化、便利化，中国 FATS 取得积极进展，也着手构建了 FATS 统计体系。中国建立 FATS 统计，能够更好地与国际接轨、日益完善中国服务贸易统计监测、为研判形势与制定政策提供更全面的决策依据，并于 2017 年第一次对外公布数据。从总体来看，中国 FATS 销售收入规模出现不同程度的增长、FATS 内外向销售收入存在差额、FATS 行业分布相对集中；从内向 FATS 来看，知识型服务业表现强劲、中国香港销售收入稳居首位；从外向 FATS 来看，信息传输/软件和信息技术服务业同比增长最快，发达经济体是中国的主要贸易伙伴。

在未来，中国国际服务贸易发展势头越来越强劲，源自中国政府展开的一系列"放管服"改革、不断完善或健全的政策体系以及法律法规、越来越显著的平台效应、越来越扩大的"朋友圈"，均为中国服务贸易发力、竞争力向好、发展基础坚实、商业存在坚挺等提供了可靠条件。

国家外汇管理局积极贯彻落实《全面深化服务贸易创新发展试点总体方案》（商服贸发〔2020〕165 号），积极推动服务贸易外汇收支便利化试点。

思考题

1. 简述中国国际服务贸易发展的总体特点。
2. 简述中国 FATS 统计特点及其发展特点。
3. 中国国际服务贸易未来发展势头越来越强劲的原因是什么？

即测即练

学习园地

附　录

教师服务

感谢您选用清华大学出版社的教材！为了更好地服务教学，我们为授课教师提供本书的教学辅助资源，以及本学科重点教材信息。请您扫码获取。

≫ 教辅获取

本书教辅资源，授课教师扫码获取

≫ 样书赠送

国际经济与贸易类重点教材，教师扫码获取样书

 清华大学出版社

E-mail: tupfuwu@163.com
电话：010-83470332 / 83470142
地址：北京市海淀区双清路学研大厦 B 座 509

网址：http://www.tup.com.cn/
传真：8610-83470107
邮编：100084